# ENGLISH-HINDI
# DICTIONARY

# ENGLISH-HINDI DICTIONARY

*Edited by*
UDAYANARAYAN TIWARI

HIPPOCRENE BOOKS
*New York*

Copyright © Hind Pocket Books, 1991
Edited by Udayanarayan Tiwari.

For more information, please address:
Hippocrene Books
171 Madison Ave.
New York, NY 10016

ISBN 0-87052-978-1

# PREFACE

This Pocket English-Hindi Dictionary has been specially compiled for the general readers and young students. Care has been taken to include almost all the important literary, social, legal, scientific and administrative terms which a common man generally comes across in his daily life. Moreover, those equivalents have been specially marked, with an asterisk, which are used in feminine gender in Hindi. This has made it a really practical and useful Dictionary for non-Hindi speaking students also. Selected English proverbs with their Hindi equivalents, important phrases and idioms, essential vocabulary etc. have been included in the Appendix.

— *Editor*

●

## ABBREVIATIONS USED IN THIS DICTIONARY

| | |
|---|---|
| *a.*—adjective | *prep.*—preposition |
| *adv.*—adverb | *p.t.*—past tense |
| *comp.*—comparative | *p.p.*—past participle |
| *conj.*—conjunction | *pl.*—plural |
| *e.g.*—for instance | *sing.*—singular |
| *i.e.*—that is | *v.i.*—verb intransitive |
| *interj.*—interjection | *v.t.*—verb transitive |
| *n.*—noun | *v.aux.*—verb auxiliary |
| *pron.*—pronoun | इ०—इत्यादि |

# दो शब्द

यह पॉकिट अंग्रेज़ी-हिन्दी कोश बाज़ार में बिकनेवाले अन्य कोशों से कई माने में भिन्न है तथा सामान्य पाठकों और विद्यार्थियों के लिए विशेष रूप से तैयार किया गया है । इसमें अंग्रेज़ी के साहित्यिक, सामाजिक, कानूनी, वैज्ञानिक और सरकारी कामकाज के ऐसे लग-भग सभी महत्त्वपूर्ण शब्दों को सम्मिलित करने का प्रयास किया गया है जो हमारे दैनिक व्यवहार में आते हैं । इन शब्दों के अर्थ देते समय प्रामाणिकता के साथ ही सुगमता का भी बराबर ध्यान रखा गया है । अन्य भाषाओं की तरह अंग्रेज़ी भाषा के शब्दों में भी अनेक अर्थ होते हैं । इस कोश में अंग्रेज़ी शब्दों के ऐसे अर्थों को प्रमुखता दी गई है जो अधिक प्रचलित हैं । परिणामस्वरूप इस छोटे से कोश में अधिक से अधिक संख्या में शब्दों का समावेश हो सका है, और इस प्रकार इसकी उपादेयता बढ़ गई है । प्रचलित पारि-भाषिक शब्दों और उनके नये प्रामाणिक अर्थों को भी विशेष स्थान दिया गया है । अहिन्दी-भाषी पाठकों की सुविधा के लिए हिन्दी के स्त्रीलिंग शब्दों को चिह्नित किया गया है । परिशिष्ट में प्रशासनिक शब्द, अंग्रेज़ी और हिन्दी की चुनी हुई कहावतें, महत्त्वपूर्ण पद और मुहावरे, दैनिक व्यवहार की आवश्यक शब्दावली आदि सम्मिलित हैं । इससे इस कोश की उपयोगिता और भी बढ़ गई है ।

—सम्पादक

# पॉकेट अंग्रेज़ी-हिन्दी कोश

## POCKET ENGLISH-HINDI DICTIONARY

### A

**a** *a.* एक ; कोई
**A one, (A No. 1)** सर्वोत्तम
**aback** *adv.* पीछे की ओर taken aback चकित, भौंचक्का
**abandon** *v.t.* त्याग देना
**abandonment** *n.* पूर्ण त्याग
**abase** *v.t.* अपमानित करना
**abasement** *n.* अपमान
**abash** *v.t.* लज्जित करना
**abate** *v.t. & i.* कम करना या होना ; रोक-थाम करना
**abatement** *n.* कमी*, छूट*
**abbey** *n.* ईसाई मठ
**abbreviate** *v.t.* संक्षिप्त करना
**abbreviation** *n.* संक्षेप
**abdicate** *v.t.& i.* सत्ता त्यागना
**abdication** *n.* राजत्याग
**abdomen** *n.* पेट
**abdominal** *a.* पेट-संबंधी
**abdominous** *a.* तोंद वाला
**abduct** *v.t.* अपहरण करना
**abduction** *n.* अपहरण
**abed** *adv.* बिस्तर पर
**abelmosken** गंधमूल
**aberration** *n.* मतिभ्रम, पतन
**abet** *v.t.* उकसाना
**abetment** *n.* उकसाव
**abeyance** *n.* दुविधा, ठहराव
**abhor** *v.t.* घृणा करना
**abhorrence** *n.* घृणा*
**abhorrent** *a.* घृणित, घिनौना
**abide** *v.t. & i.* रहना, टिकना
**abiding** *a.* टिकाऊ ; स्थायी
**ability** *n.* कुशलता* ; योग्यता*
**abinitio** *adv.* नये सिरे से
**abject** *a.* अधम, नीच
**abjection** *n.* नीचता*
**abjuration** *n.* शपथपूर्वक त्याग

---

*कोश में चिह्नित शब्द हिन्दी में स्त्रीलिंग में प्रयुक्त होते हैं ।

**abjure** *v.t.* शपथपूर्वक त्यागना
**ablative** *n.* पंचमी विभक्ति*
**ablaze** *a.* जलता हुआ; उत्तेजित
**able** *a.* योग्य, निपुण
**ableness** *n.* निपुणता*
**ablepsy** *n.* अंधापन
**ablution** *n.* स्नान, अभिषेक
**abnegate** *v.t.* अस्वीकार करना
**abnegation** *n.* अस्वीकार
**abnormal** *a.* असामान्य
**aboard** *adv.* नौका पर, समीप
**abode** *n.* घर, डेरा
**abolish** *v.t.* समाप्त करना
**abolition** *n.* उन्मूलन, अन्त
**abominable** *a* घृणित, घिनौना
**abominate** *v.t.* घृणा करना
**aboriginal** *a.* आदिम, मूल; *n.* आदिवासी
**aborigines** *n.* मूलनिवासी
**abortion** *n.* गर्भपात
**abortive** *a.* निष्फल, अधूरा
**about** *adv.* चारों ओर, प्राय:; *prep.* समीप, विषय में; to bring about पूर्ण करना; to come about घटित होना; to go about करने की तैयारी करना; to turn about घुमा देना या घूम जाना
**above** *adv.* ऊपर; *prep.* विशेषकर, बढ़कर; above all सर्वोपरि; above board निष्कपट
**abreast** *adv.* बराबर में
**abridge** *v.t.* संक्षेप करना
**abridgement** *n.* संक्षेप, सार
**abroad** *adv.* विस्तृत, *n.* विदेश
**abrogate** *v.t.* अभिनिषेध करना
**abrogation** *n.* अभिनिषेध
**abscond** *v.i.* फरार होना
**absence** *n.* अनुपस्थिति
**absent** *a.* अनुपस्थित; *v. t.* जानबूझकर काम से हटना
**absolute** *a.* पूर्ण, असीम
**absolutely** *adv.* पूर्ण रूप से
**absolve** *v.t.* दोषमुक्त करना
**absorb** *v.t.* खपाना
**abstain** *v.i.* अलग रखना
**abstinence** *n.* संयम, परहेज
**abstract** *a.* अमूर्त, भाववाचक; *n.* तत्त्व, सारांश; *v.t.* हटाना, अलग करना
**abstraction** *n.* अमूर्तीकरण
**absurd** *a.* असंगत, विवेकहीन
**absurdity** *n.* मूर्खता*
**abundance** *n.* आधिक्य
**abundant** *a.* प्रचुर
**abuse** *v.t.* गाली देना, दुरुपयोग करना; *n.* गाली
**abusive** *a.* अपमानजनक
**abysmal** *a.* अथाह
**abyss** *n.* रसातल
**academic** *a.* शैक्षणिक, विद्यामूलक, शास्त्रीय

academy *n.* अकादमी*, विद्वत्परिषद्*
accede *v.i.* मान लेना
accelerate *v.t.* गति बढ़ाना
acceleration *n.* गतिवृद्धि,* तेज़ी*, वेग-वर्द्धन
accent *n.* स्वर, उच्चारण, स्वरचिह्न; *v.t.* स्वरोच्चारण करना
accentuation *n.* स्वरांकन, स्वरोच्चारण
accept *v.t.* & *i.* स्वीकार करना, लेना
acceptable *a.* स्वीकार्य, प्रिय, रुचिर
acceptance *n.* स्वीकृति*
access *n.* पहुंच*, प्रवेश
accessory *n.* & *a.* सहायक, साथी; अतिरिक्त
accession *n.* संविलयन, राज्याभिषेक
accidence *n.* शब्दरूप
accident *n.* दुर्घटना*, आकस्मिक घटना, दुर्योग
accidental *a.* आकस्मिक
acclaim *v.t.* जयकार करना; *n.* जयकार*
acclamation *n.* अभिनन्दन, समर्थन, स्तुति*
acclimatise *v.t.* जलवायु का आदी बनाना
acclivity *n.* चढ़ान*
accommodate *v.t.* अनुकूल बनाना, झगड़ा तय करना, स्थान देना
accommodation *n.* गुंजाइश*, निवास, मेल, ठौर, सुविधा*, समझौता
accompaniment *n.* सहायक वस्तुएं*; साथ; संगत, साज
accompany *v. t.* साथ देना; संगत करना
accomplice *n.* अपराध का साथी
accomplish *v.t.* पूर्ण करना, साध लेना
accomplished *a.* पूर्ण, पारंगत
accomplishment *n.* पूर्णता*, सिद्धि*
accord *v.i.* & *t.* मिलान करना, मिलना; सुर मिलाना; *n.* आपसी मेल; तालमेल, of one's own accord अपनी इच्छा से
according as *adv.* जैसे कि
accordingly *adv.* तदनुसार
according to *adv.* के अनुसार
account *n.* गणना*, हिसाब, लेखा; कारण; वर्णन; *v.t.* & *i.* हिसाब लगाना; कारण बताना
accountable *a.* उत्तरदायी
accountancy *n.* मुनीमी*
account, audited, *n.* अंकेक्षित

लेखा
accountant *n.* मुनीम, अकाउंटेंट
accountant general *n.* महालेखापाल
accouniantship *n.* मुनीमी*
account-book *n.* लेखाबही*
accredit *v.t.* विश्वास करना, अधिकार देना, मान्यता देना या दिलाना
accrue *v.i.* निकलना, देय होना, बढ़ना, उठना
accruement *n.* निकास; बढ़ती*
accumulate *v.t.* जमा होना या करना, ढेर लगाना
accumulation *n.* ढेर, संचय
accuracy *n.* यथार्थता*, खरापन
accurate *a.* शुद्ध, ठीक, यथार्थ, खरा
accurse *v.t.* शाप देना, कोसना
accursed *a.* शापित, अभागा।
accusation *n.* दोष, आरोप, अभियोग
accuse *v.t.* दोषारोपण करना, अपराधी ठहराना
accused *n. & a.* अभियुक्त, प्रतिवादी
accuser *n.* वादी
accustom *v.t.* आदी बनाना
accustomed *a.* आदी
ace *n.* इकाई*, पासे या ताश का एक्का
ache *n.* पीड़ा*; *v.t.* पीड़ा होना
achieve *v.t.* हासिल करना, जीतना
achievement *n.* प्राप्ति*, सिद्धि*
acid *a.* अम्ल, खट्टा, तीखा ; *n.* अम्ल, तेज़ाब
acidity *n.* खट्टापन, अम्लता*
acknowledge *v.t.* मान लेना, पहुंच लिखना, रसीद देना
acknowledgement *n.* स्वीकृति*, रसीद*
acorn *n.* बलूत का फल
acoustic *a.* श्रवणेन्द्रिय-सम्बन्धी
acoustics *n. pl.* ध्वनिशास्त्र
acquaint *v.t.* परिचय कराना, सूचना देना
acquaintance *n.* परिचय, परिचित व्यक्ति
acquainted *a.* परिचित
acquiesce *v.t.* सन्तुष्ट होना, सम्मत या राज़ी होना
acquiescence *n.* मौन स्वीकृति*, रज़ामंदी*
acquire *v.t.* प्राप्त करना, अधिकार में करना
acquirement *n.* उपार्जन, अर्जित विद्या*

acquisition *n.* अभिग्रहण, प्राप्ति*, लाभ, अर्जन, कमाई।

acquit *v.t.* बरी या रिहा करना, कर्त्तव्य पूरा कर लेना

acquittal *n.* दोष-मुक्ति*, रिहाई*

acquittance *n.* बेबाकी*, भरपाई*

acre *n.* एकड़, ४८४० वर्ग-गज़

acreage *n.* एकड़ों में नाप*, एकड़ पीछे लगान

acrid *a.* तीखा, चरपरा

acridity *n.* तीखापन, चरपराहट*

acrimonious *a.* रूखा, उग्र, चिड़चिड़ा

acrimony *n.* रूखापन, उग्रता*, चिड़चिड़ापन

acrobat *n.* नट, कलाबाज़

acrobatic *a.* क़लाबाज़ी का

across *prep. & adv.* आरपार, आगे को, बेंड़ा; to come across सामना होना

act *n.* कृति,* नियम, विधि,* नाटक का अंक; *v.t.* करना, व्यवहार करना, अभिनय करना

acting *n.* अभिनय *a.* कार्यकारी

action *n.* कार्य, लड़ाई*, नालिश*, नाटक में घटनाक्रम या मुद्रा या भाव

actionable *a.* कानूनी कार्रवाई करने योग्य

action, direct, *n.* प्रत्यक्ष कार्रवाई*

active *a.* सक्रिय, उद्यमी, तेज़

active voice *n.* कर्तृवाच्य

activity *n.* सक्रियता*, कर्मठता,* फुर्ती* (ब० व० में) हलचल*, कार्यकलाप

actor *n.* अभिनेता

actress *n.* अभिनेत्री*

actual *a.* यथार्थ, ठीक, चालू

actually *adv.* वस्तुत:

acumen *n.* सूक्ष्म दृष्टि* या बुद्धि*, कुशाग्रता*

acute *a.* पैना, विकट, कर्कश

acute angle *n.* न्यून कोण

acute disease *n.* भयंकर या सांघातिक रोग

adage *n.* सूक्ति*

adamant *n.* (अपनी बात या हठ पर) अटल

adapt *v.t.* अनुकूल बनाना, मेल बिठाना

adaptation *n.* अनुकूलन, मेल; नाटक आदि का रूपान्तर

add *v.t.* जोड़ना, जुटाना

addition *n.* जोड़

additional *a.* अतिरिक्त

**addendum** *n.* जोड़, परिशिष्ट
**addict** *v.t.* निरत होना, व्यसन में पड़ना
**addiction** *n.* व्यसन, आसक्ति*
**addle** *a.* सड़ा; *v.t. & i.* सड़ाना
**address** *v.t.* पता लिखना, संबोधित करना, निवेदन करना, व्याख्यान देना; *n.* पता, व्याख्यान, बोलने का ढंग
**addressee** *n.* पत्र पानेवाला।
**adduce** *v.t.* प्रस्तुत करना, निष्कर्ष निकालना
**adept** *n. & a.* प्रवीण
**adequate** *a.* पर्याप्त
**adhere** *v.i.* लग जाना, मत पर दृढ़ होना
**adherence** *n.* लगाव, समर्थन, पक्षपात
**adherent** *a. & n.* अनुयायी, समर्थक, पक्षपाती
**adhesion** *n.* लगाव, चिपकाव, संलग्नता*
**adhesive** *a.* चिपकनेवाला, चिपकाने वाला (जैसे गोंद), चिपचिपा, लसलसा
**ad hoc committee** *n.* तदर्थ समिति*
**adieu** *n. & interj.* अलविदा
**adjacent** *a.* समीपवर्ती
**adjective** *n. & a.* विशेषण; अधीन
**adjoin** *v.i. & t.* जुड़ा होना, जोड़ना, समीप होना, संयुक्त करना या होना
**adjourn** *v.t. & i.* स्थगित करना या होना, टालना टलना
**adjournment** *n.* स्थगन
**adjournment motion** *n.* कार्यस्थगन-प्रस्ताव
**adjudge** *v.t.* निर्णय करना
**adjudicate** *v t.* निर्णय करना
**adjunct** *n.* अधीन या जुड़ी हुई वस्तु, सहायक, अनुलग्न
**adjure** *v.t.* शपथ लेकर कहना
**adjust** *v.t.* अनुकूल बनाना, ठीक जमाना, संवारना, समंजन करना
**adjustment** *n.* समंजन, समन्वय
**adjutant** *n.* सेनापति का विशेष सहायक
**adjutant general** *n.* (सेना का) महासहायक
**administer** *v.t. & i.* प्रबन्ध करना, शासन करना, शपथ दिलाना, सुख पहुंचाना
**administration** *n.* प्रशासन
**administrative** *a.* प्रशासन-संबंधी
**administrator** *n.* प्रशासक
**admirable** *a.* प्रशंसनीय

admiral *n.* नौसेनाध्यक्ष
admiralty *n.* नौसेनाध्यक्ष का कार्यालय या पद, नौवाहन-विभाग
admiration *n.* प्रशंसा, आदर
admire *v.t.* प्रशंसा करना, गुण गाना, समादर करना
admissible *a.* ग्राह्य
admission *n.* प्रवेश, पैठ*
admission card *n.* प्रवेश-पत्र
admit *v.t. & i.* प्रवेश करना या कराना, प्रवेश की अनुमति देना, अंगीकार करना, मान लेना
admittance *n.* प्रवेश का अधिकार
admonish *v. t.* धिक्कारना, चेताना
admonition *n.* धिक्कार*, चेतावनी*, झिड़की*
ado *n.* झमेला
adolescence *n.* किशोरावस्था
adolescent *a. & n.* किशोर
adopt *v.t.* गोद लेना, ग्रहण करना, पसन्द करना
adoption *n.* अंगीकरण, गोद लेने का संस्कार
adorable *a.* पूजनीय
adoration *n.* पूजा*, भक्ति*, प्रति प्रेम
adore *v.t.* पूजा करना, अधिक प्रेम करना
adorn *v.t.* सजाना, शृंगार करना
adornment *n.* सजावट, शृंगार
adrift *adv.* इधर-उधर बहते हुए, बेठिकाने, भटकते हुए
adroit *a.* निपुण, चतुर
adulation *n.* चापलूसी*
adult *n. & a.* वयस्क, बालिग
adult franchise, adult suffrage, *n.* वयस्क मताधिकार
adulterate *v.t.* मिलावट करना, अशुद्ध करना, भ्रष्ट करना
adulteration *n.* मिलावट*
adultery *n.* पर-स्त्री-गमन, व्यभिचार
ad valorem *a. & adv.* मूल्यानुसार
advance *v.i. & i.* आगे बढ़ना या बढ़ाना, पद में उन्नति करना, पेशगी देना; *n.* पेशगी*, उधार, बढ़ती*, उन्नति*
advancement *n.* वृद्धि,* उन्नति* पेशगी भुगतान
advantage *n.* लाभ, बड़ाई*, *v.t.* लाभदायक होना
advantageous *a.* उपयोगी, लाभदायक
advent *n.* आगमन, अवतार
adventure *n.* साहसिकता*; *v.t.* साहसिक कार्य करना

**adventurer** *n.* साहसिक, धुनी
**adventurous** *a.* साहसी
**adverb** *n.* क्रियाविशेषण
**adversary** *n.* वैरी
**adverse** *a.* विपरीत, विरुद्ध
**adversity** *n.* दुर्दिन, अभाग्य
**advertise** *v.t.* प्रचारित करना, विज्ञापन देना
**advertisement** *n.* विज्ञापन
**advice** *n* परामर्श, उपदेश
**advisable** *a.* अनुमोदनीय, उचित
**advise** *v t. & .* परामर्श देना, उपदेश करना, समझाना, सूचना देना
**advisedly** *adv.* समझ-बूझकर
**advisory** *a.* परामर्श देने की क्षमता या अधिकार या कर्त्तव्य से युक्त
**advisory committee** *n.* परामर्शदात्री समिति*
**advocacy** *n.* वकालत*, हिमायत*
**advocate** *n.* एडवोकेट, वकील, समर्थक; *v.t.* वकालत करना, हिमायत करना
**advocate general** *n.* महाधिवक्ता
**aerial** *a.* हवाई ; असार ; कल्पित ; *n.* आकाश-तार
**aerial bombardment** *n.* हवाई बमबारी*
**aerobatics** *n.* हवाई जहाज की क़लाबाज़ी*
**aerodrome** *n.* हवाई अड्डा
**aeronautical wireless service** *n.* वैमानिक बेतार व्यवस्था*
**aeronautics** *n.pl.* हवाई जहाज चलाने की विद्या* विमान-चालन-विज्ञान
**aeroplane** *n.* हवाई जहाज
**aesthetics** *n.pl.* सौन्दर्य-शास्त्र
**afar** *adv.* दूर से, दूर पर
**affable** *a.* सुशील, मिलनसार
**affair** *n.* मामला
**affairs** *n.pl.* कारबार, लेन-देन*
**affect** *v.t.* व्यवहार करना, भेस बनाना, ढोंग या दिखावा करना, बहाना करना
**affectation** *n.* आडम्बर
**affected** *a.* कपटी, ढोंगी, दिखावटी
**affection** *n* अनुराग, प्यार
**affectionate** *a.* प्रीतिमय
**affective** *a.* भावात्मक
**affidavit** *n.* शपथपत्र, हलफ़नामा
**affiliate** *v.t.* मिलाना, सम्बद्ध करना, अवैध संतान का पितृ-संबंध बताना
**affiliation** *n.* संबंधन, संबद्धीकरण, पितृ-संबंध का निश्चय, दत्तक-ग्रहण
**affinity** *n.* सम्बन्ध, सादृश्य,

आकर्षण
affirm *v.t.* पुष्टि करना, दावे से कहना
affirmation *n.* पुष्टीकरण, दृढ़-वचन
affirmative *a. & n.* स्वीकारात्मक; हामी
affix *v.t.* जोड़ना, मिलाना; *n.* प्रत्यय
afflict *v.t.* पीड़ा देना, सताना
afflicted *a.* पीड़ित, सताया हुआ
affliction *n.* पीड़ा*, संताप, मुसीबत*
affluence *n.* समृद्धि*, प्रचुरता*, बहाव
affluent *a.* धनी, प्रचुर, प्रवाही; *n.* सहायक नदी
afford *v.t.* देना, कर सकना
affray *n.* कलह, झगड़ा, बलवा
affront *v.t.* तिरस्कार करना; *n.* प्रत्यक्ष अपमान
aflame *adv.* ज्वालामय
afloat *adv.* बहता हुआ
afoot *adv.* पैदल
aforesaid *a.* पूर्व-कथित
afraid *a.* भयभीत
afresh *adv.* नये सिरे से
after *a.* बाद का, पीछे का; *prep. & adv.* बाद में, पीछे, अनुसरण में, विषय में; *conj.* तो भी
afternoon *n.* अपराह्न, तीसरा पहर
afterwards *adv.* बाद में
again *adv.* फिर, अतिरिक्त; again and again बार-बार
against *prep.* प्रतिकूल, सामने, विरुद्ध
agape *adv.* मुख खोले हुए, भौंचक्का
age *n.* आयु*, वय*, अवस्था*, युग; to come of age बालिग होना
aged *a.* वयोवृद्ध
agenda *n.pl.* कार्यसूची*
agency *n.* प्रतिनिधि का पद या काम, एजेंसी*, आढ़त*
agent *n.* एजेन्ट, प्रतिनिधि, आढ़तिया, आम मुख्तार
aggrandize *v.t.* पद, शक्ति अथवा प्रतिष्ठा में बढ़ाना
aggravate *v.t.* छेड़ना, भड़काना, गम्भीरता बढ़ाना
aggravation *n.* छेडछाड़*, भड़काव, प्रकोप, अतिरेक
aggregate *v.t. & i.* इकट्ठा करना या होना, कुल जोड़ निकालना; *a.* कुल जमा; *n.* कुल जोड़
aggression *n.* आक्रमण, चढ़ाई*
aggressive *a.* आक्रमणशील, दुर्व्यवहारी, झगड़ालू

**aggressor** *n.* आक्रामक
**aggrieve** *v.t.* पीड़ा देना, सताना
**aggrieved** *a.* पीड़ित
**aghast** *a.* भौंचक्का, त्रस्त
**agile** *a.* चुस्त, फुर्तीला
**agility** *n.* चुस्ती*, फुर्ती*
**agitate** *v.t.* क्षुब्ध या उत्तेजित करना, आन्दोलन करना
**agitation** *n.* व्याकुलता*, विवाद, आन्दोलन
**aglow** *adv.* दमकता हुआ
**ago** *a. & adv.* पहले
**agonize** *v.t. & i.* तड़पाना, तड़पना
**agony** *n.* संताप, यातना*
**agrarian** *a.* कृषि-संबंधी, भूमि-धारिता-संबंधी
**agree** *v.i. & t.* अनुकूल होना, सहमत हो जाना, एक मत होना, निभना
**agreeable** *a.* अनुकूल, सुखद
**agreement** *n.* समझौता, क़रार, मेल, स्वीकारपत्र
**agricultural** *a.* कृषि-सम्बन्धी
**agriculture** *n.* कृषि*, खेती*
**agriculturist** *n.* कृषि-विशेषज्ञ, खेतिहर, किसान
**ahead** *adv.* आगे, बढ़कर
**aid** *n.* सहायता*, सहारा; *v.t.* सहायता देना
**aide-de camp** *n.* अंगरक्षक, सैन्यादेशवाहक
**ail** *v.t. & i.* दुःख देना या भोगना
**ailment** *n.* रोग, पीड़ा*
**aim** *n.* लक्ष्य, उद्देश्य, निशाना; *v.t. & i.* लक्ष्य करना, निशाना लगाना
**aimless** *a.* लक्ष्यहीन, निरुद्देश्य, बेतुका
**air** *n.* हवा*, वायुमण्डल, हाव-भाव, तान*, सुर; *v.t.* हवा लगाना, सुखाना
**air-conditioned** *a.* ताप-नियन्त्रित
**aircraft** *n.* वायुयान, हवाई जहाज़, गुब्बारा
**aircraft carrier** *n.* विमान-वाहक पोत
**airgraph** *n.* हवाई चित्र
**airgun** *n.* हवाई तोप*
**airless** *a.* वायुरहित, शान्त, दमघोट्ट
**airman** *n.* विमान-चालक
**air-raid** *n.* हवाई हमला
**air-raid alarm** *n.* हवाई खतरे का भोंपू
**air-raid precautions (A. R. P.)** *n.* हवाई हमले से हिफ़ाज़त* (ह० ह० हि०)
**air-raid shelter** *n.* हवाई आश्रय
**airship** *n.* हवाई जहाज़
**air-tight** *a.* वायु-रोधक

airy *a.* हवाई, हवादार

ajar *adv.* अधखुला

akin *a.* सगोत्र, सगा, संबंधी

alabaster *n.* संगमरमरी खड़िया*

alacrity *n.* तत्परता*, आतुरता*, उत्साह

alarm *n.* भय, बेचैनी*, खतरे की सूचना*, जगाने का यन्त्र; *v.t.* डराना, चौंकाना

alas *inter.* हाय ! अरे !

albeit *adv.* यद्यपि, तथापि

album *n.* चित्राधार, अलबम

alchemy *n.* रस-विद्या*, कीमियागरी*

alcohol *n.* मद्यसार

alderman *n.* उप-नगरपाल

alert *a.* सावधान, चंचल

algebra *n.* बीजगणित

alias *n. & adv.* उपनाम, उर्फ़

alibi *n.* अन्यत्र उपस्थिति*

alien *a.* परदेशी, ग़ैर, प्रतिकूल, भिन्न स्वभाव का; *n.* विदेशी

alienate *v.t.* अलगाना, हटाना

alight *v.i.* उतरना, नीचे आना या बैठना; *a. & adv.* जलता हुआ, प्रकाशमय

align, aline *v.t. & i.* पंक्ति में करना या होना

alignment *n.* पंक्ति-बन्धन, मार्गरेखा*, सीध*

alike *a. & adv.* सदृश, समान,

उसी प्रकार से

alive *a.* जीवित, सचेत, परिपूर्ण

alkali *n.* क्षार, सज्जीखार

alkaline *a.* क्षार के गुणवाला

all *a. & pron.* सम्पूर्ण, सब ; *adv.* बिलकुल, समूचा; *n.* सभी लोग, सरबस, सब कुछ all along निरन्तर; all but प्रायः; all in all सब मिलाकर ; all over सर्वत्र; all of a sudden एकाएक; once for all सर्वदा के लिए

allay *v.t.* शान्त करना, निराकरण करना

allegation *n.* अभियोग, आरोप

allege *v.t.* अभियोग लगाना, आरोप लगाना, दलील देना

allegiance *n.* राजभक्ति*, निष्ठा*

allegoric(al) *a.* अन्योक्ति-सम्बन्धी, रूपक-सम्बन्धी

allegory *n.* रूपक, दृष्टान्त-कथा*, अन्योक्ति*

alleviate *v.t.* कम या धीमा करना

alley *n.* संकरी गली*

all fools' day *n.* अप्रैल मास का पहला दिन

allfours *n.* ताश का एक खेल; on all fours बकवां, हाथों और घुटनों के बल

338

alliance n. मैत्री-संधि*, मैत्री*; समझौता, एकरूपता*, संबंध, नाता, मेल

allied power n. मित्र-शक्ति*

alligator n. घड़ियाल

alliterate v.t. अनुप्रास लगाना

alliteration n. अनुप्रास

alliterative a. अनुप्रास का, अनुप्रास-सम्बन्धी, अनुप्रासमय

allocate v.t. बांटना, ठहराना, नियत करना

allocation n. बंटवारा, निर्धा-रण

allopathy n. सामान्य डाक्टरी चिकित्सा*

allot v.t. बांटना, ज़िम्मे करना, निर्धारित करना

allotment n. अंश, बांट*, भाग्य, निर्धारण

allow v.t. & i. आज्ञा देना, स्वीकार करना, अनुमति देना, गुंजायश होना

allowable a. अनुमोदन के योग्य

allowance n. आज्ञा*, अनु-मोदन, मुजरा, अनुमति*, भत्ता; v.t. भत्ता देना, छूट देना

alloy n. मिश्रधातु*, खोट*, भरन*; v.t. खोटा करना, मिलावट करना, धातुमिश्रण करना, खोट मिलाना

allude v.i. संकेत करना, परोक्ष-निर्देश करना

allure v.t. ललचाना, फुसलाना

allurement n. प्रलोभन, लालच

alluring a. मनोहर

allusion n. संकेत

allusive a. गूढ़-संकेतमय

ally v.t. सम्बन्ध करना, मैत्री करना, मिलाना; n. मित्र व्यक्ति या राज्य

alma mater n. अपना विद्या-लय या विश्वविद्यालय

almanac n. पञ्चाङ्ग, जन्त्री*

almighty a. सर्वशक्तिमान

almond n. बादाम

almost adv. लगभग

alms n. भिक्षा*

aloft adv. ऊपर, ऊपर की ओर

alone a. अकेला, एक; adv. अकेले, केवल

along adv. & prep. एक ओर से दूसरी ओर तक, आगे को, सीधे, लंबान में

aloof adv. दूर, पृथक्, परे, न्यारा

aloofness n. उदासीनता*, दुराव

aloud adv. ऊंचे स्वर से, चिल्लाकर, प्रकट रूप से, खुल्लमखुल्ला

alpaca n. ऊनदार ऊंट या

उसकी ऊन का कपड़ा
alphabet *n.* वर्णमाला*
alphabetical *a.* अकारादि क्रम में लगा हुआ
already *adv.* पहले ही, पहले से, अभी तक
also *adv.* भी, साथ ही
altar *n.* वेदी*
alter *v.t. & i.* बदलना
alteration *n.* परिवर्तन, अदल-बदल
altercate *v.i.* झगड़ना, विवाद करना
altercation *n.* विवाद, रार*, झगड़ा, हुज्जत*
alternate *a.* एवजी, परस्परानुवर्ती ; *v.t.* बारी-बारी से करना या रखना या बदलना
alternative *n.* पक्षान्तर, विकल्प, पर्याय
although *conj.* यद्यपि, मानो, हालांकि
altitude *n.* ऊंचाई*
altogether *adv.* सर्वथा, पूर्ण रूप से
aluminium *n.* अलमीनियम
always *adv.* सर्वदा, निरन्तर
am *v.t. & i.* हूं
A. M., a.m., *n.* मध्याह्नपूर्व (म०पू०)
amalgamate *v.t. & i.* धातु में पारा मिलाना, मिलाना, मिलना
amalgamation *n.* पारद-मिश्रण, मिश्रण, जाति-मिश्रण
amass *v.t.* संग्रह करना, ढेर लगाना
amateur *n.* शौकीन, कलाप्रेमी
amaze *v.t.* विस्मित करना, अचम्भे में डालना
amazement *n.* विस्मय, आश्चर्य
ambassador *n.* राजदूत
ambiguity *n.* सन्दिग्धता*, वक्रोक्ति*
ambiguous *a.* अनिश्चित
ambition *n.* महत्त्वाकांक्षी*, अभिलाषा*, लालसा*
ambitious *a.* महत्त्वाकांक्षी, लालसी, उमंगी
ambulance *n.* एम्बुलेंस*, रोगी-वाहक गाड़ी*, सैनिक चल-चिकित्सालय
ambush *n.* सिपाहियों की घात*, घात का स्थान
ameliorate *v.t. & i.* सुधारना, सुधरना, उन्नति करना या देना
amen *interj.* एवमस्तु, आमीन
amenable *a.* आज्ञाकारी, वश्य
amend *v.i. & t.* भूल-सुधार करना, शोधना, सुधारना, सुधरना
amendment *n.* संशोधन, सुधार

amends *n.pl.* प्रतिफल, हर-जाना
amiability *n.* सुशीलता*, सौजन्य, रमणीयता*
amiable *a.* सुशील, प्रियदर्शन
amicable *a.* मित्रभाव-पूर्ण, शान्तिशील
amid *prep.* में, के बीच, संबंध में
amiss *a. & adj.* बेतुका, ग़लत, भूल से
amity *n.* मैत्री, मेल-जोल
ammunition *n.* गोला-बारूद*, युद्धसामग्री*
amnesty *n.* ग्राम माफ़ी*, सर्व-क्षमा*
among, amongst *prep.* में, के बीच, मिलकर
amorous *a.* प्रेमशील, रसिक
amount *n.* राशि*, मात्रा*, कुल जोड; *v.t.* बराबर होना, परिणाम होना
ampere *n.* बिजली की धारा की इकाई*
amphitheatre *n.* गोल रंग-भूमि* अखाड़ा
ample *a.* पर्याप्त, विस्तृत, प्रचुर
amplification *n.* विस्तार
amplifier *n.* ध्वनि-विस्तारक
amplify *v.t. & i.* विस्तार करना, बढ़ाना
amuck *adv.* अंधाधुंध, पगला-कर
amuse *v.t.* मन बहलाना
amusement *n.* मनबहलाव
an *a.* एक, कोई
anachronism *n.* काल-भ्रम
anaemia *n.* रक्तहीनता का रोग
anaesthesia *n.* बेहोशी*, संज्ञा-हीनता*
analogous *a.* तुल्य, समरूप, अनुरूप
analogy *n.* समरूपता*, समानता*, तुल्यता*, उपमान, अनुरूपता*
analyse *v.t.* सूक्ष्म विश्लेषण करना, परीक्षा करना
analysis *n* विश्लेषण
analyst *n.* रासायनिक विश्लेषण में निपुण, विश्लेषक
analytic (-al) *a.* विश्लेषणात्मक
anarchist *n.* अराजकतावादी
anarchy *n.* अराजकता*, विप्लव
anatomy *n.* शरीर-रचना-शास्त्र
ancestor *n.* पूर्वज, पूर्वपुरुष
ancestral *a.* पैतृक
ancestry *n.* पितरावली*
anchor *n.* लङ्गर, सहारा *v.t.* लंगर डालकर जहाज़ ठहराना
anchorage *n.* लंगरवानी*, लंगरगाह*

ancient *a.* प्राचीन
and *conj.* और, तथा
anecdote *n.* छोटी-सी कहानी*, उपाख्यान, छोटी-सी घटना का विवरण
anew *adv.* नये सिरे से, पुनः, फिर से, दुहराकर
angel *n.* देवदूत, फ़रिश्ता
anger *n.* कोप, क्रोध; *v.t.* क्रुद्ध करना
angle *n.* कोण, कोना, बंसी*
angler *n.* बंसी से मछली पकड़ने वाला, कांटेबाज़
angling *n.* बंसी से मछली का शिकार
anglo-Indian *n.* ऐंग्लो-इंडियन
angry *a.* क्रुद्ध, क्रोधी, कुपित
anguish *n.* व्यथा*, पीड़ा*, वेदना*
angular *a.* कोणयुक्त
animal *n.* जन्तु, प्राणी, पशु, जीवधारी; *a.* प्राणि-सम्बन्धी, पाशविक, कामुक
animal husbandry *n.* पशु-पालन
animate *v.t.* जीवित करना, उत्तेजित करना; *a.* सजीव, चेतन
animated *a.* प्रफुल्ल, प्रसन्न, सजीव, तेजस्वी
animation *n.* उत्साह, हुलास, सजीवता*, जीव-संचारण, स्फुरण, जान*
animosity *n.* वैर
ankle *n.* टखना, गुल्फ-संधि*
anklet *n.* नूपुर, पायल*, पायजेब*
annalist *n.* वर्षक्रमिक, इतिहास-लेखक
annals *n.pl.* वार्षिक वृत्तान्त, वर्षक्रमिक इतिहास
annex *v.t.* हड़प कर लेना
annexation *n.* राज्यहरण, परिशिष्ट
annex(e) *n.* पूरक अंश, उप-भवन
annihilate *v.t.* लोप करना, मिटा देना
annihilation *n.* विनाश, प्रलय
anniversary *n.* वार्षिकोत्सव
announce *v.t.* घोषणा करना, सूचना देना
announcement *n.* घोषणा*
annoy *v.t.* झुंझला देना, उद्विग्न करना
annoyance *n.* चिढ़
annual *a.* वार्षिक
annuity *n.* वार्षिक वेतन या भत्ता या वृत्ति* या विनियोग
annul *v.t.* अन्त करना, मिटा देना
anomalous *a.* नियमविरुद्ध, विलक्षण
anomaly *n.* अनियम, अवै-

घता* गति-विरोध

**anonymous** *a.* गुमनाम, नाम-रहित, अज्ञात-कृत

**another** *a. & pron.* दूसरा, भिन्न, दूसरा कोई; one after another एक के बाद दूसरा

**answer** *n.* उत्तर, प्रतिवचन; *v.t.* उत्तर देना, काम देना

**answerable** *a.* उत्तरदायी, जवाबदेह, अनुकूल

**ant** *n.* चींटी*, ant-hill वल्मीक; white ant दीमक*

**antagonism** *n.* विरोध, शत्रुता*

**antagonist** *n.* शत्रु, प्रतिपक्षी

**antagonistic** *a.* विपक्षी, विरोधी

**antarctic** *a.* दक्षिणी-ध्रुवीय, दक्षिणी

**antecedent** *a.* पूर्वगामी; *n.* पूर्ववृत्त, पूर्वपद

**ante-chamber** *n.* डेवढ़ी*

**antennae** *n. pl.* कीड़ों के 'स्पर्शसूत्र' या 'मूंछें'*

**anteroom** *n.* गलियारा, डेवढ़ी*

**anthem** *n.* भजन, गान

**anthology** *n.* पद्यावली*, गद्यावली*

**anthropoid** *a.* मानवाकार; *n.* वनमानुष

**anthropophagi** *n.pl.* नरभक्षी लोग

**anti-air-craft gun** विमानवेधी तोप*

**antic** *a.* विलक्षण; *n.* विलक्षण आकृति* या स्थिति*, विदूषक

**anticipate** *v.t. & i.* पहले से सोच रखना, प्रत्याशा करना

**antidote** *n.* विषहर औषध, मारक

**antimony** *n.* सुरमा

**antipathy** *n.* सहज-विरोध, घृणा*, चिढ़*

**antipathetic** *a.* सहज-विरोधी स्वभाव या लक्षणों वाला

**antiquarian** *n. & a.* पुराविद्, पुरातात्त्विक

**antiquary** *n.* पुरातात्त्विक शोधकर्त्ता

**antiquated** *a.* पुरानी रीति का

**antique** *a.* पुराना, अनोखा

**antiquity** *n.* पूर्वकाल के अवशेष; प्राचीन रीति*

**antiseptic** *a. & n.* सड़न रोकने वाली दवा*

**antithesis** *n.* विलोम, विपरीतता*

**anti-venom serum** *n.* विषरोध रस

**antler** *n.* बारहसिंगे के शाखादार सींग

**anvil** *n.* निहाई*

**anxiety** *n.* चिन्ता*, उत्कण्ठा*,

व्यग्रता*
**anxious** *a.* चिन्तित, उत्कंठित, व्यग्र
**any** *pron. & a.* कोई, कोई एक, एक, थोड़ा-सा, बिलकुल; *adv.* किसी तरह; **anyhow** किसी न किसी प्रकार से, जैसे-तैसे; **anywhere** कहीं न कहीं, सर्वत्र
**apace** *adv.* झटपट
**apart** *adv.* पृथक्
**apartment** *n.* मकान का एक कमरा
**apartheid policy** *n.* रंगभेद-नीति*
**apathetic** *a.* उदासीन, निरुत्साह, निठुर
**apathy** *n.* उदासीनता*, निठुराई*
**ape** *n.* पुच्छहीन बंदर, अनुकरण करनेवाला; *v.t.* अनुकरण करना
**apery** *n.* अनुकरण, वानर-लीला*
**apex** *n.* शीर्षबिन्दु, चोटी*, सिरा
**apiculture** *n.* मधुमक्खी-पालन
**apiece** *adv.* पृथक्-पृथक्, एक-एक करके
**apish** *a.* बंदर-सा, नटखट, बुद्धू
**apologetic** *n.* भूल-चूक मानने वाला
**apologize** *v.t.* क्षमा मांगना
**apology** *n.* क्षमा-याचना*, दोष-स्वीकार, सफ़ाई*, समर्थन
**apoplectic** *a.* मिरगी या लक़वा-सम्बन्धी, मिरगी या लक़वा से ग्रस्त
**apoplexy** *n.* मूर्छा*, मिरगी*, लक़वा
**apostle** *n.* देवदूत, ईसाई धर्म का प्रचारक
**apostrophe** *n.* वर्णलोप या सम्बन्ध कारक का चिह्न (') परोक्ष-सम्बोधन
**appal** *v.t.* डराना, व्याकुल करना
**apparatus** *n.* उपकरण, उपकरण-समूह, औज़ार
**apparent** *a.* प्रकट, प्रत्यक्ष, स्पष्ट; **heir apparent** राज्य का उत्तराधिकारी, युवराज
**appeal** *v.t. & i.* पुनर्विचार की प्रार्थना करना, आकर्षक होना; *n.* पुनर्विचार-प्रार्थना*, अपील*
**appear** *v.i.* दिखाई पड़ना, जान पड़ना, प्रकट होना
**appearance** *n.* आभास, पेशी* सूरत*, दृष्टिभ्रम, आकृति*, रूप
**appease** *v.t.* शांत करना,

मनाना, तुष्ट करके चुप करना
appellant *n.* अपील करनेवाला
appellate *a.* अपील-संबंधी
appellate tribunal *n.* अपीली अदालत*, पुर्नविचार न्यायाधिकरण
appellation *n.* नाम, पदवी*
append *v.t.* मिलाना, जोड़ना
appendage *n.* अनुबंध, उपकरण, परिशिष्ट, पिछलगुआ
appendix *n.* परिशिष्ट, शेषसंग्रह
appertain *v.i.* सम्बन्ध रखना
appetite *n.* भूख*, रुचि*, चाव
appetizer *n.* क्षुधावर्धक पदार्थ
applaud *v.t. & i.* प्रशंसा करना, सराहना, ताली बजाना, वाहवाही देना
applause *n.* प्रशंसा*-घोष, वाहवाही*, ताली*, स्तुति*
apple *n.* सेब; आंख का तारा
appliance *n.* उपकरण
applicable *a.* अनुकूल, उचित, उपयुक्त
application *n.* प्रयोग, प्रार्थना*, उपयुक्तता*, प्रार्थना-पत्र
applicant *n.* प्रार्थी
apply *v.t. & i.* प्रार्थना-पत्र देना या भेजना, लागू करना या होना
appoint *v.t.* नियुक्त करना, नियत करना
appointment *n.* नियुक्ति*, समयादेश, नौकरी*
apportion *v.t.* भाग करना, बांटना
apposite *a.* योग्य, ठीक
appraise *v.t.* मूल्य ठहराना, आंकना, कूतना
appreciable *a.* विवेचनीय, प्रशंसनीय
appreciate *v.t. & i.* गुण जानना, मान करना, दाम बढ़ाना, मूल्यांकन करना, सराहना, रस-ग्रहण करना, सहृदय होना
apprehend *v.t.* पकड़ना, अनुभव करना, गिरफ्तार करना, आशंका करना
apprehension *n.* बोध, डर, हिरासत*
apprehensive *a.* समझदार, सशंक, भयभीत
apprentice *n.* नवसिखुआ, चेला; *v.t.* काम सिखाना
apprise *v.t.* सूचना देना, बतलाना
approach *v.t. & i.* निकट आना, प्रस्ताव करना, बढ़ना; *n.* निकटता* प्रवेश, पहुंच*
approbation *n.* समर्थन, स्वीकृति*, प्रशंसा*
appropriate *v.t.* अपनाना, हड़पना; *a.* उपयुक्त, ठीक

appropriation *n.* स्वायत्तीकरण, विनियोग
appropriation bill *n.* विनियोग-विधेयक
approval *n.* अनुमोदन, पसन्द*
approve *v.t.* अनुमोदन करना, प्रशंसा करना, पसन्द करना, ठीक समझना
approver *n.* अनुमोदक, सरकारी गवाह
approximate *a.* प्राय: शुद्ध, लगभग
apricot *n.* खूबानी*
April *n.* अप्रैल
apron *n.* पेशबंद
apt *a.* तत्पर, उद्यत, योग्य, संगत, उपयुक्त
aptitude *n.* सहज रुझान, उपयुक्तता*, योग्यता*, कौशल
arable *a.* & *n.* कृषि-योग्य (भूमि)
arbiter *n.* मध्यस्थ, पञ्च
arbitral tribunal *n.* पंच-न्यायाधिकरण
arbitrary *a.* मनमाना, विवेकाधीन
arbitrate *v.t.* पंचायत करना
arbitration *n.* पंच-निर्णय
arbitrator *n.* पंच
arc *n.* वृत्त-चाप
arcade *n.* वृक्षों से ढंका हुआ मार्ग, वीथिका*
arch *n.* वृत्तखण्ड, मेहराब*; *v.t.* & *i.* मेहराब लगाना या बनाना; *a.* धूर्त्त, दुष्ट, छंटा हुआ, परले दरजे का
archaic *a.* प्राचीन, आदिम
archangel *n.* प्रधान देवदूत
archbishop *n.* मुख्य धर्माध्यक्ष, लाटपादरी
architect *n.* वास्तुकार
architecture *n.* वास्तुविद्या*, घर बनाने की कला*
archive *n.* पुरालेख
archives *n.pl.* पुरालेखागार, अभिलेखागार
archivist *n.* पुरालेखपाल
arctic *a.* उत्तरी ध्रुव सम्बन्धी, उत्तरी
ardent *a.* उत्साही, परितप्त, उत्कट, उत्सुक
ardour *n.* उत्कंठा*, उत्सुकता*, ललक*, प्रगाढ़भाव
arduous *a.* कर्मठ, दु:साध्य, कठिन
area *n.* क्षेत्रफल, चौरस भूमि*,
arena *n.* रंगभूमि*, अखाड़ा, रणभूमि*
argent *n.* & *a.* चांदी*, रुपहला
argentine *a.* रुपहला
argue *v.t.* & *i.* तर्क करना, सिद्ध करने का प्रयत्न करना
argument *n.* तर्क, शास्त्रार्थ

arid *a.* शुष्क, सूखा, बंजर
Aries *n.* मेष राशि*
arise *v.i.* उगना, उठना, दिखना
aristocracy *n.* शिष्टजन, कुलीनतंत्र, रईसवर्ग
aristocrat *n.* रईस, अमीर, कुलीन
aristocratic *a.* कुलीनतंत्रीय, भव्य, प्रतापी
arithmetic *n.* अंकगणित
arithmetical *a.* अंक-सम्बन्धी, अंकगणित संबंधी
arm *n.* बांह*, भुजा*
armaments *n.pl.* युद्धसामग्रा*, सज्जसेना*
armature *n.* हथियार, कवच, बिजली के डायनेमो का धात्र
armistice *n.* अस्थायी संधि*
armlet *n.* बाज़ूबन्द
armour *n.* कवच
armoured car *n.* बख्तरबंद गाड़ी*
armoury *n.* शस्त्रशाला*
arms *n. pl.* अस्त्रशस्त्र
army *n.* सेना*, दल-बल
army-headquarters *n.* सेना का प्रधान कार्यालय
aroma *n.* सुगन्ध*
around *adv.* चारों ओर, सब ओर
arouse *v.t.* जगाना, उकसाना, उत्तेजित करना
arrange *v.t. & i.* क्रम में रखना, ठीक करना, व्यवस्था करना
arrangement *n.* प्रबन्ध, व्यवस्था*
array *n.* क्रम, व्यूह; *v.t. & i.* क्रम में रखना, सजाना, व्यूह रचना
arrear *n.* बक़ाया
arrears *n. pl.* ऋणशेष, बक़ाया
arrest *v.t.* गिरफ्तार करना, रोकना, पकड़ना; *n.* गिरफ़्तारी* रुकावट*
arrival *n.* आगमन, उपस्थिति*, पहुंच*, आया हुआ माल
arrive *v.t.* आना, पहुंचना, लक्ष्य प्राप्त करना, नाम कमाना
arrogance *n.* उद्दण्डता*, गर्व, हेकड़ी*
arrogant *a.* हठी, अभिमानी, हेकड़
arrogate *v.t.* सगर्व या अनुचित दावा करना
arrow *n.* बाण, तीर
arrowroot *n.* अरारोट, शिशुमूल
arsenal *n.* शस्त्रगृह, हथियारघर
arsenic *n.* संखिया, हरताल*
arson *n.* आग लगाने का अपराध
art *n.* कला*, कौशल, चातुरी*;

black arts जादू, टोना; fine arts ललित कलाएं*
artery *n.* रुधिरवाहिनी नलिका*, धमनी*
artful *a.* धूर्त, कपटी
arthritis *n.* जोड़ों की सूजन*, गठिया*
article *n.* अनुच्छेद, लेख, वस्तु*, विषय, सामान्य वाक्य
articles of association *n.* संस्था के नियम
articulate *a.* स्पष्ट, व्यक्त *v.t.* साफ़-साफ़ बोलना
articulation *n.* ग्रंथन, जोड़-बंदी*, गांठ*, स्पष्ट उच्चारण
artificial *a.* शिल्पनिर्मित, कृत्रिम, बनावटी
artillery *n.* तोपें*, तोपखाना
artisan *n.* शिल्पी, शिल्पकार
artist *n.* कलाकार
artistic *a.* कलात्मक, सुन्दर
artless *a.* simple, सीधा, अकृत्रिम, भोला, निश्छल, अनाड़ी
as *adv., conj., & pron.* उसी प्रकार से, वैसे ही, जैसे, ज्योंही, इतना, जितना, ऐसा, जैसा, जैसे कि, मानो, जभी, जबकि, की तरह, इसलिए कि, ताकि, कि, चूंकि, जब; जो, जो कुछ; as yet अब तक; as well as और भी
ascend *v.t. & i.* चढ़ना, बढ़ना, ऊपर जाना
ascendancy (-ency) *a.* अधिकार, प्रभुत्व
ascent *n.* उदय, चढ़ाव, उभार, ज़ीना
ascertain *v.i.* निश्चित करना, जांचना, पता चला या पा लेना
ascetic *n.* तपस्वी, योगी
asceticism *n.* संन्यास, वैराग्य
ascribe *v.t.* लगाना, मढ़ना, कारण या संबंध बताना
aseptic *a.* सड़न रोकनेवाला, कीटाणु-नाशक
ash *n.* भस्म, राख*, सून का पेड़
ashamed *a.* लज्जित
ashen *a.* भस्मवर्ण, सून की लकड़ी का
ashore *adv.* तट पर
Asiatic *a.* एशियाई
aside *adv.* एक ओर, अलग; *n.* स्वगत कथन
asinine *a.* गदहे का, मूर्खवत्
ask *v.t.* पूछना, पूछताछ करना, याचना करना, मांगना
askance *adv.* तिरछी दृष्टि से, कनखियों से
asleep *adv. & a.* निद्रा में, सोते हुए, सुप्त
asp *n.* पहाड़ी पीपल, मिस्री

साँप
aspect *n.* पहलू, स्वरूप
aspersion *n.* आक्षेप, कलंक
asphalt *n.* अलकतरा और बालू मिला हुआ मसाला
aspirant *a.* आकांक्षी, अभ्यर्थी
aspiration *n.* आकांक्षा*, लालसा*
aspire *v.t.* महत्त्वाकांक्षा करना
ass *n.* गदहा
assail *v.t.* आक्रमण करना, धावा बोलना, पिल पड़ना
assailant *n.* आक्रमण करनेवाला, पिल पड़नेवाला
assassin *n.* हत्यारा
assassinate *v.t.* हत्या करना, कपटवध करना
assassination *n.* हत्या*, कपटवध
assault *n.* धावा, चढ़ाई*, अवैध मारपीट* या गाली* ; *v.t.* आक्रमण करना, धावा करना, घर्षण करना
assemblage *n.* जमाव, जमावड़ा
assemble *v.i.* & *t.* एकत्र होना या करना
assembly *n.* विधान सभा*, सभा*
assent *v.t.* अनुमति देना, स्वीकार करना, मान लेना; *n.* अनुमति*, सम्मति*, समर्थन
assert *v.t.* & *i.* दृढ़तापूर्वक कहना, दावा करना, हक़ जमाना
assess *v.t.* कर निर्धारित करना, कूतना, आंकना, लागू करना
assessment *n.* कर-निर्धारण, मूल्यांकन, लगान
assessor *n.* कर-निर्धारक
assets *n.pl.* सम्पत्ति*, वैभव
assets and liabilities *n.* देना-पावना, देयादेय
assign *v.t.* निर्दिष्ट करना, नियुक्त करना, बांटना, सौंपना
assignee *n.* सम्पत्ति-भागी
assignment *n.* समर्पण, सौंपा गया काम
assimilate *v.t.* & *i.* आत्मसात् करना
assimilation *n.* परिपाक
assist *v.t.* & *i.* सहायता करना, साथ होना, हाथ बंटाना
assistance *n.* सहायता*
assistant *n.* सहायक, सहकारी
associate *v.t.* & *i.* मिलाना, मिलना, जुटना; *a.* मिला-जुला, सहकारी, संघिबद्ध; *n.* साथी, सहकारी
association *n.* संघ, सभा*, मण्डली*
assonance *n.* स्वरों की एकता*

**assort** *v.t. & i.* छांटना
**assuage** *v.t.* मृदु करना, शांत करना
**assume** *v.t.* कल्पना करना, मान लेना, हक़ मारना
**assumption** *n.* कल्पना*, मानी हुई बात*, गर्व
**assurance** *n.* विश्वास, बीमा
**assure** *v.t.* भरोसा दिलाना
**asterisk** *n.* तारे का (*) चिह्न, फुली*
**asthma** *n.* दमा
**asthmatic** *a.* दमे का रोगी, दमा-संबंधी
**astonish** *v.t.* चकित करना
**astonishment** *n.* आश्चर्य, अचम्भा
**astound** *v.t.* चकित करना, घबरा देना
**astray** *adv.* भटका हुआ, गुमराह
**astrologer** *n.* ज्योतिषी
**astrology** *n.* फलित ज्योतिष
**astronomer** *n.* खगोल-विद्, गणित-ज्योतिषी
**astronomy** *n.* गणित-ज्योतिष, खगोल-विद्या*
**astute** *a.* चतुर, दक्ष, शठ
**asunder** *adv.* अलग-अलग
**asylum** *n.* आश्रय, शरणस्थान, अस्पताल
**at** *prep.* में, से, ओर, पर ; at all बिलकुल ; at once तुरंत, एकाएक
**atheism** *n.* अनीश्वरवाद
**athlete** *n.* योद्धा, पहलवान
**athletics** *n.pl.* व्यायाम, मल्ल-विद्या*, दंगल
**atlas** *n.* मानचित्रों की पुस्तक*
**atmosphere** *n.* वायुमंडल, हवा*, व्याप्ति*
**atom** *n.* परमाणु, कण
**atone** *v.t.* हरजाना देना, प्रायश्चित्त करना, मेल करना, सुलझाना
**atonement** *n.* हरजाना, प्रायश्चित्त
**atrocious** *a.* अति दुष्ट, घृणित, घोर, पापिष्ठ, नृशंस
**atrocity** *n.* दुष्टता*, नृशंसता*, अत्याचार
**attach** *v.t. & i.* बांधना, लगाना, जोड़ना, कुर्क करना
**attache** *n.* कागज़ात रखने का छोटा बक्स, राजदूत का सहकारी
**attachment** *n.* बंधन, कुर्की*, अनुराग, प्रीति*
**attack** *v.t.* आक्रमण करना; धावा करना ; *n.* आक्रमण, आक्षेप
**attain** *v.i. & t.* पहुंचना, प्राप्त करना, सिद्ध कर लेना
**attainment** *n.* accomplish-

ment लाभ, गुण, सिद्धि*
**attar** *n.* इत्र
**attempt** *v.t.* प्रयत्न करना, आजमाना; *n.* प्रयत्न
**attend** *v.i. & t.* उपस्थित होना, ध्यान देना, सेवा करना
**attendance** *n.* उपस्थिति*
**attendant** *n.* अनुचर, सेवक
**attention** *n.* ध्यान
**attentive** *a.* सावधान, सचेत
**attest** *v.t. & i.* संपुष्टि करना
**attire** *n.* पोशाक*; *v.t.* वस्त्र पहनाना
**attitude** *n.* रुख, मनोभाव
**attorney** *n.* मुख्तार
**attract** *v.t.* आकर्षित करना, खींचना
**attribute** *v.t.* आरोपित करना, मत्थे मढ़ना; *n.* गुण
**auction** *n.* नीलाम; *v.t.* नीलाम करना
**audible** *a.* सुनाई देने योग्य
**audience** *n.* श्रोतागण, दर्शक
**audit** *n., v.t.* आडिट, हिसाब-किताब की जांच (करना)
**auditor** *n.* आडिटर, लेखा-परीक्षक
**auditor general** *n.* महालेखा परीक्षक
**auditorium** *n.* सभा-मण्डप
**augment** *v.t. & i.* बढ़ना, बढ़ाना; *n.* वृद्धि*, आगम
augury *n.* शकुन, भविष्य-वाणी*
august *n.* अगस्त महीना; *a* प्रतापी, श्रद्धास्पद
aunt *n.* फुआ*, मौसी* चाची*, मामी*
auspices *n.pl.* तत्वावधान
auspicious *a.* शुभ, अनुकूल
austere *a.* सीधा-सादा, सादगी-पसन्द
author *n.* रचयिता, लेखक
authoritative *a.* आधिकारिक, प्रामाणिक
authority *n.* अधिकार, अधि-कारी व्यक्ति
authorize *v.t.* अधिकार देना, स्वीकृति देना
autobiography *n.* आत्मकथा*
autocracy *n.* निरंकुश राज्य-शासन, एकतंत्र
autocrat *n.* अनियन्त्रित शासक, अत्याचारी
autocratic *a.* निरंकुश
autograph *n.* स्वाक्षर, अपने हस्ताक्षर, ग्रंथकार की निजी पांडुलिपि*
automatic *a.* स्वचालित
automaton *n.* स्वचालित यंत्र
automobile *n.* मोटर-गाड़ी*
autonomy *n.* स्वराज्य, स्व-शासित जाति* या समाज
autumn *n.* शरद् ऋतु*

auxiliary *a.* & *n.* सहायक, सहाय

avail *v.t.* & *i.* उपयोगी होना, काम आना, लाभ उठाना; *n.* प्रयोजन, उपयोग, लाभ, सहायता*

available *a.* सुलभ, उपयोगी

avenge *v.t.* बदला लेना

average *n.* औसत ; *v.t.* औसत निकालना; *a.* औसत दरजे का, सामान्य, मध्यम

averse *a.* प्रतिकूल, पराङ्मुख

aversion *n.* घृणा*, विरोध, विमुखता*, अरुचि*, विरक्ति*, द्वेष

avert *v.t.* हटाना, टालना, फेर देना, रोक देना

aviation *n.* विमान-वहन, विमान-वहन-विद्या*, हवाबाज़ी*

aviator *n.* विमान-चालक, हवाबाज़

avoid *v.t.* न करना, टालना

avoidance *n.* परिहार, वर्जन, आनाकानी*, टालमटोल, बचाव

avow *v.t.* खुलकर कहना, स्वीकार करना

avowedly *adv.* खुल्लमखुल्ला, डंके की चोट पर

await *v.t.* प्रतीक्षा करना, प्रत्याशा करना, आसरा ताकना

awake *v.t.* & *i.* जगना, जगाना, सचेत होना या करना; *a.* जाग्रत, सचेत, चौकन्ना

awaken *v.t.* जगाना

awakening *n.* जागृति*, उत्तेजना*

award *v.t.* निर्णय करना, फ़ैसला देना; *n.* पंचाट, पंच-निर्णय, विचार, पुरस्कार

aware *a.* सचेत, सावधान, अवगत, जानकार

away *a.* & *adv.* दूर, निरन्तर; to go away चले जाना

awe *n.* त्रास, आदर, अभियुक्त भय; *v.t.* भय उत्पन्न करना, रोब जमाना

awful *a.* भयंकर, महिमामय

awhile *adv.* क्षण भर के लिए

awkward *a.* भद्दा, कुरूप, अनाड़ी, फूहड़

axe *n.* फरसा, कुल्हाड़ी*

axis *n.* अक्षरेखा*, धुरी*, आधार, तना

axis country *n.* धुरीराष्ट्र

axle *n.* धुरा

axle-tree *n.* गाड़ी का अचल धुरा

# B

babble *v.t.* बड़बड़ाना, कलकल शब्द करना, बकने में भेद खोल देना; *n.* बकवाद, कल-कल शब्द, प्रलाप
babe *n.* बच्चा
baby *n.* बच्चा
bachelor *n.* कुंआरा, स्नातक
back *n.* पीठ* *v.t. & i.* समर्थन करना, साथ देना, पीछे जाना; *a.* पिछला, बक़ाया; *adv.* दूर, पीछे की ओर
backbite *v.t.* चुगली खाना, पीठ पीछे निंदा करना; *n.* चुग़ली*
backbone *n.* रीढ़*, आधार-स्तम्भ
background *n.* पृष्ठभूमि*
backward *a.* पिछड़ा; *adv.* पिछला, पीछे का
backwards *adv.* पीछे को
bacon *n.* सुअर के मांस का अचार
bacteria *n.pl.* जीवाणु
bad *a.* बुरा, खोटा, अशुभ, सदोष; *n.* बुराई*, बट्टा-खाता, नाश
badge *n.* बिल्ला
badminton *n.* बैडमिंटन
baffle *v.t.* विफल करना, मात देना, चकरा देना; *n.* गति-रोधक
bag *n.* बोरा, थैला, थन; *v.t.* थैले में रखना, शिकार मारना, लटकाना, फंसाना
baggage *n.* यात्री का सामान
bag-pipe *n.* मशक-बाजा
bail *n.* ज़मानत; *v.t. & i.* ज़मानत पर छोड़ना या छुड़ाना
bailable *a.* ज़मानती
bailiff *n.* क़ुर्क़-अमीन, कारिंदा
bait *n.* चारा, प्रलोभन; *v.t.* चारा लगाना या डालना, फंसाना
baker *n.* नानबाई
bakery *n.* नानबाई की भट्ठी*
balance *n.* शेष, संतुलन, तराज़ू, रोकड़ बाक़ी*, तुला राशि*; *v.t.* तौलना, रोकड़-बाक़ी ठीक करना
balanced diet *n.* संतुलित भोजन
balance of payment *n.* भुगतान-तुला*
balance of power *n.* शक्ति-संतुलन
balance of trade *n.* व्यापाराधिक्य
balance sheet *n.* चिट्ठा, देया-देय फलक
balcony *n.* छज्जा, बारजा

bald *a.* गंजा, चटियल, नीरस
bale *n.* गट्ठा, गांठ*, विपदा; *v.t.* गट्ठा बनाना
baleful *a.* कष्टमय
ball *n.* गेंद, गोला, सामाजिक नृत्य - विशेष, नृत्यशाला*, नृत्यसभा*
ballad *n.* गाथा*, गाथागीत
ballet *n.* बैले, नृत्य-नाटक
balloon *n.* गुब्बारा
ballot *n.* गुप्त मतदान या उसका मतपत्र ; *v.t.* गुप्त मतदान करना
ballot box *n.* मतपेटी*
ballot paper *n.* मतपत्र
balm *n.* मलहम
bamboo *n.* बांस
ban *n.* रोक*, निषेध, शाप; *v.t.* रोकना, निषेध करना, अवैध घोषित करना
banal *a.* सामान्य, तुच्छ
banana *n.* केला
band *n.* तस्मा, बन्धन, पट्टा, सशस्त्र जत्था, बैंड बाजा, वादक-मंडली*
bandage *n.* घाव की या आंख की पट्टी; *v.t.* पट्टी बांधना
bandit *n.* डाकू
bang *v.t.* पीटना, ठोंकना, धड़ाका करना; *n.* धमाका
bangle *n.* कंकण, चूड़ी*
banish *v.t.* निर्वासित करना, देश निकाला देना
banishment *n.* निर्वासन, देश-निकाला
banjo *n.* बैंजो, पंचतंत्री*
bank *n.* किनारा, बैंक *v.i.* भरोसा करना
banker *n.* साहूकार, बैंक का संचालक या साझीदार
bankrupt *n.* & *a.* दिवालिया; *v.t.* दिवाला निकालना
bankruptcy *n.* दिवालियापन, दिवाला, सत्यानाश
banner *n.* झंडा
banquet *n.* भोज; *v.t. & i.* भोज देना, पेट भरना
banter *v.t.* हंसी उड़ाना, छेड़ना; *n.* हंसी*, छेड़*
banyan *n.* बरगद
baptism *n.* बपतिस्मा, ईसाई दीक्षा या नामकरण संस्कार
baptize *v.t.* ईसाई बनाना, बपतिस्मा देना, नाम धरना
bar *n.* डंडा, रोक*, छड़*, घेरा, शराबख़ाना, वकील-संघ; *v.t.* रोकना
barbarian *a.* अशिष्ट, गंवार, बर्बर, ग़ैर-ईसाई
barbaric *a.* असभ्य, गंवारू
barbarism *n.* असभ्यता*, गंवारपन, बर्बर अवस्था*
barbarity *n.* क्रूरता, गंवारू रुचि

barbarous *a.* क्रूर, वर्बर, अपढ़
barbed *a.* कंटीला
barber *n.* नाई
bard *n.* भाट, चारण, कवि
bare *a.* नंगा, छूंछा, मात्र, अरक्षित; *v.t.* नंगा करना, खोलना
barely *adv.* केवल, मात्र, मुश्किल से
bargain *n.* मोलतोल, सौदा, लाभ का सौदा; *v.t.* सौदा करना
barge *n.* बजरा
bark *n.* वल्कल, छाल*, तीन मस्तूलों का जहाज़, भूंक*; *v.t.* भूंकना, छाल छुड़ाना
barley *n.* जौ
barm *n.* खमीर
barn *n.* खलिहान, बखार
barometer *n.* बैरोमीटर, वायु-मान यंत्र
barrack *n.* सेनावास
barrage *n.* नदी-बांध, आड़*
barrel *n.* पीपा, बन्दूक की नली*, 31½ गैलन मदिरा
barren *a.* बांझ, ऊसर, व्यर्थ, मंद
barricade *n.* क़िलेबंदी*, आड़*
barrier *n.* आड़, सीमागुल्म, रुकावट*, प्रतिबंध
barrister *n.* बैरिस्टर, बड़ा वकील
barter *v.t.* माल बदलना, घाटे का सौदा करना; *n.* अदल-बदल का व्यापार, वस्तु-विनिमय
base *n.* आधार, अड्डा, मूल; *a.* नीच, खोटा; *v.t.* नींव डालना
baseless *a.* निराधार
basement *n.* तहखाना
bashful *a.* विनीत, लज्जालु
basic *a.* मौलिक, बुनियादी; ~ education बुनियादी शिक्षा*
basis *n.* मूल, आधार
basket *n.* टोकरी*, डलिया*
bastard *n.* हरामी
bastion *n.* बुर्ज, गरगज
bat *n.* चमगादड़, बल्ला
batch *n.* दल, जत्था
bath *n.* स्नान
bathe *v.t.* & *i.* नहलाना, नहाना
battalion *n.* बटालियन, पलटन*
battery *n.* बैटरी
battle *n.* लड़ाई*; *v.t.* लड़ाई करना; battle-field रण-भूमि; battle-plane समर विमान
bayonet *n.* किरिच, संगीन; *v.t.* संगीन भोंकना
beach *n.* समुद्र-तट
beacon *n.* प्रकाश, प्रकाशस्तम्भ

bead n. गुरिया, मनका

bear n. भालू; great~सप्तर्षि (तारे) v.t. & i. सहना

beard n. दाढ़ी*

bearer n. बैरा, वाहक

bearing n. बर्ताव

beast n. जानवर

beastly a. जानवर की तरह

beat v.t. & i. पीटना, हराना, फड़कना; n. चोट*, थाप*, गश्त, धड़कन*

beauty n. रूप, शोभा*, सुन्दर स्त्री*

because adv. & conj. क्योंकि, इसलिए

beckon v.t. & i. संकेत करना, संकेत से बुलाना

become v.t. & i. होना, फबना

becoming a. उपयुक्त

bed n. बिस्तर, खाट*, क्यारी*; v.t. & i. सोना, पौद लगाना

bedeck v.t. सजाना

bedevil v.t. पैशाचिक बर्ताव करना

bee n. मधुमक्खी*

beef n. गोमांस

beer n. बियर, जौ की शराब*

befall v.t. आ पड़ना, बीतना

befool v.t. मूर्ख बनाना

before adv. prep. & conj. पहले, सामने, आगे

beforehand adv. पहले ही

befriend v.t. मित्रवत व्यवहार करना, मित्र बनाना

beg v.t. & i. भीख मांगना, गिड़गिड़ाना

beget v.t. जनना, उत्पन्न करना

begin v.t. & i. आरम्भ करना

beguile v.t. मोहना, छलना

behalf n. पक्ष

behave v.i. आचरण करना

behaviour n. आचरण

behead v.t. सिर काट लेना

behest n. आज्ञा*

behind adv., prep. पीछे, बाद को

beholden a. आभारी

behove v.i. फबना, कर्त्तव्य या योग्य होना

being n. अस्तित्व, जीव

belabour v.t. बुरी तरह पीटना

beleaguer v.t. घेरा डालना, घेर लेना

belie v.t. & i. झुठलाना, पूरा न उतरना

belief n. विश्वास, श्रद्धा*, मत

believe v.t. & i. विश्वास करना, मानना, विचार रखना

believer n. विश्वासी, स्वधर्म-विश्वासी, आस्तिक

bell n. घंटा, घंटी*, घुंघरू

belle n. सुन्दरी

bellicose a. लड़ाका, झगड़ालू

belligerency n. युद्ध में रत

होने की दशा*
belligerent *a. & n.* युद्धरत (राज्य)
bellows *n.* भाथी*, धौंकनी*
belly *n.* पेट, तोंद*
belong *v.i.* संबद्ध होना
belongings *n.pl* सम्पत्ति*, माल-असबाब
beloved *a.* प्रिय, माशूक़
below *adv. & prep.* नीचे
belt *n.* पेटी*, कमरबन्द; *v.t.* पेटी बांधना
bench *n.* बेंच, न्यायपीठ
bend *v.t. & i.* मोड़ना, मुड़ना, नम्र होना; *n.* झुकाव, मोड़
beneath *adv. & prep.* नीचे, नीचे की ओर
beneficial *a.* लाभदायी
benefit *n.* लाभ; *v.t. & i.* लाभ उठाना
benevolence *n.* दया*, उदारता*
benevolent *a.* दयालु, उदार
bequeath *v.t.* वसीयत में देना
bereave *v.t.* वंचित या वियुक्त होना
bereavement *n.* शोक दशा*
beset *v.t.* घेर लेना, धावा करना
bestow *v.t.* प्रदान करना
betel *n.* पान; betelnut सुपारी
betray *v.t.* विश्वासघात करना
betrothal *n.* सगाई*
betterment *n.* उन्नति*, सुधार
between *prep. & adv.* बीच में, के बीच
beverage *n.* पेय, मदिरा*
beware *v.i.* सावधान होना, सचेत रहना
bewilderment *n.* घबराहट*, हैरानी*
bewitch *v.t.* जादू डालना, मोहित करना
beyond *adv. & prep.* से अधिक, के परे, के पार
Bible *n.* बाइबिल, इंजील
bibliography *n.* ग्रन्थसूची*
bicycle *n.* साइकिल
bid *v.t. & i.* नीलाम में बोली बोलना
bidding *n.* आज्ञा*
biennial *a.* द्विवार्षिक
bier *n.* टिकठी*, अर्थी*
bifurcate *v.t.* दो शाखाओं में बांटना
big *a.* बड़ा, महान
bigamy *n.* दो विवाहों की प्रथा*
bigotry *n.* कट्टरता*
bilingual *a.* द्विभाषिक
bill *n.* बिल, विधेयक, बीजक
billion *n.* दस खरब
billow *n.* तरंग*, बड़ी लहर*
bind *v.t. & i.* बांधना

binding *n.* जिल्द*; *a.* बाध्यकारी
binocular *n.* दूरबीन
biographer *n.* जीवनी-लेखक
biography *n.* जीवनी*
biology *n.* जीव-विज्ञान
biologist *n.* जीव-विज्ञानी
bioscope *n.* बाइस्कोप
bird *n.* चिड़िया*
birth *n.* जन्म
birthright *n.* जन्मसिद्ध अधिकार
biscuit *n.* बिस्कुट
bishop *n.* बिशप, बड़ा पादरी
bite *v.t.* काटना; *n.* दांत की काट*
bitter *a.* कड़वा, पीड़ाकर
black *a.* काला, अन्धकारमय; *n.* कालिमा* हब्शी, black art जादू; black-board श्यामपट्ट
olackmail *n.* भेद छिपाने या खोलने की घूस* या धमकी*
blacksheep *n.* कुलकलंक
bladder *n.* मूत्राशय
blade *n.* ब्लेड, पत्ती*, शस्त्र का फल
blasphemy *n.* ईश्वर-निन्दा*
blast *n.* आंधी का झकोरा, विस्फोट; *v.t.* विस्फोट से उड़ा देना
blaze *n.* प्रभा*, लौ*
bleak *a.* आनन्द-रहित, बेरंग
bleed *v.i. & t.* ख़ून बहना या बहाना, लहू चूसना
blend *v.t. & i.* मिश्रित करना; *n.* सम्मिश्रण
bless *v.t.* आशीर्वाद देना
blind *a.* अन्धा, अज्ञ
blindfold *v.t.* आंखों पर पट्टी बांधना
bliss *n.* परम सुख
block *n.* कुन्दा, छपाई का ब्लाक
blockade *n.* नाकाबंदी*
blockhead *n.* मूर्ख
blood *n.* ख़ून, वंश
bloodshed *n.* रक्तपात
bloom *n.* फूल; *v.t.* फूल का या (की तरह) खिलना
blossom *n.* बौर; *v.t.* बौर आना
blow *v.t. & i.* बहना, बहाना; blow out बुझाना; *n.* घूंसा, चोट*
blue *n.* नीला रंग; *a.* नीला; blue-book संसद की रिपोर्ट, blüe print मूल योजना*
blunder *n.* भारी भूल
blunt *a.* भुथरा, मन्द बुद्धि
blush *n.* लालिमा*; *v.i.* लजाना
board *n.* बोर्ड, मंडल; *v.t.* ज़हाज पर चढ़ना; above board ईमानदारी से

**boast** *v.i.* डींग हांकना; *n.* झूठा गर्व
**boat** *n.* नाव*
**bodice** *n.* चोली*
**body** *n.* शरीर, शव, समुदाय
**bodyguard** *n.* अंगरक्षक
**bog** *n.* दलदल
**boggy** *a.* दलदली
**bogus** *a.* बनावटी, निकम्मा
**boil** *n.* फोड़ा ; *v.t.* & *i.* उबालना
**boiler** *n.* भट्ठी, बायलर
**boisterous** *a.* उद्दाम, ऊधमी
**bold** *a.* साहसी, मोटा (टाइप)
**bolt** *n.* पेंच; *v.t.* & *i.* पेंच कसना, चटकनी लगाना
**bomb** *n.* बम; *v.t.* बमबारी करना
**bombard** *v.t.* बमबारी करना
**bombardment** *n.* बमबारी*, गोलंदाज़ी*
**bomber** *n.* बममार, बममार विमान
**bonafide** *a.* & *adv.* यथार्थ
**bond** *n.* बंधन
**bondage** *n.* दासता*
**bone** *n.* हड्डी*; bone of contention झगड़े की जड़*
**bonfire** *n.* होलिका*, विजयाग्नि*
**bonus** *n.* बोनस
**book** *n.* पुस्तक*, बही*, *v.t.* दर्ज करना, माल बुक करना
**bookish** *a.* किताबी
**book-keeping** *n.* बहीखाता, हिसाब-किताब
**boon** *n.* वरदान, लाभ
**boost** *n.* बढ़ोतरी*; *v.t.* आगे बढ़ाना
**boot** *n.* बूट जूता
**booty** *n.* लूट का माल
**border** *n.* सीमा*, किनारा; *v.t.* किनारी लगाना
**borrow** *v.t.* उधार लेना
**bosom** *n.* हृदय
**boss** *n.* बॉस, अधिपुरुष
**botany** *n.* वनस्पतिशास्त्र
**bother** *v.t.* & *i.* खीझना या खिझाना
**botheration** *n.* खीझ*, झंझट*
**bottle** *n.* बोतल*; *v.t.* बोतल में भरना
**bottom** *n.* तल, पेंदा
**bountiful** *a.* यथेष्ट, उदार-हृदय
**bounty** *n.* उदार उपहार
**bouquet** *n.* फूलों का गुच्छा
**bow** *v.t.* & *i.* झुकाना, *n.* धनुष
**bowels** *n.pl.* आंत*, अंतड़ियां*
**bowl** *n.* कटोरा, प्याला
**box** *n.* बक्स
**boxing** *n.* मुक्केबाज़ी*
**boy** *n.* लड़का
**boycott** *v.t.* बहिष्कार करना

brain *n.* दिमाग़
brake *n.* ब्रेक
branch *n.* शाखा*
brandy *n.* ब्रान्डी*
brave *a.* वीर, दिलेर
bravery *n.* वीरता*
breach *n.* दरार*, संबंध-विच्छेद; *v.t. & i.* दरार या व्यवधान डालना
bread *n.* रोटी*, आहार, जीविका*
breadth *n.* चौड़ाई*, विस्तार
breadthwise *adv.* चौड़ाई में
break *v.t. & i.* तोड़ना, टूटना, सेंध लगाना
breakage *n.* तोड़फोड़ या उसका हरजाना
breakdown *n.* दुर्घटना-जनित रुकावट* या ठहराव
breakfast *n.* नाश्ता; *v.t. & i.* नाश्ता करना
breast *n,* सीना, छाती*, स्तन
breath *n.* सांस*
breathe *v.t. & i.* सांस लेना
breathless *a.* बेदम, हांफता
breed *v.t. & i.* जनना, नस्ल बढ़ाना; *n.* नस्ल*
breeding *n.* शिष्टाचार
breeze *n.* मंद पवन
brevity *n.* संक्षेप
brew *v.t.* मदिरा बनाना
brewery *n.* शराब की भट्ठी* या कारखाना
bride *n.* दुल्हन*
bridegroom *n.* दूल्हा
bridge *n.* पुल; *v.t.* पुल बांधना
brief *a.* संक्षिप्त
brigade *n.* ब्रिगेड
brigadier *n.* ब्रिगेडियर
bright *a.* उज्ज्वल, स्पष्ट, प्रसन्न
brilliance *n.* प्रतिभा*; चमक-दमक*
brilliant *a.* प्रतिभावान, चमकीला
bring *v.t.* लाना; bring about घटित करना, bring out प्रकाशित करना, bring over सहमत करना, bring round मना लेना, bring up पालन-पोषण करना
brink *n.* तट, किनारा
brittle *a.* शीशे की तरह टूटने वाला
broad *a.* चौड़ा, उदार
broadcast *n.* प्रसारण; *v.t.* प्रसारित करना
brochure *n.* ब्रोचर
broker *n.* दलाल
brother *n.* भाई; brother-in-law साला, बहनोई, देवर, जेठ
brotherhood *n.* बन्धुत्व
brutal *a.* क्रूर

bud *n.* कली*, कोंपल; *v.t.* अंकुर लगना
buffalo *n.* भैंस*, भैंसा
buffoon *n.* भांड़, विदूषक
build *v.t.* निर्माण करना, बनाना
building *n.* इमारत*, भवन
bulb *n.* बल्ब, बिजली का लट्टू
bulk *n.* ढेर, थोक
bulky *a.* बड़ा, भारी, महाकाय
bull *n.* सांड़, बैल
bulldog *n.* 'बुलडॉग' कुत्ता
bullet *n.* बंदूक या पिस्तौल की गोली*
bulletin *n.* बुलेटिन, अधिकारिक विज्ञप्ति*
bullion *n.* सोना-चांदी*, सोने या चांदी की ठोस ईंट*
bullock *n.* बैल
bully *n.* दंगाई, *v.t.* डरा-धमकाकर कुछ कराना
bulwark *n.* परकोटा
bunch *n.* गुच्छा
bundle *n.* गट्ठा, गठरी*
bungalow *n.* बंगला
bungle *v.t.* & *i.* गोलमाल करना, विफल होना; *n.* गोलमाल
bunker *n.* तलघर
buoyancy *n.* प्रसन्नचित्तता*
buoyant *a.* प्रसन्नचित्त
burden *a.* बोझ, कविता की टेक*; *v.t.* बोझ लादना
burdensome *a.* भारी, कष्टकर
bureaucracy *n.* नौकरशाही*
bureaucrat *n.* नौकरशाह
burglar *n.* सेंधमार*, सेंध-चोर
burglary *n.* सेंधमारी*, सेंधचोरी*
burgle *v.t.* सेंध मारना
burial *n.* समाधि,* अर्थी*
burial ground कब्रिस्तान
burly *a.* मुस्टंडा
burn *v.t.* & *i.* जलाना, जलना; *n.* दाह, जलन*
burst *v.t.* & *i.* फट पड़ना
bury *v.t.* गाड़ना, दफ़न करना
bus *n.* बस*
bush *n.* झाड़ी*, झाड़ी-झुरमुट
bushel *n.* 'बुशल' (तौल में 8 गैलन)
business *n.* कार्य, व्यापार, सरोकार
businessman *n.* व्यवसायी
busy *a.* व्यस्त
busybody *n.* पराए काम में बाधा डालने या टांग अड़ाने वाला
but *prep.*, *conj.*, *adv.* किन्तु, मात्र, सिवा, भी; *n.* आपत्ति, आरोप; *v.t.* अगर-मगर करना
butcher *n.* कसाई; *v.t.* नृशंस-हत्या करना
butter *n.* मक्खन, चाटु-

कारिता*; *v.t.* चुपड़ना, चापलूसी करना
butterfly *n.* तितली
buttermilk *n.* मट्ठा, छाछ*
buttock *n.* चूतड़
button *n.* बटन
buy *v.t.* मोल लेना
buyer *n.* ख़रीदार, एजेंट
buzz *v.t.* & *i.* भनभनाना ; *n.* भनभनाहट*, चहल-पहल*
by *prep.* से, द्वारा, में, की ओर, के पास, साथ, में, से, का, की शपथ लेकर, के विषय में; *adv.* पास से, से होकर; by the by प्रसंगवश, विषयांतर से
byelection, bye-election *n.* उपनिर्वाचन, उपचुनाव
bylaw, bye-law *n.* उपनियम
bypass *v.i.* बचकर या बचाकर निकल जाना
byproduct *n.* उपोत्पाद, गौण उत्पादन
byre *n.* गोशाला*
byword *n.* लोकोक्ति*, कहावत*

# C

cab *n.* किराये की गाड़ी*
cabbage *n.* करमकल्ला
cabin *n.* कैबिन, जहाज़ की कोठरी*
cabinet *n.* मंत्रिमंडल, छोटा कमरा
cable *n.* समुद्री तार; *v.t.* समुद्री तार भेजना
cactus *n.* कैक्टस, नागफनी
cadet *n.* कैडेट, सैनिक छात्र
cafe *n.* कैफे, काफ़ीघर
cage *n.* पिंजड़ा
cake *n.* केक, मालपुवा
calamity *n.* विपत्ति*, दैवी प्रकोप
calculate *v.t.* हिसाब लगाना, अनुमान करना
calculation *n.* हिसाब, गणना
calendar *n.* कैलेण्डर
calf *n.* बछड़ा, बछिया*
call *v.t.* & *i.* पुकारना; *n.* पुकार*
calling *n.* पेशा
callous *a.* कठोर हृदय
calm *a.* & *n.* शान्त, शान्ति*; *v.t.* शान्त करना
calumny *n.* झूठा अभियोग, आक्षेप
camel *n.* ऊंट
camera *n.* कैमरा, एकांत या

अंधेरा कक्ष
camouflage *n.* छलावरण
camp *n.* शिविर, पड़ाव
campaign *n.* सैनिक कार्यवाही*, व्यवस्थित आन्दोलन
camphor *n.* कपूर
can *n.* कनस्तर; *v.t.* डिब्बा बंद करना; *v. aux.* सकना
canal *n.* नहर*
cancel *v.t.* रद्द या मंसूख़ करना
cancellation *n.* मंसूख़ी*
cancer *n.* कसर, नासूर
candid *a.* खरा, सरल
candidate *n.* उम्मीदवार
candidature *n.* उम्मीदवारी*
candle *n.* मोमबत्ती*
candour *n.* खरापन
candy *n.* मिसरी; *v.t. & i.* पागना, पगना
cane *n.* बेंत, छड़ी; *v.t.* बेंत लगाना, बेंत से बुनना
canopy *n.* चंदोवा, शामियाना
canteen *n.* कन्टीन
cantonment *n.* छावनी*,
canvas *n.* कनवस, चित्रफलक
canvass *v.t. & i.* वोट मांगना
cap *n.* टोपी*; *v.t & i.* टोपी पहनना
capability *n.* सामर्थ्य
capable *a.* गुणी, योग्य, समर्थ
capacious *a.* विशाल, लंबा-चौड़ा
capacity *n.* क्षमता*
capital राजधानी*, पूंजी*
capital goods *n.* पूंजीगत माल
capital levy *n.* पूंजीकर
capitalist *n.* पूंजीपति
capitalise *v.t.* पूंजी की भांति बरतना, पूंजी में परिणत करना, मूल बनाना
capitation tax *n.* प्रतिव्यक्ति-कर
capitulate *v.t.* किसी शर्त पर हथियार डाल देना
capricious *a.* चपल, सनकी, मनमौजी
capricorn *n.* मकर राशि*
capsize *n*, *v.t. & i.* नाव या जहाज़ का/को उलटना या औंधा करना
capstan *n.* लंगर की चरखी*
captain *n.* कप्तान
captaincy, captainship *n.* कप्तानी*, सरदारी*, जमादारी*
caption *n.* शीर्षक
captivate *v.t.* बंदी बनाना
captivating *a.* लुभावना, मनोहर
captive *n. & a.* बंदी, बंदी का
captivity *n.* बंदी-दशा*, कारावास
capture *v.t.* बंदी बनाना, अधिकृत करना

car *n.* गाड़ी*, मोटरगाड़ी*, डब्बा
carat *n.* क़िरत (=1 रत्ती 6 चावल 7$\frac{7}{15}$ खसखस), सोने की शुद्धता का मान 'कैरट' (पूर्ण शुद्ध=24 'कैरट')
caravan *n.* कारवां
carbolic acid *n.* धूने का तेज़ाब
carbon *n.* कारबन
card *n.* ताश, कार्ड
cardboard *n.* गत्ता, दफ़्ती*
cardamom *n.* इलायची*
cardinal *a.* प्रधान, मूल; *n.* पोप-निर्वाचक धर्माधिकारी
care *n.* चिंता*, दायित्व, मारफ़त*
career *n.* जीवन-यात्रा*, ग्राजीविका*
careful *a.* सावधान
careless *a.* ग्रसावधान
caress *v.t.* लाड़ करना, चूमना
cargo *n.* जहाज़ का खेप
caricature *n.* & *v.t.* भोंडी नक़ल* (बनाना)
carnival *n.* ग्रानन्दोत्सव
carpenter *n.* बढ़ई
carpentry *n.* बढ़ईगिरी*
carpet *n.* दरी*, गलीचा; *v.t.* गलीचे से ढंकना
carriage *n.* ढुलाई*
carrier *n.* वाहक
carrot *n.* गाजर*
carry *v.t.* & *i.* ढोना, पहुंचाना
cart *n.* छकड़ा
cartage *n.* छकड़े की लदाई* या भाड़ा
cartoon *n.* कार्टून, व्यंगचित्र
cartridge *n.* कारतूस
cartridge paper *n.* मोटा खुरदुरा कागज़
carve *v.t.* & *i.* टांकना
carving *n.* तराश*, संगतराशी*
cascade *n.* झालर*
case *n.* घटना*, कांड, पेटी*; *v.t.* खोल चढ़ाना
cash *n.* रोकड़*; *v.t.* भुनाना
cashier *n.* खजांची
cast *v.t.* & *i.* फेंकना, सांचे में ढालना; *n.* निक्षेप, सांचा, ग्रभिनेता-वर्ग
caste *n.* जाति*
castigate *v.t.* दंड देना, फटकारना
casting vote *n.* निर्णायक मत
castle *n.* गढ़
castor oil *n.* रेंड़ी का तेल
castrate *v.t.* बधिया करना
casual *a.* ग्राकस्मिक
casualty *n.* ग्राकस्मिक दुर्घटना*
cat *n.* बिल्ली*
catalogue *n.* सूचीपत्र
catch *v.t.* & *i.* पकड़ना, बंदी करना; *n.* पकड़*
catchment *n.* जलग्रह, बहेत*

categorical *a.* सुनिश्चित, स्पष्ट
category *n.* श्रेणी*, पद
caterer *n.* भोजनादि का व्यवस्थापक
cathedral *n.* प्रधान गिरजा
catholic *a.* उदार
Catholic *n.* रोमन कैथोलिक ईसाई
cattle *n.* ढोर, गोधन
cauliflower *n.* फूलगोभी*
cause *n.* कारण, अभियोग, कार्य; *v.t.* कारण होना
caustic *n. & a.* दाहक, दाहक क्षार, तीखा
caution *n.* सावधानी*, चौकसी*; *v.t.* चेताना, झिड़कना
cavalcade *n.* घुड़सवार-दल
cavalier *n.* घुड़सवार
cavalry *n.* घुड़सवार, सेना या सैनिक
cave *n.* गुफा*; *v.t* गुफा बनाना
cavern *n.* गुहा*, कन्दरा*
cavity *n.* पोला भाग, छेद
caw *n. & v.i.* कांव-कांव (करना)
cease *v.t. & i.* समाप्त करना या होना; *n.* समाप्ति*
ceaseless *a.* निरंतर
ceiling *n.* भीतरी छत*, ऊपरी सीमा*
celebrate *v.t. & i.* उत्सव मनाना
celebrated *a.* यशस्वी, सुप्रसिद्ध
celebration *n.* समारोह
celebrity *n.* यशस्वी या सुप्रसिद्ध व्यक्ति, प्रसिद्धि*
celibacy *n.* क्वांरापन, ब्रह्मचर्य
cell *n.* बैटरी की इकाई*, जीवकोश, जेल का एकांत कमरा ('तन्हाई'*)
cellar *n.* तलघर
cement *n.* सीमेंट; *v.t.* सीमेंट से जोड़ना
cemetery *n.* कब्रिस्तान
cense *v.t.* धूप जलाना, धूपदान से पूजना
censer *n.* धूपदानी*
censor *n. & v.t.* सेंसर (करना)
censure *n. & v.t.* निंदा* (करना)
census *n.* जन-गणना*
cent *n.* सौ, सैकड़ा, $\frac{1}{100}$ डालर
centenarian *a. & n.* सौ वर्ष का (व्यक्ति)
centenary *n.* शतवार्षिकी*; *a.* शतवार्षिक
centesimal *a.* शतमिक
centigrade *a.* सेंटीग्रेड, सौ अंशों में बंटा
centigramme *n.* सेंटीग्राम, $\frac{1}{100}$ ग्राम
central *a.* केंद्रीय, प्रधान
centralize *v.t. & i.* केंद्रीय या

केंद्रस्थ करना या होना
centre *n.* केंद्र
centrifugal *a.* केंद्र से दूर जाने वाला, 'अपकेंद्र'
centripetal *a.* केंद्र की ओर जानेवाला 'अभिकेंद्र'
century *n.* शतक, सदी*
cereal *n.* अनाज; *a.* अनाज-संबंधी
ceremonial *a.* शिष्टाचार-युक्त, आनुष्ठानिक
ceremonious *a.* शिष्टाचारी
ceremony *n.* समारोह, संस्कार
certain *a.* निश्चित, अवश्यंभावी, कोई
certainly *adv.* निस्संदेह
certainty *n.* निश्चयता*
certificate *n.* & *v.t.* प्रमाण-पत्र (देना)
certify *v.t.* प्रमाणित करना
cess *n.* चुंगी*, उप-कर
cessation *n.* समाप्ति*, विराम
cesspool *n.* नाबदान, चहबच्चा
chain *n.* & *v.t.* बेड़ी* (डालना), हथकड़ी* (पहनाना), लड़ी*, जरीब*
chair *n.* कुरसी*, विश्वविद्यालय की पीठिका
chalk *n.* & *v.t.* खड़िया* (से लिखना या चिह्न करना)
challenge *n.* & *v.t.* चुनौती* (देना)
chamber *n.* मंडल, प्रकोष्ठ
champagne *n.* 'शैम्पेन' मदिरा*-विशेष
champion *n.* वीर, पक्षधर; *a.* सर्वजयी; *v.t.* लक्ष्यरक्षा या समर्थन करना
chance *n.* संयोग; *v.t.* अकस्मात घटित होना
chancellor *n.* कुलपति
chandelier *n.* झाड़-फानूस
change *v.t.* & *i.* बदलना भुनाना; *n.* परिवर्तन, रेज़गारी*
chaos *n.* गड़बड़ी*, उथल-पुथल*, विप्लव की देवी*
chaotic *a.* अस्त-व्यस्त
chapel *n.* छोटा गिरजा
chapter *n.* अध्याय
character *n.* चरित्र
charge *v.t.* खर्च या दाम मांगना या लगाना, धावा बोलना, दोषी या दायी ठहराना, दायित्व या काम सौंपना; *n.* लागत*, दाम
chariot *n.* रथ
charioteer *n.* सारथी, (ज्योतिष में) प्रजापति
charitable *a.* धर्मार्थ, दानी
charity *n.* धर्मदान, भिक्षा*
charlatan *n.* & *a.* मायावी, ढोंगी
charm *n.* जादू, मोहकता; *v.t.*

chart 46 chin

मोहना, जादू करना

chart *n. & v.t.* रेखाचित्र या लेखाचित्र या मानचित्र (बनाना)

charter *n.* राज-पत्र

chase *v.t.* पीछा करना; *n.* पीछा, शिकार

chaste *a.* अछूता, मार्जित

chastity *n.* विशुद्धता*, सादगी*

chat *n. & v.i.* गप* (लड़ाना)

chatter *n. & v.t.* बकवास* (करना)

chauffeur *n.* मोटर-चालक

cheap *a.* सस्ता, सुलभ, निकम्मा

cheapen *v.t. & i.* सस्ता या सुलभ करना या होना

cheat *v.t.* छलना, धोखा या बेईमानी करना; *n.* ठग, धूर्त

check *v.t.* रोकना, जांचना; *n.* रोक*, चारखाना

checkmate *n. & v.t.* शह* (देना), मात* (करना), शह-मात*

cheek *n.* गाल

cheer *n., v.t. & i.* जयकार* या वाहवाही* (करना)

cheerful *a.* प्रफुल्ल

cheerless *a.* निरानंद

cheese *n.* पनीर

chemical *a.* रासायनिक; *n.* रसायन

chemise *n.* शमीज़*, कुरती*

chemistry *n.* रसायनशास्त्र

cheque *n.* हुंडी, चेक*

cherish *v.t.* लौ लगा रखना, संजोना

cheroot *n.* चुरुट

chess *n.* शतरंज

chessmen *n. pl.* मोहरे

chest *n.* पिटारी*, छाती*

chestnut *n.* बलूत

chew *v.t. & i.* चबाना; *n.* चर्वण

chick *n.* चूज़ा

chicken *n.* चूज़ा, चूज़े का मांस

chide *v.t. & i.* डांटना, बुरा-भला कहना

chief *a.* मुख्य; *n.* मुखिया, सरदार, शासक

chiefly *adv.* मुख्यतः

chieftain *n.* कबीले या डाकू दल का सरदार

child *n.* बच्चा, बच्ची*

childhood *n.* बचपन

childish *a.* बचकाना, बालोचित

chill *n.* ठंड*, ठिठुरन*

chilli *n.* लाल मिर्च*

chilly *a.* सर्द, जड़वत्

chimney *n.* चिमनी*

chimpanzee *n.* अंगोला-वानर, चिंपांज़ी

chin *n.* ठुड्डी*, चिबुक

chinа *n. & a.* चीनी मिट्टी (का वना), चीनी का बरतन
chirp *n., v.t. & i* कूजन (करना), चहक* (-ना)
chisel *n. & v.t.* टांकी* या छेनी* (से गढ़ना)
chivalrous *a.* शूरोचित, सुसभ्य, उदार
chivalry *n.* शूरता
chloroform *n.* क्लोरोफार्म
choice *n.* चुनाव, पसंद* *a.* बढ़िया
choir *n.* गायक-मंडली*
choke *v.t. & i.* गला या दम घोंटना या घुटना; *n.* श्वास-रोध
cholera *n.* हैज़ा
choose *v.t.* चुनना, छांट लेना
chop *v.t. & i.* बोटियां काटना
chord *n.* तांत*, बाजे का तार
chorus *n.* सहगान, कोरस
Christ *n.* ईसा मसीह, मसीहा
christen *v.t. & i.* बप्तिस्मा करना, नाम देना
Christendom *n.* ईसाई-जगत्
Christian *n. & a.* ईसाई
Christianity *n.* ईसाई धर्म, ईसाइयत*
Christmas *n.* ईसा का जन्म-दिन, 'बड़ा दिन'
chromatic *a.* चटकीला
chronic *a.* चिरकालिक
chronicle *n.* वृत्तांत, इतिहास, कालक्रम से अभिलेखन
chronological *a.* कालक्रमबद्ध
chronology *n.* कालक्रम-निर्णय-विद्या*
chronometer *n.* बिलकुल ठीक समय बतानेवाली घड़ी*
chrysanthemum *n.* गुलदाऊदी
chubby *a.* हृष्ट-पुष्ट, गलफुल्ला
chum *n.* लंगोटिया यार
church *n.* गिरजा
churchyard *n.* गिरजे का कब्रिस्तान
churl *n.* कंजूस, असभ्य
churlish *a.* अशिष्ट, अक्खड़, गंवार
churn *v.t. & i.* मथना; *n.* मंथन
cigar *n.* चुरुट, सिगार
cigarette *n.* सिगरेट*
cinema, cinematograph *n.* चलचित्र, चलचित्र दिखाने का यंत्र, सिनेमा, सिनेमाघर
cinnamon *n.* दालचीनी*
cipher, cypher *n.* शून्य
circle *n.* वृत्त, मंडली*; *v.t. & i.* घेर लेना, परिक्रमा करना
circuit *n.* सर्किट, परिधि*, गश्त
circular *a.* वृत्तीय, चक्करदार
circulate *v.t. & i.* घुमाना, संचारित करना या होना
circulation *n.* दौरा, बिक्री या

बंटी प्रतियों की संख्या*, मुद्रा-चलन
circumference *n.* परिधि*, मण्डल
circumscribe *v.t.* घेरा बनाना
circumspect *a.* चौकस, चौकन्ना
circumstance *n.* घटना* (ब०व०) परिस्थिति*
circus *n.* सरकस
citadel *n.* किला, नगरकोट
cite *v.t.* उद्धरण देना, तलब करना
citizen *n.* नागरिक
citizenship *n.* नागरिकता*
city *n.* नगर, शहर
civic *a.* नागरिक
civics *n.* नागरिकशास्त्र
civil *a.* नागरिक, असैनिक, सभ्य, दीवानी
civil war *n.* गृहयुद्ध
civilization *n.* सभ्यता*.
civilize *v.t.* सभ्य बनाना
civilized *a.* सभ्य
claim *n.* & *v.t.* मांग* (जताना); दावा (करना)
claimant *n.* दावेदार, हकदार
clamour *n.* कोलाहल; *v.t.* & *i.* शोर मचाना या मचना
clan *n.* गोत्र, परिजन, कबीला
clarify *v.t.* & *i.* स्पष्ट करना
clarion *n.* तुरही*, ललकार*
clash *n.* टक्कर*; *v.t.* टकराना, संघर्ष करना
clasp *n.*, *v.t.* & *i.* अंकवार* (भरना), पकड़* (-ना)
class *n.* & *v.t.* वर्ग (-निर्धारण करना), श्रेणी* (देना), कक्षा*
classic *n.* क्लासिक, गौरव ग्रंथ
classic, classical *a.* क्लासिकी, शास्त्रीय, श्रेष्ठ
classification *n.* वर्गीकरण, श्रेणीविभाजन; क्रमविन्यास
classify *v.t.* वर्गविभक्त या श्रेणीबद्ध या क्रमबद्ध करना
clause *n.* खंडवाक्य, वाक्यखंड, विधान की धारा*, दफ़ा*
claw *n.* चंगुल, पंजा
clay *n.* चिकनी या लसदार मिट्टी*
clean *a.* & *v.t.* स्वच्छ या शुद्ध (करना), निर्दोष; *n.* सफाई*, झाड़पोंछ*
cleanliness *n.* स्वच्छता*
cleanly *a.* स्वच्छ, सफाई-पसंद; *adv.* सफ़ाई से
cleanse *v.t.* स्वच्छ या पवित्र करना, मांजना, शोधना
clear *a.* & *v.t.* शुद्ध या निर्मल (करना), खाली या साफ़ (करना), बरी (करना), बेबाक़ (करना); *adv.* साफ़-साफ़
clearance *n.* सफ़ाई*, भुगतान*

clearly *adv.* स्पष्टत:, अवश्य
cleft *n.* दरार*, फांक*
clemency *n.* राजदया*, मृदुता*, क्षमा*
clement *a.* सदय, कृपाशील
clench, clinch *n., v.t. & i.* बंदिश*, जकड़*(-ना), अंतिम रूप से तय करना या पटाना
clergy *n.* पादरी-वर्ग
clerical *n. & a.* संसद् का पादरी सदस्य, पादरी या लिपिक संबंधी
clerk *n.* क्लर्क, मुंशी, सहायक पादरी
clever *a.* चतुर, दक्ष, फुर्तीला
client *n.* मुवक्किल, असामी
cliff *n.* खड़ी चट्टान*
climate *n.* जलवायु*
climax *n.* पराकाष्ठा*, उत्कर्ष; *v.t. & i.* पराकाष्ठा पर पहुंचना
climb *v.t. & i.* चढ़ना, उन्नति करना; *n.* चढ़ान*, चढ़ाव
climber *n.* आरोही, लता*
cling *v.i.* चिमटना, अडिग या कृतज्ञ या वफादार रहना
clinic *n.* दवाखाना
cloak *n.* लबादा
clock *n.* बड़ी घड़ी*, घंटा-घड़ी*
close *n.* अंत; *a.* गुप्त, पास, घना, बंद; *v.t. & i.* समाप्त या बंद करना या होना, सटकना, भिड़ना
closet *n.* गुप्त कोठरी*, बरतनों की आलमारी*
closing balance *n.* रोकड़ बाकी*
closure *n.* समापन, घेर
clot *n., v.t. & i.* थक्का या पिंड (बनाना या बनना)
cloth *n.* कपड़ा
clothe *v.t.* कपड़े पहनाना या देना, ढकना, उढ़ाना
clothes *n.pl.* पोशाक*
clothing *n.* पहनावा, आवरण
cloud *n. & v.t.* बादल (छाना), अंधेरा (छाना)
clouded, cloudy *a.* मेघमय, मलिन, धूमिल, उदास
clown *n.* विदूषक, भांड़, नक्काल, गंवार, उजड्ड
club *n. & v.t.* गदा या डंडा (मारना), क्लब, सभा, संघ; गड्डमड्ड कर लेना, इकट्ठा करना या हो जाना
clue *n.* संकेत, सूत्र, सुराग
clumsy *a.* भद्दा, बेढंगा
cluster *n.* गुच्छा, झुंड; *v.t. & i.* इकट्ठा करना या होना
clutch *v.t. & i.* चंगुल या झपट्टा मारना, मुट्ठी में भींचना; *n.* पंजा, शिकंजा
clutter *n.* हुल्लड़, हल्ला

coach *n.* बग्घी*, गृह-शिक्षक; *v.t.* & *i.* घर पर, या परीक्षा की तैयारी में पढ़ाना
coachman *n.* कोचवान
coal *n.* कोयला
coaltar *n.* अलकतरा
coalesce *v.i.* सम्मिलित या एक होना, साथ बढ़ना
coalescence *n.* सम्मिलन, संश्लेष
coalition *n.* संस्थाओं का अस्थायी मिलाप, संधिमेल; coalition govt. संयुक्त सरकार*
coarse *a.* घटिया, खुरदुरा, भद्दा
coarsen *v.t.* & *i.* भद्दा या खुरदुरा बनाना या होना
coast *n.* तट, समुद्रतट; *v.i.* (जहाज़ का) किनारे-किनारे चलना
coat *n.* कोट, समूर, मुलम्मा; *v.t.* मुलम्मा या कलई करना
coating *n.* कोट का कपड़ा, रंग आदि का पोट
coat of mail *n.* कवच
coax *v.t.* & *i.* फुसलाना, पटाना, दम-दिलासा देना
cobbler *n.* मोची
cobra *n.* करैत सांप
cobweb *n.* मकड़े का जाला
cock *n.* मुर्गा
cockatoo *n* काकातुआ
cock-pit *n.* मुर्गों के लड़ने का अखाड़ा
cockroach *n.* तिलचट्टा
coconut *n.* नारियल
code *n.* संहिता*, संकेतावली*
co-education *n.* सहशिक्षा*
coerce *v.t.* जबरन कराना
coercion *n.* ज़बरदस्ती*, दबाव
co-exist *v.t.* एक समय में होना, एक साथ होना
co-existence *n.* सहअस्तित्व
coffee *n.* कॉफी*, कहवा
coffin *n.* ताबूत
cognizance *n.* पहचान*, हस्तक्षेप का अधिकार
coherent *a.* संगत
coin *n.* सिक्का
coinage *n.* सिक्का, धन, गढ़े हुए शब्द
colic *n.* उदरशूल
collaborate *v.i.* मिलकर काम करना
collapse *v.i.* भहराना, दिल के दौरे से मर जाना
collar *n.* कॉलर, गला
colleague *n.* सहकर्मी
collect *v.t.* & *i.* संग्रह करना, जमा या वसूल करना या होना
collected *a.* संगृहीत
collective *a.* सामूहिक
collector *n.* संकलनकर्त्ता, संग्रहकर्त्ता, ज़िलाधीश

college *n.* कॉलेज, महाविद्यालय
collide *v.t.* टक राना, परस्पर विरोधी होना
colliery *n.* कोयलरी, कोयले की खान*
collision *n.* टक्कर*, टकराव
colloquial *a.* बोलचाल का
colloquy *n.* बातचीत* ग्राम बोलचाल*
colonel *n.* कर्नल
colonial *a.* उपनिवेशी, औपनिवेशिक
colonist *n.* उपनिवेशवासी
colonization *n.* उपनिवेश की स्थापना*
colonize *v.t.* उपनिवेश स्थापित करना या बसाना
colony *n.* कालोनी, उपनिवेश, नई बस्ती*
colossal *a.* प्रकांड, चमत्कार-पूर्ण
colossus *n.* प्रकांड या भीमाकार मूर्ति* या व्यक्ति या साम्राज्य
colour *n.* रंग, (*pl.*) रंग के द्रव्य, पताका; *v.t.* रंगना
colourless *a.* फीका, बेरंग
column *n.* स्तंभ
coma *n.* अचेत दशा*
comb *n.* & *v.t.* कंघी* (करना), कलग़ी*, मधुछत्ता
combat *n.* & *v.t.* संग्राम या सामना (करना)
combatant *n.* & *a.* योद्धा, लड़नेवाला
combination *n.* संयोग, मेल
combine *v.t.* & *i.* संघटित करना या होना; *n.* दंवरी-मशीन*
combustible *a.* & *n.* शीघ्र जलनेवाला या दहनशील (पदार्थ)
combustion *n.* ज्वलन, दाह
come *v.i.* आना, पहुंचना
comedy *n.* सुखांत नाटक
comet *n.* धूमकेतु
comfort *n.* & *v.t.* सुख या आराम (पहुंचाना)
comfortable *a.* आरामदेह
comic *a* & *n.* हास्यकर, हास्य-पत्रिका*
comical *a.* हास्यकारक, अनोखा
command *n.* & *v.t.* कमान (में रखना), हिदायत*
commandant *n.* क़िलेदार, सेनानायक
commander *n.* सेनापति, कमांडर
commanding *a.* प्रभावशाली
commemorate *v.t.* स्मरण करना, अभिनंदन करना
commence *v.t.* & *i.* आरंभ करना या होना, उद्भूत होना
commencement *n.* आरंभ

**commend** *v.t.* रक्षार्थ सौंपना, प्रशंसा करना
**commendable** *a.* प्रशंसनीय
**commendation** *n.* प्रशंसा*, सिफ़ारिश*
**comment** *v.t.* टीका या व्याख्या करना *n.* टीका*, टिप्पणी*, व्याख्या*, समीक्षा*, विवेचना*
**commentary** *n.* टीका*, समीक्षा*
**commentator** *n.* टीकाकार, समीक्षक
**commerce** *n.* वाणिज्य
**commercial** *a.* व्यापारिक
**commission** *n.* आयोग, आयुक्त-पद, कमीशन, दलाली* ; *v.t.* आयुक्त करना, अभियान का आदेश देना
**commissioner** *n.* आयुक्त, कमिश्नर
**commit** *v.t.* कर डालना, फंस या बंध जाना
**committee** *n.* कमेटी* समिति*
**commodity** *n.* जिंस*, उपयोगी वस्तु*
**common** *a.* सामान्य, उभय-निष्ठ, दोनों पक्षों को ग्राह्य
**common noun** *n.* जातिवाचक संज्ञा*
**common sense** *n.* समझ*, सामान्यबोध, व्यावहारिक ज्ञान
**commoner** *n.* सामान्यजन
**commonwealth** *n.* राष्ट्रमंडल
**commotion** *n.* क्षोभ, हल-चल*, विद्रोह
**communal** *a.* सांप्रदायिक, सार्वजनिक, पंचायती
**communicate** *v.t.* & *i.* सूचना देना, बताना, संचार करना
**communication** *n.* संपर्क, सूचना*, संचार
**communism** *n.* साम्यवाद
**community** *n.* संप्रदाय, समुदाय
**commutation** *n.* विनिमय, एकराशिदान, भुनाई*
**companion** *n.* साथी
**company** *n.* कंपनी, सेना का गुल्म
**comparative** *n.* & *a.* तुलना-त्मक, आपेक्षिक
**compare** *v.t.* तुलना या मिलान करना
**comparison** *n.* तुलना*, उपमा*
**compartment** *n.* विभाग, दरजा, डिब्बा
**compassion** *n.* करुणा* दया*, कृपा*, तरस*
**compassionate** *a.* कारुणिक, कृपालु
**compatriot** *n.* देशभाई

स्वदेशवासी
compel *v.t.* विवश करना, ढकेलना
compensate *v.t.* & *i.* हरजाना या मुआविज़ा देना, क्षतिपूरण या प्रत्युपकार करना
compensation *n.* मुआविज़ा क्षतिपूर्ति*
compete *v.t.* प्रतिस्पर्धा करना, बराबरी करना
competence *n.* कार्यनिर्वाह-क्षमता*, अर्हता* (पात्रता*), संपन्नता*
competent *a.* सुयोग्य, निपुण
competition *n.* प्रतियोगिता*
competitive *a.* प्रतियोगिता-मूलक
compilation *n.* संग्रह, संकलन
compile *v.t.* संकलित करना, संग्रह तैयार करना
complacence, complacency *n.* तृप्ति*, आत्मतृप्ति*, प्रसन्नता*, शालीनता*
complacent *a.* आत्मतृप्त, प्रसन्न
complain *v.t.* अभियोग करना, असंतोष प्रकट करना, दुखड़ा रोना
complainant *n.* अभियोक्ता (मुद्दई)
complaint *n.* शिकायत*, अभियोग
complement *n.* & *v.t.* पूरक (जोड़ना)
complementary *a.* पूरक
complete *a.* & *v.t.* पूरा (करना)
complex *a.* जटिल
complexion *n.* रंगरूप, रंग-ढग
complexity *n.* उलझन*, पेचीदगी
complicate *v.t.* फंसाना, उलझाना
complication *n.* जटिल स्थिति*, गुत्थी*
compliment *n.* & *v.t.* प्रशंसा* या अभिनंदन या समादर (करना), स्तुतिवाद, (*pl.*) नमस्कार
comply *v.t.* आज्ञापालन करना, इच्छा पूरी करना, मानना
compose *v.t.* कंपोज़ करना, रागबद्ध करना, उद्वेग शांत करना
compositor *n.* कंपोज़ीटर, छापे के कांटे जमानेवाला
compost *n.* कूड़े की खाद*, मिलावट*
composure *n.* मानसिक संतुलन या शांति*
comprehend *v.t.* समझना, अंतर्भूत करना
comprehensible *a.* सुबोध
comprehension *n.* ज्ञान, बोध

**comprehensive** *a.* विस्तृत, बोध-संबंधी
**compress** *v.t.* दबाना, संक्षिप्त करना
**comprise** *v.t. & i.* से युक्त होना
**compromise** *n. & v.t.* समाधान या समझौता (करना)
**compulsion** *n.* विवशता*, दबाव
**compulsory** *a.* आवश्यक, अनिवार्य
**compunction** *n.* पश्चात्ताप, पछतावा
**computation** *n.* गणना*, हिसाब
**compute** *v.t.* गणना करना, लेखा करना
**comrade** *n.* मित्र, संगी, साथी
**conceal** *v.t.* छिपाना, परदा डालना
**concede** *v.t.* स्वीकार करना
**conceit** *n.* दंभ, कष्टकल्पना*
**conceited** *a.* दंभी, उद्धत, अभिमानी
**conceivable** *a.* बोधगम्य
**conceive** *v.t.* ध्यान में लाना, गर्भ से होना
**concentrate** *v.t. & i.* केंद्रित करना या होना; *n.* सारकृत द्रव्य
**concentration** *n.* एकाग्रता
**concept** *n.* धारणा*
**conception** *n.* सामान्य धारणा*, गर्भधारण
**concern** *v.t.* लगाव रखना, दिलचस्पी लेना; *n.* प्रसंग, चिंता*
**concerning** *prep.* ···के विषय में
**concerned** *a.* संबद्ध, चिंतित
**concert** *v.t.* एकत्र करना; *n.* मेल, सहगान, सहवादन
**concession** *n.* छूट*, सुविधा*
**conch** *n.* घोंघा, कौड़ी*, शंख, सीपी*
**conciliate** *v.t.* समझौता करना
**conciliation** *n.* समझौता
**concise** *a.* संक्षिप्त
**conclave** *n.* गुप्त सभा*
**conclude** *v.t. & i.* समाप्त करना या होना, निष्कर्ष निकालना
**conclusion** *n.* अंत, निष्कर्ष, परिणाम
**conclusive** *a.* निर्णयात्मक, अंतिम
**concoct** *v.t.* गढ़ना
**concoction** *n.* मनगढ़ंत बात
**concomitance** *n.* सहभाव
**concord** *n.* समझौता, मेल, तालमेल
**concourse** *n.* समागम, जमघट
**concrete** *a.* मूर्त्त, ठोस; *n.*

ठोस वस्तु*, कंकरीट; *v.t.* ठोस बनाना
concubine *n.* रखेल*
concurrence *n.* सहमति*, संगति*, अनुकूलता*
condemn *v.t.* दंड देना, अपराधी ठहराना, निन्दा करना
condemnation *n.* निन्दा*, दंडाज्ञा*
condense *v.t. & i.* घनीभूत या संक्षिप्त करना
condition *n.* दशा*, स्थिति*, शर्त*
conditional *a.* सापेक्ष, शर्तबंद
condole *v.i.* शोक प्रकट करना, मातमपुर्सी करना
condolence *n.* शोक, मातमपुर्सी*
condone *v.t.* दोष पर ध्यान न देना, क्षमा करना
conduce *v.i.* कारण या सहायक होना
conduct *v.t. & i.* मार्ग दिखाना, ताप या बिजली संवाहित करना; *n.* आचरण
conductor *n.* पथ-प्रदर्शक, बस आदि का परिचालक
confectioner *n.* हलवाई
confectionery *n.* मिठाइयां*, मिठाई-पाकशाला*, हलवाई की दुकान*
confederacy *n.* राज्यसंघ
confederate *v.t. & i.* संघ में शामिल करना या होना
confederation *n.* राज्यसंघ, महासंघ
confer *v.t. & i.* प्रदान करना, सलाह करना
conference *n.* सम्मेलन, मंत्रणा*
confess *v.t. & i.* दोष या पाप या अपराध स्वीकार करना
confession *n.* दोष या पाप या अपराध का स्वीकार, सकारी हुई बात*
confidant *n.* विश्वासपात्र
confide *v.t. & i.* विश्वास करना, भेद सौंपना
confidence *n.* विश्वास
confident *a.* आश्वस्त
confidential *a.* गोपनीय
confine *v.t. & i.* सीमाबद्ध या बंदी करना या रखना
confinement *n.* रोक*, कैद*
confines *n. & pl.* सीमाए*
confirm *v.t.* पुष्टि करना, प्रमाणित करना
confirmation *n.* पुष्टि, स्थायीकरण, प्रमाणीकरण
confiscate *v.t.* सर्वस्व हरण करना, जब्त करना
confiscation *n.* क़ानून द्वारा सर्वस्व-हरण, कुर्की*, ज़ब्ती*
conflagration *n.* प्रचंड अग्नि*, अग्निदाह, अग्निकांड

conflict *v.i.* भिड़ना, मुठभेड़ होना ; *n.* कलह, विग्रह, मुठ-भेड़*
confluence *n.* संगम
confluent *a.* साथ-साथ प्रवाहित
conform *v.t. & i.* अनुरूप या समान बनाना या होना, अनुमत होना
conformation *n.* अनुकूलन, समरूपता
conformity *n.* समरूपता, अनु-रूपता, संगति
confound *v.t.* व्यर्थ कर देना, भ्रमजाल में डाल देना
confront *v.t.* सामना करना
confrontation *n.* मुकाबला
confuse *v.t. & i.* गडमड करना, घपला करना
confusion *n.* उलझन*, असमंजस, गड़बड़ी*
congenial *a.* सुखावह, सुहावना
congest *v.t.* घनीभूत करना
congestion *n.* भीड़भाड़*, लहू का जमाव
congratulate *v.t.* बधाई देना
congratulation *n.* बधाई*
congregation *n.* सभा*, जमाव
congress *n.* कांग्रेस, सम्मेलन
congruity *n.* सादृश्य, सामंजस्य
conjecture *n. & v.t.* अटकल* (लगाना), धारणा* भविष्य-वाणी*
conjugal *a.* वैवाहिक, दांपतिक
conjugation *n.* धातुरूप, मैथुन
conjunction *n.* संयोजक, समुच्चयवाचक पद
conjure *v.t.* शपथपूर्वक प्रार्थना करना, जादू करना या दिखाना
conjurer *n.* जादूगर
connect *v.t. & i.* जोड़ना, मिलाना, संबद्ध करना (होना)
connection *n.* संबंध, मेल
connivance *n.* उपेक्षा*, मूक आज्ञा*
connive *v.i.* अनदेखी करना
connote *v.t.* अर्थ सूचित करना, गुणार्थ देना, फल-रूप में सूचित करना, गुण-बोध करना
connubial *a.* वैवाहिक, दांपतिक
conquer *v.t.* जीतना, जीतकर अधीन करना
conquest *n.* विजय, जीता हुआ प्रदेश
conscience *n.* अंतःकरण, चैतन्य, भले-बुरे का विवेक
conscientious *a.* शुद्धमति, धर्मशील, विवेकात्मक
conscious *a.* सचेत, सबोध, चौकस
consciousness *n.* चेतना*, अनुभव, व्यक्ति की भावसमष्टि*
conscript *n. & a.* जबरी रंगरूट
conscription *n.* जबरी या

अनिवार्य भर्ती*
consecrate *v.t.* संस्कार करना
consecutive *a.* निरंतर, अनुगामी
consent *n.* & *v.t.* स्वीकृति* या अनुमति* (देना), सम्मति*, आज्ञा*, (मानना)
consequence *n.* परिणाम, प्रभाव
consequent *a.* अनुवर्ती
conservative *a.* & *n.* अनुदार
conserve *v.t.* रक्षा करना, नष्ट होने से बचाना; *n.* मुरब्बा, मिठाई*, पाग
consider *v.t.* & *i.* विचार करना, सोचना
considerable *a.* विचारणीय, काफी, मान्य
considerate *a.* विचारवान, सावधान
consideration *n.* विचार
consign *v.t.* भेजना, सौंपना
consignment *n.* भेजा हुआ माल
consist *v.i.* पता होना, निहित होना
consistence *n.* स्थिरता, अनुकूलता*, संगति*
consistent *a.* अविचल, संगत
consolation *n.* धीरज, ढाढ़स
console *v.t.* दिलासा या ढाढ़स देना
consolidate *v.t.* & *i.* एकीकृत करना, ठोस करना या होना, एक पिण्ड बनाना
consolidation *n.* एकीकरण, चकबंदी*
consonant *n.* & *a.* व्यंजन, एक सुरवाला, सुरीला
conspicuous *a.* ध्यानाकर्षी, आकर्षक, सुस्पष्ट
conspiracy *n.* सांठगांठ*, षड्यंत्र
conspirator *n.* षड्यंत्री, राजद्रोही
conspire *v.i.* षड्यंत्र या राजद्रोह करना
constable *n.* पुलिस का सिपाही
constant *a.* अचल, स्थिर, निरंतर
constipation *n.* क़ब्ज़
constituency *n.* चुनाव-क्षेत्र
constituent *n.* भाग, अंश, अंग
constitute *v.t.* नियुक्त करना, अंग होना
constitution *n.* संविधान, शारीरिक या मानसिक गठन*
constitutional *a.* संवैधानिक, गठन-संबंधी
constrain *v.t.* बाध्य करना, संयत करना
constraint *n.* संयम, नियंत्रण
construct *v.t.* निर्माण करना
construction *n.* निर्माण,

रचना*

construe v.t. & i. व्याख्या
करना

consul n. वाणिज्यदूत

consult v.t. परामर्श करना

consultation n. विचार-
विनिमय सलाह*

consume v.t. व्यय करना, खा-
पी जाना, नष्ट करना

consummate v.t. पूर्ण करना,
पक्का करना; a. पूर्ण, परम,
पक्का

consummation n. समाप्ति*,
सिद्धि*

consumption n. उपभोग,
खपत*, क्षय, नाश, क्षयरोग

consumptive a. क्षयशील, क्षय-
रोग-संबंधी; n. क्षयरोगी

contact n. & v.t. संपर्क या
संसर्ग (में आना, करना);
लगाव (रखना)

contagious a. संक्रामक

contain v.t. अपने में धारण
करना

contaminate v.t. छूत फैलाना

contemplate v.i. & t. ध्यान
लगाना, विचारना, मनन
करना

contemplation n. ध्यान,
विचार-मग्नता*

contemporary a. & n. सम-
कालीन

contempt n. अपमान

contemptible a. घृणित, तुच्छ

contemptuous a. तिरस्कार-
पूर्ण, धृष्ट

contend v.t. & i. तर्क या
विवाद करना

content a. & v.t. संतुष्ट या
तृप्त (करना); n. विचार-
तत्त्व

contentment n. सन्तोष, तृप्ति*

contention n. विवाद-विषय

contest v.t. विवाद करना,
झगड़ना; n. विवाद, कलह

context n. प्रकरण, प्रसंग

contiguity n. समीपता*,
संलग्नता*, सम्पर्क

contiguous a. आसन्न, समीप

continent n. महाद्वीप

continental a. महाद्वीप संबंधी

contingency n. अनिश्चित
संभावना*

continuation n. चालू क्रम

continue v.t. & i. जारी रखना
या रहना, बना रहना, टिकना

continuity n. निरंतरता*

continuous a. निरंतर, लगा-
तार, अबाध

contraband a. & n. अवैध,
निषिद्ध, तस्करी

contract n., v.t. & i. ठेका
(देना या लेना), पट्टा (लिखना
या लिखाना)

contraction n. सिकुड़न*

contractor n. ठेकेदार

contradict v.t. खंडन करना

contradictory a. परस्पर-विरुद्ध

contrary a. विपरीत, प्रतिकूल

contrast v.t. & i. भेद दिख-लाना; n. विरोध, अन्तर

contravene v.t. विरोध या उल्लंघन करना

contravention n. उल्लंघन, विरोध

contribute v.t. & i. चंदा देना

contribution n. चंदा

contributor n. चंदा देनेवाला, पत्रिका में लिखनेवाला

control n. & v.t. संयम या शासन (करना), नियंत्रण (करना)

controversial a. विवादग्रस्त

controversy n. विवाद

convalesce v.i. पुन: स्वस्थ होना

convalescent a. & n. क्रमश: रोगमुक्त होनेवाला या पुन: स्वास्थ्य पानेवाला (व्यक्ति)

convene v.t. आयोजित करना

convener n. संयोजक

convenience n. सुविधा*

convenient a. उपयुक्त, अनुकूल

convent n. ईसाई मठ

convention n. परंपरा*, सभा*, रीति*

conventional a. परंपरागत

converge v.t. & i. एक ही केंद्र की ओर बढ़ना, एक ही केंद्र पर मिलना, झुकाना, झुकना

conversant a. निपुण, सुपरिचित

conversation n. वार्तालाप

converse v.t. वार्तालाप करना, बोलना; n. & a. उलटा, विपरीत प्रस्ताव

conversion n. धर्म-परिवर्तन

convert v.t. धर्म या मत बदलना; n. स्वधर्म त्यागी

convertible a. बदलने या विनि-मय के योग्य

convey v.t. पहुंचाना, ढोना, संचारित या सूचित करना

conveyance n. संचार, वाहन, वहन

convict v.t. अपराधी ठहराना, दंड देना; n. मुजरिम, कैदी

conviction n. दंड, दोष-निर्णय, दृढ़ विश्वास

convince v.t. प्रतीति कराना

convocation n. दीक्षांत समा-रोह

convolution n. ऐंठन*

convoy v.t. सुरक्षित ले जाना; n. अनुरक्षक, रक्षक पोत

convulsion n. ऐंठन*, गड़बड़*, खलबली*

coo n. & v.i. कूजन (करना)

cook *v.t.* (भोजन) पकाना ; *n.* रसोइया
cooker *n.* कुकर, चूल्हा
cool *a.* ठंडा, उदासीन, मंद; *v.t.* ठंडा करना
cooler *n.* ठंडा करने का साधन
co-operate *v.i.* मिलकर काम करना, सहयोग करना
co-operation *n.* सहयोग
co-operative *a.* सहकारी
co-opt *v.t.* (सदस्य) सहयोजित करना
co-ordinate *a.* सवर्गीय, समान पदवाला, तुल्य; *v.t.* तालमेल करना
co-ordination *n.* समन्वय, समीकरण
co-partner *n.* साझीदार
cope *v.t. & i.* स्पर्धा करना
copious *a.* विपुल, भरपूर
copper *n.* तांबा
copy *n. & v.t.* कापी* या नकल* (करना), प्रति*, हस्तलिपि*
copyright *n.* कापीराइट
coral *n.* मूंगा
cord *n.* डोरी*
cordial *a.* हार्दिक, सच्चा; *n.* पुष्टि-कर या उत्तेजक पेय
cordiality *n.* सौजन्य, मित्रभाव
corn *n.* अन्न, पैर का गोखरू
corner *n.* कोण, कोना, गुप्त स्थान ; *v.t.* कठिन अवस्था में रखना
corolla *n.* फूल का भीतरी भाग
coronation *n.* राजतिलक
coronet *n.* छोटा मुकुट
corporal *a.* शारीरिक ; *n.* कारपोरल
corporation *n.* निगम, महापालिका*
corporeal *a.* दैहिक, भौतिक, मूर्त्त
corps *n.* सेना की टुकड़ी*
corpse *n.* शव, लाश*
corpulence *n.* स्थूलता*, मोटापन
corpulent *a.* मांसल, मोटा*
corpuscle *n.* (रक्त-) कोशा*, कणिका*
correct *a.* ठीक, उचित, यथार्थ; *v.t.* ठीक या शुद्ध करना, दंड देना
correction *n.* संशोधन, सुधार, दंड
correlate *v.t. & i.* सहसंबद्ध करना या कराना ; *n.* सहबद्ध
correlation *n.* सहसबंध
correspond *v.i.* अनुरूप या जोड़ का होना, पत्रव्यवहार करनां
correspondence *n.* संसर्ग, पत्रव्यवहार ; अनुरूपता*
correspondent *n.* संवाददाता

**corridor** *n.* गलियारा
**corrigendum** *n.* शुद्धिपत्र
**corroborate** *v.t.* प्रमाणित करना
**corroboration** *n.* संपुष्टि, प्रमाण
**corrode** *v.t. & i.* क्रमशः नष्ट करना या होना
**corrosion** *n.* क्रमिक क्षय
**corrosive** *a.* क्षयकारी
**corrugate** *v.t. & i.* लहरियादार या पनारीदार बनाना या बनना
**corrupt** *v.t. & i.* भ्रष्ट करना या होना, दूषित करना, घूस देना; *a.* भ्रष्ट, पतित
**corruptible** *a.* पतित या भ्रष्ट होने योग्य
**corruption** *n.* भ्रष्टाचार
**cosmetic** *a.* अंगराग, श्रृंगार-द्रव्य
**cosmic** *a.* विश्वीय, ब्रह्मांड-संबंधी
**cosmology** *n.* विश्व-शास्त्र
**cosmopolitan** *a.* सार्वभौमी; *n.* विश्व-मित्र
**cosmos** *n.* ब्रह्मांड
**cost** *v.t.* दाम लगना, लागत पड़ना, व्यय होना, हानि होना; *n.* लागत*, व्यय, दाम
**costly** *a.* बहुमूल्य, महंगा
**costume** *n.* पहनावा, वेश
**cosy** *a.* सुख-सुविधापूर्ण (स्थान)
**cot** *n.* खाट*, पालना, खटोला
**cottage** *n.* कुटी*, झोंपड़ी*
**cotton** *n.* रुई*, सूती कपड़ा, कपास
**couch** *n.* गद्दीदार चौकी*, पलंग; *v.t. & i.* लिटाना, लेटना, (शब्दों में) लपेटना
**cough** *n.* खांसी*, बलग़म; *v.i.* खांसना
**coulter** *n.* हल का फल, फाल
**council** *n.* परिषद्*
**councillor** *n.* पारषद्, सभासद
**counsel** *n.* सलाह, बैरिस्टर; *v.t.* सलाह देना
**counsellor** *n.* परामर्शदाता, बैरिस्टर
**count** *v.t. & i.* गिनना, विचारना; *n.* गणना*
**countenance** *n.* मुख की आकृति*; *v.t.* कृपा करना, बढ़ावा देना
**counter** *n.* लेनदेन की मेज़* या खिड़की*; *v.t. & i.* उलटा करना या होना, जवाबी चाल चलना, प्रतिघात करना, *a. & adv.* प्रतिकूल
**counteract** *v.t.* काट करना, हराना
**counterbalance** *v.t.* धड़ा बांधना; *n.* पासंग
**counterfeit** *n. & v.t.* कपट-मुद्रा* या खोटा सिक्का

(बनाना), जाल करना, छलना; *a.* खोटा, जाली, नक़ली
**counterfoil** *n.* प्रतिपर्ण, मुसन्ना (रसीद आदि की नक़ल* या 'अधकट्टी'*)
**counterpart** *n.* प्रतिलिपि*, प्रतिमूर्ति*
**counterpoise** *n.* समतोलन
**countersign** *n.* & *v.t.* प्रतिहस्ताक्षर (करना)
**countless** *a.* असंख्य
**country** *n.* देश, प्रदेश, देहात
**countryman** *n.* ग्रामीण
**county** *n.* (इंगलैंड का) प्रान्त या ज़िला
**couple** *n.* दंपति, जोड़ा; *v.t.* & *i.* जोड़ना, मिलाना
**couplet** *n.* श्लोक, दोहा
**coupon** *n.* कूपन, पुरज़ी*, रसीद*
**courage** *n.* साहस, वीरता*
**courageous** *a.* साहसी
**courier** *n.* दूत, हरकारा
**course** *n.* पाठ्यक्रम, गतिक्रम
**court** *n.* अदालत, आंगन, दरबार; *v.t.* रिझाना, प्रणय-प्रार्थना करना
**courteous** *a.* शालीन, नम्र, विनीत
**courtesan** *n.* गणिका*, वेश्या*
**courtesy** *n.* शालीनता*, विनय
**courtier** *n.* राजसभासद्, दरबारी
**court-martial** *n.* सैनिक न्यायालय
**courtship** *n.* प्रेमचर्या*
**courtyard** *n.* आंगन
**cousin** *n.* चचेरा, ममेरा, मौसेरा या फुफेरा भाई या बहन
**cover** *v.t.* ढकना, छिपाना, रक्षा करना; *n.* ढक्कन
**coverlet** *n.* बिछावन की चांदनी
**covetous** *a.* लालची
**cow** *n.* गाय; *v.t.* डराना
**coward** *a.* & *n.* कायर, डरपोक
**cowardice** *n.* कायरता*
**coy** *a.* विनीत, लज्जालु, संकोची
**crab** *n.* केकड़ा, कर्कराशि*, खट्टा जंगली सेब, ऊंटड़ा (यंत्र)
**crabbed** *a.* खट्टा, चिड़चिड़ा
**crack** *v.t.* & *i.* तड़काना, तड़कना; *n.* तड़ाका, दरार*; *a.* अत्युत्तम
**cracker** *n.* पटाखा
**crackle** *v.t.* तड़ककर टूटना
**cradle** *n.* पालना; *v.t.* पालने में झुलाना
**craft** *n.* शिल्प, कौशल, व्यापार, छल
**craftsman** *n.* शिल्पकार
**crafty** *a.* कपटी, धूर्त
**cram** *v.t.* & *i.* ठूंसना, कंठस्थ करना

craving *n.* लालसा*
crawl *v.i.* रेंगना, सरकना; *n.* रेंगने की क्रिया या भाव (रिंगण रिंखण)
craze *v.t.* & *i.* सनक चढ़ना या चढ़ा लेना; *n.* झक*, सनक*
crazy *a.* सनकी, झक्की
creak *v.i.* चरमराना; *n.* कर्कश शब्द
cream *n.* मलाई*, सार
crease *n.* सिकुड़न*, चुन्नट*; *v.t.* सिकुड़न या चुन्नट डालना
create *v.t.* सृजन करना
creation *n.* सृष्टि*, रचना*
creator *n.* विधाता, सृष्टिकर्ता
creature *n.* जीव, प्राणी
credence *n.* प्रतीति*, विश्वास
credentials *n.* (*pl*) प्रमाणपत्र, परिचयपत्र, अधिकारपत्र
credible *a.* विश्वसनीय
credit *n.* & *v.t.* विश्वास (करना), रक़मनामे लिखना, श्रेय (देना), साख*
creditable *a.* प्रशंसनीय, गौरव-कर
creditor *n.* लेनदार
credulity *n.* भोलापन
credulous *a.* भोला, सहज-विश्वासी
creed *n.* धार्मिक श्रद्धा*
creek *n.* खाड़ा, उप-नदी*, संकरा दर्रा
creep *v.i.* सरकना, रेंगना
creeper *n.* लता*
cremate *v.t.* दाह-संस्कार करना
cremation *n.* दाह-क्रिया*
creosote *n.* लोहबान
crescent *n.* बालचंद्र, मास के प्रारंभ या अंत का चांद
crest *n.* शिखा*, मुकुट, कलंगी*, ढाल पर बना राजचिह्न
crew *n.* मल्लाहों का जत्था, संघ
cricket *n.* क्रिकेट का खेल, झींगुर
crime *n.* अपराध, दुराचार
criminal *n.* & *a.* अपराधी, अपराध के समान
criminate *v.t.* अपराधी सिद्ध करना
crimson *a.* लाल
cringe *v.t.* चापलूसी करना
cripple *n.* & *v.t.* पंगु या अशक्त (बना देना)
crisis *n.* संकट
crisp *a.* कुरकुरा, कुड़कीला; *v.t.* लहरदार बनाना
criterion *n.* लक्षण
critic *n.* आलोचक
critical *a.* आलोचनात्मक, संकटमय
criticism *n.* आलोचना
criticize *v.t.* समालोचना करना
crochet *n.* क्रोशिये की कशीदा-

कारी*
crock *n.* घड़ा
crockery *n.* चीनी या मिट्टी के बर्तन
crocodile *n.* घड़ियाल
crony *n.* परम मित्र
crop *n.* उपज*; *v.t.* & *i.* उपजाना, उपजना
cross *n.*, *v.t.* & *i.* सलीब (का चिह्न '+' बनाना), काटना, पार करना; *a.* दुरात्मा, विपरीत
cross-breed *n.* संकरता, दोग़लापन
crossing *n.* चौरस्ता, चौमुहानी*
crossword *n.* शब्दपहेली*
crouch *v.i.* विनीत भाव दिखलाना, झुकना
croup *n.* गलशोथ
crow *v.i.* कांव-कांव करना; *n.* कौग्रा
crowd *n.* भीड़*; *v.t.* भीड़ लगाना
crown *n.* मुकुट, राजा, शिखर, 5 शिलिंग का सिक्का; *v.t.* राजतिलक करना, पूर्ण करना
crucial *a.* निर्णायक, प्रामाणिक
crucifix *n.* सलीब पर ईसामूर्त्ति*
crucify *v.t.* शूली चढ़ाना
crude *a.* अपक्व, कच्चा, रूखा
crudity *n.* रूखापन कच्चापन
cruel *adj.* क्रूर, निर्दय, कठोर
cruelty *n.* क्रूरता*, निर्दयता*
cruiser *n.* युद्धपोत
crumb *n.* रोटी का छोटा टुकड़ा या कोमल भाग
crumble *v.t.* चूरा करना या होना
crumple *v.t.* तह बनाना
crunch *v.t.* चबाना, दबाना, रौंदना
crusade *n.* ईसाइयों का धर्मयुद्ध
crush *v.t.* कुचलना; *n.* कुचलने की क्रिया*, भीड़भाड़*
crust *n.* पपड़ी*, छिलका; *v.t.* & *i.* पपड़ी जमाना या पड़ना
crutch *n.* टेक*, बैसाखी*
cry *v.i.* चिल्लाना, गरजना, रोना, प्रार्थना करना; *n.* पुकार*, चीख*, विलाप
crystal *n.* स्फटिक, बिल्लौर, सीसा
crystallize *v.t.* & *i.* रवे बनाना या बनना, स्थायी या स्थिर रूप धारण करना
cub *n.* शेर या भालू या लोमड़ी का बच्चा
cubbish *a.* अशिष्ट
cube *n.* घनफल, घन
cubic *a.* क्यूबिक, घनफल-संबंधी, घनाकार
cubical *a.* घनाकार
cuckoo *n.* कोयल*
cucumber *n.* खीरा, ककड़ी*

cuddle *n.*, *v.t.* & *i.* आलिंगन (करना) लाड़ करना, लिपटकर सोना, गुड़मुड़ी होना
cudgel *n.* डंडा, सोटा ; *v.t.* डंडे से मारना
cue *n.* (नाटक में), संकेत-शब्द, अंटे का डंडा
cuff *n.* & *v.t.* आस्तीन*, आस्तीन की कलाई-पट्टी*, मुक्का या घूंसा (मारना)
culminate *v.i.* परमकोटि को प्राप्त होना ; मध्याह्न-रेखा पर होना
culpability *n.* दंडनीयता*
culpable *a.* दंडनीय
culprit *n.* अपराधी
cult *n.* धर्मसंप्रदाय
cultivate *v.t.* खेती करना, बढ़ाना, पालना
cultivator *n.* किसान, पोषक
culture *n.* संस्कृति*, जुताई*
cumbersome, cumbrous *a.* कष्टकर, भारी, बेडौल
cumin *n.* ज़ीरा
cumulative *a.* संचित, संचयी
cunning *a.* & *n.* चतुर (-ता*), धूर्त्त (-ता*), कुशल (-ता*)
cup *n.* प्याला, कटोरा
cupboard *n.* आलमारी*
Cupid *n.* कामदेव
cupidity *n.* अतिलोभ
curable *a.* इलाज के योग्य
curative *a.* & *n.* रोगनाशक (दवा*)
curator *n.* संग्रहालय का अध्यक्ष
curb *n.* & *v.t.* रोक (-ना)
curd *n.* दही
cure *n.*, *v.t.* & *i.* इलाज (करना या होना), नीरोग करना या होना, नमक लगाना
curfew *n.* कर्फ़्यू
curio *n.* कलावस्तु*, कौतूहलजनक पदार्थ
curiosity *n.* उत्सुकता*, जिज्ञासा*
currency *n.* चलन, प्रचलित मुद्रा*
current *a.* वर्तमान, प्रचलित ; *n.* स्रोत, धारा*, प्रवृत्ति*
curriculum *n.* पाठ्यक्रम
currier *n.* चमड़ा कमानेवाला
curry *n.* कढ़ी, शोरबा ; *v.t.* चमड़ा कमाना, खरहरना
curse *n.*, *v.t.* & *i.* धिक्कार या गाली* या शाप (देना) बला*, पाप, कोसना
cursory *a.* सरसरी
curt *a.* संक्षिप्त, रूखा, 'टका-सा
curtail *v.t.* छोटा या संक्षेप या लोप करना
curtain *n.* परदा, चिक
curvature *n.* वक्रता*, घुमाव
curve *n.* वक्ररेखा*, चाप
cushion *n.* & *v.t.* गद्दा या

तकिया (लगाना), गुदगुदा बनाना
custard *n.* अंडे और दूध की फिरनी*
custard-apple *n.* शरीफ़ा
custodian *n.* निधिपाल
custody *n.* रक्षा. पालन, निगरानी*, हिरासत*, हवालात*
custom *n.* रीति-रिवाज, आचार, अभ्यास, चुंगी*
customary *a.* प्रथागत, चिर-प्रचलित
customer *n.* ग्राहक
custom-house *n.* चुंगीघर
cut *v.t.* काटना, अलग करना; *n.* काट*, कटौती*
cutting *n.* कतरन*
cycle *n.* चक्र, कालचक्र, चक्कर, साइकिल*
cyclic *a.* चक्रीय, चक्रवत्, काल-चक्र-संबंधी
cyclist *n.* साइकिल सवार, साइकिलबाज़
cyclone *n.* चक्करदार आंधी*, ववंडर, चक्रवात
cyclopaedia *n.* विश्वकोश, ज्ञानकोश
cyclostyle *n.* कटाई-छापा, स्टेंसिल की छपाई* (साइक्लो-स्टाइल*)
cylinder *n.* बेलन के आकार का पोला अथवा ठोस पदार्थ, बेलन
cylindric (-al) *a.* बेलनाकार
cymbal *n.* झांझ*, मजीरा
cypress *n.* सरो

# D

dabble *v.t.* छेड़ना, छिड़कना, छींटे डालना, छपछपाना
dacoit *n.* डाकू
dacoity *n.* डकैती*
dad *n.* बापू, अब्बा
daffodil *n.* पीला नरगिस
dagger *n.* कटारी*
daily *a.* दैनिक; *adv.* प्रतिदिन, बहुधा; *n.* दैनिक समाचारपत्र
dainty *a.* रुचिर, स्वादिष्ट, रम्य; *n.* स्वादिष्ट भोजन
dairy *n.* डेयरी, गोशाला*, दुग्ध-शाला*
dais *n.* मंच, चबूतरा
daisy *n.* गुलबहार
dale *n.* घाटी*
dalliance *n.* रंगरेली*, टाल-मटोल
dally *v.t.* & *i.* प्रेमक्रीड़ा करना, इठलाना

**dam** *n.* सेतु, बांध, (पशु की) मां*; *v.t.* बांध से धार रोकना
**damage** *n.* क्षति*, हरजाना ; *v.t.* क्षति पहुंचाना
**dame** *n.* बेगम*. गृहिणी*, प्रौढ़ा*, महिला*
**damn** *n.* & *v.t.* निन्दा (करना), धिक्कार (-ना), शाप देना
**damp** *a.* नम, सीला, गीला ; *n.* नमी*, सील*, कुहरा ; *v.t.* & *i.* तर करना, जी तोड़ना
**damsel** *n.* कुंवारी युवती*
**dance** *v.t.* & *i.* नाचना, (बच्चे को) उछालना ; *n.* नाच
**dandle** *v.t.* (बच्चे को) गोद में या घुटने पर झुलाना
**dandruff** *n.* रूसी*
**dandy** *n.* छैला, बांका
**danger** *n.* खतरा, जोखिम*
**dangerous** *a.* खतरनाक, संकट-मय
**dangle** *v.i.* & *t.* लटकना, लटकाना, झूलना, झुलाना, ललचाना, पीछे-पीछे फिरना
**dank** *a.* गीला, सीला
**dare** *v.i.* साहस या ढिठाई करना, जानकर जोखिम उठाना
**daredevil** *n.* बेधड़क
**daring** *n.* साहस; *a.* साहसपूर्ण, दिलेर
**dark** *a.* & *n.* काला (-रंग), अंधेरा, धुंध (-ला), सांझ*
**darling** *a.* & *n.* अतिप्रिय, प्रेम-पात्र
**dash** *n.*, *v.t.* & *i.* निक्षेपचिह्न 'डैश' : '—' (लगाना), जोश का काम (करना)
**dastard** *n.* कायर
**date** *n.* & *v.t.* तिथि (डालना), काल (निर्धारित करना) घटनाकाल, खजूर
**daub** *n.* & *v.t.* लीप-पोत या लीपापोती* (करना)
**daughter** *n.* बेटी*, पुत्री*
**daughter-in-law** *n.* पतोहू*
**daunt** *v.t.* उत्साह या धैर्य या साहस तोड़ना
**dauntless** *a.* अ-भीत
**dawn** *n.* & *v.i.* अरुणोदय (होना), प्रकट होना, फुरना
**day** *n.* दिन
**daze** *n.* & *v.t.* चौंध* (लगाना), तिलमिला (-ना, हट*)
**dazzle** *n.* & *v.t.* चकाचौंध* (में डालना), चकरा देना
**dead** *a.* मृत, जड़, सुन्न
**deadlock** *n.* गतिरोध
**dead-shot** *a.* & *n.* अचूक निशानेवाला
**deadly** *a.* घातक, मृत्युवत्
**deaf** *a.* बहरा
**deal** *n.*, *v.t.* & *i.* लेन-देन या क्रय-विक्रय (करना), सौदा

(करना), सरोकार (रखना)
dealer *n.* वितरक, विक्रेता, व्यापारी
dealings *n.* (*pl.*) आचरण, व्यवहार, सरोकार, लेन-देन
dear *a.* प्यारा, महंगा
dearth *n.* दुर्लभता*; अकाल, महंगी*
death *n.* मृत्यु*, नाश
deathblow *n.* प्राणघातक चोट
deathless *a.* अमर
debar *v.t.* वंचित करना, रोकना, निषेध करना
debase *v.t.* भ्रष्ट करना, मूल्य घटाना
debate *v.t.* & *i.* विवाद करना, झगड़ना, सोचना ; *n.* विवाद, तर्क, चर्चा*
debauch *v.t.* दूषित करना, (सतीत्व) भ्रष्ट करना ; *n.* लंपट
debauchery *n.* लंपटता*, कामुकता*, व्यसन
debenture *n.* ऋणपत्र, प्रतिज्ञापत्र
debility *n.* दुर्बलता*, शक्तिहीनता*
debit *n.* नामे, लेनी*; *v.t.* रक़म नामे लिखना
debris *n.* मलबा, अवशेष
debt *n.* ऋण, उधार, आभार
debtor *n.* ऋणी, देनदार
decade *n.* दशाब्द
decadent *a.* पतनोन्मुख
decamp *v.i.* भाग जाना, डेरा कूच करना
decay *v.i.* & *t.* क्षीण करना या होना, सड़ना, बिगड़ना ; *n.* क्षय, सड़न*
decease *v.i.* मरना ; *n.* मृत्यु*
deceit *n.* धोखा, छल
deceive *v.t.* ठगना, धोखा देना
December *n.* दिसंबर
decency *n.* विनय, शिष्टता*
decent *a.* प्रतिष्ठित, शिष्ट, उदार
decentralize *v.t.* विकेन्द्रित करना
deception *n.* छल, कपट, ढकोसला
decide *v.t.* & *i.* निर्णय करना या देना, निश्चित करना
decimal *n.* & *a.* दशमलव
decipher *n.* & *v.t.* गूढ़वाचन (करना), गूढ़लिपि पढ़ना
decision *n.* निर्णय, फ़ैसला
decisive *a.* निर्णयकारी, निश्चित
deck *n.* जहाज़ की छत*; *v.t.* सजाना
declaim *v.t.* & *i.* रटा हुआ या जोशीला भाषण देना
declaration *n.* घोषणा*, घोषणापत्र
declare *v.t.* घोषणा करना

decline *v.t. & i.* अस्वीकार
करना ; *n.* क्षय, पतन

decompose *v.t. & i.* सड़ना,
सड़ाना

decorate *v.t.* सजाना, पदक
आदि से विभूषित करना

decoration *n.* सजावट*, पदक
आदि

decorum *n.* मर्यादा*, शिष्टा-
चार

decrease *v.t. & i.* घटाना,
घटना ; *n.* कमी*

decree *n.* डिगरी, आज्ञा*,
राजाज्ञा; *v.t.* हुक्म जारी
करना

decry *v.t.* निन्दा करना

dedicate *v.t.* भेंट करना, समर्पण
करना

dedication *n.* समर्पण

deduce *v.t.* तर्क से पता लगाना,
अनुमान करना

deduct *v.t.* घटा लेना

deduction *n.* कटौती*

deed *n.* कार्य, कृति*, कारनामा

deep *a.* गहरा, गुप्त ; *n.* समुद्र

deer *n.* हिरन

defamation *n.* मानहानि*

defame *v.t.* मानहानि करना,
बदनाम करना

default *n.* चूक*; *v.t. & i.*
चूकना, पैरवी न करना

defeat *v.t.* हराना;*n.* पराजय*,
हार*

defect *n.* कमी*, त्रुटि*

defence *n.* रक्षा*, प्रत्युत्तर

defend *v.t.* रक्षा करना

defendant *n.* प्रतिवादी, मुद्दालेह

defensive *a.* रक्षात्मक ; *n.*
बचाव

deference *n* आदर, वश्यता*

defiance *n.* विद्रोह, आज्ञाभंग

defiant *a.* निडर, विद्रोही,
उपेक्षापूर्ण

deficit *n.* कमी*, टोटा

deficit budget *n.* घाटे का बजट

define *v.t.* परिभाषा देना, सीमा
बांधना

definite *a.* निर्दिष्ट, सुनिश्चित

definition *n.* परिभाषा*

degenerate *v.i.* पतित होना ;
*a.* पतित

degrade *v.t. & i.* पदच्युत
करना या होना

degree *n.* उपाधि*, अंश (गणित)

deject *v.t.* दिल तोड़ना

dejection *n.* उदासी*

delegate *v.t.* प्रतिनिधित्व करना

delegation *n.* प्रतिनिधि

delete *v.t.* हटाना, मिटाना

deliberate *v.t. & i.* राय लेना,
विचार करना ; *a.* सुचिन्तित

delicious *a.* स्वादिष्ट, रुचिकर

delight *v.t. & i.* सुखी होना ;
*n.* हर्ष, खुशी*

**deliver** *v.t.* सौंपना, (डाक) बांटना
**delivery** *n.* डाक-वितरण, भाषण या उसका ढंग
**delta** *n.* डेल्टा, नदी का दहाना
**deluge** *n.* जल-प्रलय
**delusion** *n.* मोह, भ्रम, छल
**demand** *n. & v.t.* मांग* या दावा (करना), मांगना
**demarcation** *n.* सीमानिर्धारण
**demeanour** *n.* सलूक
**demerit** *n.* अवगुण, दोष
**demise** *n. & v.t.* मरण, 'हिब्बा' (करना)
**democracy** *n.* जनतंत्र
**demolish** *v.t.* ढाना, निगल जाना, नष्ट करना
**demon** *n.* दानव
**demonstrate** *v.t.* प्रयोग से समझाना, प्रदर्शित या प्रमाणित करना, प्रदर्शन करना
**demoralize** *v.t.* अनुशासन और उत्साह भंग करना, चरित्र भ्रष्ट करना
**demur** *n. & v.t.* आपत्ति* या आगा-पीछा (करना), शंका* (करना)
**demure** *a.* संकोची, धीर, विनीत
**demy** *n.* कागज़ का 18″ × 22″ आकार
**den** *n.* मांद*, गुप्त अड्डा
**denotation** *n.* संकेत (-न), नाम, (तर्क में) व्याप्त्यर्थ
**denote** *v.i.* ···का नाम या वस्तुवाची होना, संकेतित या सूचित करना
**denounce** *v.t.* भर्त्सना करना
**dense** *a.* घना, गाढ़ा, मूर्ख
**dentist** *n.* दांत का डाक्टर
**denude** *v.t.* नग्न या वस्त्रहीन करना
**deny** *v.t.* अस्वीकार करना, ग़लत ठहराना, वंचित करना, निषेध करना
**depart** *v.t. & i.* चल देना, चला जाना, विदा होना, मरना
**department** *n.* विभाग, अंग
**departure** *n.* प्रस्थान
**depend** *v.i.* निर्भर या अवलंबित होना, अधीन या आश्रित होना, भरोसा करना
**depict** *v.t.* चित्रित करना, वर्णन करना
**deplorable** *a.* खेदजनक, शोचनीय
**deplore** *v.t.* विलाप करना, शोक करना, खेद या दुख प्रकट करना
**deport** *v.t.* निर्वासित करना
**depose** *v.t. & i.* पद या अधिकार या राजगद्दी से च्युत करना, गवाही या बयान देना, हटाना, साक्षी देना
**deposit** *v.t.* जमा करना, गिरवी या धरोहर रखना; *n.* बैंक में

जमा धन, थाती*
depot *n.* गोदाम, मंडी*, डिपो
deprave *v.t.* चरित्र दूषित करना
depreciate *v.t.* & *i.* मान या मूल्य घटाना या घटना
depress *v.t.* खिन्न करना, नीचा करना, दबाना, झुकाना
depression *n.* मंदी*, उदासी*, गड्ढा
deprive *v.t.* वंचित करना, छीन लेना
depth *n.* गहराई*, गंभीरता*, मध्यभाग
deputation *n.* शिष्टमंडल
depute *v.t.* अधिकार या भार सौंपना, प्रतिनिधि नियुक्त करना
derail *v.t.* & *i.* पटरी से उतारना या उतरना
derange *v.t.* व्यतिक्रम करना, गड़बड़ करना
deranged *a.* अव्यवस्थित, पागल
deride *v.i.* हंसी उड़ाना, ताना देना
derision *n.* उपहास, ताना
derivation *n.* मूल, व्युत्पत्ति*
derive *v.t.* मूल या व्युत्पत्ति, खोजना, अनुमान करना
derogate *v.i.* अपमानित होना
descendant *n.* वंशज
describe *v.t.* वर्णन या चित्रण करना, लक्षण बताना
description *n.* वर्णन
desert *v.t.* & *i.* छोड़ना, छोड़ भागना, *n.* रेगिस्तान
deserve *v.t.* पात्र या योग्य होना
design *v.t.* रूपरेखा या खाका बनाना, मंसूबा या इरादा करना या होना ; *n.* नमूना, रूपरेखा*, इरादा, ढांचा
designing *a.* छली, कुचक्री
desirable *a.* वांछनीय, इष्ट, श्रेय
desire *v.t.* चाहना, मनोरथ करना, मांगना ; *n.* अभिलाषा*, इच्छा*
desist *v.t.* हाथ खींचना, बाज आना
desk *n.* डेस्क, ढलवां मेज़*
despair *v.t.* निराश होना ; *n.* निराशा*
desperate *a.* निराशांध
despicable *a.* तिरस्करणीय, घृणित
despise *v.t.* तिरस्कार या निंदा या घृणा करना
despite *n.* घृणा*, ईर्ष्या*; *prep.* ·· के बावजूद
despondent *a.* हताश, विषण्ण, उदास
despot *n.* निरंकुश शासक, आततायी
destination *n.* मंज़िल*, गंतव्य, भाग्य
destiny *n.* दैव, भाग्य

destitute *a.* निराश्रय, विहीन
destroy *v.t.* ध्वस्त या नष्ट करना
destruction *n.* ध्वंस, नाश
desultory *a.* अस्थिर, अनियत, निरुद्देश्य
detach *v.t.* विच्छिन्न करना, अलगाना
detachment *n.* अलगाव, सेना की टुकड़ी* या जत्था
detail *n. & v.t.* ब्योरा (देना)
detain *v.t.* बिठाये रखना, हवालात में या नज़रबंद रखना
detect *v.t.* पता लगाना, खोज निकालना, ताड़ना
detective *n.* जासूस, गुप्तचर
detention *n.* क़ैद*, नज़रबंदी*
deteriorate *v.t. & i.* बिगाड़ना, बिगड़ना, क्षय करना या होना
determine *v.t. & i.* ठान लेना, निर्धारण करना, स्थिर करना, निपटाना
detest *v.t.* घृणा करना
dethrone *v.t.* राजगद्दी से उतारना
detract *v.t. & i.* साख या मान घटाना
detriment *n.* हानि*, अपकार
devastate *v.t.* बरबाद करना, उजाड़ना
develop *v.t. & i.* विकास करना या होना
development *n.* विकास, बढ़ती*
deviate *v.i.* भटकना
device *n.* साधन, उपाय
devious *a.* भ्रांत, कुटिल, चक्करदार
devil *n.* शैतान
devise *v.t.* उपाय निकालना
devoid *adj.* रहित
devote *v.t.* समर्पण या उत्सर्ग करना, लगाना, रत होना
devoted *a.* समर्पित, दृढ़ भक्त, अनुरक्त
devotee *n.* भक्त
devotion *n.* भक्ति*, प्रेम
devour *v.t.* निगलना, हड़प करना, भकोसना, नष्ट करना
dew *n.* ओस*
dexterity *n.* निपुणता*, चातुरी*
diabetes *n.* प्रमेह, मधुमेह
diabolic (-al) *a.* घोर, नारकीय, पैशाचिक
diagnose *v.t.* निदान करना
diagnosis *n.* निदान
dialect *n.* उपभाषा*
dialogue *n.* संवाद, कथोपकथन
diameter *n.* व्यास
diamond *n.* हीरा
diarrhoea *n.* अतिसार
diary *n* दैनन्दिनी*, रोज़नामचा, डायरी*
dice *n. (pl.), v.t. & i.* पासा (खेलना)
dictate *v.t.* इमला लिखाना,

आज्ञा देना; n. आज्ञा*

dictation n. इमला

dictator n. तानाशाह

diction n. वाक्शैली*

dictionary n. शब्दकोश

dictum n. सिद्धांतवचन, नियम

didactic a. उपदेशात्मक

die n. सांचा, पासा, ठप्पा; v.i. मरना

diet n. आहार, भोजन, पथ्य

differ v.i. भिन्नमत होना

difference n. मतभेद, कलह, शेष

different a. भिन्न, विविध

difficult a. कठिन

difficulty n. कठिनाई*

dig v.t. & i. खोदना; n. खुदाई*

digest v.t. पचाना; n. सार-संग्रह

digestion n. पाचन, पाचनशक्ति*

digit n. अंगुल (नाप), उंगली*, (0 से 9 तक का कोई) अंक

dignify v.t. गौरव बढ़ाना

dignity n. गौरव, महिमा*, प्रतिष्ठा*

dilemma n. कशमकश

diligence n. अध्यवसाय

dilute a. & v.t. जलमिश्रित (करना)

dim a., v.t. & i. धुंधला (बनाना या होना)

dimension n. आयाम, (गणित में) 'घात'

diminish v.t. & i. कम करना या होना

diminutive a. & n. अतिलघु, ऊनवाचक (शब्द)

din n., v.t. & i. शोर (मचाना या मचना)

dine v.t. & i. मध्याह्न का भोजन करना या भोज देना

dingy a. काला, मैला, अंधेरा और गंदा

dinner n. दिन का प्रधान भोजन या ज्योनार

dip n., v.t. & i. डुबकी* (देना या लगाना)

diploma n. उपाधिपत्र, राजपत्र

diplomacy n. कूटनीति*, नीति-चातुरी*

diplomatic a. & n. राजनयिक, कूटनीतिक, कूटनीतिज्ञ

dire a. दारुण, भीषण

direct a. & adv. सीधा, खरा, प्रत्यक्ष; v.t. & i. निदेशन करना, राह बताना

direction n. पता, दिशा,* निदेशन

director n. संचालक, निदेशक, निर्देशक

directory n. डाइरेक्टरी, निदेश-संहिता*

dirt n. धूल*, कचरा

dirty a. मैला, गंदा

disability n. अपात्रता*,

अक्षमता*
disadvantage *n.* प्रतिकूल अवस्था* या प्रभाव, असुविधा*
disagree *v.i.* असहमत होना
disagreeable *a.* अप्रिय, नागवार, दुर्विनीत
disappear *v.i.* लुप्त होना, खो जाना
disappoint *v.t.* विफल या निराश करना
disapprove *v.t.* & *i.* बुरा मानना, अस्वीकार या असमर्थन करना
disarm *v.t.* & *i.* निरस्त्र करना
disarmament *n.* निरस्त्रीकरण
disaster *n.* विपत्ति*
disastrous *n.* सर्वनाशी
discharge *v.t.* & *i.* कर्त्तव्य पूरा करना, मुक्त करना; *n.* छूट*, रिहाई*
disciple *n.* शिष्य
discipline *n.* अनुशासन; *v.t.* अनुशासित करना
disclose *v.t.* प्रकट करना, भेद खोलना
discomfort *n.* क्लेश, तकलीफ़*
disconnect *v.t.* संबंध तोड़ना
discontent *n.* असंतोष
discount *n.* बट्टा, सूद दर सूद
discourage *v.t.* हतोत्साह करना
discourse *n.* लेख, संलाप, बातचीत*
discourteous *a.* असभ्य, रुक्ष
discover *v.t.* खोज करना
discovery *n.* खोज*, आविष्कार
discuss *v.t.* विवाद करना, तर्क करना
disease *n.* रोग, व्याधि*
disfranchise *v.t.* मताधिकार या नागरिकता से वंचित करना
disguise *n.* & *v.t.* भेस (बदलना)
dish *n.* थाली*, तश्तरी*
dishonest *a.* बेईमान
dishonour *n.* & *v.t.* अपमान (करना)
dislike *v.t.* नापसन्द करना
disloyal *a.* राजद्रोही
dismiss *v.t.* बर्खास्त करना
disorder *n.* अशांति*
disparity *n.* विषमता*
dispensary *n.* दवाखाना
disperse *v.t.* & *i.* बिखेरना, तीन-तेरह करना या होना
displace *v.t.* स्थान से हटाना
display *n.* & *v.t.* प्रदर्शन (सजाना, करना)
displease *v.t.* रुष्ट करना
disposal *n.* निपटान*, व्यवस्थापन
dispose *v.t.* निपटाना, बेचना
disposition *n.* प्रबन्ध, प्रकृति*, प्रवृत्ति*
disprove *v.t.* खंडन करना, झूठा

ठहराना

**dispute** *n., v.t. & i.* विचार या विवाद (करना), मतभेद (प्रकट करना)

**disqualification** *n.* अपात्रता*, अनर्हता*

**disquiet** *a. & v.t.* बेचैन (करना); *n.* बेचैनी*

**disregard** *n. & v.t.* उपेक्षा* या अनादर (करना)

**disrepute** *n.* अपयश, निन्दा*

**disrespect** *n.* अनादर, अशिष्टता*

**disrupt** *v.t.* तितर-बितर या नष्ट-भ्रष्ट करना

**dissatisfaction** *n.* असंतोष

**dissect** *v.t.* चीड़फाड़ करना, सूक्ष्म परीक्षण करना

**dissipate** *v.t.* छितराना, नष्ट करना

**dissolve** *v.t. & i.* गलाना, घुलाना, घुलना

**dissuade** *v.t.* विरत करना

**distance** *n.* दूरी*

**distasteful** *a.* अरुचिकर, स्वादहीन

**distil** *v.t. & i.* सत्त चुवाना या चूना

**distillery** *n.* शराब की भट्ठी*

**distinct** *a.* स्पष्ट, अलग, विशिष्ट, नियत

**distinction** *n.* भेद, महत्ता*

**distinguish** *v.t. & i.* भेद करना या दिखाना, प्रसिद्ध होना

**distort** *v.t.* तोड़ना मरोड़ना

**distraction** *n.* विकर्षण, पागलपन

**distress** *n.* यातना*, आपदा*, दरिद्रता*; *v.t.* सताना

**distribute** *v.t.* बांटना, अलग करना

**district** *n.* ज़िला, मंडल, जनपद

**distrust** *n. & v.t.* अविश्वास या सन्देह (करना)

**disturb** *v.t.* अशांत या आकुल करना, विघ्न डालना

**ditch** *n.* खाई*, गढ़ा, नाला, मोरी*

**ditto** *n. & a.* 'ऐज़न' (वही, उसीकी प्रतिलिपि)

**dive** *n. & v.i.* डुबकी* (लगाना)

**diver** *n.* ग़ोताख़ोर

**diverse** *a.* भिन्न, पृथक्, विविध

**divert** *v.t.* राह से परे मोड़ना या हटाना, मनोरंजन करना, वंचित करना

**divide** *v.t. & i.* बांटना, भाग देना

**dividend** *n.* भाज्य, लाभांश, सूद

**divine** *a.* दिव्य; *n.* पुरोहित; *v.t. & i.* भविष्य बताना

**divinity** *n.* देवता, देवत्व

**division** *n.* विभाजन, विभाग, (गणित में) भाग, खंड,

कमिश्नरी, सेना की टुकड़ी*, श्रेणी* (-विभाग)
divorce *n.* & *v.t.* तलाक (देना)
divulge *v.t.* भेद खोलना
dizzy *a.* चकराहट या घुमरी से ग्रस्त
do *v.t.* & *i.*, *aux.* करना, पूरा करना
docile *a.* सिखाने योग्य, सीधा
dock *n.* बंदरगाह, कठघरा
doctor *n.* डॉक्टर, चिकित्सक
doctorate *n.* डॉक्टर की उपाधि*, आचार्य-पद
doctrine *n.* मत, वाद, सिद्धांत
document *n.* लिखित प्रमाण, दस्तावेज़*
dodge *n.* & *v.t.* चकमा (देना)
doe *n.* हिरनी*
dog *n.* कुत्ता; *v.t.* खोज या पीछा करना, पीछे लगा रहना
dogged *a.* हठी
doggerel *n.* तुच्छ
dogma *n.* हठधर्मिता*, रूढ़ि*
doings *n.* (*pl.*) कर्म, व्यवहार
dole *n.* क्षुद्र अंश; *v.t.* बांटना
doleful *a.* आर्त्त, भैरव, सुनसान
doll *n.* गुड़िया*, पुतली*
dollar *n.* डॉलर (मुद्रा*)
domain *n.* जागीर*, प्रदेश, विचार-सीमा*
dome *n.* गुंबद
domestic *a.* घरेलू, पालतू; *n.* गृहसेवक
domesticate *v.t.* पालतू या सभ्य या वातावरण के अनुकूल बनाना
domicile *n.* अधिवास; *v.t.* & *i.* स्थायी अधिवासी होना
dominant *a.* प्रधान, प्रबल, हावी
dominate *v.t.* & *i.* प्रभुत्व रखना
dominion *n.* अधिराज्य, प्रभुत्व, राज्य
don *v.t.* पहनना
donate *v.t.* दान देना
donation *n.* दान, भेंट, चंदा
donkey *n.* गधा
donor *n.* दाता, दानी, देनेवाला
do-nothing *a.* & *n.* प्रमादी, काहिल
doom *n.* नाश, अंत, क़यामत*; *v.t.* विनाश या दुर्भाग्य को सौंप देना, दंडाज्ञा देना
doomsday *n.* क़यामत या प्रलय का दिन
door *n.* द्वार
dormant *a.* सुप्त, निष्क्रिय, गूढ़
dose *n.* ख़ूराक*
dot *n.* & *v.t.* बिंदी* (लगाना)
double *a.*, *n.*, *v.t.* & *i.* दूना (करना), प्रतिमूर्त्ति*
double-dealing *n.* कपटाचार; *a.* कपटाचारी
doubt *n.*, *v.t.* & *i.* सन्देह

(करना), दुविधा (में होना)
dough *n.* लोई*, गुंधा आटा
dove *n.* कबूतर
dove-cot *n.* दरबा
down *adv.* & *prep.* नीचे
downcast *a.* खिन्न, अधोमुख
downfall *n.* पतन, नाश
downpour *n.* मूसलाधार वर्षा*
downright *adv.* पूर्णतः, सर्वथा
downward *a.* & *adv.*, downwards *adv.* नीचे, नीचे को
dowry *n.* दहेज
doze *n.* & *v.i.* झपकी* (लेना), ऊंघ* (-ना)
dozen *n.* दर्जन
drab *n.*, *a.* & *v.t.* बादामी (रंग, कपड़ा), नीरस (-ता*)
draft *n.* & *v.t.* जबरिया भरती* (में लेना), हुडी* या 'ड्राफ्ट' (भुनाना), प्रारूप या ढांचा (तैयार करना)
draftsman *a.* मानचित्रकार, मसविदा-नवीस
drag *n.*, *v.t.* & *i.* घसीट*(-ना), घिसटन*, घिसटना
dragon *n.* पौराणिक राक्षस
drain *n.* नाला, निकास; *v.t.* & *i.* खींच या सोख लेना
drainage *n.* नालियों-मोरियों की व्यवस्था* या उनका गंदा पानी
dram *n.* 'ड्राम' (= $\frac{1}{16}$ औंस ठोस या $\frac{1}{8}$ औंस तरल)
drama *n.* नाटक, अभिनय
draper *n.* बज़ाज़
drapery *n.* बज़ाज़ी*, परदे
drastic *a.* उग्र, कठोर
draught *n.* & *v.t.* प्रारूप या ढांचा या खाका (तैयार करना), हुंडी* झोंका
draughtsman *n.* मानचित्रकार, प्रारूपकार
draw *v.t.* & *i.* खींचना, खिचना; *n.* बराबरी पर छूटा खेल
drawback *n.* कमी*, खोट*, असुविधा*
drawers *n.* दराज*, जांघिया
drawing *n.* ड्राइंग, रेखांकन, रेखाचित्र
drawing-room *n.* ड्राइंगरूम, बैठक
dread *v.t.* & *i.* डरना, थर्राना; *a.* & *n.* भयावह (वस्तु), डर
dream *n.*, *v.t.* & *i.* सपना (देखना)
dreary *a.* मन्द, निरानन्द
drench *v.t.* सराबोर करना
dress *n.*, *v.t.* & *i.* पहनावा (पहनना), सजाना, पहनाना
dressing *n.* मरहम-पट्टी
drill *n.*, *v.t.* & *i.* बरमा (-ना), क़वायद (करना, कराना), ड्रिल
drink *n.*, *v.t.* & *i.* पेय, पीना, मदपान (करना)

drip *n.* टपकन ; *v.t. & i.* टपकाना, टपकना, सराबोर होना
drive *v.t. & i.* हांकना, (गाड़ी) चलाना; *n.* (गाड़ी या अहाते की) सड़क*, (गाड़ी पर) सैर*
driver *n.* चालक
drizzle *n. & v.i.* फुही* (पड़ना)
droll *a. & n.* हासकर, ठिठोलिया
drollery *n.* विनोद, विचित्र परिहास, हास्य-रचना*
drop *n.* बूंद*, पतन, मंदी*, लोलक; *v.t.* गिराना, गिरना, टपकाना, टपकना
drought *n.* अनावृष्टि*, सूखा, प्यास*
drown *v.i. & t.* डूबना, डुबाना
drowse *n., v.i. & t.* झपकी* (लेना), ऊंघ (-ना), तंद्रिल या निद्रालु बनाना
drudge *v.i.* खट मरना, जांगर चलाना; *n.* मरखट्टू, किराये का टट्टू, गुलाम
drug *n.* औषध; *v.t. & i.* (दवा में विप आदि) मिलाना, दवा पिलाना, कुछ खिला-पिलाकर अचेत करना
druggist *n.* अत्तार, औषध-विक्रेता
drum *n., v.t. & i.* ढोल या नगाड़ा (बजाना), पीपा
drunkard *n.* पिअक्कड़
dry *a.* सूखा, प्यासा, नीरस; *v.i. & t.* सुखाना, सूखना
dualism *n.* द्वैत, द्वैतवाद, द्विवचन
dub *v.t.* उपाधि देना, उपनाम रखना
dubious *a.* भ्रामक, संदिग्ध
duck *n.* बतख*, मादा बतख*; *v.t. & i.* डुबकी लगाना
due *n. & a.* दाय, दावा, प्राप्य; *adv.* ठीक, सीधे
duel *n. & v.t.* मल्लयुद्ध या द्वंद्व-युद्ध (करना)
duke *n.* नवाब, 'ड्यूक'
dull *a., v.t. & i.* कुंठित (कर देना या हो जाना), मूर्ख, जड़, खिन्न
duly *adv.* यथोचित, यथासमय, पर्याप्त रूप से
dumb *a. & v.t.* गूंगा या मूक (बना डालना), हक्कावक्का (कर देना)
dumbfound *v.t.* अवाक् या भौंचक्का कर देना
dum-dum *a. & n.* (बन्दूक की) दमदम (गोली*)
dunce *n.* जड़मति
dune *n.* रेत का टीला
dung *n.* गोबर, खाद*
dungeon *n.* कालकोठरी*
duplicate *a., n. & v.t.* प्रतिलिपि* या प्रतिरूप (बनाना), दूना (करना), समानार्थ शब्द
duplicity *n.* द्वैधता*, दुरंगापन

durable *a.* टिकाऊ, स्थायी
duration *n.* अवधि*, मीयाद*, सत्र
during *prep.* तक, में, इतने में, दौरान
dusk *n.* सांझ*
dust *n. & v.t.* धूल* (छिड़कना, पोंछना)
duster *n.* झाड़न*
dutiful कर्त्तव्यनिष्ठ
duty *n.* कर्त्तव्य, चुंगी*, पाबंदी*
dwarf *a., n. & v.t.* बौना (बनाना)
dwell *v.t.* बसना, रहना, ध्यान केन्द्रित करना
dwelling *n.* आवास, घर
dwindle *v.t.* कम या क्षीण या भ्रष्ट हो चलना, महत्त्व खोना
dye *n., v.t. & i.* रंग या रंगने का मसाला (बनाना), रंगना
dynamic *a.* गतिशील, ऊर्जस्वी
dynamics *n.* (*pl.*) गतिविज्ञान, 'गतिकी'*
dynamite *n.* 'डाइनेमाइट', बल-स्फोट
dynamo *n.* बिजली उत्पन्न करने का यन्त्र, 'डाइनेमो'
dynasty *n.* राजकुल, वंश
dysentery *n.* आमातिसार, आंव, पेचिश*
dyspepsia *n.* अजीर्ण, मंदाग्नि*, बदहज़मी*

# E

each *a. & pron.* प्रति, प्रत्येक, परस्पर
eager *a.* उत्सुक, आतुर, उत्कट
eagle *n.* गरुड़
ear *n.* कान, ध्वनि-विवेक, अन्न की बाल*
early *a. & adv.* पूर्व, शीघ्र, सवेरे, अकालघटित
earn *v.t.* उपार्जन करना, प्राप्त करना, कमाना
earnest *a.* अकपट, तत्पर, उत्सुक *n* बयाना, साई*, थाती*
earth *n.* पृथ्वी*, भूमंडल, संसार; *v.t. & i.* मिट्टी से ढंकना, मिट्टी में गाड़ना
earthen *a.* मिट्टी का (बना हुआ)
earthly *a.* पार्थिव, लौकिक
earthquake *n.* भूकम्प
earth-worm *n.* केंचुआ
ease *n., v.t. & i.* सुख या आराम (पहुंचाना)
easel *n.* चित्रफलक
east *n.* पूरब, पूरबी; *a.* प्राच्य; *adv.* पूर्व की ओर

Easter *n.* ईस्टर' (ईसा-पुनर्जीवन पर्व)

eastern *a.* पूरबी, पूर्वीय; *n.* प्राच्यदेशवासी

easy *a.* सहज, सुलभ, मंदा ; *n.* सुस्ताहट*; *adv.* सरलता से ; *v.i.* धीमे चलो

eat *v.t.* & *i.* खाना

eatable *n.* (प्राय: *pl.*) खाद्य-पदार्थ ; *a.* भोज्य, खाद्य

eavesdrop *v.i.* छिपकर बातें सुनना

ebb *n.* & *v.i.* भाटा (आना)

ebony *n.* आबनूस

eccentric *a.* & *n.* केंद्रभ्रष्ट, झक्की या विलक्षण (व्यक्ति)

eccentricity *n.* सनक*

ecclesiastical *a.* गिरजा या पादरी संबंधी, धार्मिक

echo *n.*, *v.t.* & *i.* प्रतिध्वनि* (-त करना या होना)

eclat *n.* शोभा*, भारी सफलता*

eclipse *n.* & *v.t.* ग्रहण (लगना), ग्रस्त (करना)

ecliptic *n.* क्रांतिवृत्त (सूर्य का मार्ग) ; *a.* ग्रहण-संबंधी

economic (-al) *a.* आर्थिक, अर्थशास्त्रीय, लाभप्रद

economics *n.* (*pl.*) अर्थशास्त्र, अर्थनीति*, आर्थिक अवस्था*

economize *v.t.* & *i.* खर्च कम करना, कम खर्च करना

economy *n.* मितव्ययिता*, अर्थनीति*

ecstasy *n.* परमानंद

Eden *n.* भूस्वर्ग, सम्मोह, परमानंद-दशा*

edge *n.*, *v.t.* & *i.* धार* (रखना), किनारा

edible *a.* & *n.* खाद्य (-पदार्थ), खाने योग्य

edifice *n.* भवन, प्रासाद

edit *v.t.* संपादन करना

edition *n.* संस्करण, संपादन

editor *n.* सम्पादक

editorial *a.* & *n.* सम्पादक संबंधी, सम्पादकीय अग्रलेख

educate *v.t.* शिक्षा देना या दिलाना

education *n.* शिक्षण, नैतिक या बौद्धिक विकास

educe *v.t.* निष्कर्ष या सार निकालना, बिलगाना

efface *v.t.* मिटाना, पोंछ डालना, नष्ट करना

effect *n.* परिणाम, प्रभाव; *v.t.* अमल में लाना

effects *n.* (*pl.*) चल-संपत्ति*

effectual *a.* अमोघ, वैध, समर्थ

effeminate *a.* स्त्रैण, इंद्रिय-परतंत्र

effete *a.* थका हुआ, दुर्बल, अशक्त

efficacy *n.* गुण, गुणकारिता*,

प्रभाव, सामर्थ्य
efficiency *n*. निपुणता*, कार्य-क्षमता*, योग्यता*
effigy *n*. प्रतिमा*, पुतला
efflorescent *a*. पुष्पित
effort *n*. प्रयास, उद्यम
effrontery *n*. धृष्टता*, गुस्ताखी*
effulgent *a*. दीप्तिमान
effusion *n*. बहाव, असंयत वाक्य
egg *n*. अंडा; *v.t*. उकसाना
egg-plant *n*. भंटा का पौधा
ego *n*. अहं, आत्मा*
egotism *n*. अहंता*, अहंकार, आत्मचर्चा*
eight *n*. आठ
eighteen *n*. अठारह
eighty *n*. अस्सी
either *a*. & *pron*. दो में से एक या प्रत्येक, भी; *adv*. & *conj*. या तो
ejaculate *v.t*. बोल पड़ना, शरीर से निकाल फेंकना
eject *v.t*. बेदखल करना, फेंकना, निकालना
eke *v.t*. जैसे-तैसे निर्वाह करना
elaborate *v.t*. विस्तार से करना; *a*. विस्तृत, सुसम्पन्न
elapse *v.i*. बीत जाना
elastic *a*. & *n*. लचीला (फीता), प्रफुल्ल, नमनीय
elate *v.t*. उत्तेजित या उल्लसित या गर्वित करना
elbow *n*., *v.t*. & *i*. कोहनी (मारना), धक्कमधक्का करके घुसना या निकलना
elder *a*. & *n*. ज्येष्ठ या श्रेष्ठ (व्यक्ति)
elderly *a*. प्रौढ़, वयोवृद्ध
elect *v.t*. निर्वाचित करना
election *n*: चुनाव
electorate *n*. चुनावक्षेत्र, निर्वाचकवर्ग, निर्वाचकमंडल
electric *a*. बिजली का
electricity *n*. बिजली*
electrify *v.t*. बिजली लगाना
electropathy *n*. बिजली का (से) इलाज
electroplate *v.t*. बिजली से सोना-चांदी चढ़ाना
elegance *n*. चारुता,* शिष्टता*, रम्यता*
elegy *n*. शोकगीत
element *n*. तत्त्व, प्राथमिक शिक्षा*
elementary *a*. मौलिक, प्राथमिक, तात्त्विक
elephant *n*. हाथी
elephantiasis *n*. फ़ीलपांव
elevate *v.t*. ऊपर उठाना, पद या मान बढ़ाना
elevator *n*. उत्सेधक, 'लिफ्ट'
eleven *n*. ग्यारह
elf *n*. कल्पित बौना, वेताल या योगिनी*

elicit *v.t.* प्रकाश में लाना, निष्कर्ष या सार निकालना
eligible *a.* योग्य, वरणीय, पात्र
eliminate *v.t.* निकाल देना, दूर करना, लुप्त करना
elocution *n.* वाग्मिता*
elope *v.i.* साथ भाग जाना, गुप्त, रहना, फ़रार होना
eloquent *a.* सुवक्ता
else *adv.* अन्य, साथ ही, अन्यथा नहीं तो
elucidate *v.t.* विशद या स्पष्ट करना
elude *v.t. & i.* टाल जाना, टलना, बच निकलना
elusion *n.* छल, चकमा
elusive *a.* मायावी, हाथ न आनेवाला
emaciated *a.* दुर्बल, क्षीण
emanate *v.i.* उद्भूत या निर्गत होना
emancipation *n.* उद्धार, मुक्ति-दान
emasculate *v.t.* बधिया करना, शक्तिहीन या प्रभावहीन करना
embalm *v.t.* शवरक्षा-लेप करना
embank *v.t.* तटबंध या पुश्ता बांधना
embankment *n.* बांध, पुश्ता
embargo *n. & v.t.* घाटबंधी* या व्यापारावरोध (करना)
embark *v.t.* जहाज पर चढ़ना या रखना या चढ़ाना, लगना
embarrass *v.t.* असमंजस या झंझट या संकट में डालना, उलझाना
embassy *n.* राजदूतावास, राज-दूत का कार्य या पद
embattle *v.t.* व्यूह रचना, सन्नद्ध करना
embezzlement *n.* ग़बन
embitter *v.t.* कटुतर या दुखद-तर बना देना
emblem *n.* चिह्न, प्रतीक, राज्य-चिह्न
embodiment *n.* अवतार, मूर्त्त रूप*
embolden *v.t.* साहसी बनाना, उत्साह देना
embosom *v.t.* छाती से लगाना, मन या हृदय में गाड़ लेना, घेरना
emboss *v.t.* उभारदार नक्काशी करना
embrace *n. & v.t.* प्रेमालिंगन (करना)
embroidery *n.* कढ़ाई*, चिकन,* कारचोबी*
embryo *n.* भ्रूण, अविकसित गर्भशिशु; *a.* अपरिपक्व
embryology *n.* भ्रूणविज्ञान
emerald *n.* मरकत, पन्ना
emerge *v.i.* उभरना, प्रकट होना
emergency *n.* संकटकाल

emigrate *v.i.* & *t.* स्वदेश त्यागना, विदेशवास करना या कराना
eminent *a.* विशिष्ट, प्रख्यात, श्रेष्ठ
emissary *n.* दूत
emit *v.t.* निकालना, फेंकना
emolument *n.* आय,* वेतन, प्राप्ति*
emotion *n.* भावना,* भावावेश, जोश
emperor *n.* सम्राट्
emphasis *n.* ज़ोर, प्रमुखता*
emphasize *v.t.* ज़ोर देना, महत्त्व पर ज़ोर देना
emphatic *a.* जोरदार, दृढ़, निश्चित
empire *n.* साम्राज्य
empiric *a.* & *n.* प्रयोगसिद्ध, अनुभवसिद्ध
employ *n.* & *v.t.* (अपनी) सेवा* या नौकरी* में (रखना), नियुक्त करना
employee *n.* नियुक्त, कर्मचारी, नौकर
employer *n.* मालिक
employment *n.* नौकरी*, रोज़गार
emporium *n.* बिक्री-भंडार
empower *v.t.* अधिकार या सामर्थ्य देना
empress *n.* साम्राज्ञी*
empty *n.*, *v.t.* & *i.* रीता या खाली या छूछा (करना या होना)
emulate *v.t.* प्रतियोगिता करना, सोत्साह अनुकरण करना
emulsion *n.* रासायनिक पायस, पायसन
enable *v.t.* योग्य या समर्थ या अधिकारी बनाना
enact *v.t.* क़ानून बनाना, अभिनीत करना
enamel *n.* & *v.t.* मीनाकारी* (करना), तामचीनी*(चढ़ाना)
enamour *v.t.* आसक्त या आकृष्ट या प्रेममत्त करना, आनंदित करना
encamp *v.t.* & *i.* पड़ाव डालना या पड़ना, पड़ाव में ठहरना
encase *v.t.* डिब्बा बंद करना, खोल चढ़ाना
encash *v.t.* भुनाना, नक़द बनाना
enchant *v.t.* मंत्रमुग्ध करना, रिझाना
encircle *v.t.* घेरना, वृत्त बनाना, घेरा डालना
enclose *v.t.* बंद करना, घेरना, संलग्न करना
enclosure *n.* घेरा, अहाता, संलग्न पत्रादि
encomium *n.* अतिरंजित प्रशंसा,* चापलूसी*

encompass *v.t.* घेर लेना, रखना, घरना
encounter *n.* & *v.i.* मुठभेड़* या सामना (होना), आकस्मिक मिलन या भेंट* (होना)
encourage *v.t.* बढ़ावा देना, उकसाना
encroach *v.t.* & *i.* अनधिकार प्रवेश या अतिक्रमण करना
encumber *v.t.* भारग्रस्त या ऋणग्रस्त करना, रोड़े अटकाना, उलझाना
encyclopaedia *n.* विश्वकोश
end *n.*, *v.t.* & *i.* अंत (करना), सीमा, अंतिम भाग, नाश, मृत्यु, प्रयोजन, लक्ष्य
endanger *v.t.* जोखिम में डालना
endearment *n.* लाड़-प्यार, प्यार की बात*
endeavour *n.*, *v.t.* & *i.* प्रयास या उद्यम (करना)
ending *n.* अन्त, समापन, समाप्ति*
endorse *v.t.* अनुमोदन या पुष्टि करना
endow *v.t.* धर्मस्व देना
endurable *a.* टिकाऊ, चिर-स्थायी
endurance *n.* धैर्य, सहनशक्ति*
endure *v.t.* & *i.* सहना, भोगना
enemy *n.* शत्रु, शत्रु-सेना*
energy *n.* ऊर्जा,* स्फूर्ति*
enfeeble *v.t.* दुर्बल करना
enforce *v.t.* लागू करना, विवश करना
enfranchise *v.t.* मताधिकार देना
engage *v.t.* & *i.* नियुक्त करना, सगाई में बंधना, व्यस्त रहना
engagement *n.* नियुक्ति* सगाई*
engine *n.* इंजन
engineer *n.* इंजीनियर, अभियन्ता
English *a.* & *n.* अंग्रेजी भाषा* अंग्रेज़, इंगलैंड संबंधी
engrave *v.t.* नक़्क़ाशी करना
engross *v.t.* घ्यानमग्न करना
engulf *v.t.* निमग्न करना निगल जाना
enigma *n.* गूढ़ प्रश्न, पहेली*
enjoy *v.t.* आनन्द लेना, लाभ उठाना
enlarge *v.t.* बड़ा करना या बनाना
enlighten *v.t.* प्रबुद्ध करना
enlist *v.t.* भरती करना, सूची बनाना
enliven *v.t.* अनुप्राणित करना
enmity *n.* शत्रुता*, वैर, विद्वेष
enormous *a.* बहुत बड़ा, असाधारण
enough *a.* & *adv.* पर्याप्त (मात्रा में); *n.* पर्याप्ति*

enrage *v.t.* कुपित करना
enrapture *v.t.* निहाल करना
enrich *v.t.* समृद्ध या उपजाऊ बनाना
enrol *v.t.* नाम लिखना, भरती करना
enshrine *v.t.* मंदिर में रखना
enslave *v.t.* दास बनाना, वश में रखना
ensue *v.i. & t.* अनुघटित होना, खोज या पीछा करना
ensure *v.t.* पक्का या ठीक कर लेना, सुरक्षित रखना, निर्भय करना
entangle *v.t.* कठिनाइयों में डालना, जाल में फंसाना, उलझाना
enter *v.t. & i.* प्रवेश पाना या करना, दाखिल करना
enterprise *n.* उद्यम, दिलेरी*
entertain *v.t.* सत्कार करना, मनोरंजन करना, विचारना
entertainment *n.* मनोरंजन
enthrone *v.t.* राजसिंहासन पर बैठाना
enthusiasm *n.* उमंग*, जोश
entice *v.t.* लुभाना, ललचाना
entire *a.* सम्पूर्ण, समूचा
entitle *v.t.* उपाधि या अधिकार देना, नाम रखना
entity *n.* अस्तित्व, सत्त्व
entomb *v.t.* क़ब्र में रखना, दफ़न करना
entomology *n.* कृमिविज्ञान
entrails *n.* अंतड़ियां*
entrance *v.t.* मूर्च्छित या व्याकुल करना; *n.* प्रवेश, प्रवेश का अधिकार, द्वार, प्रवेशिका*
entrap *v.t.* फन्दे में फंसाना
entreat *v.t.* विनती करना, गिड़गिड़ाना
entrenchment *n.* खाई*
entrust *v.t.* सौंपना, ज़िम्मे करना, विश्वास पर छोड़ना
entry *n.* प्रवेश, प्रवेशद्वार, इंदराज
enumerate *v.t.* गिनना, नाम ले-लेकर बताना
enunciate *v.t.* उच्चारित करना, प्रतिज्ञा करना
envelop *v.t.* ढंक लेना, घेरा बनाना या रचना
envelope *n.* लिफ़ाफ़ा, ग़िलाफ़
envious *a.* ईर्ष्यालु
environment *n.* परिवेश, वातावरण
envisage *v.t.* सामना या परिकल्पना करना, विशेष दृष्टि से सोचना
envoy *n.* दूत, राजदूत, प्रतिनिधि
envy *n. & v.t.* ईर्ष्या (करना), विद्वेष (रखना)
enwrap *v.t.* ढकना, आवरण चढ़ाना, लपेटना, तह करना
ephemeral *a.* क्षणभंगुर

epic *n. & a.* महाकाव्य (के उप-
युक्त)

epidemic *n. & a.* महामारी*,
संक्रामक (रोग)

epigram *n.* सूक्ति*, चुटकुला

epigraph *n.* पुरालेख, आदर्श
वाक्य, सूक्ति*

epilepsy *n.* मिरगी*

epilogue *n.* उपसंहार, भरत-
वाक्य

episode *n.* उपकथा*

epistle *n.* पत्र, पत्रकाव्य

epitaph *n.* समाधिलेख

epithet *n.* गुणसूचक नाम,
विशेषण

epitome *n.* सार, सारग्रहण,
प्रतीक

epoch *n.* युग, युगारंभ, काल,
अवधि*

equal *a., v.t. & i.* बराबर या
एक-सा (करना या होना);
*n.* समकक्ष व्यक्ति, (*pl.*)
समान वस्तुएं*

equanimity *n.* संतुलन, समभाव

equation *n.* समीकरण

equator *n.* भूमध्यरेखा*

equidistant *a.* समदूर, समा-
नान्तर

equilateral *a.* समभुज, सम-
भुजीय

equilibrium *n.* संतुलन

equip *v.t.* सन्नद्ध करना,
संवारना, सजाना

equipment *n.* साज़-सामान

equitable *a.* न्यायसंगत

equity *n.* न्यायसाम्य

equivalent *a. & n.* तुल्य
(राशि, द्रव्य), समान (-मूल्य
वस्तु), पर्याय

equivocal *a.* गोलमोल

equivocate *v.t.* गोलमोल बात
कहना या जवाब देना

equivocation *n.* वाक्छल

era *n.* युग, अनुयुग

eradicate *v.t.* जड़ से उखाड़ना.
पूर्ण रूप से नाश करना

erase *v.t.* खुरचना, मिटाना

ere *adv. & prep.* इससे पूर्व
कि, पहले

erect *a. & v.t.* सीधा या खड़ा
(करना)

erotic *a.* कामुक, कामोद्दीपक;
*n.* प्रेमकाव्य

err *v.i.* ग़लती करना या होना

errand *n.* संदेश, दूतकर्म

errata *n. & (pl.)* अशुद्धिपत्र,
शुद्धिपत्र

erroneous *a.* भ्रमपूर्ण, त्रुटि-
पूर्ण

error *n.* त्रुटि*, भूल*, ग़लती*

erudite *a.* पंडित, पांडित्यपूर्ण

erupt *v.i.* विस्फोट होना, फूटना,
(ज्वालामुखी का) फटना

escape *n., v.i. & t.* पलायन

(करना), (गैस आदि का) निष्क्रम (होना)
eschew *v.t.* परिहार या त्याग करना, परहेज़ करना
escort *v.t.* रक्षार्थ साथ जाना या देना; *n.* अनुरक्षक (व्यक्ति या दल), अनुरक्षण, पहरा
especial *a.* अपवादभूत, विशिष्ट
Esperanto *n.* कृत्रिम विश्व-भाषा विशेष, 'एस्पेरांतो'
espionage *n.* जासूसी*
espouse *v.t.* मत अपनाना, पृष्ठपोषण करना
essay *v.t. & i.* प्रयास करना, परखना; *n.* निबन्ध
essence *n.* तत्त्व, सार, इत्र
essential *a.* सारभूत, आवश्यक
establish *v.t.* स्थापित करना, सिद्ध करना
establishment *n.* गृहस्थी*, संस्थान
estate *n.* जागीर*, रियासत*
esteem *n. & v.t.* मान (करना)
estimate *n. & v.t.* अनुमान (लगाना)
eternal *a.* शाश्वत
ether *n.* ईथर, तेजावह तत्त्व
ethics *n.*, (*pl.*) आचारशास्त्र, नीति*
etiquette *n.* शिष्टाचार
etymology *n.* शब्दविज्ञान, शब्द व्युत्पत्ति*
eunuch *n.* नपुंसक, हिजड़ा
evacuate *v.t.* खाली करना, छोड़कर अन्यत्र जाना
evacuee *n.* शरणार्थी
evade *v.t.* टाल जाना, बच निकलना
evasion *n.* छल, परिहार
even *a. & v.t.* चौरस (करना) सम (संख्या)
evening *n.* शाम*, संध्या*
event *n.* घटना*, वृत्तांत
eventual *a.* संभावित, अंतिम
ever *adv.* सदा, कभी, निरंतर
evergreen *a. & n.* सदाबहार (पेड़)
everlasting *a.* शाश्वत, टिकाऊ
every *a.* प्रति, प्रत्येक, हर एक
evict *v.t.* बेदख़ल करना
eviction *n.* बेदख़ली*
evidence *n.* गवाही*
evident *a.* प्रत्यक्ष
evil *a. & n.* अशुभ या गर्हित (वस्तु)
evince *v.t.* प्रकट करना, जताना
evoke *v.t.* आह्वान या आवाहन करना
evolution *n.* विकास
evolve *v.t. & i.* विकसित करना या होना
exact *a. & v.t.* यथार्थ, ठोस; बलपूर्वक वसूल या लागू करना
exaggerate *v.t.* अतिरंजित

करना
exaggeration *n.* अतिरंजना*, अतिशयोक्ति*
exalt *v.t.* ऊंचा पद देना, प्रशंसा करना
examination *n.* परीक्षा*, जांच-पड़ताल*
examine *v.t.* परीक्षा या जांच-पड़ताल या खोज या छानबीन करना
examinee *n.* परीक्षार्थी
examiner *n.* परीक्षक
example *n.* उदाहरण, नमूना
excavate *v.t.* खोदना
exceed *v.t. & i.* अधिक होना, बढ़ना
excel *v.t. & i.* विशिष्ट या श्रेष्ठ होना
excellence *n.* श्रेष्ठता*, महत्ता*
excellency *n.* महामान्य, परम-श्रेष्ठ
excellent *a.* अत्युत्तम
except *v.t. & i.* वर्जित करना, आपत्ति उठाना; *prep.* सिवाय
exception *n.* अपवाद, आपत्ति*
excess *n.* अति*, अतिरेक
exchange *n., v.t. & i.* विनिमय (करना या होना)
exchequer *n.* राजकोष
excise *n.* आबकारी*, चुंगी*
excite *v.t.* उत्तेजित करना
exclamation *n.* विस्मयोद्गार
exclude *v.t.* बाहर रखना
exclusive *a.* विशेष, एकांतिक
excommunicate *v.t.* जाति या समाज या धर्म से बहिष्कृत करना
excursion *n.* सैर*, सैर-सपाटा
excuse *n.* क्षमायाचना*; *v.t.* क्षमा करना, बहाना बनाना
execute *v.t.* कार्यान्वित करना, फांसी देना
exempt *v.t.* बरी (करना), छूट देना; *n.* शर्तों से मुक्त व्यक्ति
exercise *n., v.t. & i.* व्यायाम (करना), अभ्यास (करना)
exhaust *v.t.* चुका डालना, निश्शक्त कर डालना
exhibit *n.* प्रदर्शनीय वस्तु, दस्तावेज़; *v.t.* प्रदर्शित करना
exhibition *n.* प्रदर्शनी*, नुमायश*
exile *n. & v.t.* निर्वासित (व्यक्ति, करना)
exist *v.i.* होना, जीना
existence *n.* अस्तित्व
exit *n.* बाहर जाने का मार्ग
expand *v.t. & i.* फैलाना, फैलना
expansion *n.* विस्तार
expansive *a.* विस्तृत
ex-parte *a. & adv.* एकतरफा
expect *v.t.* प्रत्याशा या अपेक्षा या प्रतीक्षा करना

expedient *a.* इष्ट, समयोचित; *n.* युक्ति*, तदबीर*
expedite *v.t.* झटपट कर या करा देना, शीघ्रता करना
expedition *n.* अभियान, अभियानी-दल, मुस्तैदी*
expel *v.t.* खदेड़ देना, खारिज करना
expend *v.t.* व्यय करना, खपाना, उड़ा डालना
expenditure *n.* व्यय, लागत*
expense *n.* मूल्य, व्यय
expensive *a.* बहुमूल्य, महंगा
experience *n.* & *v.t.* अनुभव (करना, से सीखना)
experiment *n.* & *v.i.* प्रयोग (करना)
expert *a.* & *n.* कुशल या विशेषज्ञ (व्यक्ति)
expire *v.t.* & *i.* बीत जाना, मरना, अंत होना
expiry *n.* अंत
explain *v.t.* व्याख्या करना, समझाना, सफ़ाई देना
explanation *n.* व्याख्या* सफ़ाई*
explicit *a.* सुस्पष्ट, सुनिश्चित, स्पष्टवादी
explode *v.t.* & *i.* विस्फोट करना या होना
exploit *n.* पराक्रम, कारनामा; *v.t.* काम लेना, शोषण करना
exploration *n.* अन्वेषण
explore *v.i.* & *t.* खोजना, पता लगाना
explosion *n* विस्फोट, धमाका
explosive *a.* & *n.* विस्फोट (द्रव्य)
exponent *a.* & *n.* व्याख्याता
export *n.* & *v.t.* निर्यात (करना, माल)
expound *v.t.* व्याख्या करना
express *a.*, *n.* & *adv.* द्रुत (गति से), असंदिग्ध; *v.t.* व्यक्त या प्रकट करना
expression *n.* अभिव्यक्ति*, मुखमुद्रा*
expressive *a.* अर्थपूर्ण, भावपूर्ण
expulsion *n.* निर्वासन, निष्कासन
expunge *v.t.* मिटाना
exquisite *a.* अतिसुंदर
extempore *adv.* बिना तैयारी के; *a.* समय-स्फूर्त
extend *v.t.* विस्तृत करना या होना
external *a.* बाह्य, वैदेशिक
extinct *a.* बुझा हुआ, मरा हुआ, लुप्त
extinguish *v.t.* बुझाना, अन्त करना
extol *v.t.* अति प्रशंसा करना
extra *a.*, *adv.* & *n.* अतिरिक्त, इतर, आदि

extract *n. & v.t.* रस या सत्त या निष्कर्ष (निकालना), उद्धरण (देना)

extraordinary *a.* अपूर्व, असाधारण

extravagance *n.* अपव्यय

extreme *a. & n.* चरम (सीमा*)

extremist *n.* अतिवादी

extricate *v.t.* निस्तार देना, उद्धार करना

exuberance *n.* प्रचुरता*, ओजस्विता*, उर्वरता*, संपन्नता*

exude *v.i.* रसकर बहना, पसीजना, चूना

exult *v.i.* गर्व के अनुभव या हर्ष के मद या जय के उल्लास से फूला न समाना

eye *n.* आंख*; *v.t.* नजर रखना

eyebrow *n.* भौं*

eyelash *n.* बरौनी*

eyelid *n.* पपोटा

# F

fable *n.* आख्यायिका*, कपोल-कल्पना*

fabric *n.* बुनावट*, कपड़ा

fabricate *v.t.* निर्माण करना, जाल रचना

fabulous काल्पनिक, अविश्वसनीय

facade *n.* अगवाड़ा, मोहरा

face *n.* मुख, चेहरा; *v.t. & i.* सामने आना या होना, सामना करना

facet *n.* पहल, पहलू, रुख, खंड

facetious *a.* हासकर, ठिठोलिया

facial *a.* मुख-संबंधी, मुख का; *n.* चेहरे की मालिश*

facile *a.* सरलप्रकृति, सुगम, सुलभ

facilitate *v.t.* सुगम या सुविधाजनक बनाना

facility *n.* सुगमता* सहूलियत*

fac-simile *n. & v.t.* अनुचित्र (बनाना)

fact *n.* तथ्य, कार्य, यथार्थता*

faction *n.* गुट, गुटबंदी*

factitious *a.* कृत्रिम

factitive *a.* द्विकर्मक (क्रिया), पूरक

factor *n.* गुणनखंड, साधन, उपादान

factory *n.* कारखाना

faculty *n.* मनःशक्ति*, विश्व-विद्यालय का विभाग

fad *n.* धुन*, सनक*, प्रिय-सिद्धांत
fade *v.i.* रंग उतरना, मुरझाना
faggot *n.* ईंधन का गट्ठा
fail *v.i.* विफल होना, अनुत्तीर्ण होना
fain *a.* & *adv.* लाचारी से, इच्छुक, प्रसन्नता से
faint *n.* मूर्च्छा*; *v.i.* मूर्च्छित होना
fair *n.* मेला; *a.* निर्दोष, गोरा; fair play उचित व्यवहार, fair sex स्त्री जाति
fairly *adv.* बहुत कुछ
fairy *n.* परी*
faith *n.* श्रद्धा* भक्ति*, धर्म, विश्वास
faithful *a.* भक्त, सच्चा, श्रद्धालु
falcon *n.* बाज़
fall *v.i.* गिरना, टूट पड़ना ;*n.* पतन, झरना, ढलान*
fallacy *n.* भ्रम, हेत्वाभास
fallow *a.* ऊसर, बंजर
false *a.* झूठा, बनावटी
falter *v.i.* हकलाना, डिगना
fame *n.* कीर्ति*, प्रसिद्धि*
famed *a.* प्रसिद्ध
familiar *a.* अंतरंग, सुपरिचित
family *n.* परिवार, वंश, जाति*
famine *n.* अकाल, कमी*
famous *a.* प्रसिद्ध
fan *n.* पंखा; *v.t.* पंखा झलना, हवा लेना
fanatic *a.* कट्टर, धर्मान्ध
fancy *n.* कल्पना*, पसंद*; *v.t.* कल्पना करना
fantastic *a.* विलक्षण, ऊट-पटांग
fantasy *n.* विलक्षण कल्पना*
far *a.* & *adv.* दूर, दूरवर्ती; *n.* दूरी*, अंतर
farce *n.* स्वांग, प्रहसन
fare *n.* भाड़ा; *v.i.* भोजन करना, बसर होना
farewell *n.*, *interj.* विदाई* (का नमस्कार)
farm *n.* खेत, फ़ार्म; *v.t.* खेती करना
farmer *n.* किसान, खेतिहर
farming *n.* खेती*, किसानी*
fashion *n.* फ़ैशन, शैली*; *v.t.* आकार देना
fast *n.* & *v.i.* उपवास (करना); *a.* द्रुतगामी; *adv.* तेज़, स्थिरता से
fasten *v.t.* जकड़ देना
fat *a.* मोटा; *n.* चरबी
fatal *a.* घातक, भाग्यसंबंधी
fatalism *n.* भाग्यवाद
fate *n.* भाग्य, दैव
father *n.* पिता, प्रणेता
father-in-law *n.* ससुर
fathom *v.t.* गहराई नापना, थाह लेना

fathomless *a.* अगाध
fatigue *n.* थकान; *v.t.* थकाना
fault *n.* दोष, क़सूर
fauna *n.* (*pl.*) (किसी प्रदेश या युग के) पशु, पशुवर्णन
favour *n.* कृपा*, अनुग्रह; *v.t.* पक्ष लेना, कृपा करना
favourable *a.* अनुकूल, हितकर
favourite *a.* & *n.* प्रीतिपात्र या कृपापात्र (जन)
favouritism *n.* पक्षपात
fear *n.* भय, आशंका*, त्रास; *v.i.* & *t.* भयभीत या शंकित होना, डरना, डराना
feasible *a.* संगत, साध्य
feast *n.*, *v.i.* & *t.* उत्सव या प्रीतिभोज (में भाग लेना)
feat *n.* करतब, कमाल; *a.* कुशल, चुस्त
feather *n.* पंख, पर
feature *n.* लक्षण, रूप, नाट्य-रूपक, महत्त्वपूर्ण लेख; *v.t.* विशिष्ट होना
February *n.* फ़रवरी*
feckless *a.* विफल, निरर्थक, अबल, बेकार
feculent *a.* पंकिल, गंदला, मटमैला, बदबूदार
fecund *a.* उपजाऊ, फलप्रद
federal *a.* संघीय
federation *n.* संघराज्य, राज्य-संघ
fee *n.* & *v.t.* शुल्क या फ़ीस (देना), वेतन, परखना
feeble *a.* क्षीण, अस्पष्ट, मंद
feed *n.*, *v.t.* & *i.* भोजन या निवाला (देना), रसद* (पहुंचाते रहना), खिलाना, पालना
feel *n.*, *v.t.* & *i.* संवेदना* (प्राप्त करना, होना), सहानुभूति में दुखी होना
feign *v.t* & *i.* गढ़ना, स्वांग या ढोंग या बहाना करना
felicitate *v.t.* अभिनंदित करना, बधाई देना
felicitous *a.* आनंदप्रद, धन्य
felicity *n.* आनंद, सौभाग्य, आशीर्वाद
fellow *n.* साथी, सहचर
felony *n.* घोर पाप, घोर अपराध
female *n.* & *a.* स्त्री*, मादा*, स्त्रीय
feminine *a.* स्त्रीवाची, स्त्री-जाति का
fence *n.*, *v.i.* & *t.* बाड़ा (बनाकर घेरना), चहारदीवारी
fend *v.t.* & *i.* बचाव करना, मार भगाना, जुगाड़ करना
ferment *n.*, *v.i.* & *t.* उबाल (-ना, खाना), विक्षोभ या उत्तेजना (भरना, लाना)
ferocious *a.* क्रूर, भयंकर, जंगली
ferry *n.* & *v.t.* नाव* (से पार

जाना या ले जाना), खेवा (की व्यवस्था*)
fertile *a.* उपजाऊ
fertility *n.* उपजाऊपन
fertilizer *n.* उर्वरक, खाद*
fervent *a.* उत्कट
fervour *n.* उत्साह, चाव, जोश
festival *n.* उत्सव, त्योहार
festive *a.* उत्सव-संबंधी
festivity *n.* उत्सव
festoon *n.* & *v.t.* तोरण (बनाना, से सजाना)
fetch *v.t.* & *i.* जाकर लाना
fete *n.* & *v.t.* उत्सव (मनाना)
fetish *n.* जड़पूजा*
fetter *n.* & *v.t.* बेड़ी* (डालना), रोक* (लगाना); (*pl.*) क़ैद
feud *n.* कलह, कुलवैर, अदावत*
feudal *a.* जागीरी, सामंती
feudalism *n.* जागीरदारी*, सामंतवाद
fever *n.* ज्वर, ताप
few *a.* & *n.* कुछ, इने-गिने, थोड़े
fiasco *n.* टांय-टांय फिस*
fibre *n.* तंतु, रेशा, ढांचा, प्रकृति*
fickle *a.* चंचल, अस्थिर
fiction *n.* कथा* (-साहित्य), गढ़ी बात*
fictitious *a.* कल्पित, मनगढ़ंत, फ़र्ज़ी
fiddle *n.*, *v.t.* & *i.* बेला (बजाना); *interj.* वाहियात
fidelity *n.* निष्ठा*, ईमानदारी*
fidget *a.*, *v.i.* & *t.* बेचैन या अधीर (डोलना या होना या करना); *n.* स्नायविक बेचैनी*, विकल मनोदशा*
fie *interj.* छि:-छि:
field *n.* क्षेत्र, मैदान, खेत; *v.t.* & *i.* गेंद रोककर लौटाना
field-marshal *n.* सर्वोच्च सेनापति, फ़ील्डमार्शल
field-work *n.* क्षेत्रकार्य, अस्थायी मोर्चाबंदी*
fiend *n.* क्रूर व्यक्ति, दीवाना, दानव
fierce *a.* कोपाकुल, उग्र, रौद्र, क्रूर, भयंकर
fiery *a.* उत्साही, कलहप्रिय, प्रज्वलित
fifteen *n.* पन्द्रह
fifty *n.* पचास
fig *n.* अंजीर
fight *n.* लड़ाई; *v.t.* लड़ना
figment *n.* कल्पना, मनगढ़ंत
figuration *n.* रंगरूप, रूपरेखा* अलंकरण
figurative *a.* आलंकारिक
figure *n.* आकृति*, मूर्त्ति*, संख्या*; *v.t.* गिनती करना, नक़्क़ाशी से सजाना; figure of speech अलंकार

file *n.* फ़ाइल*, मिसिल*; *v.t. & i.* दाखिल दफ़्तर करना, पंक्ति में चलना
fill *v.t. & i.* भरना, पूरा करना या होना
film *n.* फ़िल्म*; *v.t. & i.* फिल्म बनना
filth *n.* गंदगी*, नीचता*
final *a.* अन्तिम, निर्णय किया हुआ
finance *n.* वित्त, (ब० व०) आर्थिक साधन; *v.t.* पूंजी लगाना
financial *a.* वित्तीय
financier *n.* वित्तदाता, राजस्व-विद, पूंजीपति
find *v.t* पाना, पता लगाना; *n.* खोज*
finger *n.* उंगली*
finis *n.* इति*
finish *n., v.t. & i.* अन्त या समापन करना या होना, निष्पन्न करना
finite *a.* परिमित, सांत
fir *n.* देवदार
fire *n., v.t. & i.* आग* (लगा देना, लगाकर भड़काना, लग जाना), गोली दागना, नौकरी से निकाल देना
fire-brand *n.* कलह भड़काने वाला व्यक्ति या वस्तु*
fire-brick *n.* आग में न गलने वाली ईंट*
fire-brigade *n.* आग बुझाने वालों का दल
fire-engine *n.* दमकल*
fire-fly *n.* जुगनू
fireproof *a.* अदाह्य, आगरोक
firework *n.* आतिशबाज़ी*
firm *a.* दृढ़, ठोस, स्थिर; *n.* कंपनी*, महाजनी या तिजारती कोठी*, साझे का व्यवसाय
first *a., n. & adv.* प्रथम (-तः) प्रमुख, पहले-पहल, प्रथम
first-aid *n.* प्राथमिक चिकित्सा*
fiscal *a.* राजकोषीय
fish *n., v.t. & i.* मछली* (मारना, पकड़ना), (जलतल से) निकालना, टोह में रहना
fisherman *n.* मछुआ
fishplate *n.* रेल की पटरिया जुड़ी रखने की 'पाटी'*
fissure *n.* दरार*
fist *n. & v.t.* मुक्का या घूसा (मारना), मुट्ठी*
fistula *n.* नासूर
fit *a.* योग्य; *n.* मूर्च्छा*, दौरा; *v.t. & i.* योग्य बनना, फिट करना
fitful *a.* चपल
fitter *n.* मिस्त्री, फ़िटर
fittings *n.* (*pl.*) साज़-सामान
five *n.* पांच
fix *v.t. & i.* निर्धारित या

पक्का करना, जमाना; *n.* असमंजस, जंजाल
flabby *a.* पिलपिला, शिथिल
flag *n.* & *v.t.* झंडा (लगाना), झंडी* (से सूचित या सीमाबद्ध करना)
flagrant *a.* संगीन, घोर, खुला
flame *n., v.t.* & *i.* लौ* या लपट* (उठना, बलना)
flannel *n.* फ़लालैन
flare *n.* & *v.i.* चौंधियाती चंचल लौ* (से जगमगा उठना)
flash *n., v.t.* & *i.* दीप्ति*, दीप्त होना, कौंध (जाना)
flask *n.* 'फ्लास्क', बोतल*
flat *a.* & *v.t.* समतल या चिकना (करना)
flatter *v.t.* चापलूसी करना
flaunt *n., v.t.* & *i.* शान* (दिखाना), अकड़* (-ना), इठलाना
flavour *n.* विशिष्ट स्वाद या गंध*
flaw *n.* त्रुटि*, खोट*, दोष
flee *v.i.* चंपत हो जाना
fleece *n.* & *v.t.* ऊन (कतरना)
fleet *n.* बेड़ा; *a.* चुस्त, छिछला; *adv.* उथले में; *v.i.* चंपत या गुम होना
flesh *n.* मांस, मोटापा, देह*
flexible *a.* लचीला, नम्र
flicker *n.* झिलमिलाहट*, टिमटिमाहट*; *v.t.* झिलमिलाना, टिमटिमाना
flier, flyer *n.* हवाबाज़, उड़ाका
flight *n.* भगदड़*, (पक्षी-)वृंद, झपट*
flimsy *a.* झीना, छिछला, निःसत्व
flint *n.* चक़मक़ पत्थर
flip *n.* & *v.t.* टक्कर* (मारना)
flippancy *n.* वाणी की चपलता* ओछापन
flirt *n.* चुलबुला या चोंचलेबाज़ विलासी व्यक्ति या स्त्री*; *v.t.* & *i.* दिखावटी प्रेमलीला करना
flitter *v.i.* फड़फड़ाना, फुदकना
float *v.i.* & *t.* तिरना, उतराना
flock *n.* यूथ, झुण्ड, समुदाय; *v.t.* जुड़ना, दल बांधकर जाना या चलना, भीड़ लगाना
flog *v.t.* कोड़े लगाना या लगाकर हांकना
flood *n. v.t.* & *i.* बाढ़* (ला देना), बहुतायत*
floor *n., v.t.* & *i.* फ़र्श (जमाना), (मकान का) तल्ला
flora *n.* देशकाल-विशेष के उद्भिज (-समुदाय की तालिका* या सूची*;), पुष्प देवी*
florescence *n.* पुष्पकाल

florid *a.* पुष्पसज्जित, अति-अलंकृत
florist *n.* फूलों का खेतिहर या व्यापारी या विशेषज्ञ
flotilla *n.* छोटे जहाजों का बेड़ा
flounder *n. & v.i.* गिरते-पड़ते बढ़ने का प्रयास (करना), गलतियां कर बैठना
flour *n.* आटा, महीन चूर्ण
flourish *n., v.t. & i.* विकास (पाना)
flout *n. & v.t.* अवज्ञा* या अनादर या उपहास या आक्षेप (करना), ताना (मारना)
flow *n.* प्रवाह, बहाव; *v.i.* बहना, हिलना
flower *n., v.t. & i.* फूल (देना), विकसितावस्था* (में होना), उत्तमांश, पुष्पित करना या होना
flowery *a.* फूलों-भरा, अलंकृत, लच्छेदार
fluctuate *v.i.* रूपांतरित होना, लहराना, घटना-बढ़ना
fluent *a.* सहज, धाराप्रवाह
fluid *a. & n.* द्रव या तरल (पदार्थ)
fluke *n.* संयोग से या अचानक ठीक पड़ने वाली चोट*
flush *n., v.t. & i.* प्रबल जल-वेग (से धोना) दमक (आ जाना); *a.* भरपूर
fluster *n., v.t. & i.* हलचल* या खलबली* (मचाना, में पड़ना)
flute *n., v.i. & t.* बांसुरी (बजाना), खांच* (डालना, -दार बनाना)
flutter *n.* फड़फड़ाहट*, स्पंदन, संवेग; *v.t. & i.* फड़फड़ाना, लहराना, धड़कना
flux *n.* स्राव; *v.t. & i.* बहकर निकलना, गलना, गलाना, पिघलना
fly *n.* मक्खी*, घड़ी या यंत्र की मक्खी*, उड़ान*; *v.i. & t.* उड़ना, उड़ाना
foam *n. & v.i.* झाग (उठना)
focal *a.* नाभीय, किरणकेन्द्रीय
focus *n.* केन्द्र, किरणबिन्दु; *v.t. & i.* केन्द्रित करना या होना
fodder *n.* चारा
foe *n.* शत्रु
fog *n.* कुहरा
foil *v.t.* विफल या परास्त करना
fold *n.* तह*, लपेट*; *v.t. & i.* तह करना
foliage *n.* वनस्पति*
folk *n.* लोक, जनता*, लोग
folk-lore *n.* लोकगीत
follow *v.t. & i.* अनुगमन करना, पीछा करना

follower *n.* शिष्य, अनुचर
folly *n.* मूर्खता*
foment *v.t.* गरम पानी से सेंकना, शह देकर उभाड़ना
fond *a.* प्रिय, अनुरक्त
fondle *v.t. & i.* प्यार करना, प्रणयक्रीड़ा करना
food *n.* आहार, भोजन, अन्न
fool *a. & n.* मूर्ख (व्यक्ति)
foolhardy *a.* अक्खड़, उजड्ड
foolish *a.* निर्बुद्धि, नासमझ
foolscap *n.* फूल्सकैप, (प्राय:) 17" × 13½" आकार का काग़ज़
football *n.* फुटबाल
footlights *n.* (*pl.*) फुटलाइट, रंगमंच की रोशनी*
footnote *n.* फुटनोट, पादटीका*
footprint *n.* पदचिह्न
for *prep., conj.* के लिए, के कारण, के प्रति, क्योंकि, की ओर
forbid *v.t.* मना करना, रोकना
force *n. & v.t.* बल, सैनिक बल (प्रयोग करना)
forcible *a.* प्रबल, बलात्कृत
forearm *n.* कलाची* (कुहनी से कलाई तक); *v.i.* तैयार होना या रहना
foreboding *n.* आपत्ति या अनिष्ट का पूर्वज्ञान
forecast *n. & v.t.* पूर्वानुमान या पूर्वकल्पना* या पूर्वकथन (करना)
forefather *n.* पूर्वपुरुष, पुरखा
forefinger *n.* तर्जनी*
forehead *n.* माथा, ललाट
foreign *a.* विदेशी, इतर, असंबद्ध, बाहरी
foreigner *n.* विदेशी या परदेशी आदमी
foreknowledge *n.* पूर्वज्ञान
foreleg *n.* चौपाये का अगला पैर
forelock *n.* माथे की लट*
foreman *n.* फोरमैन, चौधरी
foremost *a.* सर्वोत्तम, सर्वाधिक; *adv.* प्रथमत:
forerunner *n.* पूर्वज, अग्रदूत, हरकारा
foresee *v.t.* पहले से जान या भांप लेना
foresight *n.* दूरदर्शिता*
forest *n.* जंगल, वन
forestall *v.t.* पहले से कर लेना
forester *n.* वनवासी, जंगल का अफ़सर
forestry *n.* वनविद्या* वनप्रांत
foretell *v.t.* पहले से कह देना
forethought *n.* दूरदृष्टि*, अग्रचिंता*
forewarn *v.t.* आगाह कर देना
foreword *n.* प्रस्तावना*, भूमिका*

forfeit *a.*, *n.* & *v.t.* ज़ब्त (वस्तु*, करा बैठना) (*pl.*) ज़ब्तियों का खेल
forfeiture *n.* ज़ब्ती
forgather *v.i.* समागम करना
forge *n.* लुहारखाना; *v.t.* & *i.* मन से गढ़ लेना
forgery *n.* जाली चीज़* जालसाज़ी*
forget *v.t.* & *i.* भूलना, भुला देना
forgetful *a.* भुलक्कड़
forgive *v.t.* क्षमा करना (ऋण-) मुक्त कर देना
forgo, forego *v.t.* त्यागना
forlorn *a.* निराश, अनाथ, हतभाग्य
form *n.*, *v.t.* & *i.* रूप (ग्रहण करना, देना), रीति*, शैली*, विद्या*, प्रपत्र (फार्म), ज़ाब्ता, (स्कूल की) कक्षा*
formal *a.* औपचारिक, ऊपरी, दिखाऊ
format *n.* पुस्तक का फ़र्मा
formation *n.* विन्यास, रचित वस्तु*, रचना*
former *a.*, *pron.* भूतपूर्व, प्राचीन काल का, अगला
formerly *adv.* प्राचीन समय में
formidable *a.* दुर्जेय, घोर, भयंकर
formula *n.* सूत्र, गुर, नुसखा
formulate *v.t.* सूत्रित या सुविन्यस्त करना
forsake *v.t* त्यागना, मैत्री या संबंध तोड़ना
forswear *v.t.* झूठी सौगंध खाना, सौगंध तोड़ना, शपथपूर्वक त्यागना
fort *n.* दुर्ग, गढ़
forth *adv.*, *prep.* आगे (को), सामने, अब से
forthcoming *a.* आगामी, आसन्न
forthwith *adv.* तुरंत, झट से
fortification *n.* क़िलाबन्दी*
fortitude *n.* सहनशक्ति, पौरुष, धैर्य
fortnight *n.* पखवारा
fortunate *a.* भाग्यवान
fortune *n.* भाग्य, धन-दौलत*
forty *n.* चालीस
forum *n.* फ़ोरम, वादमंच, गोष्ठी*
forward *a.* अगला; *adv.* आगे; *v.t.* & *i.* आगे बढ़ना
fossil *n.* जीवाश्म; *a.* शीलीभूत
foster *v.t.* सस्नेह पालन करना, प्रोत्साहन देना; *n.* पोषक, धात्रेय
foul *a.* गंदा, कलुषित
found *v.t.* & *i.* नींव डालना, गलाना, ढालना
foundation *n.* स्थापना*,

आधार, नींव*
founder *n.* संस्थापक, प्रतिष्ठापक, प्रवर्त्तक; *v.t. & i.* थककर गिर पड़ना, पानी भरकर डुबो देना
foundry *n.* ढलाई-घर
fount *n.* झरना; सोता, फ़ौवारा, मूल, उद्गम, छापे के एक सांचे के अक्षर
fountain *n.* झरना, उद्गम, फ़ौवारा
four *n.* चार
fourteen *n.* चौदह
fowl *n.* मुर्गा या मुर्गी; *v.t.* वनपक्षी को फंसाना या मारना
fowler *n.* बहेलिया, चिड़ीमार
fowling-piece *n.* छोटी बंदूक़*
fox *n.* लोमड़ी*, धूर्त्त व्यक्ति
foxy *a.* काइयां, फफूंदीदार, लाल-भूरा
fracas *n.* हुल्लड़
fraction *n.* भिन्न अंक, भाग, अंश
fractious *a.* कलहकारी
fracture *n., v.t. & i.* भंग या अस्थिभंग (करना), तड़काना, तड़कना
fragile *a.* भंगुर
fragment *n.* खंड, टुकड़ा, अपूर्ण, अंश
fragrance *n.* सौरभ, सुगंधि*
frail *a* दुर्बल, अनैतिक, व्यभिचारिणी, भंगुर, नश्वर
frame *n., v.t. & i.* चौखटा (लगाना), ढांचा (खड़ा करना, बनाना), मनोदशा*
franchise *n.* मताधिकार
frangible *a.* भंगुर, नश्वर
frank *a.* निश्छल, खरा, खुला, स्पष्ट
frankincense *n.* लोहबान
frantic *a.* आपे से बाहर, (क्रोधादि से) पागल
fraternal *a.* भाईचारे का, बिरादराना, आपसी
fraternity *n.* भाईचारा, बन्धुता*, बिरादरी*
fraternize *v.i.* भाईचारा करना
fratricide *n.* भ्रातृघात, भ्रातृघातक
fraud *n.* छल, धोखा, चाल*
fraudulent *a.* छली, बेईमान
fraught *a.* भरपूर
fray *n.* कलह, दंगा; *v.t. & i.* उधेड़ना, घिस जाना
freak *n.* लीला*, उमंग* (का परिणाम)
free *a. & v.t.* स्वतंत्र, मुक्त (करना)
freebooter *n.* लुटेरा
freedom *n.* स्वतंत्रता*, स्वच्छंदता*
free-fight *n.* खुली लड़ाई*
freehand *a.* मुक्तहस्त (आलेखन)

freehold *n.* माफ़ी (निष्कर) ज़मीन
free-wheel *n.* (साइकिल का) 'फ्रीह्वील'
freeze *v.i. & t.* बर्फ़ जमना, शीत से अकड़ जाना
freight *n.* माल का भाड़ा, भाड़े का कुल माल; *v.t.* (विशेष रूप से जहाज़ की) लदाई करना, भाड़े पर चलाना
French *a. & n.* फ्रांसीसी
frenzy *n. & v.t.* उन्माद का दौरा या उग्र आवेश (उत्पन्न कर देना)
frequency *n.* बारम्बार होना, पुनः-पुनः संघटन
frequent *a.* बार-बार या तीव्र गति से या अभ्यासवश होने वाला; *v.t.* बार-बार या प्रायः जाया करना
fresco *n. & v.t.* भित्तिचित्र (की विधि*) खचित करना
fresh *a.* ताज़ा, हाल का, स्वच्छ; *adv.* नवीनतापूर्वक, हाल में
fret *n.* झल्लाहट*, कुढ़न; *v.t. & i.* झल्लाना, चिड़चिड़ाना
friction *n.* रगड़, टकराव, मालिश
Friday *n.* शुक्रवार
friend *n.* मित्र, साथी, हितैषी, सहायक
**frigate** ***n.*** **मार्गरक्षण और** पनडुब्बी-विरोधी कामों का युद्धपोत
fright *n.* भय, उद्वेग, आतंक
frighten *v.t.* डराना, त्रस्त करना
frigid *a.* ठंड से जमाया अकड़ा हुआ, कठोर भावनाशून्य
frill *n., v.t. & i.* झालर* (लगाना), झिल्ली सिकुड़ना
fringe *n. & v.t.* झब्बे या झालर या फुंदने की किनारी* (लगाना)
frippery *n.* उतरन*, सस्ती भड़कीली चीज़*
fritter *n.* फल आदि का पकौड़ा, *v.t.* व्यर्थ नष्ट करना
frivolous *a.* तुच्छ, ओछा, निरर्थक
frizzle *n. & v.t.* घूंघर (-दार बाल, डालना)
frock *n.* फ़राक, कुरती
frog *n.* मेढ़क
frolic *n. & v.i.* उल्लास, आनन्द (मनाना); *a.* उल्लसित
from *prep.* से
front *n.* सामना, मोर्चा; *v.t & i.* सम्मुख होना, सामना करना
frontier *n.* सीमाप्रदेश
frost *n. & v.t.* पाला, तुषार (पड़ना, मारना)
frown *n.* त्योरी; *v.t.* घुड़की

जमाना
fructify *v.t.* & *i.* उपजाऊ बनाना, फलवान होना, गर्भाधान करना
frugal *a.* मितव्ययी, कमख़र्ची*
fruit *n.* फल, परिणाम, नतीजा
fruitful *a.* उपजाऊ, फलदायक, लाभदायक
fruitless *a.* फलहीन, निरर्थक, व्यर्थ, अकारथ, बेकार, विफल
frustrate *v.t.* हराना, निराश करना
frustration *n.* निराशा*, हार*
fry *v.t.*, (*p.t. fried*) आग में भूनना, तलना; *n.* भूना हुआ पदार्थ; *n.* अंडे स तुरत निकली हुई छोटी मछलियां*
fuel *n.* इंधन, कोयला, लकड़ी*
fugitive *a.* भागनेवाला (आफत*, शत्रु, मालिक या न्याय से), *n.* फ़रारी* भागनेवाला, भग्गू
fulfil *v.t.*, (*p.t.* fulfilled) पूर्ण करना, सफल करना
fulfilment *n.* सिद्धि*
full *a.* परिपूर्ण, सफल, पर्याप्त, योग्य, अन्तिम; *n.* पूरा परिमाण; *adv.* पूरी तरह से
full-blown *a.* फूल के समान विकसित
fully *adv.* पूर्ण रूप से
full-stop *n.* पूर्णविराम चिह्न
fullness *n.* पूर्णता*
fumble *v.i.* & *t.* टटोलना, भद्दी तरह से पकड़ना, टोहना, घालमेल करना
fun *n.* क्रीड़ा*, खेल, तमाशा, दिल्लगी*
function *n.* समारोह, उत्सव; *v.t.* कर्त्तव्य पालन करना
functionary *n.* पदाधिकारी, अहलकार
fund *n.* सुरक्षित निधि*, कोष, पूंजी* फंड; (*pl.*) धन-निधि*, खज़ाना
fundamental *a.* आधारभूत, मौलिक, आवश्यक
funeral *n.* अन्त्येष्टि क्रिया*, शवयात्रा* जनाज़ा
fungus *n.* (*pl.* fungi, funguses) फफूंदी* कुकुरमुत्ता
funny *a.* विनोदी, खिलाड़ी, अजीब
fur *n.* महीन कोमल रोवें, पशम, (ब० व०) ऐसे रोवें के बने वस्त्र
furious *a.* अति क्रुद्ध, कोपातुर, प्रकुपित
furl *v.t.* लपेटना, मोड़ना, तह करना
furlong *n.* एक मील का आठवां भाग, 220 गज़
furlough *n.* थोड़े दिन की छुट्टी
furnace *n.* धातु गलाने की

भट्ठी*, अंगीठी*
furnish *v.t.* तैयार करना, सजाना, जुहाना
furniture *n.* सामग्री*, असबाब
furrow *n.* हल-रेखा*, लीक*, नाली*; *v.t.* लीक बनाना, हल चलाना, जोतना
further *adv.* आगे का, और भी; *a.* दूर का, अधिक; *v.t.* आगे बढ़ाना
fury *n.* रोष, क्रोध, आवेश, प्रकोप, (मौसम का) कोप
fuse *v.t. & i.* गलाना, जोड़ना, एकरूप होना; *n.* फुस तार, फ़्यूज तार
fusible *a.* गलाने या जोड़ने योग्य, द्रवशील
fusion *n.* विलय, विलयन
fuss *n.* कोलाहल, गड़बड़, हंगामा; *v.t.* उपद्रव करना
fussy *a.* उपद्रवी, झमेलिया
futile *a.* व्यर्थ, निरर्थक, निस्सार
futility *n.* निरर्थकता*, निस्सारता*
future *n.* भविष्य, भावी*

## G

gabarage *n.* पार्सल बनाने का मोटा कपड़ा
gabble *v.i.* वृथा बकबक करना, बड़बड़ाना
gabbler *n.* बड़बड़िया, बातूनी
gadfly *n.* (*pl.* gadflies) गोमक्खी*, डंस
gag *v.t.* (*p.t.* gagged) कपड़ा ठूंसकर मुंह बन्द करना, न बोलने देना, धोखा-धड़ी करना, झूठ बोलना
gage *n.* पण, ललकार, बीड़ा, जमानत*, जाकड़; *v.t.* गिरवी रखना, रेहन रखना
gaggle *v.i.* (बत्तख की तरह) कलकल करना, करकराना, कूजना
gaiety *n.* आनन्द, उत्सव
gaily *adv.* आनन्द से, सुखपूर्वक
gain *n.* लाभ, सुविधा*; *v.t. & i.* प्राप्त करना, कमाना, जीतना, लाभ करना, पहुंचना
gainful *a.* लाभदायक
gainsay *v.t.* (*p.t.* gainsaid) अस्वीकार करना, विरोध करना
gait *n.* गति*, चाल*, पग, चालढाल*
gala *n.* उत्सव, त्योहार, पर्व
galactic *a.* आकाशगंगा-संबंधी

galaxy *n.* (*pl* galaxies) आकाशगंगा*, प्रकाशयुक्त, तारक-पुंज, प्रसिद्ध मनुष्यों की मंडली*
gale *n.* आंधी*, झंझा, तूफ़ान
gallant *a.* वीर, श्रेष्ठ, भड़कीला, विनीत; *n.* लोकप्रिय मनुष्य
gallantry *n.* सज्जनता* वीरता*
gall-bladder *n.* पित्ताशय की थैली*
gallery *n.* गैलरी*, वीथी*, वीथिका*, दीर्घा*, दालान, चित्रशाला*
gallon *n.* तीन सेर दस छटांक की नाप*
gallop *n.* घोड़े की सरपट चाल*, पोइया; *v.t. & i.* सरपट दौड़ना या दौड़ाना, तेज पाठ करना
gallows *n. pl.* (used as *sing.*) फांसी देने की टिकठी*, फांसी का पट्टा, सूली* gallow-bird फांसी देने योग्य मनुष्य
galore *n.* अधिकता*, बहुतायत
galvanic *a.* बिजली उत्पन्न करनेवाली, विद्युत-शक्ति संबंधी
galvanism *n.* रासायनिक क्रिया से उत्पन्न होनेवाली विद्युत-शक्ति-विज्ञान
galvanize *v.t.* बिजली द्वारा धातु चढ़ाना, जस्ता चढ़ाना, कलई करना
galvanometer *n.* बिजली की शक्ति नापने का यन्त्र
gamble *v.t. & i.* दांव लगाकर जुआ खेलना, साहसपूर्ण कार्य करना, जान-बूझकर बड़े लाभ के लिए जोखिम उठाना
gambler *n.* जुआरी, जुएबाज
game *n.* क्रीड़ा*, हँसी*, लड़ाई*, मैदान का खेल, आखेट; *v.i.* जुआ खेलना
gamecock *n.* लड़नेवाला मुर्गा
gamekeeper *n.* जंगली पशुओं की रक्षा करनेवाला
gamely *adv.* वीरता से
gamesome *a.* खिलाड़ी, चंचल, फुर्तीला
gamester *n.* जुआरी, खिलाड़ी
gander *n.* (*fem.* goose) राजहंस
gang *n.* मंडली, गण, संघ, टोली*, गिरोह
gangrene *n.* मांस का सड़ाव, गैंग्रीन, कोथ
gangster *n.* दुष्ट मंडली का सदस्य, बदमाश
gangsaw *n.* दो या अधिक धार का आरा
gangway *n.* जहाज पर चलने का संकुचित मार्ग, गैंगवे, गलियारा
gaol *n.* कारागार, बंदीगृह, जेल
gap *n.* दरार*, फटन*, दून*,

घाटी*

gape *v.t.* मुंह बाना, जंभाई लेना, विस्मय से देखना, तड़पना, हक्काबक्का रह जाना; *n.* जंभाई, घूरने की क्रिया*, विच्छेद, भंग, दरार*

garage *n.* गैरेज, गेराज, मोटर-घर

garb *n.* वस्त्र, पहिनावा, आकृति; *v.t.* विशिष्ट कपड़े पहनना या ओढ़ना

garbage *n.* जूठन, मल, कूड़ा, गंदगी*

garden *n.* बगीचा*, फुलवारी*, बाड़ी*

gardener *n.* माली, बागबान

gardening *n.* बागबानी*

gargle *n.* गलगला, गलगला की द्रववस्तु*, कुल्ली*, गरारा; *v.t.* कुल्ला (गलगला) करना

garish *a.* सुहावना, दिखावटी, भड़कीला

garland *n.* फूलों की माला, गजरा; *v.t.* माला पहनाना, गजरा गले में डालना

garlic *n.* लहसुन

garment *n.* परिधान, वसन, पोशाक*

garret *n.* अटारी, छत का कमरा

garrison *n.* गढ़सेना*, दुर्गरक्षक; *v.t.* गढ़ में सेना* रखना, मोर्चाबन्दी करना, क़िले में रखना

garrot *n.* समुद्री बत्तख*

garter *n.* मोजा बांधने की पट्टी*, गेटिस*; *v.t.* मोज़ों के तस्मे बांधना, गेटिस बांधना

gas *n.* (*pl.* gases.) गैस

gas-bag *n.* गैस का थैला

gas-engine *n.* गैस का इंजन

gasify *v.t.* (*p.t.* gasified) गैस बनाना, गैसीकरण करना

gasket *n.* पाल बांधने की रस्सी*

gas-meter *n.* गैस नापने का मीटर

gasometer *n.* बातिमान, गैस-पात्र, गैसभाण्डार, गैस आगार

gasp *n.* श्वास, कष्ट, हांफी, हांफा; *v.t.* & *i.* हांफना, दम लेना

gassy *a.* गैसपूर्ण, गैस-सा, (वात आदि) शब्दबहुल, शून्य

gastric *a.* जठर-संबंधी, पेट का

gastro *a.* उपसर्ग जिसका अर्थ 'पेट-सम्बन्धी' होता है

gate *n.* मार्ग, द्वार, फाटक, दर्रा, घाटी*

gate-keeper *n.* पहरेदार

gather *v.t.* इकट्ठा करना, बटोरना, संग्रह कराना, चुनना, प्राप्त करना, अनुमान करना, उन्नति* करना

gathering जनसमूह, सभा*, जलसा

gaudy *a.* भड़कीला, दिखौवा, शोख़

gauge *n.* नाप, रेल की लाइन* का अन्तर, अनुमान; *v.t.* ठीक-ठीक नापना, एकसा करना

gauntlet *n.* हस्तत्राण, लोहे का दस्ताना; (*pick, take, up, the*~) चुनौती स्वीकार करना, बीड़ा उठाना, मैदान में आना

gay *a.* (*comp.* gayer, *sup.* gayest) आनन्दित; प्रसन्न-प्रफुल्ल, दिखौवा, चमकीला

gaze *v.t.* टकटकी बांधकर देखना, घूरना; *n.* टकटकी* ताक*

gazette *n.* गज़ट, सरकारी समाचार-पत्र, राज-पत्र *v.t.* सरकारी समाचारपत्र में घोषित करना

gazetteer *n.* गजेटियर, भूगोल सम्बन्धी शब्दों का कोष, विवरणिका*

gear *n.* गियर, दांतेदार पहिया, कल-पुरज़े, औज़ार, माल-असबाब

gecko *n.* छिपकली*

geld *v.t.* बधिया करना

gelding *n.* बधियाकरण, बधिया घोड़ा, या अन्य पशु, खस्सी, आख़्ता

gem *n.* रत्न, मणि*, बहुमूल्य पदार्थ; *v t.* (*p.t.* gemmed.) रत्नों से सजाना

gemini *n.* मिथुन राशि*, जोड़ा, युग्म

gemmy *a.* रत्नों से पूर्ण, रत्न-जटित

gender *n.* व्याकरण में जाति-विभाग, लिंग

general *a.* जातिवाचक, व्यापक, सामान्य, साधारण, प्रचलित; सेनापति, प्रधान अंश

generality *n.* सामान्यता*, व्यापकता*, अस्पष्टता* बहुमत, मुख्य रूप

generalize *v.t.* सामान्य सिद्धान्त बना लेना, विशेष से सामान्य अनुमान निकालना, अस्पष्ट बोलना या कहना

generally *adv.* सामान्य रूप से, सामान्यतः, आमतौर से, प्रायः, बहुधा

generate *v.t.* उत्पन्न करना, जनना, उपजाना

generation *n.* वंश, कुल, पीढ़ी*

generator *n.* जनक, उत्पादक, (वाष्प, विद्युत, गैस आदि*,) उत्पादक यंत्र, जेनरेटर

generosity *n.* उदारता*, त्यागशीलता*

generous *a.* उदार, दानी, त्यागी
genius *n.* (*pl.* geniuses.) स्वभाव, विशिष्ट स्वाभाविक योग्यता, अपूर्व बुद्धि का मनुष्य
gentle *a.* सज्जन, दयालु, सुशील, शांत
gentleman *n.* (*fem.* gentle woman) भद्र (शिष्ट) मनुष्य, सज्जन, भलामानुस
gentry *n.* कुलीन जन, सभ्य लोग
genuine *a.* प्रामाणिक, निर्मल, खरा, असली
geographer *n.* भूगोलशास्त्री
geographical *a.* भूगोल विषयक
geography *n.* भू-विवरण, भूगोल, भू-विज्ञान, भूपरिचय, भूवृत्तान्त, भूगोल का ग्रन्थ या विषय
geological *a.* भूगर्भशास्त्र-सम्बन्धी
geologist *n.* भूगर्भशास्त्री
geology *n.* भूगर्भशास्त्र
geometric(-al) *a.* रेखागणित-सम्बन्धी
geometry *n.* रेखागणित, ज्यामिति*
germ *n.* अंकुर, बीज, मूल, जीवाणु
germicide *n.* अंकुर-नाशक दवा*
germinate *v t.* उगना, उत्पन्न होना
germination *n.* अंकुरन, अंकुरन काल, प्रस्फुटन, जनन, उद्भव
gerund *n.* अंग्रेज़ी क्रियापद में 'ing' प्रत्यय लगी हुई संज्ञा*
gesticulation *n.* हावभाव
gesture *n.* चेष्टा, भाव-संकेत, इंगिति*
get *v.t.* & *i.* ( *p.t.* got, *p.p.* gotten, got) प्राप्त करना, पाना, कमाना, होना,
get-up *n.* बनावट, ठाठ, वेष, भूषा
ghastliness *n.* विकटता*, भयंकरता*
ghastly *a.* विकट, भयंकर,
ghost *n.* प्रेत, भूत, प्रतिच्छाया*
ghostly *a.* भूत-सम्बन्धी, आध्यात्मिक
giant *n.* ( *fem.* giantess) दीर्घकाय मनुष्य, राक्षस, दानव, असाधारण शक्ति*
gibbon *n.* लम्बे हाथ का लंगूर, गिबन
gibe *n.* ताना, ठट्ठा, टिपोरी*, बोली-ठोली, *v.i.* & *t.* ताना मारना, चिढ़ाना
giddy *a.* (*comp.* giddier,

*sup.* giddiest.)घुमरीवाला, जिसका (बीमारी, सफलता आदि से) सर चकराता हो, चक्कर लानेवाला, चञ्चल, घबड़ानेवाला

gift *n.* उपहार, भेंट*, ईश्वरीय शक्ति*, दान, देन* हिब्बा, प्रतिभा*

gifted *a.* प्राकृतिक गुण-युक्त, मेधावी

gigantic *a.* विशाल, महाकाय

giggle *v.i.* मूर्ख मनुष्य की तरह हंसना, खिसियाना, खीसें पोरना, दांत निकालना

gild *v.t.* (*p.t. & p.p.* gilt) सोना चढ़ाना, मुलम्मा करना, चमकाना

gilt *a.* सोना चढ़ा हुआ, मुलम्मा किया हुआ

gin *n.* जौ की मदिरा*, फन्दा, जाल, रुई में से बिनौला निकालने का यन्त्र; *v.t.* रुई में से बिनौला निकालना

ginger *n.* अदरक, dry ginger सोंठ

gipsy *n.* ( *pl.* gipsies)जिप्सी, कञ्जर या भ्रमणकारी (आवारा) जाति

giraffe *n.* जिराफ़

gird *v.t.* ( *p.t.* girded or girt.) लपेटना, घेरना, पेटी बांधना; सशक्त करना,

जकड़ना

girder *n.* धरन*, कड़ी*, छत या पुल की डाट*, गाटर

girdle *n. & v.t.* कटिसूत्र, कमरबन्द, लपेटना

girl (*mas.* boy) कुमारी*, कन्या*, बालिका*, बच्ची*, लड़की*, बाला*, प्रेयसी*

girlhood *n.* कुमारीत्व, बालिकावस्था*, कन्यापन

girlish *a.* कन्या के समान, शर्मीली*, भोली*

gist *n.* तात्पर्य, भाव, निष्कर्ष, सार, निचोड़

give *v.t.* ( *p.t.* gave, *p.p.* given) देना, सौंपना, उत्पन्न करना, कहना

giving *n.* दान, अर्पण, समर्पण

glacier *n.* हिमनद, ग्लेसियर, हिमानी*, तुषार नदी*

glad *a.* (*com.* gladder, *sup.* gladdest)प्रसन्न, आनन्दित, तुष्ट, मगन

gladden *v.t.* प्रसन्न करना, तुष्ट करना

gladsome *a.* आनन्दमय, हर्षमय

glamour *n.* जादू, टोना, चकाचौंध*

glance *n.* दृष्टिपात, झलक*; *v.t.* दृष्टि डालना, चमकाना, उचटती नज़र से देखना,

कनखी मारना

gland *n.* गिल्टी*, गांठ*, ग्रन्थि*

glare *n.* चौंधाने वाला प्रकाश, चमक*, कड़ी दृष्टि*; *v.t.* तीव्र प्रकाश से चमकना

glass *n.* कांच, शीशा, कांच का गिलास, दर्पण; glasses *n. pl.* उपनेत्र, चश्मा

glaucoma *n.* आँख का रोग, काँचबिन्दु, मोतियाबिन्दु

glaze *v.t.* शीशा लगाना, काँच की तरह चिकना और चमकाना

glazier *n.* खिड़कियों में शीशा जड़नेवाला

glee *n.* आनन्द, प्रसन्नता*

glide *v.t.* सरकना, धीरे से घसकना

glider *n.* बिना इंजन का वायुयान

glimpse *n.* क्षणिक दृष्टि*, झलक*, आभास

glitter *v.i.* चमकना; चमक*, दमक*

gloat *v.t.* बुरी या वासना की दृष्टि से देखना, घूरना

globe *n.* गोलार्द्ध, गोल पदार्थ, पृथ्वी*

gloom *n.* अन्धकार, धुंधलापन, विषाद

gloomy *a.* अन्धकारमय, खिन्न, उदास

glorification *n.* महिमागान, स्तुति*, प्रशंसा*

glorify *v.t.* (*p.t.* glorified) पूजना, आसमान पर चढ़ाना, गुण गाना

glorious *a.* प्रसिद्ध, तेजस्वी, प्रतापी, महान

glory *n.* (*pl.* glories) बड़ी प्रतिष्ठा*, ख्याति*, प्रताप, शोभा*, प्रकाश, ईश्वर की महिमा*; *v.t.* आनन्द करना, गर्व करना

glossary *n.* अर्थ सहित शब्द-सूची*, शब्दकोश

glossy *a.* चमकीला, चिकना

glove *n.* हाथ का मोज़ा, दस्ताना

glow *v.i.* लाल होना, तपना, चमकना

glow-worm *n.* खद्योत, जुगनू

glucose *n.* अंगूर से निकली हुई शक्कर*

glue *n.* सरेस

glum *a.* अप्रसन्न, मलिनमुख

glut *v.t.* भकोसना, अधिक भोजन करना

glutton *n.* भुक्खड़, पेटू

glycerine *n.* ग्लीसरीन

go *v.t.* (*p.t.* went, *p.p.* gone) जाना, चलना, प्रस्थान करना, आगे बढ़ना; the

story goes ऐसा कहा जाता है; to go ahead विश्वास-पूर्वक आगे बढ़ना; to go at आक्रमण करना; to go bad सड़ना; to go by आगे-पीछे जाना; to go through पूर्ण करना; to go with बराबर होना
goad *n.* बैल हांकने की छड़ी*; *v.t.* अंकुश लगाना, प्रेरित करना
goal *n.* दौड़ का अन्त, सीमा*, लक्ष्य, उद्देश्य
goat *n.* बकरा, व्यभिचारी, दुराचारी*
goatee *n.* बकरे की सी दाढ़ी*, कुच्ची दाढ़ी*
gobble *v.t.* जल्दी-जल्दी खाना
go-between *n.* मध्यस्थ, दलाल
goblet *n.* कटोरा, चषक, पान-पात्र
go-cart *n.* बच्चों को चलना सिखलाने की गाड़ी*
god *n.* (*fem.* goddess) परमेश्वर, देवता, स्रष्टा, नियन्ता, पूजायोग्य
godfather *n.* (*fem* god-mother) धर्म-पिता
godhead *n.* ईश्वर, ईश्वरत्व, देवत्व
godly *a.* धार्मिक, धर्मपरायण, धर्मात्मा
godsend *n.* ईश्वर-प्रेरित सौभाग्य
godspeed *n.* सफलता* उन्नति*, यात्रा* या जोखिम के काम में किसी की मंगल-कामना*
goggles *n.pl.* धूप का चश्मा
goglet *n.* सुराही*, झझझर
going *n.* गमन, प्रस्थान
gold *n.* सोना, धन, सम्पत्ति*
golden *a.* सोने का, प्रसन्न, बहुमूल्य
gold-field *n.* सोने की खान*, स्वर्ण-क्षेत्र
goldplate *n.* सोने के बने हुए पात्र
goldsmith *n.* सुनार, स्वर्णकार
goldthread *n.* कलाबत्तू
golf *n.* गॉल्फ़, गेंद और अंटे का खेल
gong *n.* घंटा, घड़ियाल
good *a.* (*comp.* better, *sup.* best) शुभ, अच्छा, सच्चा, सन्तोषप्रद, उचित, पुष्ट, दयालु, योग्य; *n.* सुविधा*, लाभ, कल्याण; good-for-nothing व्यर्थ का, निष्प्रयोजन; good looking सुन्दर
good-breeding *n.* सभ्यता* शिष्टता*, भद्रता*
good-bye *interj.* विदाई* अलविदा*
goodly *a.* सुन्दर, सुडौल, प्रसन्न

goodness *n.* कृपा*, दया*, महत्त्व, गुण
goods *n.pl.* सामग्री* माल, घरेलू सामान
goodwill *n.* सद्भाव, हार्दिकता*, साख*
goose *n.* (*pl.* geese, *mas.* gander) कलहंस, दर्जी का इस्त्री करने का लोहा, मूर्ख
gooseberry *n.* (*pl.* gooseberries) करौंदा, झरबेर
gorgeous *a.* भव्य, भड़कीला
gorilla *n.* अफ्रीका का लंगूर, वनमानुस
gorse *n.* भटकटैया*
gospel *n.* सुसमाचार, इंजील
gossip *n.* प्रलाप, बकवाद* झूठी गप्प; *v.i.* बकबक करना
goth *n.* एक जर्मन क़बीला जिसने 3-5वीं सदी में हमला करके इटली, फ्रांस और स्पेन में अपना राज्य बनाया था; अशिष्ट, असभ्य, जाहिल
gothic *a.* गॉथ क़बीले से संबंधित, गॉथ मुद्राक्षर या टाइप, गॉथ स्थापत्य
gouge *n.* गोल रुखानी*; *v.t.* गोल रुखानी से काटना
gourd *n.* लौकी, कद्दू, तूंबी*, तुम्बा, तूमड़ी*
gout *n.* बातरोग, गठिया
gouty *a.* गठिया से ग्रस्त, वातरोगी
govern *v.t. & i.* निर्देश देना, शासन करना, दमन करना, परिचालित करना
governess *n.* अध्यापिका* शासिका*, मास्टरनी*
government *n.* शासनक्रम, शासक लोग, राज्य, शासन, सत्ता*, सरकार*
governor *n.* शासक, राज्यपाल
governor-general *n.* (*pl.* governors general) बड़े लाट, महाराज्यपाल, महाशासक
governorship *n.* राज्यपाल का पद
gown *n.* चोग़ा, लबादा, गाउन
grab *v.t.* (*p.t.* grabbed) झपटना, छीनना, हथियाना
gracc *n.* सुन्दर ढंग, अनुग्रह, दया*, विनीत भाव, ईश्वर की कृपा*, ड्यूक इ० के प्रति विनय के शब्द; *v.t.* अनुग्रह करना, सजाना
gracious *a.* प्रसन्न, शिष्ट, नम्र अनुकूल
gradation *n.* क्रमिक स्थापन, परम्परा*, परिपाटी*
grade *n.* पद, श्रेणी*, पदवी*; *v.t.* क्रम में रखना
gradual *a.* by steps or degrees. क्रमिक

graduate *v.i.* & *t.* विश्वविद्यालय की उपाधि लेना, विभाग करना; *n.* विश्वविद्यालय की उपाधि प्राप्त मनुष्य, स्नातक

graft *v.t.* कलम बांधना, अनुचित लाभ कमाने की चेष्टा करना, एक तरह से घूस लेना; *n.* कलम

grain *n.* दाना, बीज, कण, डेढ़ रत्ती के बराबर की अंगरेज़ी तौल*; *v.t.* दाना बनाना

gram *n.* चना

grammar *n.* व्याकरण

grammarian *n.* व्याकरण जानने वाला, वैयाकरण

gramme *n.* दशमलव प्रणाली में तौल की इकाई (प्राय: $15\frac{1}{2}$ ग्रेन)

gramophone *n.* ग्रामोफोन बाजा

granary *n.* धान्यागार, खत्ती*, कोठार

grand *a.* महान, उच्च पद का, श्रेष्ठ, कुलीन, सुन्दर, शानदार, गम्भीर

grandad *n.* दादा या नाना

grandam *n.* दादी* या नानी*, आजी*

grandchild *n.* पोता, पोती*, नाती, नतिनी*

grandee *n.* भद्र पुरुष, कुलीन, रईस

grandeur *n.* महत्त्व, श्रेष्ठता*, महिमा*, बड़ाई*, तेज

grandfather *n.* नाना, दादा

grandiloquent *a.* शब्दाडम्बरपूर्ण, अतिशयोक्ति का, वागाडम्बर

grandiose *a.* प्रभावकारी, दिखावटी, आडम्बरपूर्ण

grandmother *a.* नानी* दादी*

grange *n.* खलिहान, खत्ती

granite *n.* एक प्रकार का कड़ा स्फटिक पत्थर, कणाश्म

granitic *a.* कड़े, स्फटिक पत्थर का

grant *v.t.* देना, मानना, स्वीकार करना; दान, जागीर*, कानूनी स्वीकृति*

grantee *n.* जागीरदार*, अनुदेयी, दानभोगी

grape *n.* अंगूर

grapery *n.* अंगूर का बगीचा

graph *n.* रेखाओं द्वारा गणित अथवा रसायन शास्त्र इत्यादि के सत्यों को दरसाने की विधि, रेखाचित्र, लेखाचित्र

graphic (-al) *a.* रेखाचित्रीय, स्पष्ट, भली भांति दरसाया हुआ, (~s) ग्राफ से चित्र बनाने की कला*

graphite *n.* काला सीसा

graphology *n.* हस्तलेख का अध्ययन या विज्ञान
grapple *v.t.* & *i.* बांधना, पकड़ना, संघर्ष करना; *n.* एक प्रकार की हुक*
grasp *v.t.* पकड़ना, थामना, समझाना; *n.* पकड़*, चंगुल* समझ*
grass *n.* तृण, घास*, दूब*, शस्य, कुश
grasshopper *n.* तृणभोजी पतिंगा या टिड्डा
grate *n.* अंगीठी की जाली* भट्ठी*
grateful *a.* स्वीकार के योग्य, कृतज्ञ, सुखकर
gratification *n.* आनन्द, तृप्ति,* पुरस्कार
gratis *adv.* बिना दाम का, मुफ़्त, निःशुल्क
gratitude *n.* कृतज्ञता*, आभार
gratuity *n.* ऐच्छिक दान, सेवोपहार, अनुग्रह धन
grave *v.t.* खोदना, नक्काशी करना; *n.* श्मशान, समाधि* क़ब्र*; *a.* गम्भीर, आवश्यक, महान; grave-yard समाधि-स्थान, क़ब्रगाह
gravitate *v.i.* किसी वस्तु* की ओर आकर्षित होना, केन्द्र की ओर झुकना
gravitation *n.* आकर्षणशक्ति*, गुरुत्वाकर्षण
gravity *n.* गम्भीरता,* भार, महत्त्व, आकर्षणशक्ति*; centre of gravity. आकर्षण-केन्द्र; specific gravity आपेक्षिक गुरुत्व या घनत्व
gray *a.* धूसर, खाकी
graze *v.t.* & *i.* चरना, घास खाना, खुरचना
grease *n.* चर्बी* *v.t.* तेल या चर्बी पोतना; to grease the palm of घूस देना
greasy *a.* (*comp.* greasier, *sup.* greasiest.) तेल-युक्त, मैला, चिकना
great *a.* विशाल, बड़ा, प्रसिद्ध, श्रेष्ठ, प्रधान, धनी, शक्तिशाली, महान
greed *n.* लोभ, लोलुपता*
greedy *a.* लोभी, लालची, लोलुप, लुब्ध
Greek *n.* & *a.* यूनानी, यूनानी भाषा*
green *a.* हरा, नया, अनुभव-हीन, ताज़ा, कच्चा
greenery *n.* वनस्पति*, हरियाली* सब्ज़ा
green-room *n.* नेपथ्यशाला*
greet *v.t.* नमस्कार करना, सत्कार करना, अभिनन्दन करना
greeting *n.* नमस्कार, शुभ-

कामना,* अभिनन्दन, हर्ष-ध्वनि,* जयजयकार*
**grenade** *n.* हथगोला
**grey** *a.* भूरा, चितकबरा, प्राचीन, वयोवृद्ध
**greyhound** *n.* एक प्रकार का कुत्ता
**grief** *n.* शोक, खेद, संताप, व्यथा*
**grievance** *n.* कष्ट, विपत्ति* दुख का कारण, शिकायत*
**grieve** *v.t. & i.* पीड़ा देना, शोक करना, दुःखी होना
**grievous** *a.* पीड़ाकर, दुःखकर, क्षतिकर
**grim** *a.* भयंकर, विकट, निर्दय, कुरूप
**grin** *v.i.* (*p.t.* grinned) मूर्खता से हंसना; *n.* हंसी*
**grind** *v t.* (*p.t. & p.p.* ground) पीसना, कुचलना, कष्ट देना, चोखा करना
**grip** *v.t.* (*p.t.* gripped) कसकर पकड़ना, जकड़ना; *n.* पकड़*, चंगुल, गिरफ़्त*
**gripe** *v.t.* पकड़ना; *n.* पकड़,* तीव्र वेदना*
**groan** *v.i.* पीड़ा का शब्द करना, कराहना; *n.* कराह*, चीख,* तड़प*
**grocer** *n.* बनिया, पंसारी
**grocery** *n.* (*pl.*-ies) किराना
**groom** *n.* साईस; *v.t.* घोड़े की देखरेख करना; groom's man विवाह के समय वर के साथ रहनेवाला उसका अविवाहित मित्र, सहबलिया
**groove** *n.* प्रणाली*, नारी*, नाली*; *v.t.* नाली बनाना
**grope** *v.i.* अंधेरे में टटोलना
**gross** *n.* (*pl.* gross) बारह दर्जन; *a.* मोटा, अशिष्ट, कुल, निर्लज्ज; in the gross सामान्य रूप से, थोक में
**grotesque** *a.* विलक्षण, भद्दा, कुरूप
**ground** *n.* भूमि*, पृथ्वी* नींव*, मूल, हेतु, पदार्थ, पर्याप्त कारण; *v.t.* स्थापित करना, स्थिर करना, भूमि में लग जाना; to break ground काम करने में अगुआ होना; to gain ground आगे बढ़ना; to give ground पीछे हटना
**ground-floor** *n.* घर का निचला खंड
**groundless** *a.* अकारण, निराधार, निर्मूल, मिथ्या
**ground-nut** *n.* मूंगफली*
**groundwork** *n.* मूल सिद्धांत, आधार, नींव*
**group** *n.* समुदाय झुण्ड; गुट:(-ism) गुटबाजी; *v.t.*

क्रम में रखना
grove *n.* छोटा जङ्गल, कुञ्ज
grow *v.i.* & *t.* (*p.t.* grew, *p. p.* grown) बढ़ना, उगना विकसित होना, उपजाना; to grow out of निकलना; to grow up पूर्ण यौवन प्राप्त करना, पूरा जवान होना; to grow rich धनी होना
grower *n.* फल आदि उपजाने वाला
grudge *v.i.* & *t.* ईर्ष्या करना, कुढ़ना, अनिच्छा प्रकट करना; *n.* ईर्ष्या*; असन्तोष, घृणा का कारण
gruel *n.* मांड़
gruesome *a.* भयंकर, तिरस्कार-युक्त
grumble *v.*t. गुर्राना, असन्तोष दिखलाना
grumpy *a.* नीच, दुष्ट
guarantee *n.* गारंटी, बंधक, ज़मानत;* *v.t.* दूसरे की ज़मानत* करना या होना
guaranty *n.* बंधकत्व
guard *v.t.* रक्षा करना, बचाना, चौकसी करना; *n.* चौकसी, पहरेदार, रेलगाड़ी का रक्षक; to keep guard, to be on guard आक्रमण के लिए सचेत रहना
guardian *n.* पितृहीन शिशु का संरक्षक, अभिभावक, सरपरस्त
guardianship *n.* संरक्षक या अभिभावक का पद
guava *n.* अमरूद
guerilla *n.* छापेमार
guess *v.i.* & *t.* शीघ्र राय बनाना, अटकल करना, अनुमान करना; *n.* अनुमान
guest *n.* अतिथि, पाहुन, मेहमान
guidance *n.* मार्ग-प्रदर्शन
guide *v.t.* मार्ग दिखलाना, सिखलाना; *n.* गाइड
guild *n.* शिल्पी संघ, श्रमिक-निकाय
guile *n.* माया,* धोखा, छल
guilt *n.* अपराध, पातक, दुष्टता*, जुर्म
Guinea *n.* गिन्नी, 21 शिलिंग का सोने का अंग्रेज़ी सिक्का, गिन्नी प्रदेश (प० अफ्रीका) से संबंधित
guise *n.* रंगढंग, बाहरी आकृति* पहनावा, बहाना, छद्मवेष, स्वांग, बाना
guitar *n.* गिटार, सारङ्गी, छतारा
gulf *n.* खाड़ी,* गड्ढा
gull *n.* एक प्रकार की समुद्री चिड़िया*, मूर्ख मनुष्य; *v.t.* ठगना, धोखा देना

**gulp** *v.t.* जल्दी से निगलना; *n.* कौर, ग्रास
**gum** *n.* गोंद, मसूड़ा; *v.t.* (*p.t.* gummed) गोंद से चिपकाना या गोंद लगाना
**gummy** *a.* चिपचिपा
**gun** *n.* तोप*, बन्दूक*
**gunpowder** *n.* अग्निचूर्ण, बारूद
**gust** *n.* प्रचण्ड वायु*, उमंग, झोंका
**gutter** *a.* जलमार्ग, परनाली*, मार्ग, परनाला, गन्दा नाला; *v.i.* बूंद-बूंद करके चूना, पोला होना
**guttural** *a.* कण्ठस्थ, कण्ठ से उच्चारण किया हुआ; *n.* कंठ से उच्चारित स्वर जैसे हिन्दी के क्, ख्, ग्, आदि
**gymnasium** *n.* (*pl.* -siums, or -sia) व्यायामशाला*, अखाड़ा, यूरोप में उच्च श्रेणी की पाठशाला*
**gymnast** *n.* कुश्तीबाज़, पहलवान
**gymnastic** *a.* व्यायाम-संबंधी
**gymnastics** *n.* व्यायाम, कसरत*

# H

**H** रसायनशास्त्र में हाइड्रोजन के लिए संकेत
**habeas corpus** *n.* व्यक्ति-स्वातंत्र्य, बन्दी प्रत्यक्षीकरण, अभियुक्त का उपस्थिति-पत्र
**habit** *n.* अभ्यास, व्यवहार, स्वभाव
**habitable** *a.* बसने योग्य
**habitat** *n.* किसी पक्षी या पशु का प्राकृतिक निवास, आवास, धाम, वास, घर, स्थान
**habitation** *n.* निवासस्थान
**hack** *v.t.* टुकड़ा करना, नोचना; *n.* किराये का घोड़ा, घाव, कटाव; **hacksaw** धातु काटने की आरी*
**hackle** *n.* सन संवारने की कंघी* कलंगी*, मछली* का चारा; *v.t.* सन साफ करना, चीरना फाड़ना, बोटी-बोटी करना
**hackney** *n.* किराये का घोड़ा; श्रमिक, टहलुआ; *v.t.* (*p.t.* hackneyed) अधिक उपयोग में लाना, सर्वसुलभ बनाना
**hackney-carriage** *n.* किराए की गाड़ी*
**hackneyed** *a.* सामान्य, जीर्ण,

जर्जर, शिथिल, मन्द, सार्वजनिक, भाड़े का, घिसा-पिटा

**hacksaw** *n.* धातु काटने की आरी*

**haggard** *a.* भयंकर आकृति का, दुबला-पतला

**haggle** *v.t.* मोल-चाल करना, झंझट करना

**hail** *n.* शिलावृष्टि,* ओला; *v.i.* ओला पड़ना, वेग से गिरना; *v.t.* नमस्कार करना, अभिवादन करना, दूर से पुकारना; *interj.* जयजयकार का शब्द

**hair** *n.* बाल, रोवां; to a hair भलीभांति, ठीक-ठीक

**hair-breadth** *n.* अति अल्प अन्तर

**hair-splitting** *n.* बाल की खाल खींचना

**hale** *a.* हट्टा-कट्टा, तन्दुरुस्त

**half** *n.* (*pl.* halves) आधा; half as much again डेढ़-गुना, ढेवढ़ा

**half-blood** *n.* सौतेला भाई-बहिन*

**half-bred** *a.* अशिक्षित, असभ्य, दोगला

**half-hearted** *a.* उदासीन, उत्साहहीन, बेदिली, खिन्न मन, अनमना, अन्यमनस्क

**halftone** *a.* फोटो द्वारा ब्लॉक बनाने की एक विधि जिसमें प्रकाश और छाया चिह्न छोटे-छोटे बिन्दुओं द्वारा स्पष्ट किए गए हों

**half-way** *adv.* बीच रास्ते में

**hall** *n.* हॉल, सभा के लिए बड़ा कमरा, विशाल कक्ष; hall of audience सभा-मण्डप

**hall-mark** *n.* सोना या चांदी को प्रमाणित करने का चिह्न, प्रमाणांक

**hallow** *v.t.* पवित्र करना, पूजना

**hallucinate** *v.t.* चित्त पर मिथ्या प्रभाव (मोह) डालना, भ्रांत होना, करना, मायाजाल में डालना

**halt** *v.t.* ठमकना, रुकना; *n.* रुकावट*, पड़ाव, विराम, डेरा, मंज़िल*, मुक़ाम

**halve** *v.t.* आधा करना

**hamlet** *n.* छोटा गांव, पुरवा, पल्ली*

**hammer** *n.* बंदूक का घोड़ा, हथौड़ा, मुगरी*, नीलाम करने वाले की मुंगरी*; *v.t.* (*p.t.* hammered) हथौड़ी* से पीटना; to bring to the hammer नीलाम करने के लिए रखना

**hand** *n.* (*pl.*) हाथ, घड़ी* की सूई*, लिखावट*, ताश का दांव; (ब० व०) कर्मचारी;

v.t. अर्पण करना, देना; at first hand बनाने वाले से सीधे प्राप्त; at hand समीप में; cap in hand विनीत भाव से; from hand to mouth किसी प्रकार गुज़र होना; to lay hands on पकड़ना; to live from hand to mouth जो कमाना सब खर्च कर डालना; on hand अधिकार में; out of hand अधिकार के बाहर; with a heavy hand कठोरता से

handbill n. विज्ञापन-पत्र, पर्चा, इश्तहार

handbook n. छोटी पुस्तक

handcuff n. हथकड़ी*; v.t. हथकड़ी डालना

handful n. मुट्ठीभर

handicap v.t. (p.t. handicapped) असुविधा या विघ्न डालना n. एक प्रकार की घुड़-दौड़ जिसमें प्रत्येक प्रतिस्पर्धी को समान सुविधा दी जाती है

handicraft n. हस्तशिल्प*, दस्तकारी*

handiwork n. हस्तकार्य, शिल्प

handkerchief n. (pl. handkerchiefs) दस्ती* रूमाल

handle n. मूठ, मुठिया; v.t. पकड़ना, प्रबंध करना, संभालना

handloom n. हाथकरघा

handsome a. सुंदर, उत्तम, दयालु

handwriting n. हस्तलेख, लिखावट*

handy a. (comp. handier, sup. handiest) सुघर, निपुण, सुविधा का, तैयार

hang v.t. (p.t. & p. p. hung) लटकाना, टांगना

hang v.t (p.t. & p.p. hanged) फांसी लटकाना; to hang about भटकना; to hang together साथी होना; to hang back अनिच्छा प्रकट करना

hangman n. बधिक, फांसी देने वाला

hanker v.t. उत्कण्ठा करना, लालसा करना

happen v.t. आ पड़ना, बीतना, घटित होना

happening n. अवसर, घटना, संयोग

happily a. सुख से

happiness n. सुख, आनन्द

happy a. (comp. happier, sup. happiest) भाग्यवान, सुखी, धन्य

harass v.t. थकाना, व्यग्र करना, घबड़ाना, दिक करना

harassment n. परेशानी*, दुःख

**harbour** *n.* बन्दरगाह; *v.t. & i.* आश्रय देना, विचार करना

**hard** *a.* कड़ा, ठोस, कठिन, पुष्ट क्रूर, न समझने योग्य; hard by अति समीप; hard up धन का अभाव; hard water खारा पानी

**harden** *v.t.* कड़ा करना, सख्त होना

**hard-fisted** *a.* लालची

**hard-headed** *a.* हठी

**hard-hearted** *a.* निर्दय

**hardihood** *n.* वीरता*, साहस

**hardly** *adv.* कठिनता* से, मुश्किल से

**hardship** *n.* शारीरिक क्लेश

**hardware** *n.* धातु के सामान, लोहे के सामान

**hardy** *adj.* (*comp.* hardier, *sup.* hardiest) साहसी, वीर

**hare** *n.* शशक, खरहा, खरगोश

**harm** *n.* हानि*, अपकार, अनिष्ट; *v.t.* कष्ट देना, चोट पहुंचाना

**harmonic** (-al) *a.* सुरीला

**harmonious** *a.* सामंजस्यपूर्ण, संगत, ऐक्यपूर्ण मधुर, सुन्दर, एकताल, समस्वर, संगीतमय

**harmonium** *n.* हारमोनियम बाजा

**harmonize** *v.t. & i.* अनुरूप करना, मिलाना, स्वर योजन करना

**harmony** *n.* एकता*, स्वर का मेल, शांति*, समन्वय

**harness** *n.* घोड़े का साज, कवच, सामग्री*; *v.t. & i.* साज चढ़ाना, जोतना, अधीन करना; to die in harness काम करते हुए मरना

**harp** *n.* बीन, वीणा*; *v.t.* बीन बजाना; to harp on one string एक ही बात को बारम्बार दुहराना

**harper, harpist** *n.* बीन बजाने वाला

**harsh** *a.* कर्कश, रूक्ष, कठोर, निर्दय

**harvest** *n.* कृषि-फल, उत्पत्ति* फ़सल*

**harvester** *n.* हारवेस्टर, फ़सल काटने की मशीन*,

**haste** *n.* वेग, शीघ्रता*; *v.t.* शीघ्रता करना, जल्दबाजी करना

**hat** *n.* टोप, टोपी*; हैट; *v.i.* टोप पहनना

**hatch** *v.t.* अंडा सेना, अंडे से बच्चा निकालना, जाल रचना; *n.* पक्षियों के बच्चे

**hatchet** *n.* छोटी कुल्हाड़ी*

**hate** *v.t.* घृणा करना, द्वेष करना नफ़रत करना; *n.* घृणा*; नफ़रत*

**haughty** *a.* (*comp.* haughtier; *sup.* haughtiest) अभिमानी, धृष्ट, ढीठ
**haunt** *v.t.* बहुधा भेंट करना या आना-जाना; भूत आना, बार-बार याद आना, छाना, मंडराना; *n.* आश्रय, बसेरा
**haunted** *a.* प्रेतबाधित
**have** *v.t.* (*p.t.* & *p. p.* had) रखना, वश में रखना, जानना, लेना
**havoc** *n.* नाश; to cry havoc सेना को लूटने की आज्ञा देना
**hawk** *n.* बाज़ पक्षी; *v.t.* शिक्षित बाज़ पक्षी द्वारा आखेट करना, वेग से खखारना; *v.t.* फेरी करके माल बेचना
**hawker** *n.* फेरीवाला,
**hawthorn** *n.* नागफनी
**hazard** *n.* संकट, विपत्ति*; *v.t.* संकट में डालना; at all hazards भला-बुरा चाहे जो हो
**hazardous** *a.* संकटजनक
**haze** *n.* धुन्ध, कुहरा, मानसिक व्यग्रता*
**hazy** *a.* धुंधला, अंधेरा, अस्पष्ट
**he** (*pl.* they) *pron.* *3rd. pers. sing.* वह (पुरुषवाचक)
**head** *n.* सर, मस्तक, शीर्ष, मस्तिष्क, प्रधान शासक, मूल, अन्तरीप, विवाद-विषय; *v.t.* मार्ग दिखलाना, बढ़ाना, अगुवाई करना
**headache** *n.* सिर की पीड़ा* सरदर्द
**heading** *n.* सिरनामा, शीर्षक, सुर्ख़ी*
**head-dress** *n.* मुरेठा, साफ़ा
**headlong** *adv.* शीघ्रता से
**headmaster** *n.* प्रधानाध्यापक
**headmost** *a.* सबसे आगे
**headquarters** *n. pl.* प्रधान केन्द्र या कार्यालय
**headstrong** *a.* हठी, ज़िद्दी, अड़ियल
**headway** *n.* उन्नति का क्रम
**heal** *v.t.* & *i.* स्वस्थ करना, घाव भरना
**healer** *n.* आरोग्य करनेवाला
**health** *n.* आरोग्य, स्वास्थ्य
**healthy** *a.* (*comp.* healthier, *sup.* healthiest) स्वस्थ, रोगरहित, तन्दुरुस्त
**heap** *n.* समुदाय, ढेर; *v.t.* ढेर लगाना
**hear** *v.t.* & *i.* कान लगाना, सुनना, ध्यान देना, सूचित होना
**hearsay** *n.* चर्चा, गप्प* अफ़वाह*
**heart** *n.* हृदय, मर्म, साहस,

सत्त्व, मध्य भाग; to learn by heart कण्ठस्थ करना; heart and soul पूर्ण शक्ति से

heartache *n.* मानसिक व्यथा*, दिल का दर्द

heart-broken *a.* मलिनचित्त, उदास, टूटा हुआ दिल

heart-burning *n.* स्पर्धा, ईर्ष्या*

heart-felt *a.* आंतरिक, हार्दिक, दिली

hearth *n.* अग्निकुण्ड, अग्नि का पार्श्वस्थान, चूल्हा, भट्ठी*

heartily *adv.* प्रसन्नता से, खुशी मन से

heat *n.* दाह, क्रोध, वेग, ताप; *v.t. & i.* गरम करना या होना

heave *v.t. & i.* उठना, सांस लेना, हांफना, आहें भरना; *n.* गहरी सांस*, उभाड़, उसांस*, आह*

heaven *n.* (*usu. in pl.*) आकाश, स्वर्ग, अत्यन्त आनंद

heavenly *a.* दिव्य, स्वर्गीय

heavy *a.* (*comp.* heavier, *sup.* heaviest) भारी, गम्भीर, देर में पचने वाला, मन्द, अत्याचारी; time hangs heavy समय बहुत धीरे बीतता है

Hebrew *n.* यहूदी, यहूदी भाषा*

hector *n.* गुण्डा, तंग करनेवाला मनुष्य; *v.t.* कष्ट देना, तंग करना

hedge *n.* झाड़ियों की टट्टी रोक, बाड़ा, हाता; *v.t.* टट्टी, से घेरना, बाड़ा लगाना

heed *n.* ध्यान, सावधानी*; *v.t.* ध्यान लगाना, मन लगाना, चौकसी रखना

heel *n.* एड़ी*, पिछला भाग, पशुओं का खुर; *v.i.* जहाज़ का एक ओर झुकना; *v.t.* एड़ी लगाना; at one's heels पीछे-पीछे, पास में; out at heels दरिद्रता की अवस्था में

hefty *a.* (*comp.* heftier, *sup.* heftiest पुष्ट

height *n.* ऊंचा स्थान, ऊंचाई*

heighten *v.t.* ऊंचा करना, बढ़ाना

heinous *a.* अति दुष्ट, घृणित

heir *n.* (*fem.* heiress) उत्तराधिकारी, अंशभागी, वारिस

heir-apparent *n.* युवराज

hell *n.* यमलोक, नरक, दोज़ख

helm *n.* पतवार; at the ~ of affairs किसी भी संगठन या शासन का नेता होना; take the ~ शासन-सूत्र हाथ में लेना

helmet *n.* लोहे का टोप, शिर-

स्त्राण
help *v.t.* सहायता* देना, अनुग्रह करना, बचाना; *n.* सहायता, आश्रय
helpful *a.* उपयोगी
helpless *a.* निराश्रय
helpmate *n.* सहायक
hemisphere *n.* गोलार्द्ध, अर्द्ध-गोल
hemp *n.* सुतली*, सनई*, सन, भांग*, गांजा
hen *n.* मुर्गी*
hence *adv.* यहां से, अब से, इसलिए; *interj.* हट
henceforth *adv.* अब से
henceforward *adv.* इस समय से आगे
henchman *n.* प्रधान सेवक, विश्वस्त अनुचर, राजनीति के क्षेत्र में दलाल
henpecked *a.* स्त्रीवश
her *a.* उस स्त्री* का
herald *n.* अग्रदूत; *v.t.* घोषणा करना
herb *n.* औषधि*, जड़ी-बूटी*
herculean *a.* अत्यन्त बलवान, अति कठिन
herd *n.* पशु-समूह, झुण्ड; *v.i.* एकत्रित होना
herdsman *n.* चरवाहा, गडरिया
here *adv.* यहां, इस स्थान में
hereabouts *adv.* यहां, पास-पड़ोस में
hereafter *adv.* भविष्य में
hereby *adv.* इस रीति* से
hereditary *n.* पैतृक
heredity *n.* वंश-परम्परा*
heritable *a.* परम्परा* से प्राप्त होने योग्य
heritage *n.* बपौती, पैतृक सम्पत्ति*
hermit *n.* तपस्वी, संन्यासी
hermitage *n.* आश्रम, कुटी*
hernia *n.* हार्निया, आंत* उतरने का रोग
hero *n.* (*pl.* heroes) महावीर, शूरवीर, अर्द्ध-देवता, नाटक का नायक
heroic *a.* वीरता का
heroine *n.* वीरांगना*, नायिका*
heroism *n.* वीरता*
hero-worship *n.* वीरात्माओं का पूजन
herring *n.* एक प्रकार की समुद्री मछली*
hesitant *a.* दुविधा में पड़ा हुआ
hesitate *v.i.* हिचकिचाना, सन्देह करना
hesitation *n.* सन्देह, दुविधा*
heterogeneous *a.* पंचमेल, विविध, विरोधी, विजातीय, असदृश
heyday *n.* आनन्द या उमंग का समय

hiccup *n.* हिचकी*; *v.i.* (*p.t.* hiccuped) हिचकी* लेना

hide *n.* पशु की खाल*; *v.t.* (*p.t.* hid, *p.p.* hidden, hid) छिपाना, गुप्त रखना, छिपना; hide and seek आंखमुदौवल का खेल

hideous *a.* बड़ा भद्दा, डरावना

hierarchy *n.* देवदूतों का वर्ग, पुरोहितों का राज्य, महन्तशाही

higgle *v.i.* मोल-भाव करना

high *a.* (*com.* higher, *sup.* highest) ऊंचा, महंगा, प्रसिद्ध, महान, क्रुद्ध, प्रचण्ड, गम्भीर; high-brow अति बुद्धिमान व्यक्ति; high-flown उन्नत; highhanded क्रूर, उद्धत; highminded महात्मा, उदार चित्त का; high road प्रधान मार्ग

high-born *a.* उच्च कुल में उत्पन्न

highbred *a.* कुलीन, शिष्ट

highlander *n.* पहाड़ी

highly *adj.* उच्चता से

highness *n.* महाराज, महारानी*; high-sounding आडम्बरपूर्ण; high-spirited साहसी, उद्दण्ड, क्रोधी; high-water दीर्घ ज्वार; highwayman डाकू, लुटेरा

highway *n.* बड़ी सड़क*

hilarious *a.* प्रफुल्ल, प्रसन्न

hilarity *n.* आनन्द

hill *n.* पहाड़, पहाड़ी*

hillock *n.* छोटी पहाड़ी*

hilly *a.* पर्वतमय, पहाड़ी

him *pron.* उस पुरुष को

hind *n.* दास, किसान, हिरनी*

hind *a.* (*comp.* hinder, *sup.* hindmost, hindermost) पिछला

hinder *v.t.* रोकना, अटकाना, विघ्न डालना

hindrance *a.* बाधा*, विघ्न

hint *n.* संकेत, सहायक प्रस्ताव या सूचना*; *v.t.* अर्थ लगाना, उल्लेख करना; to hint at संकेत करना

hip *n.* नितम्ब, कमर, कूल्हा

hip-hip-hurrah *interj.* आनन्दसूचक शब्द

hire *n.* किराया, भाड़ा; *v.t.* भाड़े पर रखना

hireling *n.* ठेकेदार, मजूर

his *pron.* उस मनुष्य का

hiss *v.i.* सिसकारना; *n.* सिसकार, सिसकारी*

historian *n.* इतिहास-लेखक

historical *a.* ऐतिहासिक

history *n.* इतिहास, प्राचीन कथा*

hit *v.t.* (*p.t.* hit) मारना,

पहुंचना, टकराना, निशाना लगाना; *n.* प्रहार, चोट*, सफलता*

**hitch** *v.t. & i.* झटके से हटाना, पकड़ जाना; *n.* बंधन, रुकावट*, एक प्रकार की गांठ*

**hither** *a. & adv.* यहां, इधर

**hitherto** *adv.* अब तक

**hive** *n.* मधुमक्खी का छत्ता *v.i. & t.* मधुमक्खी* की तरह जुटकर रहना, इकट्ठा करना

**hoard** *n.* ढेर, ज़खीरा; hoarder जखीरेबाज़; *v.t.* संचय करना, इकट्ठा करना

**hoarse** *a.* रूक्ष, कर्कश

**hoax** *n.* हंसी*, धोखेबाज़; *v.t.* ठगना

**hobby** *n.* (*pl.* hobbies) हॉबी, शौक़, पुष्ट टट्टू

**hobby-horse** *n.* लिल्ली घोड़ी*, बच्चों के खेलने का लकड़ी का घोड़ा

**hockey** *n.* हॉकी

**hoist** *v.t.* उभाड़ना, उठाना, ऊंचा करना; *n.* ऊपर उठाने का यन्त्र

**hold** *v.t. & i.* (*p.t. & p.p.* held) अधिकार में रखना, धरना, अनुष्ठान करना, उत्सव मनाना, लगा रहना, पकड़ना; *n.* जहाज़ की पेंदी* में सामग्री* रखने का स्थान, पकड़, अधिकार

**holdall** *n.* होल्डाल, बिस्तरबन्द; to hold by स्वीकार करना; to hold back ठमकना; to hold forth सबके सामने अपने विचार प्रकट करना; to hold in रोक रखना; to hold off देर करना; to hold one's tongue चुप रहना; to hold out फैलाना; to hold over स्थिर करना; to hold up रोकना, सहारा देना; to hold water सूक्ष्म परीक्षा* करना

**hole** *n.* छेद, सूराख़; *v.t.* छेद करना; hole and corner गुप्त बात*, रहस्य

**holiday** *n.* (*pl.* holidays) छुट्टी का दिन, मनोरंजन, त्योहार का दिन

**hollow** *a.* खोखला, छूछा, भूठा, बेईमान; *n.* गड्ढा, घाटी; *v.t.* गड्ढा करना; *adv.* पूर्ण रूप से; hollow-hearted; *a.* बेईमान; hollowness *n.* खोखलापन; बेईमानी*

**holocaust** *n.* पूर्ण आहुति*, प्रचण्ड अग्नि*

**holy** *a.* (*comp.* holier, *sup.* holiest) धार्मिक, शुद्ध, पवित्र; holy land पुण्यभूमि

homage *n.* श्रद्धांजलि*, आदर

home *n.* घर, वासस्थान, जन्म-भूमि*, आश्रय; at home. घर पर, स्वदेश में, आनन्द से; home member गृह सचिव; homesick घर के बाहर रहने से खिन्न; homewards घर की ओर; to bring home to समझ में बैठा देना

homicidal *a.* मनुष्य-वध संबंधी

homicide *n.* नर-हत्या*, मनुष्य-घातक

homoeopath *n.* होमियोपैथ

homoeopathy *n.* होमियोपैथिक (सम) चिकित्सा

homoeopathic *a.* होमियोपैथिक चिकित्सा-सम्बन्धी

homogeneous *a.* सदृश, एकरूप

honest *a.* सच्चा, ईमानदार

honesty *n.* सच्चाई, ईमानदारी

honey *n.* मधु, शहद*

honeycomb *n.* मधुकोष का छत्ता

honeymoon *n.* विवाह के बाद दम्पति का उत्सव-काल

honorarium *n.* पारिश्रमिक

honorary *a.* बिना शुल्क का, अवैतनिक

**honour** *n.* सम्मान, पूजा*, सत्कार, आदर, कीर्ति*; *v.t.* प्रतिष्ठा करना

honourable *a.* प्रतिष्ठित, माननीय

hood *n.* हुड, ढकना, कनटोप

hoodwink *v.t.* छलना, धोखा देना

hook *n.* कुलाबा, कांटा, मछली* फंसाने की बंसी* *v.t.* कंटिये से फंसाना, मोड़ना

hooligan *n.* गुण्डा

hoot *v.i.* तिरस्कार करना, उल्लू की तरह चिल्लाना; *n.* उल्लू की बोली*

hop *v.t.* (*p.t.* hooped) एक पैर के बल कूदना

hope *v.i.* आशा* करना; *n.* आशा*, विश्वास

hopeful *a.* आशाजनक

hopeless *a.* आशाहीन, निराश

horde *n.* कंजड़ों का जत्था, झुण्ड; *v.i.* खेमों में रहना

horizon *n.* क्षितिज

horn *n.* सींग*, भोंपा

hornet *n.* बर्र, हाड़ा, भिड़

horrible *a.* भयंकर, डरावना

horrify *v.t.* डराना

horror *n.* अत्यन्त भय या घृणा*

horse *n.* घोड़ा; *v.i.* घोड़े पर सवारी* करना

horse-power *n.* यंत्र की वह

शक्ति जिसके द्वारा 550 पाउण्ड का भार एक सैकण्ड में एक फुट उठ सके
horseshoe *n.* घोड़े की नाल*
horticulture *n.* बागबानी*, उद्यान-विद्या*
hose *n.* (*pl.* hose) पायजामा, मोजा, पानी छिड़कने की नली*
hosiery *n.* मोजे की तरह बुने हुए सामान, इस तरह के सामान की दूकान*
hospitable *a.* अतिथि-सत्कारी, मेहमाननवाज़
hospital *n.* अस्पताल
hospitality *n.* अतिथि-सत्कार
host *n.* (*fem.* hostess) आतिथेय, मेज़बान, समुदाय, सेना
hostage *n.* शरीर बन्धक, ज़ामिन
hostel *n.* होस्टल, छात्रावास
hostile *a.* बैरी, विरुद्ध, लड़ाका
hostility *n.* शत्रुता*; hostilities *n. pl.* युद्ध के कार्य
hot *a.* गरम, तीता, उग्र, कामातुर, क्रोधी
hotbed *n.* खाद डालकर तैयार की हुई भूमि, बुरे तत्त्वों का अड्डा
hot-headed *a.* क्रोधी, उग्र स्वभाव का
hotchpotch *n.* गोलमाल
hound *n.* शिकारी कुत्ता; *v.t.* ऐसे कुत्ते से शिकार करना
hour *n.* घंटा, समय, अवसर; at the eleventh hour अन्तिम क्षण में; the man of the hour उस समय का प्रसिद्ध मनुष्य
house *n.* (*pl.* houses) घर, मकान, गृहस्थी, वंश; *v.t. & i.* घर में रखना या रहना
housebreaker *n.* सेंध मारने वाला चोर, मकान ढहाने वाला; household *n. & a.* कुटुम्ब, कुटुम्ब का
housekeeper *n.* घर की देखभाल करनेवाला
housemaid *n.* दासी*, नौकरानी*
house-surgeon *n.* अस्पताल में रहने वाला डाक्टर
housewife *n.* गृहिणी*, घरवाली*
how *adv.* किस प्रकार से, कैसे
however *adv.* तो भी
howl *v.t.* गरजना, गुर्राना; *n.* भेड़िये का शब्द
howler *n.* गुर्रानेवाला, बहुत बड़ी गलती*
howling *n.* गर्जना*, चिल्लाहट*
hub *n.* पहिए का धुरा

hubble-bubble *n.* हुक्का
hubbub *n.* कोलाहल, कलकल शब्द
huddle *v.t.* ढेर लगाना, भीड़ मचाना;*n.* भीड़भाड़*
huge *a.* बहुत बड़ा, विशाल
hum *v.t.* (*p.t.* hummed) भनभनाना, गुनगुनाना *n.* गुनगुनाहट*
human *a.* मनुष्य-जाति संबंधी
humane *a.* दयालु
humanitarian *a.* मानवीय
humanity *n.* मानवता*
humanize *v.t.* दयालु बनाना, मानवीयकरण करना
humble *a.* अधम, विनीत, नम्र; *v.t.* नम्र करना
humbly *adv.* नम्रता* से
humbug *n.* छल, कपट, पाखण्ड; *v.t.* धोखा देना
humdrum *a.* नीरस, फीका
humid *a.* गीला, तर, नम
humidity *n.* नमी*
humiliate *v.t.* विनीत करना, नीचा दिखलाना
humiliation *n.* घमंड चूर करना
humility *n.* दीनता*, विनय
humorist *n.* ठिठोलिया, हास्यरस का लेखक
humorous *a.* विनोदी, रसिक
humour *n.* हास्य, विनोद, मनोवृत्ति*, भाव, प्रवृत्ति, रसिकता*, शारीरिक रस; *v.t.* सन्तुष्ट करना; out of humour अप्रसन्न, क्रोध में
hunch *n.* कूबड़
hunch-backed *a.* कुबड़ा
hundred *n.* सौ
hundredth *a.* सौवां
hundredfold *n.* सौ गुना
hundredweight *n.* एक सौ बारह पाउण्ड की तौल*
hunger *n.* भूख*, तीव्र अभिलाषा*, *v.i.* तीव्र अभिलाषा* करना
hungrily *adv.* भूखे ढंग से
hungry *a.* भूखा
hunt *v.t.* शिकार करना, पीछा करना, खोजना; *n.* आखेट खोज*
hunter *n.* (*fem.* huntress) शिकारी, बहेलिया
huntsman *n.* शिकारी, व्याध
hurdle *n.* टट्टी, टट्टर, रुकावट*; *v.t.* टट्टी में बन्द करना, रुकावट डालना
hurl *v.t.* वेग से फेंकना, उछालना, चक्कर देना
hurrah *interj.* आनन्द-सूचक अव्यय, वाहवाह
hurricane *n.* प्रचण्ड वायु* hurricane-lamp आंधी में न बुझने वाला लैम्प

**hurriedly** *adv.* शीघ्रता* से
**hurry** *n.* शीघ्रता, आकुलता; *v.t. & i.* (*p.t.* hurried) जल्दी करना, जल्दी* से जाना
**hurt** *v.i. & t.* कष्ट देना, घायल करना, पीड़ा* देना; *n.* कष्ट, घाव, पीड़ा*
**hurtful** *a.* पीड़ा-कारक
**husband** *n.* पति, शौहर; *v.t.* किफायत से, अच्छा प्रबन्ध करना
**husband-man** *n.* किसान, खेतिहर
**husbandry** *n.* कृषि*, खेती*, कम खर्ची*, किफायत*
**hush** *n.* चुपकी*; *interj.* चुप ! शान्त ! hushmoney किसी अपराध को छिपाने की घूस
**husk** *n.* छिलका, भूसी*; *n.* (व०व०) अवशेष; *v.t.* छिलका हटाना
**huskiness** *n.* छिलकापन
**husky** *a.* भूसी* भरा, कर्कश
**hut** *n.* कुटी*, झोंपड़ी*
**hyaena** *n.* लकड़बग्घा
**hybrid** *a.* वर्णसंकर
**hydraulics** *n.* उदिक, जलगति विज्ञान
**hydro** *pref.* 'जल' के अर्थ का उपसर्ग
**hydrogen** *n.* उदजन, जलजन
**hydrometer** *n.* तरल पदार्थों का घनत्व नापने का यंत्र
**hydrophobia** *n.* जलातंक
**hydroplane** *n.* एक प्रकार का वायुयान जो जल में दौड़कर हवा में उड़ता है
**hygiene** *n.* आरोग्यशास्त्र
**hygienic** *a.* आरोग्य संबंधी
**hygrometer** *n.* वायु में का जल नापने का यंत्र
**hymn** *n.* ईश्वर-स्तुति*, स्तोत्र
**hyperbole** *n.* अत्युक्ति*, किसी बात को बहुत बढ़ाकर या घटाकर कहने की रीति*
**hyperbolical** *a.* अत्युक्ति-पूर्ण
**hypercritic** (-al) *a.* दोष को ही विशेप रूप से देखने वाला, छिद्रान्वेषी
**hypnotism** *n.* सम्मोहन विज्ञान, कृत्रिम निद्रा लाने की कला*
**hypnotize** *v.t.* कृत्रिम निद्रा लाना
**hypocrisy** *n.* कपट, पाखंड
**hvpocrite** *n.* छली, पाखंडी
**hypocritical** *a.* पाखण्डी
**hypothesis** *n.* (*pl*-ses) प्रतिज्ञा*, कल्पना*
**hypothetical** *a.* कल्पित माना हुआ
**hysteria** *n.* वातोन्माद, मूर्च्छा*, मिरगी*
**hysterical** मूर्च्छा रोग सम्बन्धी

# I

I *pron.* (*pl.* we) मैं
ice *n.* बरफ*; *v.t.* बरफ से ढांपना, to break the ice काम शुरू करना
iceberg *n.* बहता हुआ बरफ का पहाड़ या हिमशिला खण्ड
ice-cream *n.* आइसक्रीम, कुल्फी बरफ*
icicle *n.* बरफ* की लटकती हुई चट्टान*
icy *a.* बरफ* के समान ठण्डा
idea *n.* भाव, विश्वास, अभिप्राय, विचार, कल्पना*
ideal *a.* & *n.* परम, निर्दोष, आदर्श
idealist *n.* आदर्शवादी
idealistic *a.* आदर्श-संबंधी
idealize *v.t.* आदर्श बनाना
identical *a.* अभिन्न, समान, एकसा
identically *adv.* अनुरूप रूप में, अभिन्न रूप से
identification *n.* पहिचान*, शिनाख्त
identify *v.t.* (*p.t.* identified) पहिचानना, शिनाख्त करना
identity *n.* समानता*, सारूप्य
idiocy *n.* मूर्खता*, पागलपन
idiom *n.* मुहावरा, बोली
idiomatic (-al) *a.* मुहावरेदार
idiosyncrasy *n.* (*pl.* idiosyncrasies) व्यक्तिगत विशिष्टता*, स्वभाव, लत*
idiosyncratic विशेष स्वभाव या प्रकृति* का
idiot *n.* जड़, उल्लू, मूर्ख
idiotic *a.* मूर्ख
idle *a.* आलसी, निरुपयोगी, व्यर्थ, तुच्छ; *v.t.* समय वृथा गंवाना
idleness *n.* सुस्ती*, बेकारी*, आलस्य
idler *n.* आलस्य में अपना समय बितानेवाला
idol *n.* प्रतिमा*, मूर्ति*, आराध्य व्यक्ति
idolater *n.* (*fem.* idolatress) मूर्तिपूजक
idolatrous *a.* मूर्ति-पूजन संबंधी
idolize *v.t.* मूर्ति* बनाना, देवता मानना
if *conj.* यदि, जो; as if मानो
ignite *v.t.* & *i.* आग से जलाना, आग लगना
ignoble *a.* अकुलीन, नीच, अप्रतिष्ठित
ignominious *a.* लज्जाकर, निंद्य
ignominy *n.* बदनामी*, लज्जा*, कलंक

ignorance *n.* अज्ञान, जहालत*
ignorant *a.* अशिक्षित, अबोध, विद्याहीन, जाहिल
ignore *v.t.* ध्यान न देना, उपेक्षा करना, हटाना
Iliad *n.* होमर कवि का प्रसिद्ध महाकाव्य
ill *a.* (*comp.* worse, *sup.* worst) बुरा, अस्वस्थ, रोगी; ill-advised मूर्ख; ill at ease व्यग्र; ill-blood शत्रुता*; ill-bred असभ्य, गंवार; ill-omened अभागा; ill-starred अभागा; ill-temper क्रोध; ill-treat बुरी तरह व्यवहार करना; ill-will शत्रुता*
illegal *a.* न्याय-विरुद्ध, ग़ैर-क़ानूनी
illegality *n.* अवैधता*
illegibility *n.* अस्पष्टता*
illegible *a.* अस्पष्ट, गिचपिच
illegitimacy *n.* अवैधता*, अनुचित, हरामीपन, दोगलापन
illegitimate *a.* अनुचित, दोगला, विधि-विरुद्ध
illicit *a.* नियम या व्यवहार के विरुद्ध
illiteracy *n.* विद्याहीनता* निरक्षरता*
illiterate *a.* & *n.* अशिक्षित, विद्याहीन, निरक्षर
illness *n.* अस्वस्थता*, रोग, बीमारी*
illogical *a.* न्याय या तर्क-विरुद्ध
illude *v.t.* ठगना, धोखा देना
illuminate *v.t.* रोशनी करना, उजागर करना, चित्रों से सजाना
illumination *n.* प्रकाश, प्रभा*, दीपावली*
illusion *n.* छल, माया*, अयथार्थ
illustrate *v.t.* व्याख्या करना, दृष्टान्त देना, चित्र इत्यादि द्वारा समझाना, चित्रों से सजाना
illustration *n.* उदाहरण, दृष्टांत, चित्र
illustrative *a.* उदाहरण या दृष्टांतदर्शक
illustrious *a.* चमकीला, शानदार, महान, प्रसिद्ध
image *n.* प्रतिमा*, मूर्त्ति*, प्रतिबिम्ब, छाया*, *v.t.* दरसाना, चित्त में धारण करना
imagery *n.* कल्पना, बिम्ब-विधान
imaginable *a.* कल्पनीय, संभाव्य
imaginary *a.* काल्पनिक, मन-गढ़न्त

imagination *n.* कल्पना*, विचार
imaginative *a.* कल्पनामय, भावनापूर्ण
imagine *v.t.* विचारना, अनुमान करना, कल्पना करना
imitable *a.* अनुकरण करने योग्य
imitate *v.t.* नक़ल करना, अनुकरण करना; imitation *n.* नक़ल*, अनुकरण, सादृश्य
imitative *a.* कृत्रिम, बनावटी, नक़ली
imitator *n.* अनुकरण करने वाला, नक़लची
immaculate *a.* शुद्ध, निर्मल, निर्दोष
immaterial *a.* अभौतिक, सारहीन, अनावश्यक
immature *a.* अधकचरा, अधूरा, अपूर्ण
immaturity *n.* अधकचरापन, अपरिपक्वता*
immeasurable *a.* अपरिमित, अथाह, बहुत बड़ा
immediate *a.* तुरंत, शीघ्र, समीप
immemorial *a.* अति प्राचीन, पुरातन
immense *a.* बहुत बड़ा
immensely *adv.* अधिकता से
immensity *n.* विशालता*
immerge *v.t.* डूबना, डुबोना
immerse *v.t.* जलसमाधि देना, डुबो देना, दफ़न करना
immersion *n.* गोता, अन्त्येष्टि*
immigrant *n.* परदेशवासी, प्रवासी नागरिक
immigrate *v.t.* परदेश में बसना
immobile *a.* स्थिर, निश्चल
immobility *n.* स्थिरता*
immoderate *a.* अत्यंत, अपरिमित
immodest *a.* निर्लज्ज, अशिष्ट
immodesty *n.* निर्लज्जता*, अशिष्टता*
immoral *a.* अनैतिक, पापी
immorality *n.* अनैतिकता*, अधर्म, पाप
immortal *a.* अमर, अविनाशी
immortality *n.* अमरत्व
immortalize *v.t.* अमर करना
immovability *n.* अचल स्थिति*
immovable *a.* अचल, स्थिर, दृढ़
immune *a.* (रोगादि से) मुक्त, प्रतिरक्षित, बचा हुआ
immunity *n.* मुक्ति*, छुटकारा
immunize *v.t.* छुटकारा देना
impact *n.* मुठभेड़*, टक्कर*; *v.t.* कसकर दबाना
impalpable *a.* अस्पृश्य, न समझने योग्य
impanel *v.t.* सूची में रखना
impart *v.t.* भाग देना, —

करना, समाचार पहुंचाना
impartial *a.* अपक्षपाती, समदर्शी, न्यायी
impartiality *n.* अपक्षपात, समदर्शिता*
impassable *a.* अगम्य, गहन
impasse *n.* बन्द गली*, कठिन स्थिति*
impatience *n.* अधीरता*, व्यग्रता*
impatient *a.* अधीर, व्यग्र, उत्सुक
impeach *v.t.* अभियोग लगाना, दोषी ठहराना
impeachment *n.* दोषारोपण
impede *v.t.* अवरोध करना, रोकना
impediment *n.* अवरोध, रुकावट*
impend *v.i.* लटकना, समीप आ जाना
impendent *a.* निकटवर्ती
impending *a.* उपस्थित
impenetrability *n.* अभेद्यता*
impenetrable *a.* अभेद्य, अप्रवेश्य
imperative *a.* आज्ञार्थक, अति आवश्यक, कर्त्तव्य; imperatively *adv.* आदेशक रूप में
imperceptible *a.* अगोचर, न जानने योग्य
imperfect *a.* अपूर्ण, अधूरा
imperfection *n.* दोष, त्रुटि*
imperial *a.* राज्य अथवा राजाधिराज संबंधी, शाही; *n.* 32×22 इंच नाप का कागज
imperialism *n.* साम्राज्यवाद
imperil *v.t.* (*p.t.* imperilled) आपत्ति में डालना
imperishable *a.* अविनाशी, अनश्वर
imperishably *adv.* अनश्वरता से
impermanence *n.* अनस्थिरता*
impersonal *a.* व्यक्ति से संबंध न रखने वाला
impersonate *v.t.* वेष बदलना, जाली आदमी बनना
impersonation *n.* वेष बदलने का कार्य
impersonator *n.* वेष बदलने वाला मनुष्य
impertinence *n.* अशिष्टता*. ढिठाई*
impertinent *a.* अशिष्ट, असंगत, अविनीत
impetuous *a.* तीव्र, प्रबल. साहसी
impetuosity *n.* साहस, प्रचण्डता*
impetus *n.* शक्ति*, प्रेरणा*
implement *n.* हथियार, औज़ार; *v.t.* कार्यान्वित करना
implicate *v.t.* चक्कर में डालना,

अपराध में फंसाना
implication *n.* फंसाव, लपेट*
implicit *a.* निहित, निर्विवाद
implicitly *adv.* निस्संदेह
implore *v.t.* प्रार्थना करना, याचना करना
imploringly *adv.* विनय-सहित
imply *v.t.* (*p.t.* implied) अर्थ निकालना, सूचित करना, संकेत करना
impolite *a.* असभ्य, अविनीत
import *v.t.* विदेश का माल देश में लाना, अर्थ होना, सूचित करना; *n.* आयात सामग्री*, तात्पर्य, अर्थ
importable *a.* देश में लाने योग्य (विदेशी माल)
importance *n.* महत्त्व, प्रभाव, महिमा*
important *a.* प्रभाव या महत्त्व का, आवश्यक
impose *v.t.* थोपना, प्रभाव डालना
imposing *a.* प्रभावशाली, रोबदार, धोखा देनेवाला
impossibility *n.* असंभावना*
impossible *a.* असंभव, दुष्कर
imposition *n.* कर, लगान, छल
impost *n.* महसूल, चुङ्गी*
impostor *n.* पाखण्डी, कपटी, छली
imposture *n.* छल, कपट
impotence *n.* शक्तिहीनता*, नामर्दी*
impotent *a.* नपुंसक, नामर्द, शक्तिहीन
impound *v.t.* बाड़े में बन्द करना, जब्त करना
impoverish *v.t.* दरिद्र बना देना, शक्तिहीन करना, साधन-हीन करना
impoverishment *n.* दरिद्रता*
impracticability *n.* असाध्यता
impracticable *a.* असाध्य, असंभव
impregnate *v.t.* गर्भवती करना, भरना
impress *v.t.* छापना, मुहर करना, चित्त पर प्रभाव डालना; *n.* छाप*, मुहर*
impression *n.* छाप*, विचार
impressive *a.* प्रभावशाली, गंभीर
imprint *v.t.* छापना, अंकित करना; *n.* छाप*
imprison *v.t.* बन्दी करना, बन्द करना
imprisonment *n.* कारावास, जेल*
improper *a.* अशुद्ध, अयोग्य, अनुचित
impropriety *n.* अनुचित बोली* या कार्य
improve *v.t.* & *i* अच्छा

करना या होना, सुधारना, उन्नति करना
improvement *n.* उन्नति*, सुधार
improvise *v.t.* तत्काल गीत बनाना या व्याख्यान देना, तत्काल तैयार करना
imprudence *n.* अविवेक
imprudent *a.* अविवेकी, ढीठ
impuissant *a.* लाचार, बेबस
impulse *n.* आवेगा, प्रवृत्ति*, लालसा*
impulsive *a.* आवेग, संवेगशील
impunity *n.* दण्ड से मुक्ति*, माफ़ी*
impure *a.* अशुद्ध, अपवित्र, दूसरे पदार्थ से मिला हुआ
impurity *n.* अपवित्रता*
imputation *n.* दोषारोपण
impute *v.t.* दोष लगाना, कलंकित करना
in *prep.* में, बीच, भीतर, द्वारा, कारण से; in as far as यहां तक कि; in that क्योंकि; ins and outs गुप्त तथा प्रत्यक्ष बात
inability *n.* असमर्थता*
inaccurate *a.* अशुद्ध, बेठीक, ग़लत
inaction *n.* निष्क्रियता*, आलस्य
inactive *a.* निष्क्रिय, आलसी
inadmissible *a.* अग्राह्य, अमान्य
inanimate *a.* निर्जीव, प्राणहीन, मृत
inapplicable *a.* अनुचित, अयोग्य
inasmuch *adv.* यद्यपि, इससे
inattentive *a.* अन्यमनस्क, लापरवाह
inaudible *a.* न सुनाई पड़नेवाला
inaugural *a.* उद्घाटन-संबंधी, अभिषेकात्मक
inauguration *n.* उद्घाटन
inauspicious *a.* अशुभ
inborn *a.* स्वाभाविक, सहज, जन्म से प्राप्त
inbreathe *v.t.* भीतर को सांस लेना
incalculable *a.* अनगिनत, बेहिसाब
incantation *n.* मन्त्र, जादू
incapable *a.* अयोग्य
incapacitate *v.t.* अयोग्य करना
incapacity *n.* अयोग्यता*, अक्षमता*
incarnate *a.* मूर्त्त, शरीरी; *v.t.* शरीर धारण करना, अवतार लेना
incarnation *n.* अवतार
incautious *a.* असावधान
incense *v.t.* धूप देना, क्रोध से

उत्तेजित करना; *n.* धूप, सुगंध*, प्रशंसा*

**incentive** *n.* प्रलोभन, उत्तेजना; *a.* प्रवर्त्तक, उत्तेजक

**inception** *n.* आरंभ

**inceptive** *a.* आरंभ का

**inch** *n.* इंच

**incident** *a.* अनिवार्य रूप से होने वाला; *n.* घटना*, वृत्तांत

**incidental** *a.* आकस्मिक अनावश्यक

**incidentally** *adv.* आकस्मिक रूप में

**incite** *v.t.* प्रवृत्त करना, उत्तेजित करना

**incitement** *n.* प्रोत्साहन, उत्तेजना*

**inclination** *n.* झुकाव, प्रवृत्ति*

**incline** *v.t. & i.* झुकना, झुकाना, इच्छा करना; to incline one's ear ध्यान लगाकर सुनना

**inclined** *a.* झुका हुआ, प्रवृत्त

**include** *v.t.* शामिल करना, जोड़ना, समावेश करना, मिला लेना

**inclusion** *n.* समावेश

**inclusive** *a.* संयुक्त किया हुआ, सहित

**incognito** *a. & adv.* गुप्त, भेस बदले हुए

**incoherence** *n.* बेतरतीबी*

**incoherent** *a.* असंगत, बेमेल

**incohesive** *a.* असंबद्ध

**incombustible** *a.* अदाह्य

**income** *n.* आय*, अर्थप्राप्ति*, आमदनी*; income-tax आयकर

**incomer** *n.* बिना आज्ञा प्रवेश करनेवाला

**incoming** *a.* आनेवाला, (लाभ) होनेवाला

**incomparable** *a.* अद्वितीय, बेजोड़

**incompetent** *a.* अयोग्य

**incomplete** *a.* अपूर्ण, अधूरा

**inconformity** *n.* असमानता

**incongruent** *a.* अयोग्य, अपूर्ण, अनमेल

**incongruity** *n.* अयोग्यता*, अनुपपत्ति*

**incongruous** *a.* असंबद्ध, बेडौल

**inconsiderate** *a.* विचारशून्य

**incontaminate** *a.* अदूषित, पवित्र

**incontestable** *a.* निर्विवाद

**inconvenient** *a.* असुविधाजनक

**incorporate** *v.t. & i.* मिलाना, इकट्ठा करना; *a.* मिला हुआ, संयुक्त

**incorporation** *n.* संसर्ग, मण्डली*, सम्मेलन

**incorrect** *a.* असत्य, अशुद्ध गलत

incorrigible *a.* असाध्य, लाइलाज
incorrupt *a.* पवित्र, ईमानदार, घूस न देने योग्य
incorruptible *a.* न सड़ने योग्य, शुद्ध, न भ्रष्ट होने योग्य
increase *v.t. & i.* बढ़ना, बढ़ाना, फैलाना; *n.* वृद्धि, उत्पत्ति*, उपज*
incredible *a.* विश्वास न करने योग्य
increment *n.* बढ़ती*, लाभ, वृद्धि*
incriminate *v.t.* दोषी* ठहराना
incriminatory *a.* अभियोगात्मक
incubate *v.i. & t.* अण्डा सेना
incubator *n.* अण्डा सेने की मशीन*
inculcate *v.t.* मस्तिष्क में बैठा देना, समझाना
inculcation *n.* अन्तःनिवेशन, शिक्षा*, उपदेश
incumbent *a.* अवलंबी, आश्रित; *n.* वृत्तिभोगी
incur *v.t.* (*p.t.* incurred) अपने ऊपर लेना, ग्रस्त होना, सहना
incurable *a.* असाध्य, लाइलाज
incursion *n.* यकायक आक्रमण, चढ़ाई*
indecency *n.* धृष्टता*, अभद्रता*
indecent *a.* धृष्ट, अभद्र
indecision *n.* अनिश्चय, संदेह
indeed *adv.* वस्तुतः, यथार्थ में; *interj.* तिरस्कार-सूचक अव्यय, अरे!
indefensible *a.* अरक्षणीय, न बचाने योग्य
indefinite *a.* अनिश्चित, सीमा-रहित
indelicacy *n.* फूहड़पन, रूखा-पन
indemnity *n.* क्षतिपूर्ति*
indent *v.t & i.* दांतेदार बनाना, पंक्ति से हटाकर नया परिच्छेद आरंभ करना; माल का बीजक, (मोटर आदि में) खरोच
independence *n.* स्वतंत्रता*, आज़ादी*
independent *a.* स्वतंत्र, स्वेच्छाचारी, स्वाधीन
indescribable *a.* अवर्णनीय
index *n.* (*pl.* indexes) चिह्न, सूचीपत्र प्रदर्शक सिद्धांत; *v.i.* सूचीपत्र लगाना; *n.* (*pl.* indices) बीजगणित में प्रयुक्त विशेष चिह्न
India *pr. n.* भारतवर्ष
Indian *a.* भारतीय
Indian Penal Code भारतीय दंड संहिता*
indicate *v.t.* प्रकट करना, प्रकाशित करना, सूचित करना

indication n. चिह्न, सूचना*. लक्षण

indicative a. दर्शक, सूचक

indicator n. निर्देशक

indict v.t. न्यायालय के सामने दोषी ठहराना

indictment n. अभियोग, कलंक

indifference n. उदासीनता*, उपेक्षा*

indifferent a. तटस्थ, उदासीन, असावधान, अपक्षपाती, सामान्य

indigenous a. स्वदेशी, स्वदेश में उत्पन्न

indigestible a. न पचने योग्य

indigestion n. अजीर्ण, मन्दाग्नि*, बदहज़मी*

indigestive a. अजीर्ण करने वाला

indignant a. क्रोधित, घृणापूर्ण

indignation n. रोष, क्रोध

indigo n. नील का पौधा, इससे निकाला हुआ रंग

indirect a. अप्रत्यक्ष, परोक्ष

indiscreet a. अप्रौढ़

indiscretion n. मूर्खता*, धृष्टता*

indiscriminate a. अविवेकी, अव्यवस्थित

indispensable a. परम आव-श्यक

indisposed a. अनिच्छुक

अस्वस्थ

indisputable a. निर्विवाद, निश्चित

indissolubility n. अद्रवत्व

indissoluble a. जो घुल न सके, स्थायी

indistinct a. अस्पष्ट

indistinguishable a. पृथक् विचार न करने योग्य, अविवेच्य

individual n. एक व्यक्ति; a. अकेला, व्यक्तिगत, विशिष्ट

individualism n. व्यक्तिवाद

individuality n. व्यक्तित्व, विशेषता*

indivisible a. अभाज्य

indomitable a. दुर्जन, हठी, अदम्य

indoor a. घर के भीतर होने वाला

induce v.t. उभाड़ना, मनाना, अनुमान करना

inducement n. प्रलोभन, फुसलाहट*

induct v.t. प्रारंभ करना

induction n. अनुगम, उप-पादन (विद्युत का)

indulge v.t. & i. तुष्ट करना, प्रसन्न करना, आसक्त या लिप्त होना

indulgence n. तुष्टि*, क्षमा*, आज्ञा* अनुग्रह, आसक्ति*

indulgent *a.* अति दयालु, आसक्त

industrial *a.* औद्योगिक

industrial court *n.* औद्योगिक न्यायालय

industrious *a.* उद्योगी, परिश्रमी

industry *n.* उद्योग, परिश्रम, व्यवसाय

ineffective *a.* प्रभावहीन, बेअसर

inept *a.* अयोग्य, मूर्ख, अनाड़ी

ineptitude *n.* मूर्खता*, अयोग्यता*

inequitable *a.* अन्यायी, न्यायविरुद्ध

inequity *n.* अन्याय, पक्षपात

ineradicable *a.* जड़ से न उखाड़ने योग्य

inert *a.* गतिहीन, आलसी, जड़

inertia *n.* निश्चलता*, जड़ पदार्थ की एक विशिष्ट स्थिति*

inevitable *a.* अनिवार्य, आवश्यक

inevitably *adv.* अनिवार्य रीति से

inexorable *a.* अनाराध्य, निर्दय, कठोर

inexpensive *a.* सस्ता

inexperience *n.* अनुभव-शून्यता*

infallible *a.* अभ्रांत

infamous *a.* दुर्नाम, दुष्ट, निर्लज्ज

infamy *n.* अपकीर्ति*, कलंक

infancy *n.* बाल्यावस्था*, प्रथम अवस्था*

infant *n.* बालक, शिशु

infanticide *n.* शिशुहत्या*

infantile *a.* शिशु-सम्बन्धी, शिशु-तुल्य

infantry *n.* (*pl.* infantries) पैदल सेना

infatuate *v.t.* बुद्धि नाश करना, उत्तेजित करना

infatuation *n.* मूढ़ता*, मूर्खता*

infect *v.t.* छूत का रोग लगना, दूषित करना

infection *n.* सम्पर्क, स्पर्श रोग

infectious *a.* संक्रामक, रोग फैलाने वाला

infer *v.t.* (*p.t.* inferred) अनुमान करना, तर्क करना, परिणाम निकालना

inference *n.* अनुमान, परामर्श

inferior *a.* नीचा, न्यून, हीन

inferiority *n.* न्यूनता*, हीनता*

infernal *a.* नरक-सम्बन्धी, आसुरी, राक्षसी

inferno *n.* पाताल, नरक

infinite *a.* अपरिमित, अनन्त

infinity *n.* अनन्तता*

infirm *a.* दुर्बल, क्षीण, रोगी

inflame *v.t.* & *i.* उत्तेजित करना, भड़काना, फूल आना,

जलना
**inflammable** *a.* शीघ्र जलने वाला
**inflammation** *n.* सूजन*, दाह*
**inflammatory** *a.* दाहक, सूजन का
**inflation** *n.* मुद्रास्फीति*
**inflexible** *a.* अनम्य, दृढ़
**inflict** *v.t.* प्रयुक्त करना, दण्ड देना
**influence** *n.* शक्ति*, प्रतिष्ठा*; *v.t.* प्रभाव डालना, प्रवृत्त करना
**influential** *a.* प्रभावशाली
**influenza** *n.* इंफ्लुएंजा, एक तरह का बुखार
**influx** *n.* प्रवाह, प्रवेश
**inform** *v.t.* सूचित करना, बतलाना
**informal** *a.* अनौपचारिक
**informant** *n.* निवेदक, सूचना देनेवाला
**information** *n.* सूचना*, जानकारी
**information department** सूचना विभाग
**information minister** सूचना-मंत्री
**informative** *a.* शिक्षाप्रद, जानकारी पैदा करने वाला
**informatory** *a.* शिक्षाप्रद, सूचना-पूर्ण
**informer** *n.* भेदिया
**infringe** *v.t.* उल्लंघन करना, तोड़ना
**infringement** *n.* उल्लंघन
**infuriate** *v.t.* कुपित करना, क्रुद्ध करना
**infuse** *v.t. & i.* उड़ेलना, मन में बैठाना, पानी में डालना, उत्तेजित करना
**infusion** *n.* जलसेक, आसव, प्रेरणा*, जान डालना, जान फूंकना
**ingenuity** *n.* कल्पनाशक्ति*, चतुराई*
**ingenuous** *a.* निष्कपट, शुद्ध, सरल
**ingrain** *v.t.* चित्त में बैठा देना
**ingrained** *a.* दीर्घस्थायी, दृढ़
**ingrate** *n.* कृतघ्न मनुष्य
**ingratitude** *n.* कृतघ्नता*
**ingredient** *n.* अंश, भाग
**ingurgitate** *v.t.* जल्दी-जल्दी खाना
**inhabit** *v.t.* निवास करना, बसना
**inhabitable** *a.* बसने योग्य
**inhabitant** *n.* निवासी
**inhabitation** *n.* घर, निवास, डेरा
**inhale** *v.t.* सांस खींचना, कश खींचना
**inharmonic** *a.* बेसुरा, अनमेल

inherent *a.* सहज, जन्मजात अंतर्निहित
inherit *v.t.* पैतृक सम्पत्ति पाना, प्रकृति से पाना
inheritable *a.* परंपरा द्वारा प्राप्य, दाय
inheritance *n.* उत्तराधिकार ( *fem.* inheritress) उत्तराधिकारी
inhibit *v.t.* रोकना, मना करना
inhibition *n.* रुकावट*
inhibitory *a.* रोकनेवाला, निरोधात्मक
inhospitable *a.* असत्कारी
inhuman *a.* अमानुषी, निर्दयी
inhumation *n.* गाड़ने की क्रिया*
inimical *a.* शत्रुवत्, विरोधी
inimitable *a.* अननुकरणीय, अद्वितीय
inimitably *adv.* अननुकरणीय रूप से
iniquity *a.* अधर्म, अन्याय
initial *a.* आदि का, अपूर्ण; *n.* शब्द का आदि अक्षर; (*pl.*) किसी व्यक्ति के नाम के आदि अक्षर; *v.t.* (*p.t.* initialled) हस्ताक्षर करना
initiate *v.t.* आरम्भ करना, प्रथम संस्कार करना
initiation *n.* दीक्षा संस्कार
initiative *n.* पहल, आत्मबल
initiator *n.* ( *fem.* initiatrix) संस्कार करने वाला, चालक, सर्जक
inject *v.t.* सुई लगाना
injection *n.* इंजेक्शन, दवा की सुई
injudicious *a.* अविवेकी, विचारशून्य
injunction *n.* आज्ञा,* आदेश, निषेधाज्ञा, हिदायत*; sacred injunction शास्त्र की आज्ञा*
injure *v.t.* हानि पहुंचाना, पीड़ा देना, घायल करना
injured *a.* पीड़ा प्राप्त, व्यथित, घायल
injurious *a.* हानिकारक, पीड़ाकर
injury *n.* अपकार, हानि*, घाव
injustice *n.* अधर्म*, अनीति*, अन्याय
ink *n.* रोशनाई*, मसि*; *v.t.* रोशनाई लगाना
inkling *n.* संकेत, कानाफूसी*
inkstand *n.* मसिपात्र, दवात*
inky *a.* रोशनाई पोता हुआ
inland *a.* & *adv.* देश के भीतरी ओर, अन्तर्देशीय
inlander *n.* देश के भीतरी भाग में रहनेवाला
inlay *v.t.* (*p.t.* inlaid)

पच्चीकारी करना, जड़ना
inlet *n.* संकरी खाड़ी*
inmate *n.* निवासी, दूसरे के साथ रहनेवाला
inmost *a.* सबसे भीतरी
inn *n.* सराय*, धर्मशाला*; inns of courts इङ्गलैंड के वकीलों का समाज
innate *a.* सहज, स्वाभाविक
inner *a.* (*comp.* of in) अन्तरीय, भीतरी; inner-apartments अन्तःगृह; the inner man मनुष्य की अन्तरात्मा*
innermost *a.* सबसे भीतरी
innings *n. pl.* क्रिकेट में एक-एक पारी का खेल, अधिकार की अवधि*
innkeeper *n.* भटियारा
innocence *n.* सरलता*, निर्दोषता*
innocent *a.* निरपराध, सीधा, भोला
innocuity *n.* सज्जनता*, अनपकारिता
innocuous *a.* हानि न पहुंचाने वाला
innovate *v.t.* नई खोज करना, नई रीति चलाना
innovation *n.* नई रीति* या पद्धति* या खोज*
innovator *n.* प्रवर्तक, अन्वेपक
innumerable *a.* असंख्य, अगणित, अनगिनत
inoculate *v.t.* टीका लगाना
inoculation *n.* टीका
inoculator *n.* टीका लगाने वाला
inoffensive *a.* आपत्तिरहित, निरापद
inoperative *a.* बेकार, विफल
inopportune *a.* असामयिक, बेमौका
inquest *n.* अन्वीक्षण, जांच*
inquire *v.t. & i.* पूछना, जांचना
inquiry *n.* इन्क्वायरी, पूछ-ताछ*, तहक़ीकात*
inquisition *n.* जांच*, खोज*
inquisitive *a.* जिज्ञासु, कुतूहली
inquisitor *n.* जिज्ञासा दिखाने वाला
insane *a.* उन्मत्त, पागल
insanity *n.* उन्माद, पागलपन
inscribe *v.t.* लिखना, अंकित करना, एक आकृति के भीतर दूसरी आकृति बनाना
inscription *n.* शिलालेख
insect *n.* कृमि, कीड़ा-मकोड़ा, तुच्छ प्राणी
insecticide *n.* कीटनाशक
insecure *a.* अरक्षित
insensibility *n.* असंवेदन-शीलता, जड़ता*, मूर्च्छा*

insensible *a.* असंवेद्य, अचेत
insensibly *adv.* अलक्ष्य रूप में
inseparable *a.* न पृथक् करने योग्य
insert *v.t.* डालना, रखना, बैठाना
insertion *n.* बैठाना, जरदोजी का काम
inside *n., a. & adv.* भीतरी भाग, भीतर, अन्दर
insidious *a.* कपटी, छली, धूर्त्त
insignificance *n.* अगौरव, तुच्छता*
insignificant *a.* अनावश्यक, तुच्छ
insincere *a.* कपटी, झूठा
insinuate *v.t.* धीरे-धीरे भड़काना, संकेत करना
insinuation *n.* आक्षेप, फुसलाव
insinuator *n.* भड़काने वाला
insipid *a.* रसहीन, बेस्वाद, फीका, मंद
insipidity *n.* फीकापन
insist *v.t.* दृढ़ता से कहना, हठ करना
insistence *n.* हठ, जोर, जिद, आग्रह
insolate *v.t.* धूप में सुखाना
insolation *n.* शुद्ध करने के लिए सूर्य की किरणों के सामने रखना, आतपन
insolence *n.* धृष्टता*, गुस्ताखी*, बदतमीज़ी*
insolent *a.* धृष्ट, असभ्य, ढीठ
insoluble *n.* न घुलने योग्य, असाध्य, जटिल
insolvable *a.* व्याख्या न करने योग्य
insolvency *n.* दिवालियापन
insolvent *a.* दिवालिया
inspect *v.t.* निगरानी करना, मुआइना करना, जांचना
inspection *n.* निरीक्षण, मुआइना
inspector *n.* (*fem.* inspectress) इन्सपेक्टर, निरीक्षक
inspiration *n.* प्रेरणा*
inspirator *n.* हवा या भाप लेने का यन्त्र
inspire *v.t.* प्रेरित करना
instability *n.* अस्थिरता*, क्षणभंगुरता*
install *v.t.* अभिषेक करना, पदासीन करना, स्थापित करना, जमाना, गाड़ना, लगाना
installation *n.* अभिषेक, स्थापना
instalment *n.* क़िस्त*
instance *n.* उदाहरण, संकेत, घटना*, *v.t.* दृष्टान्त देना
instant *a.* आवश्यक, तुरंत; *n.* वर्तमान काल, क्षण
instantaneous *a.* क्षणिक

instantly adv. तत्काल, तुरंत

instigate v.t. उत्तेजित करना, बहकाना

instigation n. भड़काव, बहकाव

instigator n. बहकाने या भड़काने वाला व्यक्ति

instil v.t. (p.t. instilled) चित्त पर प्रभाव डालना

instinct n. सहज ज्ञान, स्वाभाविक बुद्धि*

instinctive a. स्वाभाविक, प्राकृतिक

institute v.t. खड़ा करना, स्थापित करना, आरम्भ करना; n. व्यवस्था*, नियम, संस्था*, संस्थान

institution n. सभा*, समाज, संस्था*

instruct v.t. शिक्षा देना, पढ़ाना, समझाना

instruction n. उपदेश (ब०व०) आज्ञा*

instructive a. उपदेशपूर्ण

instructor n. (fem. instructress) अध्यापक, शिक्षक

instrument n. यन्त्र, अस्त्र, साधन, लेख पत्र

instrumental a. साधक, सहायक, बाजा संबंधी; ~ music वाद्य संगीत

instrumentalist n. वादक

insubordinate a. अवज्ञाकारी, उद्धत

insubordination n. अविनय, आज्ञाभंग, अवज्ञा*

insufferable a. असह्य, दु:सह, दम्भी

insufficient a. अपर्याप्त, नाकाफ़ी

insular a. टापू संबंधी, संकुचित विचार का, जलवेष्टित

insularity n. जल से घिराव, संकीर्णता*

insulate v.t. बिजली की धारा जाने का मार्ग, अलगाना, अलग करना, संवाह रोकना

insulation n. पृथक्करण

insulator n. बिजली की धारा रोकने वाला

insult n. अपमान, अपकीर्ति*, तिरस्कार; v.t. निन्दा करना, अपमानित करना, गाली देना

insuperable a. अलंघ्य, अजेय

insupportable a. असह्य, असहाय

insurance n. बीमा, रक्षा*; life insurance जीवन-बीमा

insure v.t. बीमा करना

insurgent a. & n. राजद्रोही, बलवाई

insurmountable a. दुर्गम, अजेय

insurrection n. राजविद्रोह, बलवा

insurrectionary *a.* बलवाई,
विद्रोही

intact *a.* अस्पृष्ट, अछूता, अक्षत,
पूर्ण

intangible *a.* अग्राह्य, अस्पृश्य,
न छूने योग्य

integral *a.* सम्पूर्ण, पूरा

integrate *v.t.* सम्पूर्ण करना,
जोड़ना, एक करना

integration *n.* समाकलन,
एकीकरण

integrity *n.* ईमानदारी*,
पवित्रता*

intellect *n.* बुद्धि*, ज्ञान (समझ)

intellectual *a.* बुद्धि-संबंधी,
अति बुद्धिमान

intelligence *n.* बुद्धि*, ज्ञान,
समाचार, सूचना*

intelligent *a.* बुद्धिमान, सुबोध

intelligible *a.* सुबोध, स्पष्ट

intelligibly *adv.* बुद्धिमानी से

intense *a.* प्रचण्ड, तीव्र, अत्यन्त

intensify *v.t. & i. (p.t.*
intensified) तीव्र करना या
होना

intensity *n.* तीव्रता*, गहनता*

intensive *a.* प्रखर, प्रचण्ड,
गहन, घन

intent *n.* अभिलाषा*, इच्छा*,
उद्देश्य, इरादा; to all
intents and purposes
सर्वथा

intention *n.* अभिप्राय, आशय,
इरादा

intentional *a.* इच्छानुरूप,
जानबूझकर

interact *v.t.* परस्पर प्रभाव
डालना

intercept *v.t.* अवरोध करना,
रोकना

interchange *v.t.* लेन-देन
करना, हेरा-फेरी करना; *n.*
बदलाव, फेरा-फेरी*

intercourse *n.* अन्योन्य संसर्ग,
समागम, मेलजोल, संभोग

interdepend *v.t.* एक दूसरे
पर निर्भर करना

interdependence *n.* अन्योन्य
या पारस्परिक आश्रय

interest *n.* लाभ, स्वार्थ, सूद,
सुविधा*, कल्याण, हित,
अनुराग, प्रेम; *v.t.* चित्त
आकर्षित करना, अभिरुचि
या दिलचस्पी पैदा करना

interested *a.* स्वार्थी, अनुरक्त,
रुचि रखनेवाला

interesting *a.* चित्तरंजक,
सुहावना, आनन्ददायक

interfere *v.t.* विघ्न डालना,
निरोध करना, दखल देना,
हस्तक्षेप करना

interference *n.* विघ्न, हस्तक्षेप

interim *adv.* बीच में; *n.*
अन्तरिम

**interior** *a.* भीतरी; भीतरी भाग
**interjacent** *a.* मध्य का, बिचला
**interject** *v.t.* एकाएक बीच में बोल उठना
**interjection** *n.* विस्मयादिबोधक शब्द
**interlock** *v.t. & i.* आलिंगन करना, गुथना
**interlude** *n.* नाटक के अंकों के बीच का छोटा अभिनय, विष्कम्भ, अन्तराल
**intermeddle** *v.t.* दूसरे के कार्य में हस्तक्षेप करना
**intermediary** *n.* मध्यस्थ, पंच
**intermediate** *n.* बीच का, मध्यवर्ती, इन्टर (कक्षा या परीक्षा)
**intermingle** *v.t. & i.* मिश्रण करना, मिलाना, मिलना
**intern** *v.t.* सीमा के बाहर जाने की अनुज्ञा न देना, नज़रबन्द करना, क़ैद करना
**internal** *a.* आन्तरिक, भीतरी
**international** *a.* अन्तर्राष्ट्रीय
**interplay** *n.* परस्पर क्रिया*
**interpret** *v.t.* व्याख्या करना, भाषान्तर करना, अनुवाद करना
**interpretation** *n.* अर्थ, व्याख्या
**interpreter** *n.* व्याख्याकार, दुभाषिया
**interrogate** *v.t.* प्रश्न पूछना
**interrogation** *n.* प्रश्न; note of interrogation प्रश्न चिह्न; interrogative *a.* प्रश्नवाचक
**interrupt** *v.t.* रोकना, टोकना, विघ्न डालना
**interruption** *n.* विघ्न, रुकावट*
**intersect** *v.t.* एक दूसरे को काटना, दो टुकड़े करना
**intersection** *n.* कटाव
**interval** *n.* अन्तर, अवकाश, विराम, मध्यान्तर
**intervene** *v.i.* बीच में आना, विघ्न डालना
**intervention** *n.* व्यवधान, विघ्न, हस्तक्षेप
**interview** *n.* इन्टरव्यू, भेंट, साक्षात्कार
**intestinal** *a.* आंत-संबंधी
**intestine** *n.* (*usu. pl.*) अंतड़ी*, आंत*
**intimacy** *n.* अतिपरिचय, अतिसंसर्ग
**intimate** *a.* अन्तरंग, सुपरिचित; *v.t.* सूचना देना, सूचित करना
**intimation** *n.* सन्देश, सूचना*
**intimidate** *v.t.* डराना, धमकाना

intimidation *n.* धमकी*, डांट*
intimidator *n.* धमकाने वाला
into *prep.* भीतर, में
intolerable असह्य, न सहने योग्य
intoxicant *n. & a.* उन्माद लानेवाला, मादक, नशा
intoxicate *v.t.* मदिरा से उन्मत्त करना, मतवाला बनाना
intoxication *n.* उन्माद, नशा
intrench *v.t.* खाई बनाना
intrepid *a.* वीर, निडर, साहसी
intrigue *v.t.* साज़िश करना; *n.* साज़िश, षड्यन्त्र
intriguer *n.* साज़िश करनेवाला, षड्यंत्रकारी
intrinsic *a.* स्वाभाविक, वास्तविक
introduce *v.t.* प्रवेश करना, लाना, परिचय कराना, आरम्भ करना, उत्पन्न करना
introduction *n.* परिचय, प्रस्तावना*
introductory *a.* परिचय संबंधी, आरम्भिक, प्रस्तावना का
introspect *v.i.* अन्तर्दृष्टि डालना, आत्मपरीक्षण करना, भीतर देखना
introspection *n.* आत्मपरीक्षण
intrude *v.t. & i.* घुस पड़ना, बिना अधिकार के प्रवेश करना
intrusion *n.* बिना आज्ञा प्रवेश, अनुचित हस्तक्षेप
intrusive *a.* बिना अधिकार के प्रवेश करने वाला
intuition *n.* अन्तर्ज्ञान, सहज ज्ञान
intuitive *a.* अन्तर्ज्ञान से प्राप्त
invade *v.t.* चढ़ाई करना, लंघन करना
invalid *n.* अशक्त, अपाहिज
invalid *a.* दुर्बल, अशक्त, नियम-विरुद्ध
invalidate *v.t.* शक्ति कम करना, रद्द करना
invaluable *a.* बहुमूल्य, अनमोल
invasion *n.* आक्रमण, धावा
invective *n.* आक्षेप, गाली*, फटकार*
invent *v.t.* कल्पना करना, आविष्कार करना, मनगढ़न्त करना
invention *n.* ईजाद*, कल्पना*, आविष्कार
inventive *a.* कल्पनाचतुर, आविष्कार-कुशल
inventor *n.* (*fem.* inventress) आविष्कारक
invert *v.t.* उलटना क्रम बदलना
invest *v.t.* घेरना, लाभ के लिए धन लगाना, पद पर नियुक्त करना
investiture *n.* अधिकार देने

का संस्कार
investigate *v.i.* पता लगाना, जांच करना
investigation *n.* खोज*, जांच*
investment *n.* घिराव, धन लगाना, धन का विनियोग
invigilate *v.t.* परीक्षा में विद्यार्थियों की निगरानी करना
invigilation *n.* परीक्षा में निगरानी*
invigilator *n.* निरीक्षक
invincibility *n.* अजेयता*
invincible *a.* न जीते जाने योग्य, अजेय
inviolable *a.* भ्रष्ट न करने योग्य, पवित्र
inviolably *adv.* पवित्रता से
invisible *a.* अदृश्य
invitation *n.* निमन्त्रण, बुलावा
invite *v.t.* मांगना, निमन्त्रण देना, आकर्षित करना
invoice *n.* बीजक, चलान
invoke *v.t.* अभिमन्त्रित करना, रक्षा के लिए ईश्वर से स्तुति करना
involve *v.t.* फंसाना, संयुक्त करना, मिलाना, लपेटना
inwards *adv.* भीतरी ओर
irate *a.* क्रुद्ध
क्रोध, रोष
*a.* आयर्लैंड देश का,
की भाषा
irksome *a.* क्लेश देनेवाला, दु:खदायी
iron *n.* लोहा, इस्त्री करने का लोहा, (ब० व०) हथकड़ी*, बेड़ी*; *a.* लोहे का, पुष्ट; *v.t.* लोहा देकर चिकनाना या इस्त्री करना, हथकड़ी लगाना; to have too many irons in the fire अनेक कार्यों में लीन होना; to rule with a rod of iron निर्दयता से राज्य करना; to strike while the iron is hot उचित समय पर काम करना
ironical *a.* ताने का, व्यंगात्मक
irony *n.* व्यंगोक्ति*, ताना, व्यंग्य
irradiate *v.i. & t.* चमकना
irrational *a.* विवेकरहित, तर्कहीन
irreconcilable *a.* असंगत, बेमेल, कट्टर दुश्मन, कट्टर विरोधी
irrefutable *a.* अखंडनीय
irregular *a.* नियम-विरुद्ध, बेडौल, टेढ़ा, मर्यादाहीन, अनियमित, अस्थायी (सेना)*
irregularity *n.* अव्यवस्था*, विषमता*, अनियम
irrelevant *a.* असंगत
irrespective *a.* बिना आक्षेप का, पृथक्

irresponsible a. अनुत्तरदायी

irrigate v.t. भूमि को जल से सींचना

irrigation n. सिंचाई*

irritable a. शीघ्र क्रुद्ध होने वाला, चिड़चिड़ा

irritant a. उत्तेजित करनेवाला

irritate v.t. क्रुद्ध करना, चिढ़ाना, कुढ़ाना, उत्तेजित करना

irritation n. संताप, आवेग

irruption n. विस्फोट, आक्रमण, चढ़ाई*

island n. द्वीप, टापू

isobar n. समदाब रेखा*, समपीड रेखा*

isolate v.t. अलग रखना

isolation n. अलग होने की स्थिति*, पृथक्करण

issue v.i. & t. बाहर आना, निकलना, आगे बढ़ना, बहना, प्रकाशित करना, अधिकार से देना; n. सन्तति*, निर्गम, वादविषय, प्रकाशन

Italian a. इटली देश का, इस देश की भाषा*

italics n. pl. छापे के अक्षर जो दाहिनी ओर झुके होते हैं, तिरछे अक्षर

item n. विषय, वस्तु*, मद*

itinerary n. यात्रा का विवरण

ivory n. हाथीदांत; a. हाथीदांत का बना हुआ

# J

jab v.t. (p.t. jabbed) भोंकना, घुसाना

jabber v.i. बन्दर की तरह बड़-बड़ाना

jack n. 'जॉन' का प्रचलित रूप, दुष्ट, ताश में का गुलाम, भारी बोझ उठाने का यन्त्र, गधा, जहाज की झंडी*, कटहल

jack-boots n. pl. घुटने तक के जूते

jackal n. सियार

jacket n. जैकेट, मिरज़ई*, बंडी*, बाहरी ढपना

jade n. मरियल घोड़ा; v.t. थकाना

jail n. जेल*, बन्दीगृह, कैदखाना

jailer n. जेलर, बन्दीगृह का अध्यक्ष

jam n. मुरब्बा, मीठा अचार; v.t. (p.t. jammed) कसकर दबाना या निचोड़ना

January n. जनवरी

Japan n. जापान, जापान की बनी हुई एक प्रकार की कड़ी

वार्निश; *v.t.* ऐसी वार्निश करना

jar *v.i.* (*p.t.* jarred) घड़घड़ाहट का शब्द करना, झगड़ना; *n.* कर्कश शब्द, मिट्टी या कांच का घड़ा, जार

jargon *n.* निरर्थक बकवाद*, बड़बड़ाहट*

jasmine (jessamine) *n.* चमेली*, बेला*

jasper *n.* सूर्यकान्त मणि*

jaundice *n.* पाण्डु (कमला) रोग

javelin *n.* भाला, बरछी*

jaw *n.* जबड़ा; (ब० व०) मुख

jealous *a* ईर्षालु, डाह करने वाला

jealously *adv.* ईर्ष्या से

jealousy *n.* डाह*, ईर्ष्या*

jean *n.* जीन नामक कपड़ा

jelly *n.* (*pl.* jellies) मुरब्बा, मीठी चटनी; *v.t. & i.* जमाना, जमना

jeopardize *v.t.* आपत्ति में डालना

jerk *n.* धक्का, झटका

jerkin *n.* जरकिन, कुरती*, मिरज़ई*

jerky *a.* धक्का देनेवाला

jersey *n.* जरसी, शरीर में चिपकी हुई ऊनी बंडी*

jest *n* हंसी, ठट्ठा; *v.t.* हंसी करना

jet *n.* संगमूसा, जल या गैस की धारा, फौवारा, टोंटी; jet black चमकीले काले रंग का

Jew *n.* (*fem.* Jewess) यहूदी जाति का मनुष्य; Jew's-harp मुरचंग

jewel *n.* मणि*, रत्न; *v.t.* रत्न-जटित करना

jeweller *n.* जौहरी

jewellery *n.* जवाहिरात

Jewish *a.* यहूदियों का

jilt *n.* दुष्ट स्त्री*; *v.t.* प्रेमी को आश्वासन देकर तिरस्कार करना

jingle *n.* टनटनाहट*; *v.i.* टन-टन शब्द करना

job *n.* सामान्य या छोटा काम, अवस्था; *v.i.* (*p.t.* jobbed) छोटा काम करना

jobber *n.* छोटा काम करनेवाला

jobbery *n.* बेईमानी स्वार्थ-साधन, घूसखोरी

job-work *n.* हलका काम, ठेके का काम

jockey *n.* घुड़दौड़ का सवार; *v.t.* ठगना, धोखा देना

jocular *a.* रसिक, ठिठोलिया

jog *v.t. & i.* (*p.t.* jogged) हिलाना, ढकेलना, उत्तेजित करना, धीरे से आगे बढ़ना

join *v.t. & i.* जोड़ना, बांधना, मिलाना, साटना, साथ होना

joiner *n.* बढ़ई
joint *n.* जोड़; *a.* संयुक्त; joint-stock साझे की पूंजी*
jointly *adv.* एक साथ काम करते हुए
joke *n.* हंसी*, ठट्ठा; *v.i.* हंसी-ठट्ठा करना
joker *n.* ठिठोलिया, मसखरा
jolly *a.* विनोदी, रसिक
jolt *n.* झटका; *v.t.* झटका, देना, हिलाना
jostle *v.t.* धक्का देना, ढकेलना; *n.* धक्का, झटका
jot *n.* कण, अति सूक्ष्म परिमाण या मात्रा; *v.t.* (*p.t.* jotted) यादगार के लिए संक्षेप में लिखना
journal *n.* दैनिक पत्र, बही-खाता, रोजनामचा
journalism *n.* पत्रकारिता*
journalist *n.* पत्रकार
journey *n.* (*pl.* journeys) देश-भ्रमण, यात्रा; *v.i.* (*p.t.* journeyed) यात्रा करना
jovial *a.* प्रसन्न
joviality *n.* आनन्द, प्रसन्नता*
joy *n.* आनन्द, हर्ष
joyful, joyous *a.* आनन्दपूर्ण, हर्षित
joyously *adv.* आनन्द से
jubilance *n.* परमानन्द
jubilant *a.* आनन्द करनेवाला
jubilate *v.i.* परम आनन्द दिखाना या मनाना
jubilation *n.* आनन्द-नाद
jubilee *n.* जयंती*; diamond-jubilee हीरक जयंती
judge *v.t. & i.* न्याय करना, राय बनाना निश्चय करना, अनुमान करना, आलोचना करना; *n.* जज, न्यायाधीश
judgment *n.* न्यायाधीश का निर्णय, दण्ड की आज्ञा, अनुमान, विचार; judgment-day प्रलय का दिन; judgment seat धर्मासन
judicature *n.* न्याय का अधिकार, न्यायालय
judicial *a.* न्याय-सम्बन्धी
judicious *a.* न्याययुक्त, उचित
jug *n.* जलपात्र, घड़ा, सुराही; *v.t.* (*p.t.* jugged) घड़े में उबालना
juggle *v.i.* बाज़ीगरी दिखाना
juggler *n.* बाज़ीगर
jugglery *n.* बाज़ीगरी*
juice *n.* रस, अर्क
July *n.* जुलाई
jumble *v.t.* बिना क्रम के मिलाना या रखना; *n.* गड़बड़, मेल, गड़बड़ी*
jump *v.i* कूदना, उछलना; *n.* कुदान, छलांग*, एकाएक दाम की वृद्धि; to jump out of

one's skin भय या आनन्द
से उछल पड़ना

junction *n.* जंकशन, संगम,
सन्धि*, रेलवे की लाइनों का
मेल

juncture *n.* उचित वेला या
समय

June *n.* जून

jungle *n.* जंगल, वन

junior *a.* आयु या पद में छोटा

juniority *n.* छोटापन

junk *n.* कूड़ा-कर्कट

Jupiter *n.* रोम के देवराज
बृहस्पति

jurisdiction *n.* अधिकारक्षेत्र

jurisprudence *n.* न्यायशास्त्र

jurist *n.* न्यायज्ञ

juror *n.* जूरियों में से एक व्यक्ति

jury *n.* जूरी, पंच

juryman *n.* पंचों में से एक

just *a.* सच्चा, धार्मिक, यथार्थ,
निष्पक्ष, नियमित, उचित;
just now अभी

justice *n.* न्याय, सत्यता*,
अपक्षपात, न्यायाधिपति; to
do justice to किसी को
अधिकार देना, सचाई का
व्यवहार करना, पूरी तरह से
आनन्द लेना

justifiable *a.* न्यायोचित

justification *n.* दोषमुक्ति*,
समर्थन

justify *v.t.* (*p.t.* justified)
न्याय्य ठहराना, निर्दोष
बतलाना, उचित कारण
बतलाना

justly *adv.* न्यायपूर्वक

jute *n.* जूट, पटुआ

juvenile *a.* यौवन-सम्बन्धी,
बालकपन का

juvenility *n.* नौजवानी*,
बालपन

## K

Kaiser *n.* जर्मनी के राजा की
उपाधि*

kaleidoscope *n.* बहुरूपदर्शक

kaleidoscopic *a.* सर्वदा
बदलनेवाला

kangaroo *n.* कंगारू

keen *a.* चोखा, पुष्ट, कड़ुवा,
उत्कट, उत्सुक

keen *v.i.* मृतक के लिए विलाप
करना

keenness *n.* उत्सुकता*

keep *v.t. & i.* (*p.t. & p.p.*
kept) पकड़ना, सुरक्षित
रखना, यत्न करना, रक्षा

करना, रखना, उत्सव मनाना; to keep an eye on नज़र रखना; to keep company with साथ देना; to keep one's word प्रतिज्ञा पालन करना; to keep under अधीन रखना; to keep up स्थापित रखना, गिरने से रोकना

**keeper** *n.* रखनेवाला, रक्षा करने वाला

**kerchief** *n.* रूमाल

**kernel** *n.* गुद्दा, गरी, तत्त्व, सार

**kerosene** *n.* किरोसीन, मिट्टी का तेल

**kettle** *n.* देगची*, पतीली*, केतली*

**key** *n.* (*pl.* keys) ताली*, कुंजी*, व्याख्या*, टीका*, बाजे का पर्दा

**key** *n.* नीचा टापू

**keyboard** *n.* की-बोर्ड, बाजे या टाइप-राइटर इ० में हाथ से दबाने के पर्दे

**key-note** *n.* प्रधान राग

**keystone** *n.* कमान (मेहराब) के बीच की ईंट या पत्थर, प्रधान सिद्धांत

**kick** *v.t.* लात मारना, पर झटकारना; *n.* लत्ती, पर की फटकार

**kid** *n.* बकरी का बच्चा, इसकी खाल का चमड़ा, बच्चा

**kiddy** *n.* छोटा बच्चा

**kidnap** *v.t.* (*p.t.* kidnapped) चोरी से किसी मनुष्य को भगा ले जाना

**kidnapper** *n.* चोरी से भगा ले जानेवाला, उठाईगीर

**kidney** *n.* गुर्दा

**kidney bean** *n.* एक प्रकार की सेम*, मूंग*

**kill** *v.t.* मार डालना, नष्ट करना; to kill two birds with one stone एक पंथ दो काज

**kiln** *n.* भट्ठी*, आवां

**kilo** *n.* मेट्रिक नाप में 'एक हज़ार' के लिए उपसर्ग

**kind** *a.* दयालु, सदय, समवेदना-पूर्ण; *n.* जाति*, रीति*, प्रकृति*, प्रकार; payment in kind रुपयों के बदले माल द्वारा भुगतान

**kindergarten** *n.* किंडरगार्टेन, बालकनजीबारी

**kindle** *v.t.* आग सुलगाना, प्रज्वलित करना, उत्तेजित करना

**king** *n.* (*fem.* queen) भूपति; राजा; king of kings ईश्वर; king of terror यम

**kingdom** *n.* राज्य

kinship *n.* रक्त-संबंध

kiss *v.t.* चूमना, लाड़ करना; to kiss the book बाइबिल चूमकर शपथ खाना; to kiss the ground दण्डवत् करना; to kiss the rod विनीत भाव से दण्ड स्वीकार करना

kit *n.* सिपाही या मल्लाह की सामग्री का झोला, चिकारा, सारंगी*

kitchen *n.* रसोईघर, पाकगृह; kitchen-garden फल या तरकारी का बगीचा; kitchen maid रसोईघर की दासी*

kite *n.* चील*, पतंग*, गुड्डी*, कनकैया*; kite balloon जमीन में बंधा हुआ गुब्बारा

kith *n.* जान-पहिचान संबंधी

kitten *n.* बिल्ली का बच्चा

kittle *a.* शान्त न करके योग्य, दुराराध्य

kitty *n.* बिल्ली का बच्चा

knee *n.* घुटना; to bring one to his knees अधीन करना; knee-deep घुटने तक गहरा

kneel *v.i.* (*p.t.* & *p.p.* knelt) घुटना टेकना

knife *n.* (*pl.* knives) छुरी*, चाकू; *v.t.* छुरी भोंककर मारना; to play a good knife and fork पेट-भर भोजन करना

knight *n.* योद्धा, शूरवीर, अंग्रेजी सर की उपाधि, शतरंज के खेल में 'वज़ीर'; *v.t.* नाइट की पदवी देना

knight-errant (*pl.* knights-errant) *n.* साहसिक कार्य की खोज में घूमनेवाला वीर; knight-errantry; *n.* इस प्रकार की वीरता*

knighthood *n.* नाइट की पदवी*

knightly *a.* नाइट् सम्बन्धी

knit *v.t.* (*p.t.* knitted, knit) बुनना, जोड़ना, मिलाना; knitting needle; जाली बुनने की सलाई या सूई; to knit one's brows भौंह सिकोड़ना

knock *v.t.* & *i.* दस्तक देना, धक्का देना, खटखटाना, घूमना; *n.* धक्का, खटखटाहट*, दस्तक*; to knock about रुखाई से व्यवहार करना, बेकार घूमना; to knock down मारकर गिरा देना; to knock off काम रोक देना, जल्दी से पूरा करना; to knock out पीटना; to knock together जल्दी से मिला देना; to knock under अधीन होना; to knock up जगाना

**knot** *n.* गांठ*, गुच्छा, वृक्ष-संधि*, कठिनाई*, मण्डली*, 6080 फुट की नाप; *v.t.* (*p.t.* knotted) गांठ बांधना; to cut the knot कठिनता को जीतना

**know** *v.t.* & *i.* (*p.t.* knew, *p.p.* known) सूचित होना, जानना, समझना, पहिचानना, परिचित होना

**knowledge** *n.* ज्ञान, बोध, विद्या*, परिचय

**kodak** *n.* कोडक, फोटो उतारने का छोटा कैमरा

**kudos** *n.* कीर्ति*, यश

# L

**label** *n.* लेबुल, नामपत्र; *v.t.* (*p.t.* labelled) नामपत्र या चिप्पी चिपकाना

**labial** *a.* ओष्ठ-सम्बन्धी; *n.* ओठ से उच्चारित अक्षर की ध्वनि*

**laboratory** *n.* (*pl.* laboratories) प्रयोगशाला*

**laborious** *a.* परिश्रमी, थकाने वाला

**laboriously** *adv.* श्रम से, उद्योग से

**labour** *v.i.* परिश्रम करना, कठोर श्रम करना, प्रयत्न करना; *n.* परिश्रम, उद्योग, व्यापार, प्रसव-वेदना; labour party श्रमिकों का दल, मजदूर दल, ब्रिटेन के मजदूर दल का नाम

**labour welfare work** *a.* श्रमिक-कल्याण-कार्य

**laboured** *a.* असरल, कृत्रिम

**labourer** *n.* श्रमिक, मजदूर

**labourite** *n.* लेबर पार्टी का सदस्य

**labyrinth** *n.* भूलभुलैया* भंवरजाल

**lac** *n.* लाह, लाख (संख्या*)

**lace** *n.* फीता, लेस, बिनी हुई डोरी*; *v.t.* फीते से बांधना, सजाना; lace pillow तकिया जिस पर आलपीन गाड़कर लैस बनाई जाती है

**lack** *n.* कमी*; *v.i.* & *t.* कमी होना, चाहना, छोड़ना

**lackey** *n.* (*pl.* lackeys) अनुचर, टहलुआ

**lack-lustre** *a.* मन्द, बिना चमक का

**laconic** *a.* अल्प, संक्षेप

lacuna *n.* (*pl.* lacunae) अन्तराल, शून्य स्थान
lad *n.* (*fem.* lass) बालक, छोकरा
ladder *n.* सीढ़ी
lade *v.t.* (*p.p.* laden) भार रखना, जहाज़ पर बोझ लादना
lady *n.* (*pl.* ladies) कुलस्त्री*, भद्र महिला*, घर की मालकिन*; lady-in-waiting रानी* की दासी*
lag *v.i.* (*p.t.* lagged) धीरे चलना, पिछड़ जाना
lake *n.* झील*, सरोवर; *n.* एक प्रकार का गुलाबी रंग; lake poets इंगलैंड के तीन प्रधान कवि कोलरिज, सदी तथा वर्डस्वर्थ इस नाम से पुकारे जाते हैं
Lama *n.* लामा, तिब्बत के बौद्ध भिक्षु
lamasery *n.* तिब्बत के बौद्ध भिक्षुओं का मठ
lamb *n.* भेड़ का बच्चा, मेमना; like a lamb नम्रता से; a wolf in lamb's skin धूर्त मनुष्य
lame *a.* लंगड़ा, असन्तोषजनक, अपूर्ण; *v.t.* लंगड़ा करना
lament *v.i.* विलाप करना, रोना; *n.* विलाप
lamentable *a.* दुःखी, शोचनीय
lamentation *n.* विलाप, रुलाई*
lamp *n.* लम्प, दीपक; lamp-black कालिख, काजल; lamplighter लम्प जलाने वाला; lamp-post बिजली का खम्भा; spirit lamp स्पिरिट से जलने का चूल्हा
lampoon *n.* निन्दालेख, आक्षेप; *v.t.* निन्दालेख लिखना
lance *n.* बरछा, बल्लम; *v.t.* भाला भोंकना, नश्तर लगाना
lancer *n.* बल्लमधारी सैनिक
land *n.* स्थल, भूमि*, पृथ्वी*, राष्ट्र, देश; *v.t. & i.* तीर पर रखना, भूमि पर उतरना; arable land जोतने की भूमि*; land of the living संसारी जीवन
landing *n.* भूमि पर उतार
landlord *n.* (*fem.* landlady) जमींदार, ताल्लुकेदार
landmark *n.* सीमाचिह्न
landscape *n.* नयन-गोचर प्रदेश, ऐसे स्थान का चित्र, प्राकृतिक दृश्य
lane *n.* संकरी गली*
language *n.* भाषा*, बोली*, बोलने का ढंग; dead language प्राचीन भाषा जो अब बोली नहीं जाती
languish *v.i.* शिथिल होना,

दुर्बल होना, मन्द होना
lanky *a.* (*comp.* lankier *sup.* lankiest) भद्दा, दुबला और लम्बा (मनुष्य)
lantern *a.* लालटेन, कण्डील; chinese lantern कागज़ की लालटेन, कण्डील; magic lantern एक प्रकार की लालटेन जिसमें रक्खे हुए कांच के छोटे चित्र का बड़ा प्रति-बिम्ब पर्दे पर पड़ता है, माया-दीप, चित्र-दीप
lap *n.* अंचल, गोद, पल्ला, किनारा; lap-dog एक प्रकार का छोटा कुत्ता
lapse *v.i.* सरकना, घसकना; *n.* पतन, गिराव, चूक*, lapse of time समय का बीतना
lapwing *n.* टिटिहरी*
large *a.* बड़ा, भारी, चौड़ा, विपुल, उदार; at large स्वतंत्र, मुक्त; gentleman at large बेकार मनुष्य; of large nature दयालु; people at large सामान्य लोग
largely *adv.* अधिक परिमाण में
lark *n.* भारद्वाज पक्षी, लवा
lascivious *a.* कामुक
lash *v.t.* & *i.* हिलाना, हिलना, जोर से मारना; *n.* चाबुक की मार*
lass *n.* (*mas.* lad) कन्या*, कुमारी*
lassie *n.* कुमारी* के लिए प्रेम का शब्द
last *v.i.* & *t.* टिकना, सहना; *n.* जूता बनाने का फर्मा; *a.* & *adv* अन्तिम; last thing to do पक्का इरादा; to breathe one's last अन्तिम श्वास लेना, मरना; will last two weeks दो सप्ताह चल जाएगा
lasting *a.* स्थायी, देर तक ठहरनेवाला
lastly *adv.* अन्त में
latch *n.* अगड़ी*, सिटकिनी*; *v.t.* अगड़ी या सिटकिनी से बन्द करना
latchet *n.* जूता बांधने का तस्मा या फ़ीता
late *a.* (*comp.* latter, later, *sup.* latest, last) विलम्ब से आया हुआ, पीछे का, बहुत दिन या रात चढ़े, गत, मृत; *adv.* अचिरकाल से, थोड़े दिन हुए
lately *adv.* थोड़े दिन हुए
latent *a.* अप्रत्यक्ष, गुप्त, छिपा हुआ
later *a.* उत्तरकाल का, बाद का
lathe *n.* खराद
lather *n.* साबुन का फेन या झाग; *v.i.* & *t.* फेन से भरना,

झागदार होना

Latin *a.* प्राचीन रोमवासी संबंधी, रोम की भाषा

Latinize *v.t.* शब्दों में रोम की भाषा का रूपान्तर करना

latitude *n.* चौड़ाई*, विस्तार, स्वतन्त्रता*, अक्षांश

latitudinal *a.* अक्षांश-संबंधी

latrine *n.* टट्टी*, संडास, शोचालय

latter *a.* पिछला

lattice *n.* जाली*, झंझरी*

laud *v.t.* प्रशंसा करना, गुण वर्णन करना; *n.* प्रशंसा*, स्तुति*

laudable *a.* सराहने योग्य

laugh *v.t. & i.* हंसना, हंसी उड़ाना; *n.* हंसी*, मुसकुराहट*; to laugh at हंसी उड़ाना; to laugh away किसी विषय को हंसकर उड़ा देना; to laugh down हंसकर चुप करा देना; to laugh in one's sleeve गुप्त रूप से प्रसन्न होना; to laugh off हंसकर समाप्त करना; to laugh over हंस-हंसकर शास्त्रार्थ करना

laughable *a.* हंसाने योग्य, हंसने योग्य, हास्यकर

laughing *n. & a.* हंसी, हंसने वाला

laughter *n.* हंसी*, खिलखिलाहट*

launch *v.t. & i.* पानी में सरकना या डालना, फेंकना, चालू करना; *n.* नए जहाज़ को पानी में उतारना, लड़ाई के जहाज़ की सबसे बड़ी नाव*

launder *v.t.* धोना और लोहा करना

launderer *n.* धोबी

laundress *n. fem.* धोबिन*

laundry *n.* लॉण्ड्री, कपड़ा धोने का स्थान

laurel *n.* चमकदार पत्तियों का एक पौधा, जयपत्र

lava *n.* लावा, भूराल, ज्वालामुखी पर्वत से निकलने वाला पिघला हुआ पदार्थ

lavatory *n.* शौचालय टट्टीघर

lavish *a.* अतिव्ययी, खर्चीला, शाहखर्च; *v.t.* व्यर्थ खर्च करना (उड़ाना)

law *n.* क़ानून, आचार, शासन, नियम, विधि*, सिद्धान्त; law-suit अभियोग, नालिश, मुकदमा; code of laws धर्मशास्त्र; versed in law विधि में प्रवीण; to go to law अभियोग करना; to take law into one's own hands शक्ति द्वारा बदला लेना

lawful *a.* शास्त्रोक्त, स्वत्व का; lawful age प्राप्त वय
lawgiver *n.* शास्त्रकार, विधि बनानेवाला
lawless *a.* नियम-विरुद्ध
lawn *n.* महीन मलमल, घास का मैदान, लॉन; lawn tennis लॉन टेनिस, घास पर खेलने का एक प्रकार का गेंद का खेल
lawyer *n.* वकील, मुख़्तार
lax *a.* शिथिल, भ्रष्टचरित
laxative *a.* पेट को मृदु करने वाली या जुलाब की दवा
laxity *n.* शिथिलता*, ढीलापन
lay *v.t.* (*p.t.* laid, *p.p.* lain) रखना, लिटाना, दांव लगाना, अंडा देना, गाड़ना; to lay bare प्रगट करना, पता लगाना; to lay by संचित करना; to lay down भूमि पर रखना; to lay hands on पकड़ना, अधिकार में करना; to lay in wait घात में रहना; to lay out व्यय करना; to lay up सुरक्षित करना, अलग रखना, जमा करना; to lay waste नष्ट करना
lay *a.* अव्यावसायिक, जनसाधारण का
layer *n.* परत*, तह*
layman *n.* अविज्ञ जन, साधारण आदमी
lazily *adv.* सुस्ती से
laziness *n.* आलस्य
lazy *a.* (*comp* lazier, *sup.* laziest) आलसी, अनुद्योगी काहिल, सुस्त
lead *n.* सीसा, पेंसिल में का भीतरी लिखनेवाला भाग; red lead सिन्दूर; white lead सफ़ेदा
lead *v.t.* & *i.* (*p.t.* & *p.p.* led) मार्ग दिखलाना, नेतृत्व करना; *n.* नायकत्व, रहनुमाई*; to lead astray बहकाना; to lead on ललचाना
leaden *a.* भारी, सीसे का
leader *n.* लीडर, नेता, अग्रलेख; leader of the house सभाग्रणी; leader of opposition विरोधी दल का नेता
leading *a.* प्रधान, मुख्य
leaf *n.* (*pl.* leaves) पत्ता, पत्ती*, वर्क; to turn over a new leaf सुधरना
leafage *n.* पत्तियां*
leaflet *n.* छोटी पत्ती*, पर्चा
leafy *a.* पत्तियों से पूर्ण
league, *n.* संघटन, गुट्ट, तीन मील का नाप

leak *n.* छेद, दरार*; *v.i. & t.* छेद में से टपकना या चूना या टपकाना
leakage *n.* टपक, रसाव, रहस्योद्घाटन
lean *a.* कृश, दुर्बल; *v.t.* झुकाना, सहारा देना, टेकना
leap *v.i.* (*p.t.* leaped or leapt) उछलना, कूदना; *n.* छलांग*, कुदान*; leap-year वह साल जिसमें फरवरी महीने में 29 दिन होते हैं
learn *v.i.* (*p.t.* learned, learnt) विद्या, बुद्धि या अनुभव प्राप्त करना; to learn by heart कंठस्थ करना
learned *a.* विद्वान
learner *n.* शिक्षार्थी, नवसिखुआ
learning *n.* विद्या*, पाण्डित्य
lease *n.* पट्टा; *v.t.* पट्टा लेना या देना
lease-holder *n.* पट्टेदार
least *a.* (*sup.* of less) सबसे छोटा; at least कम से कम; in the least किंचितमात्र भी
leather *n.* पशु का कमाया हुआ चमड़ा
leave *v.t.* (*p.t. & p.p.* left) रहने देना, छोड़ना, चले जाना, छोड़कर मरना; *n.* अवकाश, छुट्टी*, प्रस्थान, विदाई*, आज्ञा*; to take leave of विदाई लेना; to leave off त्यागना, छोड़ना
lecture *n.* व्याख्यान, उपदेश, *v.t.* व्याख्यान देना, डाटना
lecturer *n.* व्याख्यान देनेवाला, कॉलेज का अध्यापक
ledger *n.* बहीखाता, प्रपंजी*
leech *n.* चिकित्सक, वैद्य, जोंक*, *v.t.* घाव में जोंक लगाना
leek *n.* प्याज के प्रकार की एक वनस्पति
left (*p.t. & p.p.* of leave, left) *a.* बायां, (राज.) वामपंथी; left-hander बयंहत्था, फूहर; ~handed compliment व्याजनिन्दा
leftward *a.* बाइं ओर
leg *n.* पैर, टेबुल का पाया; to shake a leg नाचना; to take to one's legs भाग जाना; to stand on one's own legs अपनी कमाई का भरोसा करना
legacy *n.* मृत्यु-पत्र, बपौती
legal *a.* वैध, क़ानूनी
legality *n.* वैधानिकता
legalize *v.t.* वैध बनाना, क़ानूनी रूप देना
legate *n.* दूत, उपराजदूत
legatee *n.* उत्तराधिकारी

legation *n.* दूतावास
legend *n.* पौराणिक कथा*, उपाख्यान, दिव्य-चरित्र
legendary *a.* पौराणिक कथा सम्बन्धी
legible *a.* स्पष्ट अक्षर का, पढ़ने योग्य
legibly *adv..* स्पष्टता से
legion *n.* सेना*, लश्कर*
legislate *v.t.* विधान बनाना
legislation *n.* विधान
legislative *a.* विधान-संबंधी
legislator *n.* विधायक
legislature *n.* विधान सभा*
legitimacy *n.* वैधता*, सच्चाई*
legitimate *a.* न्याय्य, क़ानूनी
leisure *n.* अवकाश, छुट्टी; *a.* सावकाश, खाली
leisurely *a.* यथावकाश, धीरे-धीरे, आराम से
lemon *n.* नीबू
lemonade *n.* लेमनेड, नीबू का शर्बत
lend *v.t.* (*p.t.* & *p.p.* lent) उधार देना, किराए पर देना; to lend a hand सहायता देना
length *n.* लम्बान, फैलाव*, दूरी*; at length विस्तार-पूर्वक
lengthen *v.t.* बढ़ाना, लम्बा करना
lengthwise, (lengthways) *advs.* लम्बेबल
lengthy *a.* लम्बा
lenience, leniency *ns.* मृदुता*, कोमलता*, सदयता*, ढिलाई*
lenient *a.* मृदु, कोमल, दयालु
lens *n.* (*pl.* lenses) लेंस, शीशा, ताल
leopard *n.* चीता, तेंदुआ
leper *n.* कुष्ठ, रोगी, कोढ़ी
leperous, leprous *a.* कोढ़ रोग संबंधी
leprosy *n.* कुष्ठ, कोढ़*
less *a.* (*comp. of* little) अल्पतर, कमतर; *suf.* 'अभाव' अर्थ का प्रत्यय
lessee *n.* ठेकेदार, पट्टेदार
lessen *v.i.* & *t.* कम होना या करना
lesser *a.* दो पदार्थों में छोटा, कमतर, अल्पतर
lesson *n.* पाठ, शिक्षा*, उपदेश, उदाहरण, दण्ड; *v.t.* उपदेश देना
lest *conj.* नहीं तो, ऐसा न हो कि
let *v.t.* & *aux.* (*verb*) (*p.t.* & *p.p.* let) अनुमति देना, आज्ञा देना, छुट्टी देना, होने देना, किराए पर देना; to let किराए पर देना; to let alone मन पर छोड़

देना; to let down नीचा दिखाना, ढीलना; to let fall गिरने देना; to let go मुक्त करना; to let into प्रवेश करना; to let loose बंधन से मुक्त करना; to let out बाहर निकालना

let *suf.* अल्पार्थक प्रत्यय, यथा 'streamlet'

lethal *a.* घातक, जानलेवा

lethargic *a.* निद्रालु, सुस्त, भारी

lethargy *n.* आलस्य, तन्द्रा*

letter *n.* अक्षर, पत्र, चिट्ठी*; (ब०व०) साहित्य; *v.t.* पुस्तक पर नाम छापना या लिखना

level *n.* समतल; *a.* समतल, सपाट, चौरस; *v.t.* चौरस करना, चिकनाना, लक्ष्य करना

lever *n.* लीवर, उत्तोलनदण्ड, प्रभाव उत्पन्न करने का साधन

leverage *n.* लीवर के प्रयोग से प्राप्त शक्ति*

levy *v.t.* (*p.t.* levied) उठाना, कर लगाना; *n.* कर इकट्ठा करने की क्रिया उद्ग्रहण

lexicon *n.* शब्द-संग्रह, कोश

liabilities *n. pl.* ऋण

liability (*pl.* liabilities) दायित्व, देयता*

liable *a.* उत्तरदायी, जवाबदेह, अधीन

liar *n.* झूठा

liasion *n.* अवैध प्रेम, सम्पर्क, ~ officer सम्पर्क अधिकारी

libel *n.* निन्दालेख; *v.i.* (*p.t.* libelled) अपमान-सूचक शब्द व्यवहार करना

liberal *a.* उदार, स्वार्थहीन, शिष्ट, कुलीन

liberalism *n.* स्वतन्त्र विचार, उदारतावाद

liberality *n.* दानशीलता*, उदारता*, पक्षपातहीनता*

liberate *v.t.* मुक्त करना, स्वतन्त्र करना, छोड़ना, रिहा करना

liberation *n.* मुक्ति*, आज़ादी*

liberator *n.* मुक्ति दिलानेवाला

liberty *n. pl.* liberties) स्वाधीनता*, प्राकृतिक अधिकारों का स्वतन्त्र उपभोग, सुविधा*

librarian *n.* लाइब्रेरियन, पुस्तकालय का अध्यक्ष

library *n.* (*pl.* libraries) पुस्तकालय, पुस्तक-संग्रह; walking library बड़ा विद्वान मनुष्य

licence *n.* लैसन्स, आज्ञा*, अधिकार, दुराचार, नियम का उल्लंघन

license *v.t.* आज्ञा देना, अधिकार देना

licensee *n.* लैसन्सदार

**licentiate** *n.* विश्वविद्यालय से प्रमाण-पत्र पाया हुआ मनुष्य
**lick** *v.t.* जीभ से चाटना; *n.* चाटने की क्रिया; to lick one's shoes दासत्व दिखलाना; to lick the dust हार जाना
**lid** *n.* ढपना
**lie** *v.i.* (*p.t.* lay, *p.p.* lain) लेटना, विश्राम करना, पड़े रहना, अवस्थित होना; as far as in me lies यथा-शक्ति; to lie in ambush प्रतीक्षा करना
**lie** *n.* असत्य, झूठ; *v.i.* & *t.* (*p.t.* lied) झूठ बोलना
**lieu** *n.* स्थान, बदला; in lieu of बदले में
**lieutenant** *n.* लेफ्टिनेन्ट, प्रति-निधि; lieutenant-governor उपराज्यपाल
**life** *n.* (*pl.* lives) जीवन, प्राणधारण, चेतना*, आयुष्य, उत्साह
**life-belt** *n.* जीवन-रक्षक पेटी
**life-blood** n. जीवन के लिए आवश्यक रक्त
**life-boat** *n.* जीवन-नौका*
**life-guard** *n.* शरीर-रक्षक
**lifeless** *a.* निर्जीव
**life-like** *a.* जीवित-तुल्य
**lifelong** *adv.* जीवन-पर्यन्त; to bring to life मूर्च्छित को सचेत करना
**lift** *v t.* उठाना, उन्नति करना; *n.* लिफ्ट, उन्नति*, भार उठाने का यन्त्र; to lift up one's voice चिल्ला उठना
**light** *n.* प्रकाश, दीपक, ज्ञान, दृष्टि*; *v.t.* (*p.t.* lit *or* lighted) प्रकाश देना, जलाना; to come to light प्रकट होना the light of one's eyes पूजनीय व्यक्ति; to throw light upon समझाने में सहायता देना
**light** *a.* हल्का, अनावश्यक, मनोरम, सहज में पचन योग्य;
**lighthanded** *a.* सहज में काम करनेवाला; light-hearted प्रसन्नचित; light literature उपन्यास; light come light go जो सहज में प्राप्त होता है वह सहज में नष्ट होता है; light music सुगम संगीत
**lighten** *v.t.* & *i.* हल्का करना या होना
**lightly** *adv.* सहज में, बिना विचार के
**lightning** *n.* बिजली*
**like** *a.* (*comp.* more like, *sup.* most like) समान, सदृश, बराबर
**like** *v.i.* चाहना, इच्छा करना

likelihood, likeliness *ns.* सम्भावना*
likely *a.* & *adv.* (*comp.* & *sup.* with more & most) सम्भवतः, कदाचित्
liken *v.t.* सदृश करना, मिलाना
likeness *n.* समता*, चित्र
likewise *adv.* इसी रीति से
liking *n.* इच्छा*, रुचि*
lilac *n.* बकाइन का पेड़
lime *n.* चूना, लासा, जंभीरी नीबू; *v.t.* चूना फैलाना, लासे से पक्षी पकड़ना; lime-light गैस का तीव्र प्रकाश; lime-stone चूने का पत्थर
limit *n.* सीमा*, किनारा*, हद*; *v.t.* सीमा के भीतर बंद करना
limitable *a.* परिमित
limitation *n.* हद*, सीमा*
limited *a.* घिरा हुआ, संकुचित
limitless *a.* असीम
line *n.* रस्सी*, तागा, रेखा*, पंक्ति*, रुक्का, तार, पैदल सेना*; *v.t.* रेखा से अंकित करना
linen *n.* लिनन का कपड़ा, छालटी
liner *n.* अनेक जहाज़ों की पंक्ति में का एक जहाज़
linger *v.t.* विलम्ब करना, देर तक ठहरना
lingual *a.* जीभ संबंधी, भाषण या भाषा संबंधी
linguiform *a.* जीभ की शकल का
linguist *n.* अनेक भाषाओं में प्रवीण, बहुभाषी
linguistic *a.* भाषा या बहुभाषा संबंधी
lining *n.* कपड़े या बकस का अस्तर
link *n.* कड़ी*, संधि*, एक चैन का सोवां भाग (7·92 इंच), मशाल; *v.t.* मिलाना, जोड़ना
link-boy *n.* मशालची
lion *n.* (*fem.* lioness) सिंह, शेर; lion-hearted बड़ा वीर; lion's mouth भयंकर स्थिति; lion's share सर्वोत्तम भाग
lip *n.* ओंठ रद-पट, किनारा; *v.t.* (*p.t.* lipped) चूमना, बड़बड़ाना
liqueur *n.* मीठी सुगंधित मदिरा*
liquid *a.* तरल; *n.* द्रव, जल, रस
liquidate *v.t.* ऋणमुक्त करना, हिसाब बेबाक करना, (कम्पनी, फर्म आदि) बन्द करना
liquidity *n.* द्रवत्व
liquor *n.* तरल पदार्थ, मदिरा*

**list** *n*. सूची*; *v.t. & i.* इच्छा करना, सूची में नाम लिखना
**listen** *v.i.* ध्यान देकर सुनना, श्रवण करना
**listener** *n*. सुननेवाला, श्रोता
**listful** *a*. सावधान
**listless** *a*. असावधान
**literacy** *n*. पढ़ने-लिखने की योग्यता*, साक्षरता*
**literal** *a*. अक्षरशः; ठीक-ठीक, मूलार्थक
**literary** *a*. साहित्य-संबंधी
**literate** *a*. पढ़ा लिखा, पंडित, शिक्षित
**literature** *n*. साहित्य, शास्त्र-समूह
**lithograph** *v.t.* पत्थर के छापे से छापना; *n*. लिथोग्राफ
**lithographer** *n*. पत्थर के छापे से छापनेवाला
**lithography** *n*. लिथोग्राफी, पत्थर का छापा
**litigant** *n*. विवादी
**litigate** *v.t.* मुकदमा करना, अदालत लड़ना
**litigation** *n*. मुकदमेबाज़ी*
**litre** *n*. लिटर, प्राय: $1\frac{1}{2}$ पाइन्ट की तौल
**litter** *n*. भूसे का ढेर, कूड़ा-कर्कट, डोली*, टिखठी*, कुछ पशुओं के बच्चे; *v.t.* कूड़े से ढांपना, बच्चा देना
**little** *a*. (*comp*. less, lesser, *sup*. least) अल्प, छोटा, थोड़ा, छोटे कद का; little man लड़का, छोकरा; a little बहुत थोड़ा, थोड़ा-सा; little by little; थोड़ा-थोड़ा करके; little known अप्रसिद्ध
**live** *v.i. & t.* जीना, रहना, वसना, बिताना, चलाना
**live** *a*. सजीव, जीवित, शक्तिपूर्ण
**livelihood** *n*. जीविका*
**livelong** *a*. दीर्घकालिक
**lively** *a*. तीव्र, तीक्ष्ण, रोचक
**live-stock** *n*. पशु समुदाय
**liver** *n*. यकृत, जिगर
**living** *n. & a.* जीविका*, जीवित, समकालीन
**lizard** *n*. छिपकली*
**load** *n*. बोझ, माल, भार; *v.i.* लादना, बारूद, गोली इत्यादि भरना
**loadstone** *n*. चुम्बक
**loaf** *n*. (*pl*. loaves) पावरोटी*, कन्द (मिश्री) का पिण्ड; *v.i.* वृथा समय नष्ट करना
**loafer** *n*. उठाईगीर, आवारा, घुमक्कड़
**loam** *n*. चिकनी बलुई मिट्टी*
**loan** *n*. ऋण, उधार लिया हुआ धन; *v.t.* उधार देना

loath *a.* अनिच्छुक, विमुख
loathe *v.t.* नापसन्द करना, घृणा करना
loathing *n.* घृणा*
loathsome *a.* घृणित
lobby *n.* (*pl.* lobbies) लॉबी, सभाकक्ष, प्रकोष्ठ
local *n.* स्थानीय
locality *n.* स्थान, अवस्थिति*
localize *v.t.* किसी मुख्य स्थान में स्थिर करना
locate *v.t.* स्थापन करना, बैठाना, ठीक स्थान का पता लगाना
location *n.* स्थिति*, मौका
lock *n.* ताला, बन्दूक का घोड़ा, बांध, बालों की लट*; *v.t.* ताला लगाना, बन्द करना, आलिंगन करना
locker *n.* लॉकर, अलमारी*
locket *n.* लॉकेट, सोने या चांदी का कुंडा
lock-smith *n.* ताला बनाने या मरम्मत करनेवाला
lock-up *n.* बन्दीगृह, हिरासत*, हवालात*
locomotive *n.* लोकोमोटिव, चलित्र
locust *n.* टिड्डी*
lodestar *n.* ध्रुवतारा
lodge *n.* छोटा घर, समिति* (सभा*) स्थान; *v.t.* & *i.* बसना, स्थिर करना, टिकाना, सुरक्षित रखना, दायर करना
lodging *n.* निवासस्थान
loftiness *n.* ऊंचाई*, अभिमान
lofty *a.* (*comp.* loftier, *sup.* loftiest) ऊंचा, क्रोधी, घमंडी
log *n.* लकड़ी का कुन्दा, लट्ठा
logbook *n.* रोज़नामचा, कार्य-पंजी*
loggerhead *n.* मूर्ख, लंठ; to be at loggerheads with कलह करना
logic *n.* तर्कशास्त्र, न्यायशास्त्र, तर्क
logical *a.* तर्कसंगत, तर्कशास्त्र संबंधी, न्यायसिद्ध
logician *n.* नैयायिक तार्किक
loin *n.* कूल्हा, कमर*; to gird up the loins कमर कसना; loin-cloth कौपीन, लंगोटी*
loiter *v.i.* धीरे चलना, देर करना, टालमटोल करना
lone, lonely *a.* निर्जन, अकेला
loneliness *n.* निर्जनता*, अकेलापन
lonesome *a.* अकेला, मन्द
long *a.* लंबा, फैला हुआ, कठिन, भारी; longcloth लंकिलाट; in the long run अन्ततोगत्वा; longhand पूरे अक्षरों में (संकेतित से भिन्न) लिखावट; longheaded दूरदर्शी;

long-tongued बकवादी; the long and short of a matter किसी विषय का सारांश
long *v.t.* अत्यन्त अभिलाषा करना
longevity *n.* दीर्घायु
longing *n.* उत्कंठा*, लालसा*
longitude *n.* देशान्तर
look *v.t. & i.* देखना, आश्चर्य दिखलाना, ध्यान लगाना, मालूम होना, सामना करना; *n.* रूप, आकृति*, आभा*; to look about खोज में रहना; to look after ध्यान देना; to look ahead भविष्य विचारना; look before you leap बिना विचारे काम न करो; to look black क्रुद्ध आकृति धारण करना; to look down upon तिरस्कार करना; to look into पता लगाना; look sharp जल्दी करो
lookout *n.* (*pl.* lookouts) चौकसी*
loom *n.* करघा; *v.t.* अस्पष्ट देख पड़ना
loop *n.* फन्दा, गांठ*; *v.t.* फन्दा लगाना
loop-hole *n.* छिद्र, भागने का गुप्त मार्ग
loose *a.* ढीला, शिथिल. अनिश्चित, अबद्ध, अशुद्ध, दुराचारी; *v.t.* मुक्त करना, जाने देना
loosen *v.t. & i.* ढीला करना या होना
loot *n.* लूट का माल; *v.t.* लूटना
lop *v.t.* (*p.t.* lopped) डाल या शाखा काटना, कलम करना; *n.* कटाव, कलम; *v.i.* लटकना; lopsided एक ओर से दूसरी ओर भारी, एकअंगी, उलार
lord *n.* प्रभु, स्वामी, राजा, शासक, सामन्त, नवाब
lordly *a.* तेजस्वी, गर्वित
lordship *n.* नवाब का पद या महत्त्व
lorry *n.* (*pl.* lorries) लॉरी, बड़ी खुली गाड़ी*
lose *v.t. & i.* (*p.t. & p.p.* lost) त्यागना, छोड़ना, वंचित होना, खोना, नष्ट होना, असफल होना; to lose ground पीछे को हटाया जाना; to lose one's head घबड़ा जाना; to lose heart हतोत्साह होना; to lose one's temper क्रुद्ध होना, to lose one's way बहक

जाना, भटक जाना

**loser** n. हारनेवाला, खोनेवाला

**loss** n. हानि*, नाश, हार*, घाटा; to be at a loss घबड़ा जाना

**lot** n. भाग्य, अंश, भाग, चुनाव; a lot अधिक संख्या; to cast lots चिट्ठी गुट्टी डालना

**lotion** n. धोने की औषधि*, मलहम

**lottery** n. चिट्ठी डालकर बांटने की रीति*, लॉटरी

**lotus** n. कमल

**loud** a. बड़ी ध्वनि का, कोलाहल पूर्ण, दिखावा, भद्दा; loudspeaker लाउडस्पीकर, ध्वनि विस्तारक यंत्र

**lounge** v.t. & i. व्यर्थ समय नष्ट करना या घूमना; n. बैठक, एक प्रकार की आराम-कुर्सी*

**lovable** a. स्नेह के योग्य, चित्त आकर्षण करनेवाला

**love** v.t. प्रेम करना, बहुत चाहना; n. प्रेम, स्नेह, प्रेमपात्र

**lover** n. प्रेमी, प्रेमिका*

**lovely** a. सुन्दर, प्यारा

**loving** a. प्यारा

**low** a. (comp. lower, sup. lowest) नीचा, धीमा, भूमि के समीप का, तल के पास,

विनीत; lowborn नीच कुल का; low sound धीमा शब्द; to have low opinion of तुच्छ जानना; lowbred अशिष्ट व्यवहार का

**low** v.i. बैल की तरह डकारना

**lower** v.t. & i. विनीत करना, असम्मान करना, उतारना, दाम कम करना, उतरना

**lowering** a. & n. नीचा करने वाला, घटानेवाला, नीचा करने या घटाने की क्रिया

**lowland** n. समतल नीची भूमि*

**lowliness** n. विनय, नम्रता*

**lowly** a. विनीत, नम्र

**lowermost** a. सबसे नीचा

**loyal** a. देशभक्त, विश्वासी, राजभक्त

**loyalist** n. राजभक्त

**loyalty** n. राजभक्ति*

**lubricant** n. चिकनाने का मसाला, 'स्नेह द्रव्य'

**lubricate** v.t. तेल देकर चिकनाना

**lubricity** n. स्निग्धता*, चिकनापन

**lucent** a. प्रकाशमान

**lucerne** n. एक प्रकार की घास* जिसको पशु खाते हैं

**lucid** a. स्पष्ट अर्थ का, व्यक्त

**lucidity** n. स्पष्टता*

**luck** n. संयोग, भाग्य; good-

luck सौभाग्य; ill or bad luck दुर्भाग्य; to try one's luck साहस करना; as ill luck would have it दुर्भाग्य से
luckily *adv.* भाग्यवश
luckless *a.* अभागा, हतभाग्य
lucky *a.* (*comp.* luckier, *sup* luckiest) भाग्यवान, शुभ, मंगलकारी
lucrative *a.* लाभदायक, धन-दायक, फल देनेवाला
luggage *n.* यात्रा की गठरी*
lukewarm *a.* मन्दोष्ण, गुन-गुना, उदासीन
lull *v.t.* शान्त करना, गाकर सुनाना; *n.* शान्ति काल, मंदी*
lullaby *n.* (*pl.* lullabies) लोरी*
luminant *a.* & *n.* प्रकाश देनेवाला
luminary *n.* प्रकाशदायक पदार्थ, तारा, सूर्य, चन्द्रमा, अपूर्व बुद्धि का मनुष्य
luminous *a.* प्रकाशयुक्त, चम-कीला, स्पष्ट
lump *n.* पिण्ड, ढेर, सूजन*, *v.t.* ढेर करना
lunacy *n.* उन्माद, पागलपन
lunar *a.* चन्द्रमा-सम्बन्धी; lunar-month चान्द्रमास; lunar eclipse चन्द्रग्रहण
lunatic *n.* पागल मनुष्य; luna-tic asylum पागलखाना
lunch (-eon) *n* लंच, मध्याह्न का थोड़ा भोजन; *v.t.* भोजन करना
lung *n.* फुफ्फुस, फेफड़ा
lure *v.t.* फुसलाना, लुभाना; *n.* लालच, फुसलाहट*
lurid *a.* घोररूप, भयंकर, अन्धकारमय
lurk *v.i.* घात में रहना, भटकना
lush *a.* रसदार; *n.* मदिरा; *v.t.* खूब शराब पीना या पिलाना
lust *n.* उत्कट इच्छा* या अभि-लाषा*, कामवासना*; *v.t.* तीव्र लालसा करना
lustful *a.* लम्पट, कामातुर
lustre *n.* चमक*, शोभा*, तेज
lustrous *a* तेजस्वी, चमकीला
luxurious *a.* सुखभोगी, आनन्द-पूर्ण, विलासी, सुखकर
luxury *n.* (*pl.* luxuries) सुख, विलास, विशिष्ट भोजन वस्त्र इ०, (ब० व०) सुखकर या विलास की सामग्री*
lying *a.* लेटा हुआ
lynch *v.t.* बिना वैध निर्णय के मार डालना, वध करना
lyric *a.* बीन सम्बन्धी, गीतात्मक सुरीला; *n.* लिरिक, गीत

# M

macabre *a.* भयंकर

machine *n.* मशीन\*, यन्त्र,
इंजन, बिना समझे-बूझे काम
करनेवाला व्यक्ति; machine-
gun मशीनगन, चक्रतोप;
machine-man मशीनमैन,
यन्त्र पर काम करनेवाला
मनुष्य

machinery *n.* मशीनरी\*, यन्त्रों
का समूह, साधन

mad *a.* पागल, उन्मत्त, मूर्ख,
बौड़हा

madam *n.* (*mas.* sir) मादाम\*,
मैडम\*, महाशया\*, श्रीमती\*

madcap *n.* झक्की मनुष्य

madden *v.t.* पागल करना, क्रुद्ध
करना

mad-house *n.* पागलखाना

magazine *n.* शस्त्र, शस्त्रागार,
पत्रिका; magazine-gun
(rifle) बन्दूक या पिस्तौल
जिसमें अनेक कारतूस भरे
होते हैं जो पारी-पारी से छूट
सकते हैं

magic *n.* मन्त्र, जादू, भूत-
विद्या\*; black magic
हानिकारक जादू; white
magic लाभकर जादू; magic
lantern पर्दे पर बड़ा चित्र
दिखलाने की लालटेन\*, माया-
दीप, चित्रदीप

magical *a.* ऐन्द्रजालिक,
विलक्षण, जादू का

magician *n.* जादूगर

magisterial *a.* मजिस्ट्रेट-संबंधी,
दण्डाधीश-संबंधी

magistracy *n.* दण्डाधिकार,
मजिस्ट्रेट का पद, मजिस्ट्रेट
लोग

magistrate *n.* मजिस्ट्रेट, जिला-
धीश

magna charta *n.* इंगलैंड के
राजा जॉन का 1215 ई० का
प्रसिद्ध आज्ञापत्र, महाधिकार-
पत्र

magnate *n.* उच्च पदाधिकारी,
बड़ा रईस, बड़ा धनी

magnet *n.* चुम्बक

magnetic *a.* चुम्बक की शक्ति-
वाला

magnetism *n.* आकर्षण शक्ति\*

magnificent *a.* शोभायमान,
तेजस्वी, प्रतापी

magnify *v.t.* (*p.t.* magnified)
अधिक करना, बढ़ाना, अतिशय
वर्णन करना

magnitude *n.* परिमाण,
मात्रा\*, आकार, महत्त्व

magpie *n.* नीलकण्ठ पक्षी

mahogany *n.* महोगनी या

महार्घ नामक वृक्ष

maid *n.* (*mas.* bachelor)
कन्या*, कुमारी*, चेरी*;
maid of honour रानी*
(या राजकुमारी*) की अनु-
चरी* या दासी*; maid
servant दासी*, नौकरानी*

maiden *n.* कुमारी*, बालिका*,
नौकरानी*; *a.* प्रथम, पहिला,
प्रयोग में न लाया हुआ;
~ speech प्रथम भाषण

mail *n.* शरीरत्राण, कवच,
डाक का थैला, डाक विभाग;
*v.t.* डाक द्वारा चिट्ठी
इत्यादि भेजना

mail-coach *n.* डाक ले जाने
की गाड़ी*, या गाड़ी का डब्बा;
mail-train डाकगाड़ी

main *n.* शक्ति*, समुद्र, गैस या
पानी की प्रधान नली* अथवा
बिजली का तार; *a.* प्रधान,
मुख्य

mainland *n.* महाद्वीप, प्रधान
भूभाग, महादेश

mainly *adv.* प्रधान रूप से,
विशेष करके

main spring *n.* घड़ी की बड़ी
कमानी*

mainstay *n.* प्रधान आश्रय

maintain *v.t.* संभालना, पालन
करना, समर्थन करना, रक्षा
करना

maintenance *n.* जीविका*,
रक्षा*, निर्वाह

maize *n.* मकई, भुट्टा, मक्का

majestic ( -al) *a.* प्रभाव-
शाली, ऐश्वर्ययुक्त

majesty *n.* महिमा*, गौरव,
वैभव, राजत्व, महाराजा की
उपाधि*

major *a.* बड़ा प्रधान, प्राप्त-
वयस्क; *n.* सेना का अध्यक्ष

majority *n.* बहुमत, प्राप्त-
वयस्कता

make *v.t.* (*p.t.* & *p.p.*
made) निर्माण करना,
विवश करना, बनाना, तैयार
करना; *n.* आकार, रूप,
बनावट*; to make a
clean breast of बिना
छिपाए सब कह डालना; to
make a clean sweep of
पूरी तरह से हटाना; to
make after पीछा करना;
to make away with नाश
करना; to make believe
बहाना करना; to make
one's bread जीविका
कमाना; to make faces
मुंह बनाना, चिढ़ाना; to
make good पूरा करना;
to make off प्रस्थान करना;
to make up टोटा पूरा
करना; to make water

लघुशंका करना

maker *n.* बनानेवाला

makeshift *n.* क्षणिक उपयोग

making *n.* रचना*; बनावट*;

mal *pref.* 'बुरा, दुष्ट' के अर्थ के उपसर्ग

maladjustment *n.* कुप्रबंध, बुरी रीति*

maladministration *n.* कुशासन

malady *n.* ( *pl.* maladies) रोग, व्याधि*; बीमारी*

malaria *n.* मलेरिया, शीतज्वर, जूड़ी*;

malarial, malarious *a.* मलेरिया ज्वर सम्बन्धी

malcontent *a.* असन्तुष्ट

male *n.* पुरुष, नर

malicious *a.* द्रोही, दुष्टात्मा

malign *v.t.* कलंकित करना; *a.* अयोग्य, कष्टकर

malignancy *n.* द्रोह, कपट

malignant *a.* द्रोही, कपटी

mall *n.* माल (रोड), ठण्डी सड़क

mallard *n.* जंगली बत्तख

malnutrition *n.* कुपोषण, अपर्याप्त पोषण

malpractice *n.* कदाचार

malt *n.* माल्ट, जौ या अन्य अन्न जो मदिरा बनाने के लिए तैयार किया जाता है

Maltese *n. & a.* माल्टानिवासी, माल्टा का या सम्बन्धी

maltreatment *n.* बुरा व्यवहार, अपकार

mamma *n.* मां*; अम्मा*;

mammal *n.* अपने बच्चों को दूध पिलानेवाला प्राणी, स्तनधारी प्राणी

mammoth *a.* बहुत बड़ा, महान

man *n.* ( *pl.* men ) मानव, सयाना पुरुष, नर, नौकर, पति; *v.t.* ( *p.t.* manned ) सेना the innerman आत्मा*; man-at-arms सशस्त्र अश्वारोही सैनिक; man-child बालक; man in the street सामान्य मनुष्य

manage *v.t. & i.* व्यवस्था करना, प्रबन्ध करना, चलाना

manageability *n.* प्रबन्धनीयता*

manageable *a.* प्रबन्ध करने योग्य

management *n.* प्रबन्ध, मालिक

manager ( *fem.* manageress ) *n.* मैनेजर, प्रबन्धक, व्यवस्थापक

mandarin *n.* छोटी चपटी नारंगी*;

mandate *n.* आज्ञा-पत्र, फरमान
mandatory *a.* आज्ञा-संबंधी, आदेशात्मक
mane *n.* पशुओं की गर्दन पर के लम्बे वाल (अयाल)
manful *a.* पराक्रमी, दिलेर, साहसी
manfully *a.* वीरता तथा साहस सहित
manger *n.* घोड़े या चौपायों को खिलाने की नाद
mango *n.* ( *pl.* mangoes. ) आम
mangrove *n.* सुन्दर-वन के सुन्दरी का वृक्ष
manhood *n* पुरुषत्व
mania *n.* उन्माद, सनक*; झक* maniac *n.* पागल मनुष्य
manifest *a.* प्रकट, स्पष्ट, प्रत्यक्ष; *v.t.* स्पष्ट करना, प्रकट करना
manifestation *n.* आविर्भाव, प्रकाशन
manifesto *n.* (*pl.* manifestoes) राजकीय घोषणा, घोषणापत्र
manifold *a.* अनेक रूप तथा आकार का, पेचीला
manipulate *v.t.* दक्षता से चलाना, चातुरी से प्रबन्ध करना, छल-योजना करना
manipulation *n.* हस्त व्यापार, कारीगरी, छल-योजना
manipulator *n.* छल-योजक, पत्तेवाज़
mankind *n.* मनुष्यजाति*
manliness *n.* वीरता*, साहस
manly *a.* मनुष्यवत्, स्थिर, वीर, साहसी
manna *n.* (यहूदियों का) आध्यात्मिक आहार
manner *n.* रीति*, प्रथा*, नियम, (ब०व०) व्यवहार
mannerism *n.* व्यावहारिकता*
mannerly *a.* शिष्ट, विनीत
manoeuvre *n.* जुगत, कुशल-गति*, कपट प्रयोग, (ब०व०) सैनिक चातुरी*; *v.t.* चतुराई से प्रबंध करना
man-of-war *n.* लड़ाई का जहाज़
mansion *n.* भवन, महल, हवेली*
mantel *n.* (mantelpiece or mantelshelf) अंगीठी के ऊपर की संकरी अलमारी
manual *a.* हाथ का, हाथ का किया हुआ; *n.* छोटी पुस्तक*, गुटका*, नियमावली
manufacture *n.* शिल्पकर्म; *v.t.* शिल्प द्वारा बनाना, पैदा करना, निर्माण करना
manufacturer *n.* निर्माता,

उत्पादक, शिल्पी, कारखाने-दार
manure *n.* खाद*; *v.t.* खेत में खाद डालना
manuscript *n.* (*abbr.* ms.; *pl.* mss.) पाण्डुलिपि*, हस्त-लिपि*, हाथ से लिखी हुई पुस्तक
many *a.* अनेक, बहुत; as many उतने; the many अनेक, बहुतेरे; manysided विभिन्न; a good many अधिक संख्या
map *n.* नकशा, मानचित्र; *v.t.* (*p.t.* mapped) मानचित्र बनाना; to map out प्रबन्ध, करना
maple *n.* एक प्रकार का छाया-दार वृक्ष
mar *v.t.* (*p.t.* marred) नष्ट करना, बिगाड़ना
marble *n.* बिल्लौर, संगमरमर, लड़कों के खेलने की गोली; *v.t.* संगमरमर के समान रंगना, अबरी बनाना
March *n.* मार्च, अंग्रेजी वर्ष का तीसरा महीना
march *n.* सीमा प्रदेश, सेना की क्रम में गति; *v.t.* क्रम में चलना, प्रस्थान करना, कूच करना मार्च करना
mare *n.* घोड़ी*
margin *n.* पार्श्व, उपान्त, मात्रा*
marginal *a.* सीमांत
marigold *n.* गेंदे का फूल
marine *a.* समुद्री, जल सेना सम्बन्धी
mariner *n.* नाविक, मल्लाह, जहाजी
marital *a.* पति-सम्बन्धी, विवाह-संबंधी
maritime *a* समुद्री, समुद्र-संबंधी
mark *n.* चिह्न, लेख, लक्ष्य, अंक, परीक्षा में दिया गया अंक; *v.t.* चिह्न लगाना, सावधानी से देखना; wide of the mark लक्ष्य के बाहर; up to the mark योग्य, उचित; men of mark प्रसिद्ध लोग
marked *a.* अंकित, प्रसिद्ध, सुस्पष्ट
markedly *adv.* सावधानी से
market *n.* हाट*, बाज़ार; *v.t.* हाट में बिक्री-बट्टा करना
marketable *a.* बिक्री के योग्य
marking *n.* चिह्न, छाप*; marking ink कपड़े पर छापने की पक्की रोशनाई*
marksman *n.* निशानेबाज़
maroon *n.* भूरा लाल रंग, एक नीग्रो सम्प्रदाय; *a.* इस रंग का; *v.t.* किसी मनुष्य को

निर्जन टापू पर छोड़ देना
marriage *n.* विवाह, शादी*
marriageable *a.* विवाह-योग्य
marry *v.t.* (*p.t.* married) विवाह करना
mars *n.* युद्ध-देवता, मंगल तारा
marsh *n.* कच्छभूमि, दलदल
marshal *n.* मार्शल, सेनापति; *v.i.* (*p.t.* marshalled) क्रम से रखना, सजाना
marshiness *n.* दलदली स्थिति*
marshy *a.* दलदली
mart *n.* मार्ट, हाट*, बाज़ार
martial *a.* सेना-संबंधी, सैनिक, लड़ाकू रणप्रिय; martial law मार्शल लॉ, सैनिक नियम
martyr *n.* शहीद, हुतात्मा
martyrdom *n.* शहादत, हुतात्मत्व
marvel *v.t.* (*p.t.* marvelled) आश्चर्य करना; *n.* कौतुक, चमत्कार
marvellous *a.* अद्भुत, आश्चर्य-जनक
masculine *a.* पुरुष जाति का, पुरुषोचित, मर्दाना
mash *n.* दलिया, महेला; *v.t.* कूंचकर मिलाना
mask *n.* घूंघट, स्वांग, रूप बदलने का चेहरा, बहाना; *v.t.* छिपाना, ढांकना
mason *n.* थवई, राज, फ्रीमेसन
mass *n.* पिण्ड, राशि* समूह, ढेर, संख्या*, प्रधान अंश, ईसाइयों का धर्मसमाज; *v t & i.* संघटित करना, इकट्ठा होना; mass meeting बड़ी सभा*
massacre *n.* मनुष्य संहार, खूनखराबी; *v.t.* निर्दयता से हत्या करना
massage *n.* मसाज, बदन में मालिश द्वारा चिकित्सा, शरीर-मर्दन
mast *n.* मस्तूल
master *n.* मास्टर, अधिकारी, शासक, प्रभु, प्रवीण, गृहपति, गुरु, विषय का ज्ञाता, नवयुवक बालक को पुकारने के लिए आदरसूचक शब्द; *v.t.* जीतना, पूर्ण ज्ञान प्राप्त करना; to be one's own master स्वतन्त्र होना
masterhand *n.* अति प्रवीण व्यक्ति
master-key *n.* मास्टरचाभी*, अनेक तालों को खोलनेवाली एक चाभी*
masterly *a.* उत्तम, प्रवीण
masterpiece *n.* प्रधान कृति* या रचना*
mastery *n.* जीत*, विजय*
mat *n.* चटाई*, आसन; *v.t.* (*p.t.* matted) गूंथना,

फंसाना; matting *n.* चटाई बनाने की सामग्री*
mat *a.* & *v.t.* बिना चमक का, मैला करना
match *n.* दियासलाई, तुल्य, बराबर, विवाह-सम्बन्ध, खेल, मैच, प्रतियोगिता*; *v.t.* & *i.* विवाह करना, बराबर करना या होना, अनुरूप होना
matchless *a.* अद्वितीय, बेजोड़
match-maker *n.* विवाह स्थिर करानेवाला
mate *n.* पति या पत्नी*, संगी, मित्र, जहाज़ पर का एक अधिकारी
material *a.* भौतिक ,स्थूल, जड़, आवश्यक; *n.* पदार्थ, वस्तु*
materialize *v.t.* भौतिक बनाना, कार्यान्वित करना या होना
materially *adv.* आवश्यकरूप से
maternal *a.* माता-सम्बन्धी
maternity *n.* मातृत्व
mathematical *a.* गणित-सम्बन्धी
mathematician *n.* गणितज्ञ
mathematics *n. pl.* (used as *sing.*) गणित विद्या
matinee *n.* दिन का नाटक आदि
matricidal *a.* मातृहत्या-सम्बन्धी
matricide *n.* मातृहत्या*
matriculate *n.* मैट्रिक पास, मैट्रिक पास विद्यार्थी; *v.t.* मैट्रिक पास करना
matriculation *n.* मैट्रिक परीक्षा*
matrimonial *a.* विवाह-संबंधी, वैवाहिक
matrimony *n.* विवाह-संस्कार
matrix *n.* (*pls.* matrixes, matrices) सांचा, ठप्पा
matron *n.* मेट्रन, ब्याही स्त्री*, वृद्धा*, किसी संस्था की मालकिन*, धात्री*
matter *n.* द्रव्य, पदार्थ, विषय, साधन, तत्त्व, पीव; *v.i.* आवश्यक होना; in the matter of विषय में; a matter of course सामान्य विषय; as a matter of fact वस्तुतः, सचमुच; no matter कोई चिन्ता नहीं; matter of fact वास्तविकता*
matting *n.* चटाई बनाने की सामग्री*
mattress *n.* चटाई*, तोशक, गद्दा
mature *a.* परिपक्व, प्रौढ़, तैयार; *v.i.* & *t.* सिद्ध होना, प्रौढ़ करना
maturity *n.* परिपक्वता*, प्रौढ़ता*, सिद्धि*

maul *v.i.* कूंचना, पीसना, बुरी तरह से पकड़ना
mawkish *a.* घृणित नीरस, फीका, रूक्ष प्रकृति का
mawseed *n.* पोस्त का दाना
maxim *n.* कहावत*, सूत्र
maximize *v.t.* अत्यधिक बड़ा बनाना, सिद्धान्तों की सपरिश्रम व्याख्या करना
maximum *n.* (*pl.* maxima) सबसे अधिक संख्या या परिमाण
May *n.* मई
may *v. aux* (*p.t.* might) सम्भव होना, सकना; may be कदाचित्
Mayday *n.* मई दिवस
maypole *n* फूलों से सजा हुआ डंडा जिसके चारों ओर मई के उत्सव में लोग नाचते हैं
mayor *n.* (*fem.* mayoress) मेयर महापौर, नगर-प्रमुख
mayoral *a.* मेयर-संबंधी
mayoralty *n.* महापौर-पद, या कार्यकाल
me *pron.* मुझे, मुझको; ah me ! ओफ ओफ ! हाय !
meadow *n.* चरागाह*
meagre *a.* दुर्बल, क्षीण, थोड़ा
meal *n.* आटा, भोजन
mealy *a.* आटे का सूखा; mealy-mouthed स्पष्ट रूप में सच्ची बात न कहने वाला
mean *a.* नीच, अधम, गंवार, तुच्छ, दरिद्र
mean *v.t.* (*p.t.* meant) इच्छा करना, चाहना, मतलब रखना
mean *n.* & *a.* मध्य, मध्यवर्ती, बीच का, औसत
meaning *n.* अभिप्राय, अर्थ
means *n. pl.* साधन, धन, उपाय, यंत्र; by no means अवश्य नहीं या निश्चय ही नहीं
mean-spirited *a.* नीच बुद्धि या प्रकृति का
meantime *n.* मध्यकाल; बीच का काल
meanwhile *adv.* इस बीच में
measles *n. pl.* एक प्रकार का शीतला रोग, खसरा, छोटी चेचक
measurable *a.* नापने योग्य
measure *n.* उपाय, परिमाण, प्रस्ताव, कार्यवाही; *v.t.* कूतना, नापना; in a measure अंशत; made to measure नाप से बना हुआ, out of measure अधिक परिमाण में; greatest common measure (G.C.M.) महत्तम समापवर्तक
measureless *a.* असीम, बिना नाप का

measurement n. परिमाण, नाप*
meat n. आहार का मांस; meat-safe मांस रखने की जालीदार अलमारी, मीटसेफ़
mechanic n. मैकेनिक यांत्रिक, मिस्त्री a. यंत्र-संबंधी
mechanical a. यंत्र-संबंधी, यंत्रवत्, बुद्धि-रहित
mechanics n. यन्त्र-विद्या*
mechanism n. यन्त्र-रचना*, यंत्रक्रिया-विधि*
mechanist n. यन्त्र-विद्या में कुशल
medal n. मेडल, मुद्रा, पदक, तमगा
medallist n. पदक बनानेवाला, पदक पाया हुआ मनुष्य, पदक या मुद्रा का चित्रकार
meddle v.t. विघ्न डालना, दखल देना
media n. साधन, हेतु, मार्ग
mediaeval (medieval) a. मध्ययुग (काल) सम्बन्धी
mediate v.i. बीच में पड़ना, पंच बनना
mediation n. बिचवई* मध्यस्थता*
mediator n. (fem. mediatrix) मध्यस्थ, पंच
medical a. मेडिकल, भैषजिक
medicament n. दवादारू, औषधि*, दवा
medicate v.t. दवा देना
medicinal a. भैषजीय
medicine n. भैषज, औषधि*
medico pref. 'डाक्टर' का अर्थ-सूचक उपसर्ग
mediocre a. सामान्य, साधारण
mediocrity n. सामान्यता*
meditate v.t. ध्यान करना, मनन करना, विचार करना, समाधि लगाना
meditation n. ध्यान, विचार, मनन, चिन्तन
mediterranean a. भूमध्य-स्थित; n. भूमध्यसागर
medium n. (pls. media, mediums) मध्य, साधन, कारण, मार्ग; a. सामान्य
meek a. विनीत. नम्र, कोमल
meet a. उचित, योग्य; v.i. & t. (p.p. met) इकट्ठा होना, संतुष्ट करना; to meet with भेंट करना
megaphone n. ध्वनिवर्द्धक यंत्र, लाउडस्पीकर
melancholia n. एक वात-व्याधि
melancholic a. वातव्याधि-सम्बन्धी
melancholy n. & a. खिन्नता*, उदासी*, चिन्ताकुल, उदासीन
mellow a. पका और कोमल,

पुष्ट, रुचिकर, मंजुल, सौम्य
melodious *a.* मधुर स्वर का, सुरीला
melodrama *n.* मेलोड्रामा, उत्तेजनापूर्ण सुखान्त नाटक
melodramatic *a.* मेलोड्रामा-विषयक भावों को जागृत करनेवाले नाटक का
melody *n.* (*pl.* melodies) स्वर की मधुरता*, लय*, राग, मूर्च्छना*
melon *n.* तरबूज; musk-melon खरबूज़ा
melt *v.t.* & *i.* (*p.p.* melten) गलाना, घुलाना, पिघलाना
member *n.* मेम्बर, अंग, अवयव, सदस्य, सभासद; unruly member जिह्वा*
membership *n.* मेम्बरी, सदस्यता
memento *n.* (*pls.* mementos, mementoes) स्मारक, यादगार*, निशानी*
memo *n.* मेमो, ज्ञाप, ज्ञापन
memoir *n.* संस्मरण, वृत्तान्त
memorable *a.* स्मरणीय, प्रसिद्ध
memorandum *n.* (*pl.* memoranda, memorandums) स्मृति पत्र, दस्तावेज़
memorial *a.* & *n.* स्मारक, यादगार
memory *n.* स्मरण-शक्ति*, स्मृति*, याद*
menace *v.t.* डराना, धमकाना; *n* धमकी*
mend *v.t.* ठीक करना, मरम्मत करना, उन्नति करना; to mend one's ways आचरण सुधारना; to mend the fire आग सुलगाना
menial *n.* चाकर, दास; *a.* नीच, ओछा
menses *n.* स्त्री का आर्तव या मासिक धर्म
mental *a.* मानसिक, बुद्धि-संबंधी
mentality *n.* मनोवृत्ति*, स्वभाव, मानसिक शक्ति*
mention *v.t.* निर्देश करना, चर्चा करना; *n.* कथन, निर्देश, उल्लेख, चर्चा
mentor *n.* विश्वासी मन्त्री, अनुभवी सलाहकार
menu *n.* मेनू, भोज्य-सूची*
mercantile *a.* व्यापार-सम्बन्धी
mercenary *a.* धनलोलुप, स्वार्थी, भाड़े का टट्टू
merchant *n.* व्यापारी, व्यवसायी
merciful *a.* दयालु, कृपालु
merciless *a.* निर्दय, क्रूर, बेरहम
mercury *a.* पारा, बुध तारा
merge *v.t.* & *i* मिलना,

मिलाना, विलयन करना, समावेश करना, डूबना, डुबाना
merger *n.* विलय, विलयन
merit *n.* योग्यता*, पात्रता*, दक्षता*
meritorious *a.* योग्य, दक्ष, गुणी
mermaid (*mas.* merman) *n.* मत्स्यांगना*
merriment *n.* आनन्द, विनोद
merry *a.* (*comp.* merrier, *sup.* marriest) आनन्दित, मगन, प्रसन्न; to make merry उत्सव मनाना; merry andrew मसखरा, विदूषक
mess *n.* भोजनशाला*, घालमेल; to make a mess of कुप्रबन्ध करना; *v.t.* & *i.* मलिन करना, मलिन होना, गड़बड़ करना
message *n.* सन्देश, समाचार
messanger *n.* संदेशवाहक, दूत
messiah *n.* मसीहा ईसा मसीह
metabolism *n.* शरीर में पोषक पदार्थों का परिवर्तन, चयापचय
metal *n.* धातु*, पत्थर के टुकड़े; (ब० व०) रेल की लाइन; *v.t.* (*p.t.* metalled) पत्थर के टुकड़ों से सड़क की मरम्मत करना
metallic *a.* धातु-सम्बन्धी
metallurgy *n.* धातु-विज्ञान
metamorphosis *n.* (*pl.* metamorphoses) रूपान्तर, कायापलट, रूपभेद, रूपविकार रूपविक्रिया
metaphor *n.* रूपक, लक्षण
metaphysical *a.* आध्यात्मिक, आत्मविषयक
metaphysics *n.* अध्यात्म-विज्ञान, आत्मतत्त्वज्ञान, तत्त्व-विज्ञान, सिद्धान्तमात्र
meteorological *a.* ऋतुविज्ञान संबंधी, अन्तरिक्ष विद्या-संबंधी; meteorologist *n.* ऋतु-विज्ञानी अन्तरिक्ष विद्याविद्
meteorology *n.* ऋतु-विज्ञान, अन्तरिक्ष विद्या*, जलवायु तथा आकाश-विषयक ज्ञान
meter *n.* मीटर, नाप, माप, मापक यन्त्र
methinks *v.t.* मुझे जान पड़ता है, मैं समझता हूं
method *n.* रीति*, नियम, ढंग, विधि*, व्यवस्था*
methodical *a.* व्यवस्थित, यथाक्रम
methodist *n.* एक क्रिस्तानी पंथ
metric *a.* मीटर-संबंधी, दशांश
metropolis *n.* (*pl.* metropolises) मुख्य नगर, राजधानी*

metropolitan *a. & n.* राज-
धानी संबंधी, राजधानी का
निवासी, पादरी

mew *v.i* म्याऊं करना, बिल्ली
की तरह शब्द करना; *n.*
म्याऊं, बिल्ली का शब्द

mewl *v.i.* बिल्ली की तरह
धीमा शब्द करना

mica *n.* अबरक

mickle *a. & n.* अधिक, बहुत,
अधिक परिमाण

micro *pref.* एक अल्पार्थक उप-
सर्ग

microphone *n.* माइक्रोफोन

microscope *n.* माइक्रोस्कोप,
सूक्ष्मदर्शक यन्त्र

microscopic (-al) *a.* अणु-
वीक्षण यन्त्र-सम्बन्धी

mid *a.* मध्य का, बिचला

midday *n.* मध्याह्न

middle *a.* मध्य का, बिचला;
middle-aged अधेड़ अवस्था
का; middle ages मध्य युग
(प्रायः 1000 से 1400 ई०
सन् तक का समय); middle
class मध्य वर्ग

middleman *n.* मध्यस्थ, पंच

midst *adv.* बीच में

midsummer *n.* उत्तरायण
काल; midsummer day
21 जून का दिन

midwife (*pl.* midwives) *n.*

मिडवाइफ, प्रसव में सहायता
देनेवाली दाई*

might *n.* शक्ति*, सामर्थ्य,
पराक्रम, प्रभाव; with
might and main पूरी शक्ति
से

mighty *adv.* (*comp.* migh-
tier, *sup.* mightiest)
शक्तिमान, पुष्ट

migrate *v.t.* प्रवास करना,
स्थान बदलना, दूसरे स्थान
में बसना

migration *n.* देशान्तर निवास

mike *n.* माइक्रोफोन या
'माइक्रोस्कोप' का छोटा रूप;
*v.t.* काम से जी चुराना

milch *a.* दुधार, दूध देनेवाली

mild *a.* दयालु, कोमल, शान्त,
सौम्य

mileage *n.* मील-भत्ता, मीलों
की संख्या

milestone *n.* मील का पत्थर

militant *a.* लड़ाकू, जंगखोर

military *a.* युद्ध या सैनिक-
सम्बन्धी; *n.* सेना*, फौज*

militate *v.t.* लड़ना, विरोध
करना

militia *n.* देशरक्षिणी सेना*

milk *n.* दूध; *v.t.* दूध दुहना

milky *a.* दूध का, दूध के
सदृश; milky way आकाश-
गंगा*, असंख्य तारों की

चमकती हुई पंक्ति*

**mill** *a.* चक्की*, जांता, कारखाना; *v.t.* (*p.t.* milled) चक्की में पीसना, ठप्पा करना, मुद्रा के किनारे पर धारी बनाना

**millenary** *a.* एक हज़ार वर्ष का; *n.* हज़ार वर्ष की जन्मगांठ, हज़ार वर्ष

**millennial** *a.* एक हज़ार का

**millennium** *n.* एक हज़ार वर्ष

**milli** *pref.* 'हज़ारवां' अर्थ का उपसर्ग

**milliner** *n.* मेमों की टोपी बनानेवाला

**millinery** *n.* मेमों की टोपी* इत्यादि

**million** *n.* दस लाख

**millionaire** *n.* लखपती

**mimic** *a.* अनुकरण करने वाला; *n.* बहुरूपिया, भांड़; *v.t.* बहुरूपिए के समान अनुकरण करना

**mimicry** *n.* स्वांग, विडम्बना*

**minaret** *n.* मीनार, धौरहरा

**mince** *v.t.* छोटे-छोटे टुकड़े करना, बनकर बोलना

**mind** *n.* मन, चित्त, विचार, इच्छा*, अभिप्राय, निर्णय; *v.t. & i.* ध्यान देना, याद करना, सावधान होना; to pass out of mind भूल जाना; of one mind समान मत का; to my mind मेरी समझ में; to give one's mind to ध्यान लगाना; never mind कोई चिन्ता नहीं; mind's eye कल्पना*

**mindful** *a.* सचेत, सावधान

**mine** *n.* खान*, सुरंग, बारूद भरा हुआ पात्र; *v.t.* खान खोदना, सुरंग बनाना

**miner** *n.* खान मज़दूर

**mineral** *n.* खनिज पदार्थ, धातु*; *a* खनिज से प्राप्त; mineral oil मिट्टी का तेल; mineral water धातु का अंश मिला हुआ जल

**mineralogist** *n.* खनिज विद्या में निपुण

**mineralogy** *n.* खनिज विद्या*

**mingle** *v.t.* एकत्र करना, मिलाना; to mingle tears साथ मिलकर रोना

**miniature** *n.* छोटे आकार का चित्र; *a.* अति सूक्ष्म; in miniature छोटे रूप में

**minimize** *v.t.* अति सूक्ष्म करना

**minimum** *n.* (*pl.* minima.) अति सूक्ष्म परिमाण, न्यूनतम

**minister** *n.* मन्त्री, अधिकारी, राजदूत, पुरोहित; *v.t. & i.* सेवा करना, कर्त्तव्य करना

ministry *n.* (*pl.* ministries)
मंत्रालय

minor *a.* छोटा, नाबालिग,
अनावश्यक; *n.* नाबालिग
व्यक्ति

minority *n.* नाबालिगी, अल्प-
संख्यक

mint *n.* टकसाल; *v.t.* सिक्का
ढालना

minus *prep.* कमी*, घटाव,
ऋण (—) का चिह्न

minute *a.* बहुत छोटा, तुच्छ,
सूक्ष्म, ब्योरेवार

minute *n.* मिनट, अंश, क्षण,
अधिकृत पत्र, स्मरणार्थ लेख;
minutehand घड़ी की बड़ी
सुई; minutely *a.* मिनट में
एक बार होने वाला

minutely *adv.* सूक्ष्म ढंग से

minutes *n.* *pl.* कार्यवाही*,
कार्य-विवरण

miracle *n.* अद्भुत घटना*,
चमत्कार

mirage *n.* मृगतृष्णा, मृग-
मरीचिका*

mirror *n.* दर्पण; *v.t.* दर्पण
से प्रतिबिम्बित करना

mirth *n.* आनन्द, प्रमोद

mis *pref.* 'बुरा, अशुद्ध' के अर्थ
का उपसर्ग

misadventure *n.* अभाग्य,
दुर्घटना*

misanthrope *n.* मनुष्य-द्रोही

misbehave *v.t.* दुर्व्यवहार
करना

misbehaviour *n.* अशिष्ट
व्यवहार

miscalculate *v.t.* अशुद्ध गणना
करना

miscalculation *n.* अशुद्ध
गणना*

miscarriage *n.* बुरा प्रबन्ध,
विफलता*, गर्भपात

miscellaneous *a.* विविध,
मिश्रित

miscellany *n.* मिश्रण, नाना
विषयों का संग्रह

mischief *n.* शरारत*, हानि*

mischievous *a.* दुष्ट, शरारती

misconception *n.* भ्रान्ति*,
मिथ्या धारणा*

misconduct *n.* बुरा व्यवहार;
*v.t.* बुरा व्यवहार करना

misdeed *n.* कुकर्म, दुराचार

misdirection *n.* गलत दिशा*

miser *n.* कृपण, कंजूस

miserable *a.* तुच्छ, अधम,
अभागा

miserably *adv.* अभाग्य से

miserly *a.* कंजूस की तरह का

misery *n.* (*pl.* miseries)
दुर्गति*; अभाग्य

misfire *v.i.* बंदूक का न दगना,
निशाना चूकना

**misfit** *n.* अनुपयुक्त वस्तु या वस्त्र या व्यक्ति; *v.t.* (*p.t.* misfitted) ठीक न बैठना

**misfortune** *n.* अभाग्य, दुर्गति*

**misgiving** *n.* अविश्वास

**misguide** *v.t.* बहकाना, भटकाना

**mishap** *n.* अभाग्य, आपत्ति*;

**misjudge** *v.t.* ग़लत फ़ैसला करना

**mislead** *v.t.* बहकाना, धोखा देना

**mismanagement** *n.* कुप्रबन्ध

**misnomer** *n.* अशुद्ध नाम

**misplace** *v.t.* कुठौर रखना, बेठिकाने रखना

**misprint** *v.t.* अशुद्ध छापना; *n.* छापे की अशुद्धि*

**miss** *n.* युवती*; कुमारी*; कन्या*

**miss** *v.t. & i.* निशाना चूकना, न पाना, अभाव का अनुभव करना, विफल होना

**missile** *n.* क्षेप्यास्त्र

**mission** *n.* मिशन, शिष्टमंडल, कार्य, उद्देश्य, संदेश, दौत्य

**missionary** *n.* मिशनरी, धर्म-प्रचार के लिए नियुक्त मनुष्य, धर्म-प्रचारक

**mistake** *v.t.* (*p.t.* mistook, *p.p.* mistaken) भ्रम में पड़ना, सन्देह में होना; *n.* अशुद्धि*; भ्रम, ग़लती*

**mistress** *n.* (*mas.* mister) *abbr.* mrs.) श्रीमती*; महोदया*; गृहिणी*; स्वामिनी*; रखैल*

**mistrust** *n.* अविश्वास; *v.t.* सन्देह करना

**misunderstand** *v.i.* (misunderstood) मिथ्या जानना, गलत समझना

**misunderstanding** *n.* गलत-फहमी*

**misuse** *n.* दुरुपयोग दुर्व्यवहार; *v.t.* बुरी तरह काम में लाना, अनुचित व्यवहार करना

**mitigate** *v.t.* शांत करना, घटाना

**mix** *v.i. & t.* मिलना, मिलाना, जोड़ना

**mixture** *n.* मिक्चर, मिश्रण, घोल

**moan** *v.i.* विलाप करना, कराहना; *n.* विलाप, कराह*

**mob** *n.* उपद्रवी मनुष्यों की भीड़*, *v.i.* उपद्रव करना, भीड़ लगाना

**mobile** *a.* सचल, गतिशील

**mobilize** *v.t.* जुटाना, संचालित करना, चलाना, सेना को युद्ध के काम में लगाना

**mock** *v.i. & t.* हंसी उड़ाना,

छुलना, चिढ़ाना; *n.* अनुकरण, तिरस्कार; *a.* बनावटी, झूठा

**mockery** *n.* छल, विडम्बना*, हंसी*

**model** *n.* प्रतिमा*, आदर्श, नमूना; *v.t.* (*p.t.* modelled) बनाना, ढालना

**moderate** *a.* परिमित, मध्यमश्रेणी का, संयमित, परिवर्तनविरोधी; *v.t. & i.* संयमित करना, घटाना, शान्त करना, मन्द या नरम होना

**modern** *a.* आधुनिक, नवीन

**modernize** *v.t.* नया बनाना

**modest** *a.* लज्जावान, शुद्ध, सुशील, संकोची

**modesty** *n.* नम्रता*, विनय

**modify** *v.t.* (*p.t.* modified) सुधारना, रूपभेद करना, कम करना, कड़ाई कम करना

**modulate** *v.t.* स्वर ऊंचा नीचा करना, न्यूनाधिक करना, मिलाना, ठीक करना या होना

**moist** *a.* कुछ भीगा हुआ, तर

**moisture** *n.* गीलापन, तरी*, नमी*

**molasses** *n.* राब, जूसी, शीरा, गुड़

**mole** *n.* छछूंदर, तिल, मसा, बांध

**molest** *v.t.* कष्ट देना, विघ्न करना, छेड़ना

**moment** *n.* क्षण, आवश्यकता* at the present moment अभी

**momentary** *a.* क्षणिक

**momentous** *a.* महत्त्व का

**momentum** *n.* (*pl.* momenta) वेग, गति*, चाल*

**monarch** *n.* अधिप, राजा

**monarchy** *n.* राजतन्त्र

**monastery** *n.* मठ

**Monday** *n.* सोमवार

**monetary** *a.* धन या मुद्रासम्बन्धी

**money** *n.* धन, मुद्रा*, बैंक के या सरकारी नोट

**monition** *n.* भय सूचना*, उपदेश

**monitor** *n.* (*fem.* monitress) मॉनीटर, छात्रनायक

**monk** *n.* (*fem.* nun) संन्यासी, उदासी

**monkey** *n.* बन्दर

**mono** *pref.* 'अकेला' के अर्थ का उपसर्ग

**monogamy** *n.* एकपत्नी विवाह

**monogram** *n.* एक में गुंथे हुए अनेक अक्षर

**monograph** *n.* किसी एक विषय पर लेख

**monolith** *n.* केवल पत्थर का खम्भा

monologue *n.* स्वगत भाषण,
एक-संभाषणीय नाटक, एक-
पात्रीय रूपक

monopolist *n.* इजारेदार

monopolize *v.t.* इजारेदारी
करना

monopoly *n.* ( *p.l.* mono-
polies) इजारेदारी

monosyllable *n.* एकाक्षरी
शब्द

monotonous एक तान, एक
लय, नीरस, उबाने वाला,
उकता देने वाला

monotony *n.* नीरसता, ऊब

monotype *n.* मोनोटाइप, एक
मुद्र

monsoon *n.* मानसून, वर्षाऋतु

monster *n.* राक्षस, दैत्य, निर्दय
मनुष्य, बड़े आकार का विल-
क्षण प्राणी

monstrosity *n.* भयंकरता*,
दैत्यता*

monstrous *a.* राक्षसी, अद्भुत,
विलक्षण, भयंकर

month *n.* मास, महीना

monthly *a., adv. & n.*
मासिक, प्रतिमास, मासिक
पत्रिका*

monumental *a.* स्मारक-संबंधी
वृहत् और चिरस्थायी

mood *n.* मूड, चित्तवृत्ति*,
भाव, अवस्था*

moody *a.* मनमौजी, उदासीन,
क्रोधी

moon *n.* चन्द्रमा; *v.i.* निरर्थक
भटकना

moonshine *n.* चांदनी, स्वप्न-
प्रलाप

mooring *n.* नौकाबंध स्थल,
घाट, नौकादि बांधने का रस्सा
या जंजीर

mop *n.* कूंचा, झाड़ू; *v.t.*
( *p t.* mopped.) झाड़ू से
निर्मल या साफ करना

moral *a.* चरित्र-संबंधी, कर्तव्य-
परायण, न्यायानुसारी; *n.*
अभिप्राय

moralist *n.* नीतिज्ञ, सदाचार-
मार्गी

morality *n.* नीति*, विद्या*,
सदाचार

moralize *v.i.* नीतिसंगत करना,
उपदेश करना

morbid *a.* अस्वस्थ, दूषित,
रोगी

morbidity *n.* अस्वस्थता*

more *a.* अधिकतर; *adv.*
अधिकता से; is no more
मर गया है; more and
more लगातार, बढ़कर;
more or less न्यूनाधिक

moreover *adv.* इससे अधिक,
सिवाय

morning *n. & a.* प्रात:काल,

प्रातःकालीन ; good morning to you आपका प्रातःकाल शुभ हो
morphia *n.* अफीम का सत्व
morrow *n.* आनेवाला दिन
mortal *a.* मरनेवाला, प्राणघातक ; *n.* मर्त्य
morality *n.* मरण, नाश
mortgage *n.* बन्धक, गिरवी*, *v.t.* बन्धक रखना
mortgagee *n.* रेहनदार, बन्धकधारी
mortgagor *n.* बन्धक रखने वाला मनुष्य, गिरवी रखने वाला, राहित
mortify *v.t. & i.* (*p.t.* mortified) विनीत करना, क्लेश देना, मन मारना
mosaic *n.* मोज़ेक, पच्चीकारी*
mosque *n.* मसजिद*
mosquito *n.* (*pl.* mosquitoes) मच्छर
most *a. & adv.* अधिकतम, सबसे अधिक ; for the most part विशेषकर, प्राय:; at the most अधिकतर ; to make the most of सबसे अधिक सुविधा का होना
mother *n.* (*mas.* father) माता*, महन्तिन*, उद्गमस्थान ; *v.t.* पालन-पोषण करना; mother-country मातृभूमि* ; mother-of-pearl मोती का सीप ; mother-tongue मातृभाषा*; mother-wit सामान्य बुद्धि*
motherhood *n.* मातृभाव, मातृत्व
mother-in-law (*pl.* mothers-in-law) *n.* सास
motherly *a.* माता सदृश
motif *n.* प्रधान विचार, (कलाकृति में) विशेष लक्षण
motion *n.* गति*, चिह्न, व्यापार, प्रस्ताव; *v.i.* संकेत करना ; adjournment motion कामरोको प्रस्ताव, कार्यस्थगन प्रस्ताव
motionless *a.* स्थिर, अचल
motive *n.* प्रेरणा*, कारण
motley *a.* अनेक विभिन्न तत्त्वों का बना हुआ
motor *n. & a.* गति देनेवाला यन्त्र, गाड़ी-चालक यंत्र; *v.i.* मोटरगाड़ी द्वारा यात्रा करना
motorist *n.* मोटर गाड़ी चलाने वाला
motto *n.* (*pl.* mottoes) नीति-वाक्य, सिद्धान्त, आदर्शवाक्य, कहावत
moujik *n.* रूसी किसान
mould *n.* रूप, नमूना, सांचा; *v.t.* सांचा बनाना, ढालना
mound *n.* छोटी पहाड़ी*

**mount** *n.* पहाड़ी*, तस्वीर का चौकठा या इसके चिपकाने की दफ्ती*, सवारी का घोड़ा; *v.t.* उठाना, चढ़ाना, सवार होना, बैठाना
**mountain** *n.* पर्वत, पहाड़; *a.* पहाड़ी, पर्वतीय
**mountaineer** *n.* पर्वतनिवासी, पर्वतारोही
**mountainous** *a.* पहाड़ी, पर्वतमय
**mourn** *v.t.* विलाप करना, शोक करना
**mourner** *n.* विलाप करनेवाला
**mournful** *a.* शोकाकुल, उद्विग्न
**mourning** *n.* शोक, विलाप; mourning-dress अमंगल (शोक) सूचक काला वस्त्र
**mouse** *n.* (*pl.* mice) चूहा; mouse-trap चूहादानी*
**moustache** *n.* मूंछ*
**mouth** *n.* मुख, मुहाना; मार्ग; *v.t.* लालची की तरह खाना, रोब से बोलना
**mouthful** *n.* ग्रास, कौर
**mouth-piece** *n.* दूसरे के स्थान पर बोलने के लिए नियुक्त व्यक्ति, मुखपत्र
**movables** *n.* चल सम्पत्ति*
**move** *v.t.* & *i.* हटना, हटाना, चलना, उत्तेजित करना, चलाना, उकसाना, प्रस्ताव करना, प्रणाम करना; *n.* गति*, चाल*
**movement** *n.* गति*, चाल*, घड़ी का पुर्जा
**mover** *n.* प्रस्तावक
**movies** *n. pl.* चलचित्र
**much** *a.* & *adv.* बहुत, अत्यन्त
**mud** *n.* गीली मिट्टी*, कीचड़
**muddle** *n.* गड़बड़ी*; *v.t.* गड़बड़ करना
**mudguard** *n.* मडगार्ड, पंकरक्षी
**mug** *n.* मग, लोटा, गड़ुआ
**mulberry** *n.* शहतूत
**mule** *n.* खच्चर, हठी मनुष्य, सूत कातने का यंत्र
**muleteer** *n.* खच्चर हांकनेवाला
**multi, mult** *prefs.* 'बहुत' 'अनेक' के अर्थ के उपसर्ग
**multifarious** *a.* बहुविध, रंगबिरंग
**multimillionaire** *n.* करोड़पति
**multiple** *a.* बहुभागी, विभिन्न; *n.* ऐसी संख्या जो बिना शेष के दूसरी संख्या को भाग दे सकती है; least common multiple लघुतम समापवर्त्य
**multiplication** *n.* गुणनक्रिया*, गुणा*
**multiplicity** *n.* अनेक भेद
**multiply** *v.t.* (*p.t.* multiplied) गुणा करना, बढ़ाना

multitude *n.* बड़ी संख्या*, भीड़*, सामान्य लोग

mum *a.* मूक, चुप

mumble *v.i.* बुदबुदाना, अस्पष्ट बोलना

mummy *n.* ममी, मसाला लगाकर सुरक्षित शव

mundane *a.* संसारी, इस लोक का

municipal *a.* नगरपालिका संबंधी; ~ corporation नगर-निगम

municipality *n.* नगरपालिका*

munitions *n.* युद्ध-सामग्री, लड़ाई के सामान

mural *a.* भीत-संबंधी

murder *v t.* हत्या करना, नष्ट करना; *n.* हत्या*, वध

murderer (*fem.* murderess) *n.* हत्यारा

murderous *a.* निठुर, हत्यारा, घातक

murmur *n.* बड़बड़ाहट*, असन्तोष की ध्वनि*; *v.t.* बड़बड़ाना, असन्तोष प्रकट करना

muscle *n.* मांसपेशी*, पुट्ठा

muscular *a.* पेशी-संबंधी, मांसल

muse *n.* सरस्वती*, वाग्देवता, काव्य प्रतिभा*; *v.i.* चिन्ता में लीन होना, विचार करना

museum *n.* संग्रहालय, अजायब-घर

mushroom *n.* कुकुरमुत्ता

music *n.* सङ्गीत, गानविद्या*, सुर, सुरीला शब्द

musical *a.* सुरीला

musician *n.* संगीतज्ञ

musing *n.* ध्यान, चिन्तन

musk *n.* मृगमद, कस्तूरी; musk deer कस्तूरीमृग; musk melon तरबूज; musk-rat छछूंदर

musket *n.* छोटी बन्दूक*

musketeer *n.* बन्दूकधारी सैनिक

must *v.i.* & *aux.* अवश्य चाहिए, अवश्य होना

mustard *n.* सरसों, राई

muster *v.t.* & *i.* इकट्ठा होना या करना; *n.* समाज, मण्डली*, जमाव; muster-roll अधिकारियों और उनके अनुचरों की सूची

mutation *n.* नाम परिवर्तन, दाखिलखारिज

mutilate *v.t.* अंगभंग करना, छांटना, खंडित करना

mutilation *n.* अंग का कटाव

mutinous *a.* विद्रोही

mutiny *n.* बलवा, विप्लव; *v.t.* (*p.t.* mutinied) विप्लव या बलवा करना

mutter *v.t.* & *i.* अस्पष्ट बोलना, बरबराना; *n.* बड़-

वड़ाहट
mutton *n.* भेड़ का मांस
mutual *a.* पारस्परिक, अन्योन्य, आपस का
muzzle *n.* पशु के मुख का थूथुन, बन्दूक का मुंह, पशु के मुख पर लगाने की जाली*; *v.t.* मुख पर जाली लगाना, काटने से रोकना
myopia, myopy *ns.* अल्प दृष्टित्व, जिसमें दूर का पदार्थ स्पष्ट नहीं दीख पड़ता
myopic *a.* अल्प दृष्टि सम्बन्धी
mysterious *a.* रहस्यपूर्ण, गुप्त, अस्पष्ट
mystery *n.* गुप्त बात, रहस्य
mystic, mystical *a.* रहस्यवादी, सूफी
mysticism *n.* रहस्यवाद, सूफीवाद
mystify *v.t.* (*p.t.* mystified) रहस्यमय करना, गूढ़ करना
myth *n.* पौराणिक कथा*, कल्पित कथा*, गप्प*
mythical *a.* पौराणिक कथासम्बन्धी
mythological *a.* पुराण शास्त्र संबंधी
mythology *n.* पौराणिक कथाएं*, पुराणशास्त्र

## N

**nail** *n.* नख, पंजा, कील; *v.i.* कांटी से अड़ना; to hit the nail on the head सच्ची वार्ता कहना; on the nail बिना विलम्ब के
**naive** *a.* सीधा, प्राकृतिक
**naked** *a.* नंगा, वस्त्रहीन
**name** *n.* नाम, लक्षण, यश, जातीय, वंश; a good name प्रसिद्ध; persons of name प्रसिद्ध लोग ; *v.t.* नाम लेना, निर्धारित करना
**namesake** *n.* एक ही नाम का, नामराशि*
napkin *n.* अंगोछी*, छोटी तौलिया*
narcosis *n.* मूर्च्छा*
narcotic *a.* & *n.* निद्रा लाने वाली, निद्राजनक औषधि
narrate *v.t.* विवरण-सहित, वर्णन करना
narrator *n.* वर्णन करने वाला
narrow *a.* संकुचित, संकरा, छोटा; *v.t.* & *i.* संकुचित करना या होना; narrow circumstances दरिद्रता*,

narrow-minded कृपण बुद्धिवाला, ओछा
nascent *a.* नवजात, वर्द्धमान
nasty *a* मलिन, कष्टकारक, अरोचक
nation *n.* जाति*, राष्ट्र
national *a.* राष्ट्रीय, जातीय; ~anthem राष्ट्र गीत
nationalist *n.* राष्ट्रवादी
nationality *n.* राष्ट्रीयता*
nationalize *v.t.* राष्ट्रीयकरण
native *a.* सहज, स्वाभाविक, प्राकृतिक, सामान्य; *n.* देशवासी, देशी जन
natural *a.* स्वाभाविक, प्राकृतिक, यथार्थ, सच्चा; natural history जीवविज्ञान, पशु तथा वनस्पति जीवशास्त्र; natural philosophy भौतिक विज्ञान
naturalist *n.* प्रकृतिवादी
naturalize *v.t.* नागरिकता के अधिकार देना
naturally *adv.* स्वभावतः, प्रकृति से
nature *n.* प्रकृति*, भूमंडल, सत्त्व, स्वभाव, शक्ति*, धर्म, प्रकार; against nature अप्राकृतिक; contrary to nature विलक्षण; debt of nature मृत्यु*; nature study प्रकृति का अध्ययन; to ease nature मल-मूत्र त्यागना
naughty *a.* दुष्ट, उपद्रवी
nausea *n.* जी की मिचलाहट*, मिचली*, ओकाई*
naval *a.* जहाज़ी, नावीय, समुद्री
navigability *n.* नाव ले जाने की योग्यता*, नौगम्यता*
navigable *a.* पोत या नाव ले जाने योग्य
navigate *v.t. & i.* समुद्र में यात्रा करना, पोत चलाना
navigation *n.* समुद्र-यात्रा*, नौ-गमन
navigator *n.* नाविक, मल्लाह
navy *n.* जहाज़ी बेड़ा, जलसेना, नौसेना; navy blue गाढ़ा नीला रंग
near *a. & prep.* (*comp.* nearer, *sup.* nearest) समीप, पास में; *v.t.* समीप, पहुंचना; far and near सर्वत्र
nearly *adv.* पास में, प्रायः nearly related घनिष्ठ रूप से सम्बन्धित
neat *n.* (*pl.* neat) चौपाया; *a.* शुद्ध, स्वच्छ, सुथरा
nebula *n.* (*pl.* nebulae) आंखों के आगे धुन्ध, तारामण्डल, नीहारिका*
necessary *n.* अति आवश्यक

पदार्थ; *a.* अपरिहार्य, आवश्यक, अनिवार्य; necessarily *adv.* अवश्य करके
necessitate *v.t.* आवश्यक करना, विवश करना
necessity *n.* आवश्यकता*, विवशता*
neck *n.* कण्ठ, गरदन*, भू-डमरूमध्य
necklace *n.* गले का हार
nectar *n.* अमृत, सुधा
need *n.* प्रयोजन, कष्ट, दरिद्रता*; *v.t.* चाहना, जरूरत होना; needful *a.* आवश्यक
needle *n.* सूई, कुतुबनुमा का कांटा
needlework *n.* ज़रदोज़ी का काम
needs *adv.* अवश्य, मजबूरन
needy *a.* (*comp.* needier, *sup.* neediest) अति दरिद्र, ज़रूरतमन्द
nefarious *a.* बड़ा दुष्ट
negate *v.t.* अस्वीकार करना
negation *n.* निषेध, अस्वीकार
negative *a.* निषेधार्थक, अभाव-सूचक; *n.* अभाव-सूचक शब्द, (बीजगणित में) ऋण परिमाण फोटो का निगेटिव; *v.i.* असिद्ध करना
neglect *v.t.* उपेक्षा करना, सुध न लेना, बिना पूरा किए छोड़ना; *n.* उपेक्षा*, अशुद्धि*
negligence *n.* उपेक्षा*, भूल*
negligible *a.* उपेक्षा करने योग्य
negotiable *a.* विनिमेय, बिक्री करने योग्य
negotiate *v.t.* व्यापार करना, तय करना
negotiation *n.* व्यवहार, सौदा
negotiator *n.* व्यवहारी, मध्यस्थ, बिचौलिया
Negro *n.* (*pl.* Negroes, *fem.* Negress ) हब्शी
neighbour *n.* पड़ोसी
neighbourhood *n.* पड़ोस
neither *a., conj. & pron.* दोनो में से कोई भी नहीं
neo *pref.* 'नवीन या आधुनिक' के अर्थ का उपसर्ग
nephew *n.* ( *fem.* niece ) भतीजा, भांजा
nepotism *n.* भाई भतीजावाद, क़ुनबापरस्ती
Neptune *n.* समुद्र देवता, वरुण, एक नक्षत्र
nerve *n.* शिरा*, ज्ञानतन्तु, दृढ़ता*, धैर्य; *v.t.* शक्ति देना; to lose one's nerve डरपोक बन जाना
nerveless *a.* शक्तिहीन
nervous *a.* नाड़ीमंडल-संबधी, ओजस्वी, डरपोक, मांसल,

पुष्ट nervous-system नाड़ी-मण्डल, नाड़ी-संस्थान
nest *n.* घोंसला, आनन्दगृह
nestle *v.i. & t.* घोंसले में रहना, शरण लेना, प्यार से सटना या दबाना, पालन-पोषण करना
net *n.* फन्दा, जाल, *v.t.* ( *p.t.* netted ) जाल में फंसाना; *a.* खर्चा, दस्तूरी आदि, छोड़ा हुआ, शुद्ध, मूल
network *n.* जाली का काम, जाली*
neuter *a.* नपुंसक, निरपेक्ष; neuter gender नपुंसक लिंग
neutral *a* तटस्थ, उदासीन
neutrality *n.* समदृष्टि*, तटस्थता*, उदासीनता*
neutralize *v.t.* निरर्थक या निष्क्रिय करना
never *adv.* कभी नहीं, अवश्य नहीं
nevertheless *conj.* तो भी, तिसपर भी
new *a.* नया, हाल का, ताजा; new comer नवागन्तुक; the new world अमेरिका महाद्वीप; new year's day जनवरी का पहला दिन
news *n.* वार्ता*, समाचार; news-agent समाचारपत्र का एजेण्ट; newsmonger समाचार फैलानेवाला; newspaper समाचारपत्र; newsman पत्रकार
next *a.* (*sup.* of nigh) आगामी, निकट का; *adv.* अगले स्थान में, ठीक बाद में; *prep.* बगल में; next to nothing प्रायः कुछ नहीं
nice *a.* मनोहर, स्वाद, अच्छा, सूक्ष्मदर्शी
nickel *n.* निकल, गिलट; *v.t.* (*p.t.* nickelled) गिलट चढ़ाना
nickname *n.* उपनाम, चिढ़ाने का नाम
niece *n.* (*mas.* nephew) भतीजी*, भानजी*
night *n.* रात*, अन्धकार; night-bird उल्लू; night-blindness रतौंधी; night-fall *n.* सन्ध्या समय; night-long रात-भर; nightmare दुःस्वप्न; night-watch रात का पहरा
nightingale *n.* बुलबुल*
nightly *n. & adv.* रात का, प्रति रात्रि को
nil *n.* कोई संख्या नहीं
nine *a.* नौ; a nine day's wonder कुछ काल के लिए आश्चर्य उत्पन्न करनेवाला; ninefold *a.* नौगुना

nineteen *a.* उन्नीस

ninety *a.* नब्बे

nitro *pref.* उपसर्ग जो 'शोरे की उपस्थिति' के अर्थ में प्रयुक्त होता है

nitrogen *n.* 'नाइट्रोजन' नामक वायुतत्त्व, नत्रजन

no *a.* कोई भी नहीं; *adv.* कुछ भी नहीं; *n.* नहीं' की सम्मति*; in no time जल्दी से; nobody कोई व्यक्ति नहीं; no doubt निःसन्देह; no one कोई भी नहीं; noes *n. pl.* 'नहीं' की सम्मतियां; nowhere कहीं भी नहीं; nowise *adv.* किसी प्रकार से नहीं

nobility *n.* कुलीनता*, महत्त्व, सामाजिक उत्कर्ष, कुलीन लोग; noble-minded उदार चित्त का

noble *a.* कुलीन, सुप्रतिष्ठित, तेजस्वी, श्रेष्ठ, प्रभावशाली; *n.* कुलीन मनुष्य

nod *v.i. & t.* (*p.t.* nodded) सिर हिलाना, सिर झुकाकर अभिवादन करना; a nodding acquaintance सामान्य परिचय

noise *n.* कोलाहल, रव; *v.i.* कोलाहल करना

noiseless *a.* नीरव

nomad *n.* घूमनेवाला, बंजारा

nomenclature *n.* नाम, नाम-क्रम, पारिभाषिक शब्द

nominal *a.* नाम मात्र का, असत्य

nominate *v.t* नाम लेना, नामज़द करना, निर्दिष्ट करना, नियुक्त करना

nomination *n.* नामज़दगी, नियुक्ति

nominee *n.* मनोनीत व्यक्ति

nonchalance *n.* उदासीनता*, शान्ति*

nonchalant *a.* उदासीन

nonconformist *n.* प्रचलित धर्म के मत का विरोधी, अननुवर्ती

non-co-operation *n.* असहयोग

none *pron., a. & adv.* कोई नहीं

nonentity *n.* अस्तित्त्वहीनता*, शून्यता*

none-the-less *adv.* तथापि, तो भी

nonsense *n.* बकवास*, असंगत वार्ता*

nonsensical *a.* असंगत, अनर्थक

norm *n.* नियम, आदर्श

normal *a.* यथाक्रम, सामान्य

normalize *v.t.* नियमित करना, सुव्यवस्थित करना, सामान्य स्थिति लाना

north *n.* उत्तर; north pole

उत्तरी ध्रुव
nose *n.* नाक*, किसी पदार्थ का नुकीला भाग; *v.t.* सूंघना, सूंघकर पता लगाना; to poke one's nose into हस्तक्षेप करना; to turn up one's nose at तिरस्कार करना; nose-band नकेल
nostril *n.* नाक का छेद, नथुना
not *adv.* नहीं, न, मत; not a few अधिक, बहुत; not at all कुछ भी नहीं; not but न केवल
notable *a.* स्मरणीय, प्रसिद्ध; *n.* प्रसिद्ध पुरुष
note *n.* टिप्पणी*, चिह्न, टीका*, व्याख्या*, पत्र, रसीद*, यादगार*; *v.t.* यादगार बना लेना, ध्यान देना
noteworthy *a.* विचार करने योग्य
nothing *n.* कुछ भी नहीं, तुच्छ वस्तु*; to dance on nothing फांसी पड़ना; for nothing निरर्थक, व्यर्थ; to make nothing of निरर्थक जानना, समझ में न आना; to come to nothing निरर्थक होना; to have nothing to do with आशय न रखना; *adv.* किसी प्रकार से नहीं
notice *n.* नोटिस, सूचना*, निरूपण, विज्ञापन; *v.t.* ध्यान देना, निरूपण करना; to take no notice of ध्यान न देना
notification *n.* सूचना*, विज्ञापन
notify *v.t.* (*p.t.* notified) सूचना देना, जताना, प्रकाशित करना, विज्ञापित करना
notion *n.* कल्पना*, विचार, मत
notoriety *n.* कुख्याति*, प्रसिद्धि*
notorious *a.* प्रसिद्ध, दुर्नाम, कुख्यात
notwithstanding *conj.*, *adv.* & *prep.* यद्यपि, तो भी, होते हुए भी
nought *n.* कुछ नहीं, शून्य; to bring to nought नाश करना, व्यग्र करना; to sit at nought तिरस्कार करना
noun *n.* संज्ञा*, नाम, विशेष्य
nourish *v.t.* पालन करना, पोषण करना
nourishment *n.* पौष्टिक आहार
novel *a.* अपूर्व, नवीन, अनोखा; *n.* उपन्यास
novelette *n.* लघु उपन्यास
novelist *n.* उपन्यासकार
novelty *n.* कौतुक, अद्भुत वस्तु*
November *n.* नवम्बर, अंग्रेजी वर्ष का ग्यारहवां महीना

novice *n*. नवसिखुवा, अनभ्यस्त, अनुभवहीन व्यक्ति

now *adv*. अभी; now-a-days इन दिनों, आजकल; now and then कभी-कभी

nuclear *a*. व्यष्टि व्यैष्टिक, केन्द्रकीय, पारमाणविक

nude *a*. वस्त्रहीन, नंगा

nudity *n*. वस्त्रहीनता*, नंगापन

nuisance *n*. कण्टक, बाधा*, क्लेशकारक पदार्थ; commit no nuisance स्थान को गन्दा मत करो

null *a*. निष्फल, वृथा*, null and void निरर्थक

number *n*. संख्या*, गणना*, गिनती*, समूह, (ब०व०) कविता*; *v.t*. गिनती करना; science of numbers अंकगणित

numerical *a*. संख्या-सूचक, संख्यायुक्त

numerous *a*. अनेक, बहुत

nun *n*., *fem*. (*mas*. monk) संन्यासिनी*, तपस्विनी, बैरागिन*

nurse *n*. नर्स*, परिचारिका*, धाय*; *v.t*. धाय की तरह काम करना, दूध पिलाकर बच्चे को पालना

nursery *n*. नर्सरी, पेड़-पौधों को रखने का कमरा, बच्चो का कमरा, पोषशाला*, शिशुशाला*

nurture *n*. शिक्षा, पालन; *v.t* पालन करना, शिक्षा देना

nut *n*. गरीफल, कड़े छिलके का फल, काष्ठफल, लकड़ी की ढिबरी*; *v t*. कड़े फल इकट्ठा करना

nutrition *n*. पुष्टिकर भोजन

nutritious *a*. पोषक, पुष्टिवर्धक

nutritive *a*. पोषण-सम्बन्धी, पोपक, आहार के योग्य

nymph *n*. अप्सरा*, परी*, सुन्दर स्त्री*

nymphomania *n*. स्त्रियों में उत्कट कामुकता*

## O

oak *n*. बलूत का पेड़ा; oak-apple माजूफल

oar *n*. पतवार, डांडा, मल्लाह; *v.t*. नाव खेना

oarsman *n*. मल्लाह

oasis *n*. ( *pl*. oases) मरुद्वीप, नखलिस्तान

oat *n*. जई*

oatmeal *n.* जई का आटा
oath *n.* शपथ*, सौगन्ध*
obduracy *n.* हठ
obdurate *a.* हठी, कठोर हृदय
obedience *n.* आज्ञापालन, अनुसरण
obedient *a.* आज्ञाकारी, कर्तव्यशील
obey *v.t. & i.* आज्ञा पालन करना, बात मनाना, अनुशासित होना
obituary *a.* मृत्यु-संबंधी; *n.* मृत्यु-समाचार, मृतक-परिचय
object *n.* इरादा, प्रयोजन, उद्देश्य, इन्द्रिय-विषय, द्रव्य, पदार्थ, (व्याकरण में) कर्म
object *v.i. & t.* विरोध करना, अस्वीकार करना
objection *n.* आपत्ति*, विरोध, आक्षेप
objectionable *a.* आपत्तिजनक, अरुचिकर, विरोधी
objective *n.* परिश्रम का लक्ष्य, (व्या०) कर्म
objective *a.* वस्तुपरक; objective case (व्याकरण में) कर्म कारक
obligation *n.* बन्धन, प्रतिज्ञा*, बाध्यता*, कर्तव्य, धर्म, अनुग्रह, उपकार
obligatory *a.* बाध्यकारी, अवश्यकरणीय, आभार्य
oblige *v.t.* विवश करना, अनुग्रह करना, ऋणी करना
oblique *a.* झुका हुआ, तिरछा
obliterate *v.t.* मिटाना, नष्ट करना
obliteration *n.* लोप, नाश, उन्मूलन
oblivion *n.* विस्मृति*, उपेक्षा*
oblong *a.* दीर्घाकार, आयताकार; *n.* आयत आकृति*
obnoxious *a.* घृणित, अनिष्टकारी, अप्रिय
obscene *a.* अश्लील, अपवित्र, फूहर
obscenity *n.* अश्लीलता*, फूहरपन
obscure *a.* अप्रसिद्ध, अस्पष्ट, गूढ़; *v.t.* छिपाना
obscurity *n.* अप्रसिद्धि*, गूढ़ता*
observance *n.* व्यवहार, रीति* आचरण
observant *a.* सावधान, चैतन्य, विवेकी
observation *n.* निरीक्षण, विचार
observatory *n.* वेधशाला*
observe *v.t. & i.* ध्यान देना, परीक्षा करना, अनुष्ठान करना
obsess *v.t.* प्रेत की तरह पीड़ा देना, कष्ट देना
obsession *n.* प्रेतबाधा*

obsolete *a.* अप्रचलित, पुराने ढंग का
obstinacy *n.* हठ
obstinate *a.* दु:साध्य, हठी
obstruct *v.t.* अवरोध करना, रोकना
obstruction *n.* रुकावट*
obstructive *a.* प्रतिबन्ध करने वाला, रोकने वाला
obtain *v.t. & i.* प्राप्त करना, प्रवृत्त होना
obtainable *a.* प्राप्त करने योग्य, प्राप्य
obtuse *a.* मन्द, मूढ़, समकोण से बड़े कोण का, दीर्घकोणीय
obvious *a.* स्पष्ट, प्रत्यक्ष, सुबोध, सुगम
obviously *adv.* स्पष्ट रूप से
occasion *n.* अवसर, प्रसंग, प्रयोजन, हेतु, घटना*, कारण; *v.t.* उत्पन्न करना, घटित कराना या करना
occasional *a.* समयानुसार, प्रासंगिक
occasionally *adv.* कभी-कभी
occident *n.* पश्चिम दिशा*
occidental *a.* पश्चिमी, पाश्चात्य
occult *a.* जादू का, गुप्त, छिपा हुआ
occupant *n.* अधिकारी, मालिक
occupation *n.* अधिकार, व्यवसाय, पेशा
occupy *v.t. & i.* ( *p.t.* occupied) अधिकार करना, व्याप्त करना पद धारण करना, धन्धे में लगना
occur *v.i. & t.* (*p.t.* occurred ) प्रकट होना, घटित होना, मन में आना
occurrence *n.* घटना*, वृत्तान्त
ocean *n.* महासागर; ocean-lane जहाज़ के चलने का समुद्र का मार्ग
octagon *n.* अष्टभुज
octagonal *a.* अठपहला
octangular *a.* आठ कोने का
octave *n.* सत्यक, अष्टक, आठ चरणों का पद, बाजे का पर्दा
October *n.* अक्तूबर
octroi *n.* चुंगी*
odd *a.* ताख (अयुग्म) , बिलक्षण, विचित्र; at odds विरोध में; odds and ends फुटकर पदार्थ; to take odds सुविधा स्वीकार करना; odd and even जूस-ताख; odd number विषम संख्या*
oddity *n.* (*pl.* oddities) विचित्रता*, अपूर्वता*
odds *n. pl.* भिन्नता* असमानता*, सुविधा*
ode *n.* गीत, गीति-काव्य

odour *n.* गंध, सुगंध*

offence *n.* अन्यायाचरण, अप-
राध, आक्रमण, क्रोध का
कारण

offend *v.t.* क्रुद्ध करना, अप्रसन्न
करना, चित्त दुखाना, आज्ञा
भंग करना

offender *n.* दोषी, अपराधी

offensive *a.* आक्रामक, घृणा-
जनक, अप्रिय

offer *v.t. & i.* (*p.t.* offered)
निवेदन करना प्रस्ताव करना;
*n.* निवेदन, प्रार्थना*

offering *n.* बलिदान, उपहार,
भेंट*

office *n.* कर्त्तव्य, व्यापार,
कार्यालय, काम

officer *n.* पदाधिकारी, अफसर

official *n. & a.* अधिकार संबंधी,
कर्मचारी

officially *adv.* अधिकारपूर्वक

officiate *v.i.* किसी पदाधिकारी
के स्थान में काम करना, एवजी
करना

offing *n.* किनारे से दिखाई पड़ता
हुआ समुद्र का दूर का भाग,
दृश्य-क्षितिज

offset *n.* दीवार का सलामी
छज्जा, हरजाना, कलम लगाने
की टहनी, मुद्रण कला में रबर
की छपाई

offshoot *n.* शाखा*, अंकुर

offspring *n.* सन्तति*, परिणाम

oft *adv.* बहुधा

often *adv.* बहुधा, प्रायः

oil *n.* तेल; *v.t.* तेल पोतना या
लगाना; to pour oil in
the flame उत्तेजित करना;
to pour oil on the waters
झगड़ा तय करना; to burn
the midnight oil रात में
देर तक पढ़ना या काम करना;
to oil one's tongue चाप-
लूसी करना

oilcake *n.* खली*

oilcloth *n.* मोमजामा

oil-colour *n.* तेल में मिला हुआ
रंग

oil-painting *n.* तैलचित्र

ointment *n.* मलहम, उबटन

old *a.* (*comp.* older, elder,
*sup.* oldest, eldest) वृद्ध,
फटा-पुराना, जर्जर, प्राचीन;
old boy पाठशाला का प्राचीन
विद्यार्थी; old hand अनुभवी
मनुष्य; old - fashioned
पुराने ढंग का

oligarchy *n.* अभिजाततंत्र

olive *n.* जैतून का वृक्ष; olive-
branch शान्ति का चिह्न;
olive crown विजय-मुकुट

-ology *suf.* 'विज्ञान' के
अर्थ का प्रत्यय, यथा—
biology, theology etc.

**olympian** *a.* महत्त्व का, प्रभावशाली
**omega** *n.* यूनानी वर्णमाला का अन्तिम अक्षर
**omen** *n.* भविष्यवाणी*, शकुन, लक्षण
**ominous** *a.* अपशकुन का
**omission** *n.* चूक*, भूल*
**omit** *v.t.* (*p.t.* omitted) त्यागना, छोड़ देना
**omnipotence** *n.* अनन्त शक्ति*
**omnipotent** *a.* सर्वशक्तिमान
**omnipresence** *n.* विश्वव्यापकता*
**omnipresent** *a.* विश्वव्यापी
**omniscience** *n.* अनन्त ज्ञान
**omniscient** *a.* सर्वज्ञ, त्रिकालदर्शी
**on** *prep.* पर, ओर, समीप, लिए, ऊपर, लगा हुआ, कारण से; on account of वास्ते, लिए; on the wing उड़ता हुआ; *a.* सहारे पर का, लगा हुआ; on purpose जान-बूझकर; to be on fire आग लग जाना; on the move चालू; from that day on उस दिन से; on the instance तुरंत; on the minute ठीक समय पर, आगे को
**once** *adv.* एक बार, पहले; at once तुरंत; once more again दुबारा; once for all सर्वदा के लिए
**one** *a.* & *pron.* एक व्यक्ति, कोई, वही, संयुक्त; many a one बहुतेरे एक साथ; one and all एक साथ सब; one by one एक-एक करके; one another परस्पर; one-sided पक्षपाती; with one voice एक सुर में
**onerous** *a.* भारी, कष्टसाध्य
**onion** *n.* प्याज
**on-looker** *n.* दर्शक
**only** *a.* केवल, प्रधान; *adv.* केवल; *conj.* सिवाय; not only but न केवल
**onset** *n.* आक्रमण, धावा
**onslaught** *n.* भयंकर आक्रमण
**onus** *n.* (*no plural*) भार, कर्त्तव्य, उत्तरदायित्व
**onward** *a.* आगे की ओर बढ़ा हुआ
**onwards** *adv.* आगे की ओर
**opal** *n.* दूधिया पत्थर, पोलकी
**open** *a.* खुला हुआ, प्रकट; *v.t.* आरम्भ करना, प्रकाशित करना, खोलना, स्थागित करना; open air घर के बाहर की खुली वायु; open-handed उदार, दानी; open-minded पक्षपातरहित; open-mouthed लालची,

स्पष्टवक्ता; open to dispute विवादनीय; open weather स्वच्छ ऋतु; to keep doors open सबका आतिथ्य करना; to receive with open arms सहृदय स्वागत या स्वीकार करना; with open eyes स्पष्ट रूप से; to open one's eyes आश्चर्य दिखलाना; to open up प्रकाशित करना

**opening** *n.* आरम्भ, अवसर, छिद्र

**openly** *adv.* स्पष्टता से, खुले-आम

**opera** *n.* ऑपेरा, गीति-नाट्य; opera-glass नाटक देखने की दूरबीन

**operate** *v.t. & i.* कार्य करना, यन्त्र चलाना, शल्य-क्रिया करना; operating room (theatre) डाक्टर के चीर-फाड़ करने का कमरा

**operation** *n.* उद्यम, चीर-फाड़, सेना की गति*

**operative** *a. & n.* काम करने वाला, श्रमिक

**operator** *n.* काम करनेवाला

**opinion** *n.* राय*, विश्वास, अभिप्राय, आशय, विचार; I am of opinion मैं ऐसा विचार करता हूं

**opium** *n.* अफीम*

**opponent** *n.* विरोधी, शत्रु

**opportune** *a.* सुगम, अनुकूल

**opportunity** *n.* अवकाश, अवसर; to wait an opportunity *n.* अवसर की प्रतीक्षा करना

**oppose** *v.t.* विरोध करना, बाधा डालना, सामना करना

**opposite** *a.* सामने का, विपरीत, प्रतिकूल; of an opposite kind भिन्न प्रकार का; the opposite sex स्त्री-जाति

**opposition** *n.* विरोध, वैर, विरोधी पक्ष

**oppositional** *a.* द्वेष या विरोध भाव का

**oppress** *v.t.* पीड़ा देना, सताना, दबाना

**oppression** *n.* उपद्रव, निर्दयता

**oppressive** *a.* कठोर, निर्दय

**oppressor** *n.* अत्याचारी, क्रूर

**optic (-al)** *a.* नेत्रविज्ञान

**optician** *n.* चश्मा बेचनेवाला, चक्षुविद्या में निपुण

**optics** *n.* प्रकाश-संबंधी विज्ञान

**optimism** *n.* आशावादिता*

**optimist** *n.* आशावादी

**optimistic** *a.* आशावादी

**option** *n.* विकल्प, रुचि*, पसन्द, अभिलाषा*; left to your

option आपके इच्छानुसार
optional *a.* इच्छानुसार, वैकल्पिक
oracle *n.* आकाशवाणी*, भविष्यवाणी*, प्रसिद्ध विद्वान
oracular *a.* गुप्त, अस्पष्ट
oral *a.* मौखिक, बोला हुआ
orally *adv.* मौखिक से
orange *n.* नारंगी* संतरा; *a.* नारंगी के रंग का; orange-colour नारंगी रंग
oration *n.* सार्वजनिक व्याख्यान
orator *n.* (*fem.* oratress) सुवक्ता, वाग्मी
oratorial *a.* व्याख्यान-संबंधी
oratory *n.* भाषण की शक्ति* या कला*
orbit *n* ग्रहपथ, कक्षा, आंख का गड्ढा
orchard *n.* फल-वाटिका*; orchard-house फल के वृक्षों को उगाने का आच्छादित गृह
orchestra *n.* आर्केस्ट्रा, वादक-दल, वाद्यस्थान
ordeal *n.* अग्नि-परीक्षा*, कठिन परीक्षा*
order *n.* क्रम, शासन, आज्ञा*, सामाजिक पद, आचार, जाति*, आदेश, दर्जा; *v.t.* क्रम में रखना, आज्ञा देना; in order to वास्ते, लिए; lower orders नीच जाति के लोग; made to order आज्ञानुसार बनाई हुई वस्तु; order-book ग्राहकों की मांग की बही; order of battle सैन्य रचना; order of the day कार्य का व्यवस्थित क्रम; out of order क्रमहीन
orderly *a.* & *n.* क्रमानुसार, सेवक, अर्दली
ordinance *n.* नियम, विधि*, व्यवहार
ordinarily *adv.* साधारणरूप से
ordinary *a.* सामान्य, साधारण, प्रचलित, नियम के अनुसार
organ *n.* इन्द्रिय*, अंग, मुखपत्र भाग, बड़ा बाजा; किसी कार्य का साधन; mouth organ मुंह से बजाने का बाजा
organic *a.* इन्द्रिय-संबंधी, धार्मिक, क्रमिक
organism *n.* जीवधारी रचना*
organization *n.* संघटन, निर्माण, रचना*, संगठन; संस्था*
organize *v.t.* क्रमबद्ध बनाना संगठित करना
orient *n.* पूर्व दिशा*
oriental *a.* & *n.* पूर्वी, पूर्व देश निवासी, पूर्व देश
origin *n.* मूल, प्रारम्भ,

उत्पत्ति*, वंश या गोत्र

original *a.* & *n.* प्रथम, मौलिक (ग्रन्थ)

originality *n.* मौलिकता*, अपूर्व रचना-शक्ति*

originate *v.t.* & *i.* उत्पन्न करना या होना, निर्माण करना

originator *n.* उत्पन्न करने वाला

ornament *n.* अलंकार, आभूषण, शृंगार; *v.t.* सुशोभित करना, सजाना

ornamental *a.* सुशोभित करने वाला

ornamentation *n.* सजावट*

orphan *n.* अनाथ बालक

orphanage *n.* अनाथालय

orthodox *a.* सत्यधर्मानुसारी, नियमानुसारी, कट्टरपंथी

orthodoxy *n.* कट्टर धर्म-परायणता*

oscillate *v.i.* & *t.* झूलना, डोलना, हिलाना, कांपना

ostracize *v.t.* जाति के बाहर निकाल देना

ostrich *n.* शुतरमुर्ग; ostrich policy अपने को भ्रम में डालने वाली नीति*

other *a.* & *pron.* अन्य, दूसरा, भिन्न; every other day एक-एक दिन के अन्तर पर; some time or other किसी न किसी दिन; the other day कुछ दिन बीते; the other world भविष्य-जीवन

ottoman *a.* तुर्क संबंधी; *n.* तुर्क, एक प्रकार का गद्दा

ounce *n.* आधी छटांक के लगभग की अंग्रेज़ी तौल*, तेंदुआ

our *pron.* हम लोगों का

oust *v.t.* अधिकार छीन लेना, हटाना, बाहर करना

out *adv. a.*, & *prep.* (*comp.* outer, *sup.* outmost, outermost) भीतर से प्रकट, प्रकाशित, समाप्त, घर के बाहर, भूला हुआ, बिना अधिकार का, बुझा हुआ; fire is out आग बुझ गई है; out with him उसको बाहर निकाल दो; out and away दूर तक; out and out पूर्ण रूप से; out of breath हांफता हुआ; out of में से; out of curiosity आश्चर्य से; out of doors खुले मैदान में; out of hand तुरन्त, out of order विधि विरुद्ध; out of the way असामान्य; out with मित्रभाव न रखता

हुआ; the book is out पुस्तक प्रकाशित हो गई है; the fire is out आग बुझ गई; to be out प्रकाशित होना

out *pref.* 'अधिक होना, बढ़ना या बाहर' के अर्थ का उपसर्ग

outbalance *v.t.* भार में बढ़ाना

outbid *v.t.* अधिक दाम लगाना

outbreak *n.* आकस्मिक आरम्भ, उद्गार, हुल्लड़, बलवा

outburst *n.* धड़ाका, विस्फोट

outcast *n.* निकलुआ; *a.* गृहहीन, अधम, पतित

outcome *n.* परिणाम, फल

outdoor *a.* खुले स्थान में किया हुआ, घर के बाहर का (बाहरी)

outfit *n.* यात्रा-सामग्री, उपकरण; *v.t.* (*p. t.* outfitted) तैयारी करना

outgrow *v.i.* वेग से बढ़ना या उगना

outhouse *n.* घर के बाहर का छोटा मकान

outing *n.* हवा खाने के लिए बाहर गमन, प्रमोद-भ्रमण

outlandish *a.* अपरिचित, बाहरी, अशिष्ट, गंवारू, अति विलक्षण

outlaw *n.* न्यायविरुद्ध चलने वाला मनुष्य; *v.t.* न्यायोचित सुविधाओं से वंचित करना

outlet *n* निकास, द्वार

outline *n.* बाहरी सीमा*, रूप-रेखा*, आकार मात्र, ढांचा, सामान्य वर्णन; *v.t* रेखांकित मानचित्र बनाना

outlive *v.i.* अधिक जीना या रहना

outlook *n.* सामान्य दृश्य

outnumber *v.i.* संख्या में बढ़ना

outpatient *n.* अस्पताल के बाहर रहनेवाला रोगी

outpost *n.* सेना से दूर पर की चौकी*

output *n.* उत्पादन, उत्पत्ति*, उपज*

outrage *n* अत्याचार, उपद्रव; *v t.* & *i.* उपद्रव करना, अत्याचार करना

outright *adv.* पूर्ण रूप से, सर्वथा

outshine *v.t.* अधिक चमकना

outside *n.* बाहरी भाग; *adv.* बाहरी ओर

outsider *n.* परदेशी पुरुष

outsize *a.* सामान्य नाप से बढ़कर

outskirt *n.* सीमाप्रान्त, सरहद*

outskirts *n. pl.* नगर के बाहर

का प्रदेश

outstanding *a.* बकाया; विशिष्ट

outward *a.* बाहरी

outwardly *adv.* बाहरी ओर

outweigh *v.t.* भार या महत्त्व में बढ़ना

outwit *v.t.* (*p.t.* outwitted) बुद्धि में बढ़ जाना, ठगना, धोखा देना

ovation *n.* स्वस्ति-वाचन, जय-जयकार

oven *n.* चूल्हा, तंदूर

over *prep. & adv.* अधिक, विषय मे, ऊपर, आगे की ओर, अतिरिक्त, आरपार; all over India भारतवर्ष में सर्वत्र; over against सम्मुख; over and over again बारम्बार; over head and ears पूर्ण रूप से; over our heads हम लोगों के विचार के बाहर; the work is over कार्य समाप्त हो गया

overact *v.t.* सीमा के बाहर काम करना

overall *n.* ऊपरी लबादा

overawe *v.t.* व्याकुल करना, डराना

overboard *adv.* जहाज की छत पर, नौका के बाहर

overburden *v.t.* अधिक बोझ लादना

overcast मेघाच्छन्न; *v.t.* अंधेरा करना

overcharge *v.t. & i.* अधिक दाम लगाना या लगना

overcoat *n.* ओवर कोट, बड़ा कोट

overcome *v.t.* (*p.t.* overcame, *p.p.* overcome) जीतना

overdo *v.t.* (*p.t.* overdid, *p.p.* overdone) बहुत ही दूर ले जाना, पीड़ा देना, थका देना

overdose *n.* औषधि की अधिक मात्रा*

overdraft *n.* बैंक में से जमा से अधिक रुपया निकालना, अधिकर्ष

overdraw *v.t.* (*p.t.* overdrew, *p.p.* overdrawn) जमा से अधिक रकम निकालना

overdue *a.* मिती बिताया हुआ, समय पर न चुकाया हुआ

overhaul *v.t.* मरम्मत करके नया बना देना, परीक्षा करना, जांचना

overhear *v.t.* छिपकर सुनना

overlap *v.t.* (*p.t.* overlapped) एक के ऊपर दूसरे का किनारा रखना

overlook *v.t.* क्षमा करना,

उपेक्षा करना, जांचना
overpower *v.t.* पराजित करना, हराना
overrate *v.t.* अधिक मूल्य लगाना
overrule *v.t.* अधिशासित करना, रद्द करना
overrun *v.t.* & *i.* (*p.t.* overran) पददलित करना, लूटना
oversea *a.* समुद्र पार का
overseer *n.* अधीक्षक
overt *a.* स्पष्ट, प्रत्यक्ष, प्रकट
overtake *v.t.* (*p.t.* took *p.p.* taken) पीछा करके पकड़ लेना
overthrow *v.t.* (*p.t.* threw, *p.p.* thrown) वश में करना, जीतना, नाश करना; *n.* हार*
overtime *n.* निर्धारित से अधिक समय, ओवर टाइम, अतिरिक्त समय का काम
overture *n.* प्रस्ताव
overwhelm *v.t.* व्याकुल करना, कुचलना
overwork *v.t.* & *i.* (*p.t.* overwrought) अधिक काम कराकर थकाना, अधिक परिश्रम करना
owe *v.t.* & *i.* ऋणी होना
owl *n.* उल्लू पक्षी
own *a.* निजी; *v.t.* अपनाना, स्वामी होना, स्वीकार करना; of my own अपना निज का; of one's own accord अपनी स्वतन्त्र इच्छा से; to hold one's own अपना अधिकार या स्वत्व धारण करना; to make one's own अपनाना
owner *n.* स्वामी
ox *n.* (*pl.* oxen) बैल, बरध
oxide *n.* प्राणवायु का किसी तत्त्व से संयोग, आरेय
oxygen *n.* प्राणवायु, ओषजन, जारक
oyster *n.* सीप*, घोंघा

# P

pace *n.* पग, चाल*, गति*; *v.i.* & *t.* चलना, गति ठीक करना; to keep pace with समान गति से चलना; to pace up and down इधर-उधर चलना
pacific *a.* शांत, स्थिर
pacify *v.t.* (*p.t.* pacified) शांत करना, शांति लाना
pack *n.* गठरी*, बोझ, गड्डी*,

शिकारी कुत्ते, भेड़िये इत्यादि का समुदाय; *v.t. & i.* माल से भरना, गठरी बांधना, भीड़ मचाना

package *n.* छोटी गठरी*

packet *n.* छोटा पार्सल या पुलिंदा

packing *n.* बांधने की सामग्री*; packing-needle गठरी सीने का सूत्रा; packing-sheet सामग्री बांधने का कपड़ा

pact *n.* बंधेज, इकरारनामा, ठेका, संधि*

pad *n.* गद्दी*, काठी*, सोख्ता या कागज की गड्डी, पशुओं के पैर के नीचे का कोमल भाग; *v.t.* (*p.t.* padded) गद्देदार बनाना

padding *n.* गद्दी*

paddle *v.i. & t.* पानी में पैर मारना, नाव चलाना; *n.* छोटा डांड़ा, बाइसिकिल*, जहाज़ चलाने का साधन, क्षेपणी; paddle-wheel जहाज़ चलाने का पहिया, क्षेपड़ी चक्र; to paddle one's own canoe अपने सामर्थ्य पर निर्भर होना

paddy *n.* धान

page *n.* छोकरा, लड़का, पुस्तक के पत्र का एक ओर का भाग; *v.t.* पुस्तक आदि के पन्ने में अंक डालना; page of honour रईस का सेवक लड़का

pageant *n.* आडम्बर, लीला*, तमाशा

pageantry *n.* आडम्बर, तड़क-भड़क, तमाशा

pagoda *n.* पगोडा, मेरु-मन्दिर

pain *n.* दुःख, पीड़ा*, क्लेश; प्रसव-वेदना*; *v.t.* पीड़ा देना, दुःख देना; bodily pain शारीरिक व्याधि; mental pain मनोव्यथा; sharp pain तीव्र वेदना, शूल; to take pains कष्ट सहना

painful *a.* दुःखदायी

painstaking *a.* परिश्रमी, उद्यमी

paint *n.* रंग, लेप; *v.t.* रंगना, चित्र बनाना

painter *n.* (*fem.* paintress) चित्रकार

painting *n.* रंगा हुआ चित्र

pair *n.* जोड़ा; *v.t.* जोड़ा लगाना या मिलाना; a married pair पति और पत्नी; to pair off दो-दो करके अलगाना; well-paired अच्छी तरह जोड़ा या मिलाया हुआ

palace *n.* राजभवन, महल

palanquin n. शिविका*, पालकी*

palatable a. स्वादिष्ट

palatal a. तालु-सम्बन्धी

palate n. तालु, स्वाद

palatial a. विशाल, बड़ा

pale n. बाड़ा, घेरा; a. पीला, धुंधला; v.t. &i. पीला करना, पीला होना

palette n. चित्रकार की रंग मिलाने की पटिया*; palette-knife रंग मिलाने की लोहे की पट्टी

palm n. हथेली*; v.t. हथेली में छिपाना; palm of victory जय-ध्वनि; to grease a person's palm घूस देना; to join the palms हाथ जोड़ना; to palm off धोखा देना. ठगना

palm n. ताड़ का पेड़, उत्तमता*, विजय-चिह्न; palm oil गरी का तेल

palmist n. हस्तरेखा-सामुद्रिक में निपुण

palmistry n. हस्तरेखा-सामुद्रिक विद्या*

palpable a. स्पष्टगोचर, स्पष्ट, प्रत्यक्ष

palpitate v.i. धड़कना, कांपना

palpitation n. धड़कन*

paltry a. तुच्छ, नीच

pamper v.t. & i. अधिक

भोजन कराना, सन्तुष्ट करना

pampered a. हृष्टपुष्ट

pampering a. परिपोषक

pamphlet n. पैम्फलेट, पर्चा, छोटी पत्रिका*

pamphleteer n. पर्चा लिखने वाला, पत्रिकाकार

pandemonium n. पिशाच-सभा, अव्यवस्थित स्थान, बड़ा उपद्रव

pandora n. एक प्रकार की सारंगी*

pane n. कांच की पट्टी*

panegyric n. स्तुति*, प्रशंसा*

panel n. द्वारफलक, दिलहा, तैलचित्र बनाने की तख्ती* पंच, झालर; v.t. दिलहा या चौखटा लगाना

pang n. व्यथा*, संताप, वेदना*

panic n. त्रास, आतंक, विप्लव, अकस्मात् भय; panic-monger आतंक फैलानेवाला; panic-struck आतंकित

panorama n. निरन्तर दृष्टिगत दृश्य, चित्रमाला*, इर्द-गिर्द का दृश्य

pant v.i. सांस लेना, हांफना, तीव्र इच्छा करना; n. धड़कन*

pantheism n. विश्वदेवतावाद, सर्वेश्वरवाद, देवपूजा*

panther n. चीता, तेंदुआ

pantomime n. मूकाभिनय,

स्वांग
pantry *n.* (*pl.* pantries) भण्डारघर
papacy *n.* पोप (रोम के सबसे बड़े पादरी) का पद
papal *a.* पोप संबंधी
paper *n.* कागज़, समाचारपत्र, लेख, प्रश्नपत्र, (ब० व०) चिट्ठी पत्री; *n.* कागज़ का बना हुआ; paper-hangings *n. pl.* कमरे की दीवारों पर चिपकाने के कागज़; paper knife *n.* कागज़ काटने की छुरी*; paper-mill *n.* कागज़ बनाने का कारखाना; paper-money बैंक इत्यादि के नोट; paper-weight कागज़ दबाने का भार; to commit to paper कागज़ पर लिख लेना; to put pen to paper लिखना आरम्भ करना
papier-mache *n.* कागज़ की लुग्दी जिसके अनेक पदार्थ बनते हैं
par *n.* सममूल्य, समता*, बराबरी*; above par सामान्य मूल्य से अधिक; at par बराबर मूल्य का; below par घाटे पर, कमती भाव में
parable *n.* नीतिकथा*, कहावत*
parabolic (-al) *a.* नीतिकथा के रूप में वर्णित, अगुवृत्त आकार का
parachute *n.* पैराशूट, हवाई छतरी
parachutist *n.* हवाई छतरी से उतरनेवाला सैनिक
parade *n.* परेड, कवायद, आडम्बर, सैन्य-व्यायाम, टहलने का मार्ग; *v.t.* सैन्य-व्यायाम करना, आडम्बर करना; parade ground कवायद करने का स्थान
paradise स्वर्ग, परम आनन्द का सुन्दर स्थान
paradox *n.* असत्याभास, परस्पर विरुद्ध मत
paradoxical *a.* असत्याभास रूप का
paraffin *n.* मोमबत्ती बनाने का एक प्रकार का पदार्थ, मृद्वसा; paraffin-oil स्वच्छ किया हुआ मिट्टी का तेल
paragon *n.* आदर्श या अत्युत्तम पदार्थ
paragraph *n.* अनुच्छेद, प्रकरण
parallel *a.* समानान्तर, सदृश, समान परिणाम का; *v.t.* समानान्तर करना, तुल्य करना; parallel lines समानान्तर रेखायें; parallels of latitude अक्षवृत्त, अक्षांश रेखाएं*
parallelism *n.* समानता*

**parallelogram** *n.* समानान्तर चतुर्भुज
**paralyse** *v.t.* लकवा मारना, शक्तिहीन करना
**paralysis** *n.* पक्षाघात, लकवा रोग
**paralytic** *n.* लकवा मारा हुआ
**paramount** *a.* सर्वश्रेष्ठ, सर्वोत्तम
**paraphernalia** *n. pl.* सज-धज, आडम्बर, सामग्री*
**paraphrase** *n.* टीका*, संक्षिप्त व्याख्या*; *v.t.* संक्षिप्त व्याख्या करना
**parasite** *n.* परोपजीवी जन्तु या पौधा
**parcel** *n.* पार्सल, खंड, पोटली*, गठरी*; *v.t.* खंड करना, बांटना; part and parcel अंगभूत; to parcel अलगाना
**pardon** *v.t.* क्षमा करना; *n.* क्षमा*
**pardonable** *a.* क्षमा के योग्य
**parent** *n.* माता*-पिता, उद्गम, प्रभव
**parentage** *n.* जाति*, कुल
**parental** *a.* पैतृक, प्रिय
**parenthesis** *n.* (*pl.* ses) निक्षेपवाक्य, अप्रधान वचन, कोष्ठक का ( ) चिह्न
**parish** *n.* पादरी का प्रदेश
**parity** *n.* समानता*, बराबरी*
**park** *n.* पार्क, क्रीड़ावन, सर्वसामान्य के घूमने का बगीचा; *v.t.* पार्क बनाना, मोटर आदि मोटर चौक में खड़ा करना
**parlance** *n.* संभाषण की शैली*
**parley** *n.* बातचीत*, संभाषण, सभा*; *v.t.* सभा करना
**parliament** *n.* पार्लमेन्ट, संसद*
**parliamentarian** *n.* संसत्पंडित, संसदवादी, संसदीय
**parliamentary** *a.* संसदीय
**parlour** *n.* बैठक*, दर्शन-गृह
**parody** *n.* पैरोडी*, हास्यानुकृति*, अनुकरण-काव्य; *v.t.* (*p.t.* parodied) पैरोडी लिखना
**parole** *n.* पैरोल, साधि मुक्ति*, कारावकाश
**parricide** *n.* पिता की हत्या करनेवाला, पितृहत्या*
**parrot** *n.* सुग्गा, तोता; *v.t.* बिना अर्थ समझे शब्द दुहराना
**parry** *v.t.* (*p.t.* parried) रोकना, छेकना; *n.* छेकान
**parson** *n.* पादरी
**part** *n.* अंश, भाग, खंड, नाटक के पात्र का नियोग; *v.t.* बांटना, अलग करना; for my part जहां तक मेरा संबंध है; for the most part विशेषकर; I have done my part मैंने अपना निर्धारित कार्य कर लिया;

in parts थोड़े अंश में; part and parcel आवश्यक अंश; parts योग्यता; to have a part in संबंध रखना; to part the hair सिर के बालों को कंघी से संवारना; to part with सौंपना, विदाई लेना, त्यागना; to take part सहायता करना

**partake** *v.i.* (*p.t.*-took, *p.p.* -taken) भाग लेना, साझी होना

**partial** *a.* एक अंश का, अपूर्ण, पक्षपाती

**partiality** *n.* पक्षपात, स्नेह, असमदृष्टि*

**participate** *v.i.* हिस्सा लेना, साझी होना

**participation** *n.* हिस्सेदारी*, शिरकत*

**particle** *n.* कण, लेश, परमाणु

**particular** *a.* पृथक्, विशिष्ट, व्यक्तिगत, सावधान, निश्चित; विस्तृत वर्णन, ब्योरा; at a particular time किसी विशिष्ट समय पर; give the particulars उसका ब्योरा कहो

**partisan** *n.* पक्षधर, नेज़ा, भाला

**partition** *n.* बंटवारा, हिस्सा, अलगानेवाली भीत; *v.t.* बंटवारा करना, बांटना

**partner** *n.* मेली, सहकारी, साझीदार

**partnership** *n.* सहकारिता*, साझा

**party** *n.* (*pl.* parties) पार्टी*, दल, समुदाय, समाज, मुकदमा करनेवाला; of one's party अपने पक्ष का; of the opposite party विपक्ष का

**pass** *v.i.* & *t.* चले जाना, लुप्त होना, मर जाना, दूसरा समझा जाना, नियम होना, परीक्षा में उत्तीर्ण होना, बिताना, आज्ञा देना; to pass for स्वीकृत होना, मान जाना; to pass sentence upon दण्ड की आज्ञा देना; let it pass now अब ऐसा होने दो; read the paper and pass it on पत्र पढ़कर आगे को बढ़ाओ; this passes comprehension यह विचार से बाहर है; to come to pass घटित होना; to pass away मरना; to pass by तिरस्कार करना; to pass off लुप्त होना; to pass over त्यागना; to pass through प्रवेश करना, घुसना; to pass time समय बिताना; to pass water लघुशंका करना; *n.* घाटी*, परीक्षा में सफलता*,

प्रवेश का श्राज्ञापत्र, प्रवेश-पत्र
pass-book *n.* पासबुक, रुपये का लेन-देन लिखने की बैंक की किताब*
passenger *n.* यात्री, मुसाफिर
passion *n.* चित्त का श्रावेग, भावावेग
passionate *a.* तीव्र, तीक्ष्ण, क्रोधी, कामुक
passive *a.* निष्क्रिय, निश्चेष्ट, उदासीन; passive resistance सत्याग्रह; passive कर्मवाच्य
passport *n.* पासपोर्ट, पार-पत्र
past *a.* & *n.* बीता हुश्रा, पहले का, भूतपूर्व काल; *prep.* & *adv.* बाद, समयान्तर में; for some time past कुछ दिन हुए; half past four साढ़े चार बजे; ran past the garden बगीचे की श्रोर दौड़ा
paste *n.* श्राटे की लेई, साना हुश्रा श्राटा; *v.t.* लेई से चिपकाना
paste board *n.* दफ्ती*
pastel *n.* पेस्टल, रंगीन खड़िया
pastime *n.* क्रीड़ा*, खेल, मनबहलाव
pastoral *a.* पादरी या गड़रिये से सम्बन्धित, ग्रामीण जीवन संबंधी
pasture *n.* चारा, घास*, चरागाह*; *v.t.* पशुश्रों को चराना
pat *v.t.* (*p.t.* patted) थपथपाना, ठोकना; *n.* थपकी*; *a.* & *adv.* उचित, योग्य; pat on the back पीठ पर की थपथपाहट
patch *v.t.* मरम्मत करना; *n.* चिप्पड़, पेवन
patent *a.* स्पष्ट, प्रत्यक्ष; *n.* पेटेन्ट, एकस्व; *v.t.* श्राविष्कार की रजिस्ट्री कराना
paternal *a.* पैतृक
path *n.* मार्ग, पगडंडी*
pathetic *a.* हृदयस्पर्शी, कारुणिक
patience *n.* क्षमा*, सहनशीलता*, धैर्य; out of patience with न सहने योग्य; to have no patience with उत्तेजित होना, क्रुद्ध होना
patient *a.* सहनशील, धैर्ययुक्त, जल्दी न करनेवाला; *n.* रोगी
patricide *n.* पितृहत्या*
patrimonial *a.* पैतृक, बपौती
patrimony *n.* पैतृक धन, विरासत
patriot *n.* देशभक्त
patriotic *a.* देशभक्तिपूर्ण
patriotism *n.* देशभक्ति*
patrol *v.i.* (*p.t.* patrolled)

पहरा देना, रक्षा करना; *n.*
रक्षा के निमित्त रात्रि में
चक्कर लगाना, पहरेदार

**patron** *n.* पोषक, संरक्षक

**patronage** *n.* सहायता*, अनुग्रह

**patronize** *v.t.* आश्रय देना,
सहायता देना

**pattern** *n.* आकार, सांचा

**paucity** *n.* लघुता*, कमी*

**pauper** *n.* अनाथ, दरिद्र, भिक्षुक

**pause** *n.* विराम, ठहराव; *v.i.*
विश्राम करना, ठहरना; to
pause upon चिन्तन करना

**pave** *v.t.* पत्थर या ईंट बैठाना,
मार्ग बनाना

**pavement** *n.* पत्थर या ईंट का
फर्श, सड़क की पटरी

**pavilion** *n.* पविलियन, तम्बू,
खेमा, मण्डप; *v.t.* पटमण्डप
लगाना, तम्बू लगाना

**paw** *n.* पंजा, चंगुल; *v.t.* पंजे से
खुरचना

**pay** *v.t.* (*p.t.* paid) ऋण
चुकाना, बदला देना, वेतन
देना; *n.* वेतन, मूल्य; to pay
attention to ध्यान लगाना;
to pay for बदले में देना;
to pay in अपने खाते में
देना; to pay in one's
own coin बदला चुकाना;
to pay off पूरा धन चुकाना;
to pay out दण्ड देना; to

pay up पूरा ऋण चुकाना;
paymaster वेतन बांटनेवाल

**payable** *a.* देय, शोधनीय

**payee** *n.* रुपया पानेवाला

**payer** *n.* रुपया देनेवाला

**payment** *n.* भुगतान, चुकौता

**pea** *n.* मटर; peascod मटर
की छीमी

**peace** *n.* शांति*, अविरोध,
मैत्री*; at peace शांति भाव
में; to hold one's peace
चुप रहना

**peaceable** *a.* शांतिप्रिय,
अव्याकुल

**peaceful** *a.* शांत

**peacock** *n.* (*fem.* peahen)
मोर

**peak** *n.* शिखर, पहाड़ की
चोटी*; peak and pine
क्षीण तथा दुर्बल

**pearl** *n.* मोती; mother of
pearl मोती का सीप; pearl
eye मोतियाबिंद; to cast
pearls before swine
अयोग्य व्यक्ति को अच्छे
पदार्थ देना

**peasant** *n.* किसान, खेतिहर

**peasantry** *n.* किसान वर्ग

**pebble** *n.* पत्थर की गोली*,
कंकड़, स्फटिक

**peck** *n.* चोंच*, दो गैलन की
तौल*; *v.i.* चोंच मारना,

दाना चुगना; to peck out छेद करना

peculiar *a.* असाधारण, विलक्षण

peculiarity *n.* विशेषता*, विलक्षणता*

pecuniary *a.* धन-सम्बन्धी, आर्थिक; pecuniary difficulties आर्थिक कष्ट; pecuniary loss आर्थिक हानि*

pedagogue *n.* बाल-शिक्षक, बाल-अध्यापक

pedagogy *n.* अध्यापकी विद्या*, शिक्षण-शास्त्र

pedal *n.* पैडल, किसी यन्त्र का पैर से चलाने का भाग (साधन); *v t.* पैडल चलाना

pedantic *a.* पाण्डित्य दिखलाने वाला

pedestal *n.* पाद-पीठ*, चौकी*; भवन का स्तम्भपाद, नींव*

pedestrian *n.* पाद-चारी या पैदल चलनेवाला यात्री

pedigree *n.* वंशावली*

peel *v.t.* छिलका या छाल उतारना; *n.* छिलका, छाल*

peep *v.i* चूं-चूं करना, चोरी से देखना, झांकना, दिखाई देना; peep of day अरुणोदय, तड़का

peer (*fem.* peeress) *n.* शिष्टजन, कुलीन पुरुष तुल्य, समान, लार्ड

peerless *a.* अनुपम

peg *n.* कील*, खूंटी*, शराब की छोटी प्याली; *v.t.* (*p.t.* pegged) खूंटे से बांधना, स्थिर करना; a peg to hang अवसर, बहाना; to peg away हठपूर्वक कार्य करना; to peg down नियमबद्ध करना

pell-mell *a. & adv.* व्याकुलता से

pellucid *a.* स्वच्छ और पारदर्शक, स्पष्ट

pen *n.* लेखनी*, *v.t.* लिखना

penal *a.* दण्डविषयक; penal code दंड-विधान; penal code दंड-संहिता*; penal-law दण्ड के नियम; penal servitude सपरिश्रम कारावास

penalize *v.t.* दण्डनीय बनाना

penalty *n.* दण्ड, अर्थदण्ड

penance *n.* तपस्या*, प्रायश्चित्त; to practise penance तपस्या करना

pencil *n.* पेन्सिल; *v.t.* (*p.t.* pencilled) पेन्सिल से लिखना अथवा चित्र बनाना

pending *n.* अस्थिरता*, विचाराधीन; *prep.* अनिश्चित

अवस्था में

pendulum *n.* पेण्डुलम, दोलक, लंगर; swing of pendulum राजनीतिक अवस्था में उलट-फेर

penetrate *v.t. & i.* चुभाना, अर्थ समझना, व्याप्त होना

penetration *n.* प्रवेशन, वेधन

penis *n.* शिश्न, लिङ्ग

penniless *a.* निर्धन, दरिद्र

penny *n.* (*pl.* pennies, pence) अंग्रेजी सिक्का जो प्राय: एक आने के बराबर होता है; penny a line सस्ता साहित्य

pension *n.* पेन्शन, पूर्व सेवा-वृत्ति*, *v.t.* पेन्शन देना

pensioner *n.* पेन्शन पानेवाला मनुष्य

pensive *a.* चिन्ताग्रस्त

pentagon *n.* पंचकोण, पंचभुज

peon *n.* चपरासी, चाकर

people *n.* जन, जनता (ब०व०) जाति; *v.t.* बसना, मनुष्यों से पूर्ण करना

pepper *n.* गोल मिर्च; *v.t.* मिर्च मिलाना

peptic *a.* पाचक, अग्निवर्धक

per *prep.* से, द्वारा, प्रति; per annum प्रति वर्ष; per-capita प्रति व्यक्ति पीछे; per diem प्रतिदिन; per unit प्रति एकक

perambulator *n.* पेरम्बुलेटर बच्चा-गाड़ी*

perceive *v.t.* जानना, समझना, देखना

perceptibility *n.* अनुभवगम्यता*, दृष्टिगोचरता*

perceptible *a.* देखने या समझने योग्य

perceptibly *adv.* प्रत्यक्ष रूप से

per cent *adv.* प्रति सैकड़ा

percentage *n.* फ़ीसदी, फी सैकड़ा

perception *n.* बोध, अनुभव, ज्ञान

perceptive *a.* प्रत्यक्ष ज्ञानशील

perch *n.* मीठे जल की मछली चिड़ियों के बैठने का अड्डा, $5\frac{1}{2}$ गज़ की नाप; *v.i. & t.* अड्डे पर बैठना, ऊंचे पर रखना; to knock off the perch हराना, नष्ट करना; to hop the perch मर जाना

perennial *a.* वर्ष-भर रहने वाली, चिरस्थायी; *n.* बारहमासी पौधा

perfect *a.* सम्पूर्ण, निर्दोष, उत्तम, प्रवीण, अखण्ड; *v.t.* पूर्ण करना, निर्दोष बनाना

perfection *n.* परिपूर्णता*, निर्दोषता*, उत्तमता*

perfidy *n.* विश्वासघात, छल, कपट, धोखा
perforate *v.t.* छेद करना
perforce *adv.* बलपूर्वक, हठ से
perform *v.t. & i.* करना, पूर्ण करना, नाटक करना, बाजा बजाना
performance *n.* पूर्ति*, अभिनय, कार्य, क्रिया*
performer *n.* कार्य करनेवाला, नाटक करनेवाला
perfume *n.* सुगन्ध*, इत्र, धूप*: *v.t.* सुगन्धित करना
perfunctory अन्यमनस्क, बेमन
perhaps *adv.* कदाचित्, संयोगवश
peril *n.* विपत्ति*, आशंका*, खतरा; *v.t.* (*p.t.* perilled) विपत्ति में डालना
perilous *a.* संकटमय
period *n.* समय, काल अवधि*, युग, परिमाण, पूर्ण विराम; last period अन्त की अवस्था ; period of life जीवन-काल
periodical *n.* पत्रिका*, नियत कालिक पत्रिका, सावधिक पत्र
periodically *adv.* नियत समय पर
peripheral *a.* परिधि-सम्बन्धी
periphery *n.* बाहरी सीमा* परिधि*
perish *v.i.* मरना, सड़ना, नाश होना
perishable *a.* नाश होने योग्य; perishables *n. pl.* नाश होने वाले पदार्थ
perjure *v.i.* झूठी गवाही देना, प्रतिज्ञा भंग करना
perjury *n.* झूठी गवाही*
permanence ( -cy ) *ns.* स्थिरता*, नित्यता*
permanent *a* स्थिर, स्थायी, नित्य, टिकाऊ
permeable *a.* रसने या प्रवेश करने योग्य
permissible *a.* आज्ञा पाने योग्य
permission *n.* आज्ञा*, अनुमति*
permissive *a.* क्षमा देने वाला
permit *v.t.* (*p.t.* permitted) आज्ञा देना; *n.* परमिट, प्रानुमतिपत्र
permittance *n.* प्रवेश की आज्ञा*
permutation *n.* परिवर्तन, उलट-पलट
permute *v.t.* क्रम बदलना या उलटना
pernicious *a.* अपकारक, नाशक
perpendicular *a.* लम्बरूप, खड़े बल का; *n.* समकोणिक रेखा*

**perpetrate** *v.t.* अपराध या मूर्खता का कार्य करना
**perpetual** *a.* नित्य, सतत, लगातार
**perpetuate** *v.t.* जारी रखना
**perplex** *v.t.* व्याकुल करना, घबड़ाना
**perplexity** *n.* व्यग्रता*, झंझट*
**persecute** *v.t.* पीड़ा देना, कष्ट देना, सताना, चोट पहुंचाना
**persecution** *n.* उत्पीड़न, उपद्रव
**persecutor** *n.* दुःख या पीड़ा देनेवाला, सतानेवाला
**perseverance** *n.* अध्यवसाय, दृढ़ता*, हठ, धुन*
**persevere** *v.i.* अध्यवसाय में लगा रहना, निरन्तर प्रयत्न करना
**persist** *v.t.* दृढ़ रहना, हठ करना
**persistence** ( -cy ) *n.* अध्यवसाय, प्रयत्न, विलम्बन, अनुलम्बन, दृढ़ता*
**persistent** *a.* दृढ़, हठी, आग्रही
**person** *n.* मनुष्य, व्यक्ति, मानव-शरीर; first person उत्तम पुरुष; second person मध्यम पुरुष; third person अन्य पुरुष
**personage** *n.* श्रेष्ठ पुरुष, सम्भ्रान्त जन
**personal** *a.* व्यक्तिगत, निजी, अपना
**personality** *n.* व्यक्तित्व, विशेषता*
**personification** *n.* मानवीकरण, चेतनत्वारोपण, मूर्तिकरण
**personify** *v.t.* ( *p.t.* personified ) मानवीकरण या मूर्तिकरण करना, आत्मीभूत होना, मूर्तिमान होना
**personnel** *n.* कार्यकर्त्ता वर्ग, कर्मचारी दल
**perspective** *n.* दृश्य-भूमिका*, दृश्य, दृष्टि*, दृष्टिसीमा*
**perspiration** *n.* पसीना
**perspire** *v.i.* पसीना निकलना
**persuade** *v.t.* फुसलाना, बहकाना, मनाना उकसाना, प्रबोधना
**persuasion** *n.* प्रतीतीकरण प्रोत्साहन
**pertain** *v.i.* उपांग होना, संदर्भ रखना, स्वामित्व होना, संबध होना
**pertinent** *a.* योग्य, ठीक, उचित्त
**perturb** *v.t.* व्याकुल करना, घबड़ाना
**perusal** *n.* अध्ययन, वाचन, पठन
**peruse** *v.t.* चित्त लगाकर पढ़ना
**pervade** *v.t.* व्याप्त करना,

फैलाना
perverse *a.* पतित, प्रतिकूल, विकृत, भ्रान्त, दु:शील
perversion *n.* विकृति*, आचार-भ्रष्टता*, दोष
perversity *n.* दु:शीलता*, प्रतिकूलता*, हठ
pervert *v.t.* सन्मार्ग से हटाना, दूषित करना
pervious *a.* प्रवेश्य, सछिद्र
pessimism *n.* निराशावाद
pessimist *n.* निराशावादी
pessimistic *a.* निराश, निराशावादी
pest *n.* महामारी*, नाशकारक वस्तु*; pest of the people लोक कंटक
pestilence *n.* प्लेग, महामारी*
pet *n.* प्यारा, पालतू जानवर, क्रोध; pet name प्यार का पुकारने का नाम; *v.i.* (*p.t.* petted) प्यार करना पोसना
petal *n.* फूल की पंखड़ी, दलपत्र
petition *n* याचिका, अर्ज़ी; प्रार्थना*; *v.t.* प्रार्थना पत्र भेजना
petitioner *n.* निवेदक, अभ्यर्थी
petrol *n.* पेट्रोल
petty *a* (*comp.* pettier, *sup* pettiest) छोटा, अल्प, तुच्छ, क्षुद्र
petulance *n.* दु:शीलता*
petulant *a.* कर्कश, चिड़चिड़ा, अधीर, ढीठ
phallus *n.* लिंग, लिंग-पूजन
phantom *n.* प्रेत की छाया*, प्रेत; *a.* असत्य, छाया मात्र
Pharaoh *n.* मिस्र देश के प्राचीन राजाओं की उपाधि, फ़ैरोह
pharmaceutical *a.* औषधि-निर्माण-विद्या सम्बन्धी
pharmacy *n.* औषधि बनाने की विद्या*, औषधालय, दवाखाना
phase *n.* आकृति*, स्थिति*, परिवर्तन की स्थिति*
phenomenal *a* प्रकृतिविषयक, अद्भुत
phenomenon *n.* (*pl.* phenomena) प्राकृतिक घटना*, अद्भुत पदार्थ
phial *n.* शीशी*, छोटी बोतल*
philanthrope *n* मनुष्य मात्र से स्नेह करनेवाला, मानवप्रेमी, जनहितैषी, समाजसेवी
philanthropic (-al) *a.* सर्वजन-उपकारी, लोकानुरागी, विश्वमित्र, उदार
philanthropist *n.* मनुष्यमात्र से प्रेम करनेवाला व्यक्ति, जनहितैषी, समाजसेवी
philanthropy *n.* लोक-कल्याण की भावना*, विश्वप्रेम, लोकोपकार, मानव-सौहार्द

philistine *n.* बाहरी मनुष्य,
अशिक्षित मनुष्य; *a.* अशिक्षित,
असंस्कृत

philologer, philologian,
philologist *ns.* भाषा-
विज्ञान-विद्, भाषा-शास्त्री

philology *n.* भाषा-विज्ञान

philosopher *n.* तत्त्वज्ञानी,
दार्शनिक

philosophical *a.* दार्शनिक,
तत्त्वज्ञान-सम्बन्धी

philosophize *v.t.* दार्शनिक
रूप से तत्त्व अन्वेषण करना,
तत्त्व निरूपण करना

philosophy *n.* दर्शनशास्त्र,
तत्त्वज्ञान-विज्ञान

phone *n.* फोन, 'टेलीफोन'
शब्द का छोटा रूप

phonetic *a.* ध्वनि-संबंधी

phonetics *n.* ध्वनि-विज्ञान,
स्वर-शास्त्र

phono *pref.* 'ध्वनि' के अर्थ
का उपसर्ग

phonogram *n.* फोनोग्राम,
ध्वनि-संकेत, ध्वनि-प्रतीक
ध्वनिलेख, ध्वनिग्राम

phosphate *n.* फॉस्फोरस तत्त्व
से बना हुआ लवण, भास्वीय
लवण

phosphorus *n.* फास्फोरस,
एक जलनेवाला तत्त्व जो अंधेरे
में चमकता है, भास्वर

photo *n.* (*pl.* photos) फोटो,
अक्स से उतारा हुआ चित्र,
भा. चित्र

photograph *v.t.* फोटो उतारना

photographer *n.* फोटोग्राफर,
फोटो उतारनेवाला

photographic *a.* फोटो-सम्बन्धी

photography *n.* फोटो खींचने
की कला*

photometer *n.* भामिति*,
प्रकाश का घनत्व नापने का
यंत्र

phototype *n.* फोटोटाइप, धातु-
पट पर फोटोग्राफ की सहायता
से चित्र खोदने की विधि*

phrase *n.* वाक्य, खण्ड, वचन,
उक्ति* वाक्यशैली*; *v.t.*
शब्दों में व्यक्त करना, बोलना

phraseology *n.* वाक्यरचना*,
कथनशैली*

physic *n.* औषधि-शास्त्र,
औषधि*; *v.t.* इलाज करना,
दवा देना

physical *a.* पदार्थ-विज्ञान
संबंधी, शारीरिक, पार्थिव,
जड़; physical exercise
शारीरिक परिश्रम; physical
science पदार्थ-विज्ञान,
भौतिक विज्ञान

physician *n.* डाक्टर, वैद्य,
चिकित्सक

physicist *n.* भौतिकशास्त्री,

पदार्थ विज्ञानविद्

physics *n.* भौतिक विज्ञान, पदार्थ-विज्ञान

physiognomy *n.* आकृति देखकर चरित्र बतलाने की विद्या* मुख की आकृति*

physiography *n.* प्राकृतिक भूगोल

physiology *n.* शरीरशास्त्र, शरीर-विज्ञान, देह-व्यापार, जीवक्रिया-विज्ञान

physique *n.* शरीर-रचना, डीलडौल

pianist *n.* पियानिस्ट, पियानोवादक

piano *n.* (*pl.* pianos) पियानो

pick *v.t.* तोड़ना, इकट्ठा करना, चुनना, चोंच मारना, खोलना; *n.*फावड़ा, चुनाव, सबसे उत्तम पदार्थ; ear pick कनखोदनी; pick a-back गट्ठर की तरह पीठ पर लादे हुए; pick-me-up उत्तेजक पेय; toothpick दंतखोदनी; to pick holes in दोष निकालना; to pick off एक-एक करके गोली से मारना; to pick out चुन लेना

picket *n.* नोंकदार छड़, सैन्य-दल, धरना देना; *v.i.* (*p.t.* picketed) इस प्रकार धरना देना

picketing *n.* पिकेटिंग, धरना

pickle *n.* अचार, मुरब्बा, सिरका; *v.t.* अचार या मुरब्बा बनाना

picnic *n.* पिकनिक, वनभोजन, घर के बाहर का आमोद; *v.t.* (*p.t.* picnicked) पिकनिक मे भाग लेना

pictorial *a.* सचित्र, चित्रमय

picture *n.* चित्र, दृश्य, अति सुन्दर पदार्थ; *v.t.* चित्र खींचना, स्पष्ट वर्णन करना; pic ure book बच्चों के पढ़ने की चित्रपूर्ण पुस्तक; picture-gallery चित्रशाला*; picture-house (-palace) सिनेमा या नाटकघर

picturesque *a.* चित्र के समान सुन्दर, स्पष्ट

piece *n.* भाग, खण्ड मुद्रा*, बन्दूक* रचना*, एक अकेली वस्तु*, *v.t.* चिप्पड लगाना, टुकड़ा करना; to break to pieces टुकड़े-टुकड़े करना; piece of work कोई कार्य; piece of water जलाशय; of a piece एक ही प्रकार का; piece goods नये कपड़ों के थान

pierce *v.t.* & *i.* छेदना, घुसाना, प्रवेश करना

piety *n.* ईश्वरभक्ति*, धर्म-

परायणता*, भक्ति*
pig *n.* सुग्रर, सुग्रर का बच्चा, ढाली हुई धातु*; pig-iron बिना शोधा हुग्रा लोहा, pig-headed हठी; pig-style सुग्ररबाड़ा
pigeon *n.* कबूतर; pigeon-hole ग्रलमारी में कागज रखने के छोटे खाने; pigeon-hearted डरपोक
pigmy (pygmy) *ns.* बौना
pile *n.* लट्ठा, ढेर, ग्ररथी*; *v.t.* ढेर लगाना, इकट्ठा करना; to pile on ढेर लगाना
piles *n. pl.* बवासीर
pilfer *v.t.* (*p.t.* pilfered) थोड़ा-थोड़ा करके चुराना
pilferer *n.* चोर, ठग
pilgrim *n.* तीर्थयात्री
pilgrimage *n.* तीर्थयात्रा*
pili *n.* गुटिका*, गोली*
pillar *n.* स्तम्भ, खम्भा, ग्राधार; *v.t.* खम्भा लगाना; driven from pillar to post एक ग्राश्रय से दूसरे ग्राश्रय को फेंका हुग्रा; pillar of faith श्रद्धा का स्तम्भ
pillow *n.* तकिया*; *v.t.* तकिया लगाना; pillow-case तकिए का गिलाफ; to take counsel of one's pillow विचार करने के लिए रात का ग्रवसर लेना
pilot *n.* पाइलट, विमान चालक; *v.t.* मार्ग दिखलाना, विभाग चलाना
pilot-engine *n.* पाइलट इंजन मार्गदर्शी इंजन
pin *n.* ग्रालपीन*, खूंटी*, ग्रल्प मूल्य की वस्तु*; *v.t.* (*p.t.* pinned) ग्रालपीन से नत्थी करना
pinhole *n.* बहुत महीन छेद
pinch *v.t. & i.* चिकोटी काटना, बलपूर्वक धन लेना, दु:ख देना, प्रेरणा करना; *n.* चिकोटी*, कोंचन, चुभन*, चुटकी-भर
pine *n.* चीड़ का वृक्ष, देवदार; *v.t.* विलाप करना, सूख जाना, लालायित होना
pine-apple *n.* ग्रनन्नास या उसका पेड़
pink *n.* एक सुगंधित फूल, ग्रापद्म, प्याजी रंग; *a.* हलके गुलाबी रंग का
pinkish *a.* हलका गुलाबी
pinky *a.* गुलाबी रंग का
pinnacle *n.* ग्रटारी*, कलश, चरमसीमा*
pioneer *n.* मार्ग-दर्शक, प्रथम ग्रन्वेषक, ग्रग्रसर, नेता; *v.t.* मार्ग दिखलाना, मार्ग बतलाना
pious *a.* पवित्र, धार्मिक, भक्तिमान

pipe *n.* पाइप, बांसुरी, नली*, पक्षी का गायन; *v t.* बांसुरी या सीटी बजाना; pipeclay चिलम बनाने की मिट्टी; tobacco-pipe चिलम
piquant *a.* तीखा, सरस, रुचिकर, स्वादिष्ट, उत्तेजक
piracy *n.* समुद्री डकैती*
pirate *n.* समुद्री डाकू; *v.t.* जहाज़ पर डाका डालना
pistol *n.* पिस्तौल
piston *n.* पिस्टन, पिचकारी का डट्टा, मुशली*
pit *n.* गड्ढा, शरीर पर छोटे गर्त, पशुओं को फंसाने का जाल, समाधि*; *v t.* छोटे गड्ढे बनाना; pit of the stomach नाभि*
pitch *n.* राल, तारकोल, धूना, ऊंचाई*, स्वरमान, ढाल*, चढ़ाव; *v.t.* राल पोतना; mineral pitch शिलाजीत; pitch-black गहरा काला रंग
pitch *v.t. & i.* फेंकना, भूमि पर गाड़ना, स्थिर करना, निश्चय करना; *n.* ऊंचाई*, सीमा*, ढाल*, फेंकान; pitched battle स्थायी रूप का युद्ध, जमी हुई लड़ाई; pitch-fork सूखी घास हटाने का लम्बा पांचा
pitcher *n.* घड़ा, मटका
piteous *a.* दयापूर्ण, दीन
pitfall *n.* फंसाने का जाल, गुप्त आपत्ति*
pitiable *a.* दया का पात्र, दीन
pitiful *a.* दयापूर्ण, करुणामय
pitiless *a* निर्दय, कठोर
pitman *n.* खान में काम करनेवाला श्रमिक
pittance *n.* क्षुद्र वेतन, अल्प पारिश्रमिक
pity *n.* दया*, करुणा*; *v.t.* (*p t.* pitied) दया करना, तरस खाना
pivot *n.* चूल या कील जिस पर कोई यन्त्र घूमता है, कील, प्रधान आधार; *v.t.* चूल लगाना, चूल पर घुमाना
placable *a.* आराध्य, शान्त, क्षमाशील, सरल
placard *n.* प्लेकार्ड, विज्ञापन पत्र
place *n.* स्थल, भूमि*, स्थिति*, श्रेणी*, उद्यम, कार्य, स्थान, पद; *v.t.* नियुक्त करना, स्थिर करना, लगाना; in the first place पहली बार; out of place अनुचित, अयोग्य; to take place घटना होना
placid *a.* शांत, नम्र, गम्भीर
plague *n.* प्लेग, महामारी*, उत्पात, उपद्रव; *v.t.* पीड़ा देना, कष्ट देना

plain *a.* चौरस, सपाट, सामान्य, स्पष्ट, प्रत्यक्ष, सीधा; *n.* मैदान; plain dealing सरल, निष्कपट व्यवहार; plain-speaking स्पष्ट-वादिता* या कथन

plaint *n.* अभियोग, नालिश

plaintiff *n.* अभियोगी, वादी, मुद्दई

plan *n.* योजना*, मानचित्र, ढांचा, कल्पना*, उपाय; *v.t.* (*p.t.* planned) योजना बनाना, ढांचा बनाना, उपाय रचना; planning आयोजन, नियोजन

plane *n.* चौरस भूमि*, जीवन-स्थिति*, बढ़ई का रन्दा; *v.t.* चौरस करना; *a.* चौरस; *n.* वायुयान का पंखा, वायुयान; jack-plane बढ़ई का बड़ा रन्दा; trying-plane बढ़ई का छोटा रन्दा

planet *n.* नक्षत्र, ग्रह

planetary *a.* ग्रह-संबंधी

plant *n.* वनस्पति*, पौधा, यंत्र, यंत्रसमुच्चय, कारखाना; *v.t.* जमाना, स्थिर करना, नियुक्त करना

plantain *n.* केले का वृक्ष, केले का फल

plantation *n.* रोपाई*, वृक्ष-रोपण, खेती* खेत, उद्यान, नवउपनिवेश, बस्ती*, कृत्रिम वन, झुरमुट

plaster *n.* भीत पर लगाने का पलस्तर, औषधि का लेप; *v.t.* पलस्तर लगाना, लेप लगाना

plate *n.* प्लेट, पत्तर, चद्दर, थाली, गृहस्थी के पात्र; *v.t.* चद्दर बैठाना, मुलम्मा करना; name plate नाम लिखी हुई पट्टी*, नामपट; plate powder *n.* धातु को चमकाने की बुकनी; plate-rack *n.* थाली इत्यादि सुखाने की अलमारी*

plateau *n.* (*pls.* plateaux, plateaus) पठार, भूमि*

platform *n.* मंच, चबूतरा, मचान; the platform व्याख्यान, वक्तृता*

platinum *n.* प्लेटिनम नामक एक बहुमूल्य श्वेत धातु*, कलधौत

platitude *n.* सामान्य वार्ता*, तुच्छ बात*, तुच्छता*, ओछापन, खोखलापन, निरर्थकता*

platonic *a.* तत्त्वज्ञानी प्लेटो-संबंधी

platoon *n.* पलटन*, पैदल सेना*

plausible *a.* सत्याभासी, स्वीकार्य, स्पष्ट-कथित, युक्ति-संगत, न्यायसंगत, धोखेबाज

play *n.* गति*, क्रिया-शीलता*, हंसी*, विनोद, खेल, क्रीड़ा*,

नाटक, अभिनय, जुआ; *v.t.* & *i.* खेलना, नाटक करना, जुआ खेलना, कूद-फांद मचाना, बाजा बजाना; playhouse *n.* नाटकगृह; playingcard खेलने का ताश; fairplay पक्षपातहीनता; foul play कपट व्यवहार; out of play खेल के नियमों के विरुद्ध; to play fast and loose बेईमानी करना

**plea** *n.* तर्क, हेतु, कारण, बहाना, प्रार्थना*

**plead** *v.i.* वकालत करना, पक्ष समर्थन करना

**pleader** *n.* अभिवक्ता, वकील

**pleasant** *a.* मनोहर, सुहावना

**pleasantry** *n.* आनन्द, हंसी*

**please** *v.t.* & *i.* प्रसन्न करना, आनन्दित करना, सन्तुष्ट करना, रुचिकर या अच्छा लगना

**pleasure** *n.* आनन्द, सुख, रुचि*, अभिलाषा*

**plebiscite** *n.* जनमत संग्रह

**pledge** *n.* प्रतिज्ञा*, बन्धक, प्रण; *v.t.* बन्धक रखना, वचन देना, प्रतिज्ञा करना

**plenary** *a.* समग्र, पूर्ण, विस्तृत, निर्बाध

**plenipotentiary** *a.* & *n.* परमशक्तिमान, निरंकुश, पूर्ण सामर्थ्य-सम्पन्न राजदूत

**plenty** *n* पूरी सामग्री*, बहुतायत*; in plenty बहुतायत से

**plenum** *n.* पूर्ण समाज, सर्वांगीण सभा

**plight** *n.* दुर्दशा*, दशा*, वृत्ति*, भाव

**plot** *n.* भूमि*, देश, क्षेत्र, गुप्त-योजना*, कूटप्रबन्ध, उपन्यास या नाटक का कथानक; *v.t.* (*p.t.* plotted) रूपरेखा या खाका बनाना, कपट प्रबन्ध करना; to plot against षड्यन्त्र रचना

**plough** *n.* हल; *v.t.* हल से भूमि जोतना

**ploughman** *n.* हलवाहा

**pluck** *v.t.* तोड़ना, छीनना, इकट्ठा करना, ऐंठना; *n.* साहस, परीक्षा में असफलता*; to pluck off नोंच लेना

**plug** *n.* डट्टा, ठेंपी*, गुल्ली*, *v.t.* (*p.t.* plugged) डट्टा लगाकर बन्द करना

**plum** *n.* आलूबुखारा, आलूचा, बेर

**plumber** *n.* पानी का नल बैठानेवाला, नलकार

**plump** *a.* स्थूल, पुष्ट, गोल-मटोल, भरा हुआ; *v.t.* & *i.* धड़ाके से गिरना या गिराना

plunder *v.t* लूटना; *n.* लूट का माल.

plunge *v.t. & i.* डुबाना, डूबना, गोता लगाना; *n.* डुबकी*, प्रवेश

plural *a.* अनेक, बहुवचन

plurality *n.* अनेकता*, अधिकता*

plus *adv.* अधिक; *n.* जोड़ने का (धन +) चिह्न

ply *v.i. & t.* (*p.t.* plied) निरंतर कार्य करना, परिश्रम से करना बल लगाकर प्रयोग करना, प्रार्थना करना; *n.* तह दिशा*, रुझान

ply-wood *n.* अनेक तहों का तख्ता, पर्तदार लकड़ी*

pneumonia *n.* न्यूमोनिया, फेफड़ों की सूजन

pocket *n.* पाकिट, जेब*, खलीता; *v.t.* जेब-में रखना, अपने काम में लाना; to pocket an insult चुपचाप अपमान सह लेना; empty pocket निर्धन मनुष्य

pocket-book *n.* जेबी पुस्तक*

pocket-money *n.* जेब खर्च

poem *n.* पद्यकाव्य, कविता*

poesy *n.* काव्य-रचना*, काव्य-कला*

poet *n.* (*fem.* poetess) कवि; a ready poet आशुकवि

poetaster *n.* क्षुद्र कवि, तुक्कड़

poetess *n. fem.* कवयित्री*

poetic *a.* कविता-संबंधी

poetics *n. pl.* काव्यशास्त्र

poetry *n.* कविता*, काव्य-रचना, पद्य

poignancy *n.* तीखापन, तीक्ष्णता*

poignant *a.* तीखा, मर्मवेधी, उत्कट

point *n.* बिन्दु, यन्त्र की नोक, नोकदार शस्त्र, अन्तरीप, अवसर, क्षण, काल परिमाण, विरामचिह्न; *v.t.* चोखा करना, ध्यान आकृष्ट करना. लक्ष्य करना, सीमेन्ट से भरना; at all points सब अंश में; make a point ध्यान आकर्षित करना; on the point of death मृत्यु के समीप; point at issue विवाद विषय; on the point of उद्यत; to carry one's point लक्ष्य स्थिर करना; to gain a point अभीष्ट सिद्ध करना; to mark a point स्थिर करना; point of view दृष्टिकोण

poise *v.t. & i.* तौलना, पसंघा करना, संभलना; *n.* पसंघा, सन्तुलन

poison *n.* विष, गरल, हानि-

कारक प्रभाव; *v.t.* जहर देना, मारना, नष्ट करना
poisonous *a.* विषैला, जहरीला
polar *a.* ध्रुवीय, ध्रुव के समीप का
pole *n.* लम्बा डंडा, लम्बा, 5½ गज़ की नाप; ध्रुव चुम्बक के दोनों छोर
polemic *a.* & *n* विवादास्पद, शास्त्रार्थ करनेवाला, टण्टा, बखेड़ा, हुज्जती
polemics *n. pl.* वादानुवाद
pole-star *n.* ध्रुवतारा
police *n.* पुलिस, आरक्षी; police-station थाना चौकी, आरक्षालय
policeman *n.* पुलिस का सिपाही
policy *n.* नीति*, राजनीति*, युक्ति, राज्य-शासन-पद्धति*; prudential policy समीक्षा*; bad (crooked) policy कुनीति*, छल प्रयोग
polish *v.t.* & *i.* चमकाना या चमकना, स्वच्छ करना; *n.* पॉलिश, चमक*, शोभा*, शिष्टता*, रोगन
polished *a.* शिष्ट, विनीत, परिमार्जित
polite *a.* शिष्ट, विनीत
politeness *n.* शिष्टता*, विनय
politic *a.* नीति-चतुर, बुद्धिमान
political *a.* राजनीतिक; political economy राजनैतिक अर्थशास्त्र; political geography राजनैतिक भूगोल; political science राजनीति विज्ञान
politician *n.* राजनीतिज्ञ
politics *n. pl.* (used as *sing.*) राजनीति-शास्त्र
polity *n.* नीति*, राज्यशासन-पद्धति*, राज्यतंत्र
poll *n.* मस्तक, निर्वाचकों की नामावली, मतदान; *v.t.* & *i.* ( *p.t.* polled ) बाल काटना, सूचीपत्र में लिखना, मतदान करना, वोट पाना; poll tax प्रत्येक मनुष्य पर लगनेवाला कर
pollute *v.t.* दूषित करना, भ्रष्ट करना
polo *n.* पोलो, चौगान
poly *pref.* 'अनेक' के अर्थ का उपसर्ग
polygamic *a.* बहुपतित्व या बहुपत्नीत्व-संबंधी
polygamous *a.* एक से अधिक पत्नीवाला
polygamy *n.* बहुविवाह
polyglot *n.* बहुभाषी, बहुभाषाविद्
polytechnic *a.* पॉलीटेकनीक, विविधकला-विषयक, विविधकला विद्यालय

polytheism n. बहुदेववाद

polytheist n. बहुदेवपूजक

polytheistic a. बहुदेववादी

pomp n. आडम्बर, विभव, ठाटवाट

pomposity n. आडम्बर

pompous a. आडम्बरी, विभव-युक्त

pond n. छोटा तालाब, हौज

ponder v.t. मन में तौलना विचार करना

ponderable a. विचारणीय

pontiff n. रोम का प्रधान पादरी, पोप

pony n. (pl. ponies) टट्टू, छोटा घोड़ा

poor a. दीन, तुच्छ, दरिद्र, अधम, अभागा, विनीत, अन-उपजाऊ

pop v.t. & i. (p.t. popped) धड़ाके का शब्द करना या होना, बन्दूक छोड़ना; n. धड़ाके का शब्द; adv. एक-एक, तुरत; pop-gun बच्चों के खेलने की बन्दूक; to pop the question विवाह का प्रस्ताव करना; pop art एक तरह की आधुनिक चित्रकला; pop music एक तरह का आधुनिक संगीत

pope n. पोप, रोम का बड़ा पादरी; pope's head लम्बे

डंडे की झाड़ू

poplar n. चिनार

poplin n. पॉपलीन कपड़ा

populace n. साधारण लोग, जन-समूह

popular a. लौकिक, सर्वप्रिय, प्रचलित, सर्वमान्य मनुष्यों के समझने योग्य; popular language प्रचलित भाषा*; popular scandal लोकाप-वाद

popularity n. लोकप्रियता*, प्रसिद्धि*

popularize v.t. लोकप्रिय या प्रसिद्ध बनाना, प्रचलित करना, जनप्रिय करना, लोक-गम्य बनाना

populate v.t. जनपूर्ण करना, बसाना

population n. जनसंख्या*, आबादी*

populous a. जनपूर्ण, घना आबाद

porcelain n. चीनी मिट्टी*, उसके बर्तन

porch n. ड्योढ़ी, ओसारा

pork n. सुअर का मांस

porridge n. लपसी*, हलुआ; keep your breath to cool your porridge अपनी सलाह अपने पास रक्खो

port n. बन्दरगाह; v.t. बन्दर-

338

गाह की ओर जहाज़ का घुमाना
portable *a.* ले जाने योग्य, वहनीय
portage *n* ढुलाई* ले जाने का भाड़ा
portal *n* सदर दरवाज़ा
portend *v t.* शकुन बतलाना, पहिले से सूचना देना, आगाह् करना, चेतावनी देना
porter *n.* (*fem.* portress) द्वारपाल, दरबान
portfolio *n.* (*pl.* -s) पोर्ट-फोलियो, खुले पत्र, मानचित्र आदि रखने का बस्ता, मन्त्रि-पद
portico *n.* (*pl.* -es) पोर्टिको, द्वार-मण्डप, बरसाती*
portion *n* अंश, भाग, बांट, दहेज, भाग्य; *v.t.* बांटना, दहेज देना
portrait *n.* छविचित्र, व्यक्ति-चित्र, चित्र, फोटो
portraiture *n.* चित्रण, आलेखन, चित्रकारी*, चित्र, चित्रात्मक वर्णन
portray *v t.* चित्र बनाना, वर्णन करना
portrayal *n.* चित्रलेखन, वर्णन
pose *v.t. & i.* मुद्रा बनाना, विशेष स्थिति में बैठना, स्तम्भित करना, चक्कर में डालना; *n.* मुद्रा*, स्थिति*, छवि*, ढब, ढोंग
position *n.* स्थान, स्थिति*, पदवी*, मनोभाव, अंगस्थिति*, out of position अनावश्यक, अयोग्य
positive *a.* वास्तविक, निश्चित, पक्का, आवश्यक, घनराशि का; positive laws स्थिर नियम
possess *v.t.* अधिकार रखना, धारण करना, दखल करना, अधिक प्रभाव डालना
possession *n.* अधिकार, अधीन, पदार्थ, भोग
possibility *n.* सम्भावना*
possible *a.* होने योग्य, सम्भव
post *pref.* 'बाद' का अर्थ-सूचक उपसर्ग
post *n.* खम्भा, थूनी; *v t.* खम्भे पर लगाना, सार्वजनिक विज्ञापन लगाना
post *n.* पद, अधिकार, डाक-विभाग; *v.t.* नियुक्त करना, चिट्ठी छोडना, वेग से यात्रा करना; *adv* शीघ्रता से; post-paid *a.* डाक महसूल पहिले से दिया हुआ
postage *n.* डाक महसूल
postal *a.* डाक-सम्बन्धी
post-card *n.* पोस्टकार्ड
post-date *v.t.* लिखने के बाद की तिथि डालना

**poster** *n.* पोस्टर, विज्ञापन, विज्ञापन चिपकानेवाला
**posterity** *n.* सन्तति*, वंश, भावी पीढ़ी*
**posthumous** *a.* मरणोत्तर, पिता के मरण के उपरान्त उत्पन्न, लेखक के मरण के उपरान्त प्रकाशित
**postman** *n.* डाकिया, पत्रवाहक
**postmark** *n.* डाकघर की मोहर*
**postmaster** *n* पत्रपाल, डाकपति; postmaster general महापत्रपाल
**post-mortem** *a.* मृत्यु के पश्चात्; *n.* शव-परीक्षा*
**post-office** *n.* डाकघर
**postpone** *v.i* & *t.* स्थगित करना, टालना
**postponement** *n.* स्थगन, विलम्बन
**postscript** *n.* (*abbr.* P.S.) अनुलेख, पत्र समाप्त करने पर लिखा हुआ अंश, पुनश्च
**postulate** *n.* स्वीकृत पक्ष, स्वयंसिद्ध; *v.t.* & *i.* स्वयंसिद्ध मान लेना
**posture** *n.* मनःस्थिति*, मुद्रा*, आसन, अंग-विन्यास हाव-भाव, चाल-ढाल*, दशा*
**pot** *n.* पात्र, भाण्ड, गमला; *v.t.* पात्र में रखना, गमले में पेड़ लगाना; pot-boiler जीविकार्थ साहित्य, साहित्य-जीवी
**potash** *n.* पोटाश, सज्जी, खार
**potassium** *n.* पोटैशियम, पोटाश का आधारभूत तत्त्व, दहातु
**potato** *n.* (*pl.* potatoes) आलू; quite the potato योग्य वस्तु
**potency** *n.* शक्ति*, अधिकार, प्रभावशीलता*, पुंसकता*
**potent** *a.* प्रबल, बलवान
**potential** *a.* प्रबल, गुणकारक, शक्य
**potentiality** *n.* सम्भावना*, शक्यता*
**pottery** *n.* मिट्टी के पात्र, कुम्हार का व्यापार
**poultry** *n.* घरेलू मुर्गी*, बत्तख इत्यादि; poultry farming मुर्गीपालन
**pounce** *v.t.* झपटना, आक्रमण करना
**pound** *n.* पौंड, आध सेर तौल. सोने की प्रायः 15 रुपये की मुद्रा; penny wise and pound foolish छोटे व्यय में मितव्ययता और बड़ी रकम उड़ाना, मोहरों की लूट में कोयलों पर छाप
**pound** *v.t.* कूटना, पीसना,

टुकड़े करना
pour *v.t.* धार गिराना, बोलना, उंडेलना, अधिक संख्या में निकालना; it never rains but pours आपत्तियां एक साथ आती हैं; to pour cold water on हताश करना; to pour forth arrows तीरों की वर्षा करना; to pour oil upon troubled waters उपद्रव शान्त करना
poverty *n.* दरिद्रता*, कमी*, अभाव, आवश्यकता*, reduced to poverty दरिद्रताग्रस्त
powder *n.* पाउडर, बुकनी*, अग्निचूर्ण, बारूद; *v.t.* बुकनी करना, छिड़कना; to reduce to powder बुकनी करना
powder-magazine *n.* बारूद-घर
power *n.* शक्ति*, ऊर्जा*, बल, अधिकार, प्रभाव, राज्य, शासन; according to one's power यथाशक्ति; in one's power अपने अधीन; to exercise power शासन करना; power politics अधिकारार्थ कूटनीति*, बड़े राष्ट्रों की कूटनीति*
practicability *n.* करणीयता*, साध्यता*, सम्भावना*
practicable *a.* करने योग्य, सम्भव
practical *a.* व्यावहारिक, अभ्यास-सम्बन्धी, प्रायोगिक; practical knowledge व्यावहारिक ज्ञान; practical scheme व्यवहार के योग्य उपाय
practice *n.* अभ्यास, व्यवसाय
practise *v.t.* & *i.* अभ्यास करना, साधना, जीविका करना
practitioner *n.* व्यवसायी
pragmatic (-al) *a.* व्यवहार-मूलक, राज-कार्य या इतिहास विषयक, हस्तक्षेपी ढीठ
pragmatism *n.* पांडित्य का अभिमान, व्यवहारवाद, फल-वाद, उपयोगवाद
praise *n.* प्रशंसा*, स्तुति*; *v.t.* प्रशंसा करना, स्तुति करना
praiseworthy *a.* सराहने योग्य
pram *n.* प्राम, बच्चागाड़ी*
prance *v.i.* & *t.* पैरों उछलना, उछलनेवाले घोड़े पर चढ़ना; *n.* उछल-कूद*
prank *v.t.* & *i.* सजाना, तड़क-भड़क दिखाना; *n.* क्रीड़ा*, खेल; mischievous prank दुष्टता*
pray *v.t.* & *i.* प्रार्थना करना, स्तुति करना, विनती करना

prayer *n.* प्रार्थना* स्तुति*, भजन

preach *v.i.* धर्म का उपदेश करना; to preach down उपदेश देकर नीचा दिखलाना

preacher *n.* धर्मोपदेशक

preamble *n.* भूमिका*, प्रस्तावना*; *v.i.* प्रस्तावना लिखना

precarious *a.* अनिश्चित, अरक्षित, संकटपूर्ण

precaution *n.* चौकसी*, सावधानी*

precautionary *a.* सतर्कता विषयक

precautious *a.* पहिले से सचेत

precede *v.i.* आगे होना, पूर्वकालीन होना

precedence (-cy) *n* पूर्व आगमन, प्राथमिकता*, श्रेष्ठता*; प्रथम अधिकार

precedent *n.* पहिले का निर्णय, प्रमाण, दृष्टान्त, पूर्वोदाहरण, नज़ीर, पूर्वघटना

precept *n.* नियम, उपदेश, मर्यादा*, अधिपत्र

preceptor (*fem.* preceptress) *n.* उपदेशक, गुरु

precious *a.* मूल्यवान, महंगा, बहुमूल्य; precious metals सोना चांदी; precious stone मणि, रत्न

precipice *n.* करारा, कगार, खड़ी* ढाल*

precipitate *v.t. & i.* फेंकना, प्रेरणा करना, शीघ्रता करना, पेंदी में बैठना या बठाना; *a.* बड़ी जल्दी करनेवाला; *n.* तलछट, पेंदो में बैठनेवाला पदार्थ

precis *n.* संक्षेप, सार

precise *a.* निश्चित, यथार्थ

precision *n.* यथार्थता*, शुद्धता*, सूक्ष्मता*

preclude *v.t.* बन्द करना, रोकना, पृथक् रखना

preclusion *n.* रुकावट*, अवरोध, बहिष्कार

preclusive *a.* प्रतिरोधक, रोकनेवाला

precocious *a.* समय से पहिले पकनेवाला, धृष्ट, बाल-प्रौढ़, अकाल-प्रौढ़

preconceive *v.t.* पहले से निश्चय कर लेना, पूर्व धारणा बनाना, पहले से सोच रखना

predecessor *n.* पूर्व अधिकारी, पूर्ववर्ती, पूर्वगामी, पूर्वज

predestination *n.* भाग्य, प्रारब्ध

predetermine *v.t.* पहिले से निर्णय कर लेना

predicament *n.* कठिन परिस्थिति*, विषमावस्था*, पदार्थ, अरस्तू के दस पदार्थ

predicate n. (व्याकरण में)
विधेय

predict v.t. भविष्यवाणी करना

prediction n. भविष्यवाणी*

predominance n. अधिकता*,
प्रबलता*, प्रभुत्व, सत्ता*,
प्राधान्य

predominant v. प्रबल, प्रधान,
हावी

predominate v.i. प्रबल होना,
अधिकार रखना, विशिष्ट
होना, हावी होना

pre-eminence n. श्रेष्ठता*,
उत्तमता*

pre-eminent a. सर्वोत्तम

preface n. प्रस्तावना*, भूमिका*,
v i. प्रस्तावना करना, भूमिका
लिखना

prefect n. प्रीफेक्ट, अधिनायक,
कक्षा का प्रमुख विद्यार्थी

prefer v.t. (p.t. preferred)
अधिक चाहना, पहले चुनना,
विचारार्थ उपस्थित करना

preferable a. उत्तम, श्रेष्ठ

preference n. प्राथमिकता*
वरीयता*

preferential a. पक्षपाती,
अधिक आदर का

prefix n. उपसर्ग; v.t. उपसर्ग
लगाना, पुस्तक में भूमिका
लगाना

preform v.t. पहिले से बना

लेना

pregnancy n. गर्भावस्था*

pregnant a. गर्भवती*, फलदाता

prehistoric a. लिखित इतिहास
के पहिले का, पूर्व-ऐतिहासिक

prejudice n. पूर्वाग्रह, दुराग्रह,
पक्षपात, हानि*

prejudicial a. पक्षपातपूर्ण,
हानिकारक, पक्षपाती

preliminary a. प्रारम्भिक; n.
(pl. -ries) आरम्भ का कार्य,
उपक्रम, तैयारी*

prelude n. आरम्भ, प्रस्तावना;
v.t. प्रस्तावना करना

premature a. अकाल-प्रौढ़,
कालपूर्व, असमय, कच्चा

premeditate v.t. पूर्व-चिन्ता
करना या योजना बनाना,
पूर्व-संकल्प करना, पूर्व-मनन
करना

premeditation n. पूर्व-विचार,
पूर्व चिन्तन

premier a. प्रधान, मुख्य; n.
प्रधान मन्त्री

premise (premiss) n. पूर्वा-
धारित तथ्य (ब० व०)
गृहोपान्त, गृहसीमा*, अहाता

premise v.t. प्रस्तावना के रूप
में कहना

premium n. पारितोषिक,
लाभ, बढ़ोत्तरी*, अधिक मूल्य,
जीवन बीमा की किस्त

premonish v.t. पहिले से सचेत करना

premonition n. पूर्व-सूचना*

preoccupation n. पूर्व-अधिकार, पूर्वाग्रह, पक्षपात, पूर्व-निर्णय, सर्वोपरि व्यापार, तल्लीनता*

preoccupy v.t. (p t. preoccupied) पूर्वाधिकार करना, पूर्वक्रम करना, निमग्न करना

preparation n. पूर्व-व्यवस्था*, तैयारी*, निर्मित पदार्थ

prepare v.t. तैयार करना

preponderance n. प्रबलता*, प्राधान्य, अतिरेक, प्राचुर्य, बाहुल्य

preponderant a. अतिरिक्त, प्रचुर

preponderate v.i. अधिक होना, अतिरिक्त होना, भारी होना, प्रभाव रखना

preposition n. कारक-चिह्न पूर्व-विभक्ति चिह्न

preposterous a. अनर्थक, अयुक्त

prerequisite adv. पूर्वाकांक्षित

prerogative n. विशेष अधिकार

presbyterian a. गिरजाघर के प्रधान पादरी के शासन से संबंधित

prescribe v.t. आज्ञा देना; नुसखा लिखना

prescript n. नियम, उपदेश

prescription n. निर्देशन, शासन, उपचार - विधि*, नुसखा, सनातन रीति*

presence n. उपस्थिति*, समीपता* चाल-ढाल; in the presence of सम्मुख, प्रत्यक्ष; presence of mind प्रतिभा-शक्ति*, तत्काल बुद्धि*

present a. उपस्थित, इस समय का; n. वर्तमान काल उपहार; v.t. & i. उपहार देना, उपस्थित करना, प्रस्तावना करना; at present इस समय, अभी; by these presents इस लेख द्वारा; in the present case वर्तमान अवस्था में

presently adv. अतिशीघ्र

preservation n. रक्षा*, पालन

preserve v.t. रक्षा करना, बचाना, सड़ने से सुरक्षित रखना; n. मुरब्बा, रक्षास्थान

preside v.i निरीक्षण करना, अध्यक्ष होना, किसी सभा का सभापति बनना; presiding officer अधिष्ठाता

presidency n. अध्यक्ष का पद, देश-विभाग, महाप्रान्त प्रदेश

president n. सभापति, राष्ट्र-

पति; president-elect मनोनीत सभापति

press *v.t.* & *i.* निचोड़ना, दबाना, ढकेलना, शीघ्र चलना या जाना, भीड़ मचाना, आग्रह करना; *n.* दबाव, भीड़*, दबाने का यन्त्र, छापने का यन्त्र, शीघ्रता*; the press प्रकाशक लोग, वर्तमान पत्र; to press against टकराना; to press upon प्रेरित करना; to press upon mind चित्त पर अत्यन्त प्रभाव डालना; press information bureau (P.I.B.) पत्रसूचना विभाग; press note प्रेस-विज्ञप्ति*

pressman *n.* (*pl.* pressmen) छापनेवाला, पत्रकार

pressure *n.* बल, आवश्यकता*, बाधकता*; financial pressure धन-संकट; pressure of business कार्य-भार

prestige *n.* गौरव, प्रतिष्ठा*

presume *v.t.* अनुमान करना, तर्क करना, साहस करना, मान लेना, धृष्टता करना

presumptuous *a.* साहसी, ढीठ, अभिमानी

presuppose *v.t.* पूर्व भावना बनाना, पूर्वानुमान करना, पूर्वधारणा करना, लक्षित करना

pretence *n.* बहाना, छद्म, छल

pretend *v.t.* छल करना, बहाना करना

pretender *n.* कपटी, झूठा दावेदार

pretension *n.* छल, वृथाभिमान

pretentious *a.* छली, कपटी

pretext *n.* कपट, बहाना; *v.t.* बहाना बनाना

pretty *a.* (*comp.* prettier; *sup.* prettiest) सुन्दर, शोभायुक्त, आकर्षक; pretty clear प्राय: शुद्ध; pretty warm गुनगुना; *adv.* सामान्य रूप में

prevail *v.i.* प्रबल होना, जीतना, बहकाना, प्रचलित होना; to prevail upon प्रवृत्त करना, राजी करना

prevalent *a.* प्रबल, प्रचलित

prevent *v.t* रोकना

prevention *n.* प्रतिबन्ध, रुकावट*

preventive *a.* रोकनेवाला, निषेधात्मक; preventive detention रोधात्मक कारावास, नज़रबन्दी; preventive detention act नज़रबन्दी कानून

previous *a.* अगला, पहिले का

prey *n.* अहेर, आखेट, शिकार, लूट का माल; *v.i.* लूटना, आखेट करके खाना; to prey upon आक्रमण करना

price *n.* मूल्य, दाम, क्षतिपूर्ति; at any price प्रत्येक अवस्था में, किसी भी मूल्य पर; price current पदार्थ के प्रचलित मूल्य की सूची; without price अमूल्य

priceless *a.* अनमोल

prick *n.* नुकीला शस्त्र, छिद्र, कष्टकारक विचार; *v.t.* छेदना, पीड़ा देना; to prick up one's ears सचेत होना

pride *n.* अभिमान, अहंकार, गर्व; *v.t.* गर्व करना; pride of one's birth अपने कुल का अभिमान; to pride oneself आत्मगौरव करना

priest *n.* (*fem.* priestess) पुरोहित, पादरी

priesthood *n.* पुरोहित का पद

prima facie *n.* पहिली दृष्टि में, देखते ही

primarily *adv* प्रधान रूप से

primary *a.* मुख्य; primary education प्रारम्भिक शिक्षा*

prime *a.* प्रधान, अति उत्तम; *n.* प्रारम्भ, प्रौढ़ता; prime of life युवावस्था*; prime cost लागत; prime minister प्रधान मन्त्री

primer *n.* प्रवेशिका*, पहली बाल पाटी*

primeval *a.* पहिला, आदि अवस्था का

primitive *a.* प्राचीन, पुरानी रीत का, गंवार

prince *n* (*fem.* princess) राजा, राजकुमार, राजपुत्र; prince - consort राज्य करनेवाली रानी का पति; Prince of Wales इंगलैंड के सबसे बड़े राजकुमार की पदवी

principal *a.* प्रधान, मुख्य, श्रेष्ठ, प्रमुख; *n.* प्रधानाचार्य

principality *n.* राज्य, प्रदेश

principle *n.* मूल सिद्धान्त, नियम, कारण, जीवन-विधि*; on principle सिद्धान्त के अनुसार

print *v.t.* मोहर लगाना, टाइप से छापना; *n.* चिह्न, छाप*; finger-print अंगूठे की छाप; footprint पैर का चिह्न; out of print छपी पुस्तक के मिलने का अभाव, अप्राप्य

printer *n.* मुद्रक

printing *n.* छपाई*

prison *n* कारागार, बंदीगृह; *v.t.* बन्धन में डालना, बन्दी करना; prison-bird कारागार का बन्दा

prisoner *n.* बन्दी; state prisoner राजनीतिक बंदी
prisonment *n.* कैदखाने में बंद करने का कार्य
privacy *n.* गुप्तता*, निर्जनता*, अन्तरंग
private *n.* अनधिकारी, गुप्त, अप्रकट; in private गुप्त रूप से; private apartment अन्तःपुर private profit निजी लाभ; private road निजी सड़क
privation *n.* अभाव, हानि*, लोप
privilege *n.* विशेष अधिकार या सुविधा*; privilege committee विशेषाधिकार समिति*. विशेष अधिकार देना
privileged *a* विशेष अधिकार-युक्त
prize *n.* पारितोषिक, बहुमूल्य वस्तु; *v t.* अधिक मूल्य का समझना
pro *pref.* 'पहिले' 'वास्ते' के अर्थ का उपसर्ग; pro bono publico सर्वजनहिताय; pro forma *adv.* नियमानुसार किया हुआ; pros and cons विधि तथा निषेध दोनों पक्ष का
probability *n.* सम्भावना*; in all probability प्रायः; probably *adv.* संयोगवश; probable *a.* संभव, प्रायः होनेवाला
probation *n.* परीक्षण काल
probationer *n.* काम सीखने के लिए नियुक्त पुरुष, परीक्ष्यमाण व्यक्ति
probational *a.* परीक्षाधीन
probe *v.i.* अन्वीक्षण करना, खोज करना, परीक्षा करना; *n.* घाव की परीक्षा करने की सलाई* अनुसंधान, खोज*, जांच*
problem *n.* विवाद-विषय, समस्या*, कठिन प्रश्न, रेखागणित में उपपाद्य विषय
problematic(al) अनिश्चित, शंकायुक्त
procedure *n.* कार्य करने की रीति*, विधि*, व्यवहार, कार्यनीति*, विधान, क्रियाविधि*
proceed *v i.* बढ़ना, आगे जाना, प्रवृत्त होना, अभियोग करना; the play will now proceed अब खेल आरम्भ होगा
proceeding *n.* कार्य, व्यापार, न्याय-सम्बन्धी कार्यवाही*; to institute legal proceedings न्यायालय में अभियोग चलाना
proceeds *n. pl.* प्राप्त धन, लाभ

process *n.* प्रगति-क्रम, विधि व्यवहार; in process of time कालक्रम से

procession *n.* सवारी*, जुलूस, शोभा-यात्रा*

proclaim *v.t.* घोषणा करना, प्रकाशित करना

proclamation *n.* घोषणा*, ढिंढोरा

proctor *n.* प्रॉक्टर, कार्याध्यक्ष

procure *v t.* उपार्जन करना

procurement *n.* प्राप्ति*, वसूली*

prodigal *a.* अपव्ययी, फिजूल-खर्च; prodigal son लौटा हुआ घुमक्कड़

prodigious *a.* अद्भुत, विल-क्षण

prodigy *n.* विलक्षण पदार्थ या मनुष्य, शकुन

produce *v.t.* बढ़ाना, उत्पन्न करना; *n.* उत्पत्ति*, लाभ, उपज*

producer *n.* उत्पादक

product *n.* फल, परिणाम, गुणनफल

production *n.* उत्पादन, रचना* उपज*

productive *a.* बहुत उत्पन्न करनेवाला, उपजाऊ

profane *a.* अपवित्र, अशुद्ध; *v.t. & i.* अपवित्र करना,

दूषित करना

profess *v.t. & i.* स्वीकार करना प्रतिज्ञा करना, मानना

profession *n.* प्रतिज्ञा*, व्यापार, व्यवसाय

professional *a.* किसी व्यवसाय का

professor *n.* प्रोफेसर, स्वीकार करनेवाला, विश्व-विद्यालय का अध्यापक

proficiency *n.* प्रवीणता*

proficient *a.* प्रवीण, कुशल

profile *n.* प्रोफाइल, ढांचा, बगली चित्र; *v.t.* प्रोफाइल बनाना

profit *n.* लाभ, सुविधा*, प्राप्ति*; *v.t. & i.* ( *p.t.* profited ) लाभ उठाना

profiteer *n.* अनुचित लाभ उठानेवाला, मुनाफाखोर; *v.i.* अधिक लाभ उठाना

profiteering *n.* मुनाफाखोरी*

profound *a.* गम्भीर, अति विद्वान, विलक्षण; profound sleep गाढ़ी निद्रा; profound sigh गाढ़ा उच्छ्वास

profuse *a.* मुक्तहस्त, लुटाऊ, अत्यधिक

profusely *adv.* फिजूलखर्ची के साथ, मुक्तहस्त ढंग से, विपुल मात्रा में

profusion *n.* समृद्धि* अधि-

कता*

progeny n. संतान, वंश

programme n. कार्यक्रम, क्रमावली

progress n. वृद्धि*, उन्नति*, उपज*, यात्रा* v.t. बढ़ाना, उन्नति करना progress in learning विद्या की उन्नति

progressive a. क्रम से बढ़ने-वाला, प्रगतिशील, प्रगतिवादी

prohibit v.t. ( p.t. prohibited ) निषेध करना, मना करना

prohibition n. निषेध, मनाही*

prohibitive a. निषेध करने-वाला

prohibitory a. निषेध करनेवाला

project n. योजना*, उपाय, कल्पना*, विचार; v.t. & i. आगे को फेंकना, योजना बनाना, खाका खींचना, विचार करना; to project oneself दूसरे के प्रभाव में जा पड़ना

projectile n. वायु में फेंका हुआ पदार्थ

projector n. प्रोजेक्टर, चल-चित्र दर्शित्र, प्रक्षेपक यंत्र

proletarian n. सर्वहारा

prolific a. फलवान, उपजाऊ

prologue n. प्रस्तावना*, नाटक का आरंभ

prolong v.t. बढ़ाना, विस्तार करना

prominence ( -cy ) ns. ऊंचाई*, उन्नति*, श्रेष्ठता*

prominent a. मुख्य, प्रधान

promise n. प्रतिज्ञा*, आभास, आशा*; v.t. प्रतिज्ञा करना, आशा दिलाना; a hollow promise झूठी प्रतिज्ञा; to break a promise. प्रतिज्ञा भंग करना; to fulfil a promise. प्रतिज्ञा पालन करना

promising a. होनहार

promissory a. प्रतिज्ञायुक्त; promissory note प्रतिज्ञा-पत्र

promote v.t. बढ़ाना, ऊंचे पद पर पहुंचाना, उत्साह देना, संस्था स्थापित करना

promotion n. उन्नति*, उच्च पद की प्राप्ति*

prompt a. उद्यत, द्रुत, समय का पक्का; v.t. प्रवृत्त करना, उकसाना

prompter n. नाटक में पात्र को स्थान-स्थान पर स्मरण करानेवाला

promulgate v.t. प्रकाशित करना प्रसिद्ध करना, घोषित करना, जारी करना

promulgation n. प्रवर्तन,

विघोषण
pronoun *n.* सर्वनाम शब्द
pronounce *v.t. & i.* उच्चारण करना, निर्णय सुनाना
pronunciation *n.* उच्चारण या इसकी रीति*
proof *n* प्रमाण, परीक्षा*, शक्ति का प्रमाण, प्रूफ पहिली छाप*, शोध्यपत्र; *a.* परीक्षित शक्ति का; burden of proof साधन धर्म; proof reader छपे कागज (प्रूफ) को शुद्ध करनेवाला, शोधनकर्ता: to put to the proof परीक्षा करना; written proof लिखित प्रमाण
propaganda *n.* प्रचार
propagate *v.t.* उत्पन्न करना, बढ़ाना, फैलाना, विस्तृत करना
propagation *n.* वृद्धि*, फैलाव
propeller *n.* जहाज या वायुयान को आगे बढ़ानेवाला पंखा, चालक-यंत्र
proper *a.* आत्मीय, निजी, योग्य, वास्तविक ठीक, यथार्थ, उचित; proper fraction भिन्न जो इकाई से कम हो; proper noun व्यक्तिवाचक संज्ञा*
property *n.* निजी संपत्ति* या अधिकार, धन, लक्षण, गुण, सम्पत्ति*, जायदाद*; landed property स्थावर सम्पत्ति*; public property सार्वजनिक सम्पत्ति*
prophecy *n.* भविष्यकथन या सूचना*
prophesy *v.t. & i.* ( *p.t.* prophesied ) भविष्य बतलाना
prophet *n.* ( *fem.* prophetess ) भविष्यवक्ता, पैगम्बर
prophetic ( -al ) *a.* भविष्यकथन सम्बन्धी
proportion *n.* तुलनात्मक अंश, सापेक्ष सम्बन्ध, समानानुपात, सादृश्य, अनुरूपता*, भाग, हिस्सा; *v.t.* समानुपातिक बनाना; in proportion to अनुरूप, सदृश
proportionate *a.* आनुपातिक, यथोचित, बराबर; *v.t.* बराबर करना
proposal *n.* प्रस्ताव, विवाह का वचन
propose *v.t. & i.* विवाह का प्रस्ताव रखना, प्रस्ताव करना, प्रस्तुत करना, अनुमान करना
proposition *n.* प्रस्ताव, प्रमेय
proprietary *a.* स्वामी संबंधी; proprietary medicines ऐसी औषधियां जिनके बनाने

और बेचने के अधिकार
सुरक्षित हों; proprietary
rights स्वामित्व अधिकार

proprietor n. ( fem. -tress)
स्वामी, मालिक

propriety n. योग्यता*, शुद्धता*,
सच्चरित्रता*; (ब०व०) शुद्ध
चरित्र

prorogation n. स्थगन, सत्रावसान

prorogue v.t. सभा को कुछ
काल के लिए स्थगित करना

prosaic a. गद्य की तरह, नीरस

proscribe v.t. जब्त करना,
रोकना, त्यागना

proscription n. निवारण का
कार्य, बहिष्कार, जब्ती*

prose n गद्य, गद्यकाव्य; a.
गद्यरूप; v.i. गद्य में बात
करना; prose poem गद्यकाव्य

prosecute v.t. & i. अनुसरण
करना, कार्य में लगना, अभियोग करना; to prosecute
studies अध्ययन करना

prosecution n. अभियोग

prosecutor n. अभियोग चलानेवाला

prosody n. छन्द:शास्त्र

prospect n. विस्तृत दृश्य,
दर्शन, मनोभाव, आशा; v.i.
खोज करना

prospectus n. (pl. -es) प्रास-
पेक्टस, पुस्तक*, व्यवसाय
इत्यादि या नियमावली की
विवरण पत्रिका*

prosper v.i. सफल होना,
घनवान होना, उन्नति करना

prosperity n. सम्पत्ति*,
सौभाग्य

prosperous a. सफल घनी,
सम्पन्न

prostitute n. वेश्या*, तवायफ

prostrate a. लम्बा पडा हुआ,
दण्डवत् किए हुए; v.t. दण्ड-
वत् करना

protagonist n. नायक, मुख्य
अभिनेता, प्रवक्ता, हिमायती,
तरफदार

protect v.t. आपत्ति से बचाना,
रक्षा करना, सहायता देना

protection n. रक्षा*, घरण

protector n. ( fem. -ress )
रक्षक

protege n. ( fem. protegee)
आश्रित, पालित, पोष्य, उप-
जीवी, संरक्षणाधीन व्यक्ति

protein n. एक रासायनिक
सत्त्व, प्रोभूजिन

protest n. दृढ़ उक्ति*, प्रति-
वाद, विरोध; v.t. & i. दृढ़ता
के शब्द कहना, निषेधपूर्वक
कहना

protestant n. प्रोटेस्टेंट,

ईसाइयों के उस धर्म का अनुयायी जो पोप के अधिकार को स्वीकार नहीं करता

protestantism प्रोटेस्टेंट मत का सिद्धान्त

proto *pref.* 'प्रथम, आदि' के अर्थ का उपसर्ग

protocol *n.* प्रोटोकोल, विदेश-मंत्रालय का शिष्टाचार विभाग नयाचार, मूल संधि-पत्र, मूलपत्र

protoplasm *n.* प्ररस, जीवद्रव्य

prototype *n.* मूलरूप, मूलादर्श

protract *v.i.* बढ़ाना, फैलाना

protrude *v.t.* ढकेलना, आगे को बढ़ाना

proud *a.* अभिमानी, गर्वी, घमंडी, उद्धत, विशाल, शान-दार, दिखीवा

prove *v.t. & i.* परीक्षा करना, सिद्ध करना, अनुभव करना, प्रकाशित करना

proverb *n.* जनोक्ति*, कहावत*

provide *v.i. & t.* तैयार होना, तैयारी करना, सामग्री जुटाना, नियुक्त करना; to provide against पहिले से प्रबन्ध कर लेना

providence *n.* पूर्वविचार, सावधानी, परमेश्वर

province *n.* देश का विभाग, प्रान्त, व्यापार, कर्त्तव्य, कार्य-गति*

provision *n.* तैयारी*, पूर्व-कल्पना, विधान; (ब० व०) भोजन

provisional *a.* क्षणिक, सामयिक

provocation *n.* उत्तेजना*, प्रेरणा*, तैश, आवेश, उक-साव

provocative *a.* उत्तेजक, प्रेरक, उकसानेवाला, तैश में आ जाने-वाला

provoke *v.t.* उकसाना, क्रुद्ध करना

prowess *n.* शूरता*, साहस

proximity *n.* समीपता; proxi-mity of blood समीप का संबंध

prudent *a.* बुद्धिमान, दूरदर्शी, सावधान

prudence *n.* दूरदर्शिता*, चातुरी*

prudish *a.* मिथ्याविनयी, अति-सुशील

pry *v.t.* (*p.t.* pried) निहारना, सूक्ष्म निरीक्षण करना

pseudo *pref.* 'मिथ्या, दिखा-वटी' के अर्थ का उपसर्ग

pseudonym *n.* छद्मनाम

psyche *n.* आत्मा*, मन, मानस, चित्त

psychic *a.* मानस, मानसिक;

*n*. संवेदनशील व्यक्ति, साधन; (ब० व०) मनोविज्ञान
psycho *pref*. 'आत्मा या मन' के अर्थं का उपसर्ग
psychological *a*. मनोवैज्ञानिक
psychologist *n*. मनोविज्ञान-वेत्ता
psychology *n*. मनोविज्ञान*
puberty *n*. यौवन, युवावस्था
public *a*. लोक-सम्बन्धी सार्वजनिक, सामान्य प्रचलित; *n*. जन-साधारण; in public प्रत्यक्ष रूप में; public-good लोकहित; public - house मद्यगृह; public-road सार्वजनिक मार्ग, public-spirit जनकल्याण भावना*; public spirited जनकल्याण की भावनावाला; public-works सार्वजनिक हित के निर्माण-कार्य
publication *n*. प्रकाशन, प्रकाशित पुस्तक*
publicist *n*. वृत्तकार, पत्रकार
publicity *n*. लोक-प्रसिद्धि*, प्रचार
publish *v.t*. प्रकाशित करना
publisher *n*. प्रकाशक
pudding *n*. पुडिंग, एक प्रकार का मांस और अन्न का बना हुआ पक्वान्न; more praise than pudding वास्तविक उपहार; pudding-hearted डरपोक मनुष्य
puerile *a*. बालक के समान, बच्चों-जैसा
puff *n*. वायु का झोंका, भाप की भभक*, धुएं की फूंक* पाउडर लगाने का साधन (रोएंदार गद्दी); *v.i. & t*. फूंकना, वृथा प्रशंसा करना; to puff and blow हांफना; to puff up फुलाना; to puff out हांफकर बोलना
pull *v.t*. खींचना, तोड़ना; *n*. खिचाव, नौका - संचालन; pull-back असुविधा*; pulled *a*. अस्वस्थ; to pull about इधर-उधर हिलाना; to pull a thing to pieces किसी वस्तु को टुकड़े-टुकड़े करना; to pull back रोकना; to pull caps झगड़ा करना; to pull down ढाहना; to pull off one's hat टोपी उतारकर अभिवादन करना; to pull through आपत्ति से सुरक्षित निकल जाना
pulp *n*. गुद्दा; *v.t*. गुद्दा बनाना
pulpy *a*. गुद्देदार
pulpit *a*. व्याख्यान-मंच, आसन, पीठ*, व्यासपीठ*
pulsate *v.i*. धड़कना

pulse *n.* कलाई पर की नाड़ी*; *v.t.* नाड़ी चलना; to feel the pulse नाड़ी-परीक्षा करना; (*pl.*)*n.* दाल
pump *n.* पम्प, उदंच; *v.i.* & *t.* पम्प चलाना, पिचकारी से हवा भरना या निकालना
pun *n.* श्लेष, शब्दक्रीड़ा*, अनेकार्थ शब्द; *v.t.* ऐसे श्लेष का प्रयोग करना
punch *n.* छेद करने का यंत्र, हंसानेवाली मूर्त्ति, एक प्रकार की मदिरा; *v.t.* छेद करना
punctual *a.* समयनिष्ठ, यथा-समय
punctuate *v.t.* विराम-चिह्न लगाना, चिह्नांकित करना, व्यवधान डालना, टोकना
punctuation *n.* चिह्नांकन, विराम-चिह्न
puncture *n.* पंक्चर, छोटा छिद्र वेध; *v.t.* छोटा छिद्र करना
pungent *a.* कड़वा, तीखा, उग्र
punish *v.t.* दण्ड देना, ताड़ना देना
punishment *n.* दण्ड; capital punishment प्राणदण्ड
punitive *a.* दण्डात्मक
pupil *n.* शिष्य, विद्यार्थी, आंख की पुतली*; pupil-teacher शिक्षक-विद्यार्थी, छात्र-शिक्षक
puppet *n.* गुड़िया*, कठपुतली*, मनुष्य जो दूसरे के अधीन हो; puppet-play कठपुतली का खेल
puppy *n.* पिल्ला, घमण्डी मनुष्य
purchase *n.* क्रय, खरीद, मोल लिया हुआ पदार्थ; *v.t.* क्रय करना, मोल लेना, खरीदना; purchasing power क्रय-शक्ति*
pure *a.* शुद्ध, स्वच्छ, बिना मेल का, निर्मल, केवल
purgatory *n.* पापमोचन, पाप-मोचनस्थान, सुधारगृह, तपो-भूमि*
purge *v.t.* शुद्ध करना, पाप हटाना, पेट साफ करना
purify *v.t.* (*p t.* purified) शुद्ध करना निर्मल करना
purist *n.* भाषा की शुद्धता पर अधिक ध्यान रखनेवाला, शुद्धतावादी
puritan *n.* एक ईसाई मत का अनुयायी, निष्ठावान
puritanic (-al) *a.* प्रोटेस्टैंट मतानुयायी, विशुद्धिवादी, कट्टरतावादी
purity *n.* पवित्रता*, शुद्धता*
purl *n.* कलाबत्तू का किनारा, लहर का मन्द शब्द; *v.i.* मन्द शब्द करना
purple *n.* & *a.* बैंगनी बैंगनी

रंग का; purple robe राजकीय वस्त्र

**purport** *n.* आशय, अभिप्राय; *v i* तात्पर्य बतलाना

**purpose** *n.* हेतु, अभिप्राय, तात्पर्य; *v.i.* अभिप्राय रखना

**purposely** *adv* जान-बूझकर; fixed purpose दृढ़ संकल्प; on purpose उद्देश्य से; to no purpose व्यर्थ, निरर्थक; for the purpose of वास्ते, लिए

**purse** *n.* पर्स, रुपया रखने की थैली*, धन की भेंट*; *v.t.* थैले में रखना; light purse निर्धनता*; public purse सार्वजनिक सम्पत्ति* to hold the purse व्यय पर अधिकार रखना

**pursue** *v.t.* पीछा करना, लक्ष्य करना

**pursuit** *n.* अनुसरण, उद्यम, व्यवसाय

**purview** *n.* विस्तार, फैलाव; पर्यवलोकन

**push** *v.t. & i.* ढकेलना, बढ़ाना, हटना; *n.* धक्का, शक्ति*, उद्योग; to push afar दूर हटाना; to push forward आगे को ढकेलना; to push off नाव ढकेलकर धारा में करना; to push on जल्दी करना, to push aside हटाना

**pushing** *a.* उत्साही, उद्यमी

**put** *v.i. & t.* (*p.t. & p.p* put) रखना, स्थापित करना, प्रश्न पूछना, प्रस्ताव करना; put to it बाध्य करना; to put a bullet through गोली मारना; to put aside अलग करना; to put back रोकना; to put blame on कलंकित करना; to put by धन बचाना; to put down दबाना; to put forth प्रस्ताव करना; प्रकाशित करना; to put in भरना, लिखना; to put into one's hands सौंपना; to put in order क्रम में रखना; to put off टालना; to put on वस्त्र धारण करना, पहिनना; to put out उलटना, घबड़ाना; to put to a stand रोकना; to put to death हत्या करना; to put to it बाध्य करना; to put to the hammer नीलाम करना; to put up इमारत बनाना, बसेरा लेना; to put up with सहन करना; well put अच्छी तरह वर्णन किया हुआ

putrid *a.* सड़ा हुआ, दुर्गन्धित
puzzle *n.* कूट प्रश्न, कठिन प्रश्न, पहेली*; *v.t.* घबड़ाना, व्याकुल करना
puzzling *a.* भ्रमकारी, घबड़ानेवाला
pygmy (pigmy) *ns.* (*pl.* pygmies) नाटा मनुष्य, बौना
pyorrhoea *n.* पायरिया, मसूड़े में से पीव निकलने का रोग, शीताद
pyramid *n.* पिरामिड, स्तूप, मीनार
pyramidal *a.* स्तूपाकार, सूच्याकार
pyre *n.* चिता*

# Q

quack *v.t.* बतख की तरह टर्राना, गर्व करना; *n.* बतख का शब्द, ठगविद्या करनेवाला, नीमहकीम
quackery *n.* मिथ्याभिमान, नीमहकीमी*
quadrangle *n.* चौकोर आंगन, चतुर्भुज
quadrangular *a.* चतुष्कोणीय, चतुर्भुजीय
quadrate *a.* वर्गाकार; *n.* चौकोर टुकड़ा या चद्दर
quadri *pref.* 'चार' के अर्थ का उपसर्ग
quadrilateral *a.* & *n.* चार भुजा का, चतुर्भुज आकृति*
quadruped *n.* चौपाया, चतुष्पद
quadruple *n.* चौगुनी संख्या*; *v.t.* चौगुना करना
quadruplet *n.* एक साथ जन्म लेनेवाले चार बच्चे
quadruplicate *v.t.* चौगुना करना
quadruply *adv.* चतुर्गुण रूप में
quaint *a* विचित्र, विलक्षण, पुराने ढंग का
quake *v.i.* कांपना, थर्राना; *n.* कंपकंपी*, थर्राहट*
quaker *n* (*fem.* quakeress) क्वेकर, एक परोपकारी मण्डली का सभासद
qualification *n.* योग्यता*, मर्यादा*, विशिष्टता*
qualify *v.t.* & *i.* (*p.t.* qualified) योग्य बनाना या बनना, परीक्षा या प्रतियोगिता में उत्तीर्ण होना
qualitative *a.* जाति-स्वभाव या गुण-संबंधी
quality *n.* (*pl.* qualities)

गुण, जाति*, पद, स्वभाव, धर्म, लक्षण; man of quality कुलीन पुरुष

quandary *n.* दुविधा*, व्याकुलता*, घबराहट*

quantitative *adv.* परिमाण संबंधी

quantity *n.* परिमाण, विस्तार, मात्रा*, अंश

quantum *n.* आवश्यक परिमाण या मात्रा*

quarantine *n.* गमनागमन-निषेध, संसर्गरोध, रोग-प्रतिबन्ध, संसर्गरोध काल

quarrel *n.* कलह, झगड़ा, विवाद; *v.i.* (*p.t.* quarrelled) झगड़ना

quarrelsome *a.* झगड़ालू, लड़ाका; to pick up a quarrel झगड़ा आरम्भ करना; to quarrel with one's bread and butter अपना व्यवसाय त्यागना

quarry *n.* खदान*, खान*, आखेट, लक्ष्य; *v.i.* (*p.t.* quarried) खान से पत्थर निकालना

quarter *n.* चतुर्थ भाग, चौदह सेर का भार, स्थान, दिशा, (ब०व०) सैनिकों के ठहरने का स्थान; *v.t.* चार भाग करना, ठहराना; in every quarter सब दिशा में; quarter of a century पच्चीस वर्ष; quarter of an hour पन्द्रह मिनट का समय; quarter past four सवा-चार बजे; to come to close quarters मुठभेड़ करना

quarterly *adv.* & *n.* तीसरे महीने, त्रैमासिक, त्रैमासिक पत्रिका*

quartermaster *n.* सेना का प्रधान अध्यक्ष

quasi *pref.* & *conj.* अर्ध

queen *n.* (*mas.* king) राजपत्नी*, महारानी*, रानी*, अपूर्व वस्तु*, (शतरंज में) वज़ीर, (ताश में) बेगम*

queen-mother *n. fem* राजमाता*

queer *a.* अनूठा, विलक्षण, अद्भुत, अनोखा

quell *v.t.* वश में करना दबाना, शान्त करना

quench *v.t.* आग या प्यास बुझाना, दबाना, शांत करना, चुप कर देना

quenchless *a.* न बुझाने योग्य, अदम्य, अतृप्य

query *n.* (*pl.* querises) प्रश्न, पूछताछ*; *v.t.* (*p.t.* queried) प्रश्न करना, सन्देह करना

**quest** *n.* अन्वेषण, खोज*, अनुसंधान; *v.i.* & *t.* खोज करना

**question** *n.* प्रश्न, जांच*, विवाद या विचार का विषय; *v.t.* प्रश्न पूछना, जांचना, सन्देह करना

**questionable** *a.* सन्देहयुक्त, अनिश्चित; to beg the question सिद्ध करने के विषय को मान लेना; out of the question न विचारने योग्य; the topic in question प्रस्तुत विषय; to put a question प्रश्न पूछना, प्रश्न करना; to call in question सन्देह उत्पन्न करना

**queue** *n.* क्यू, कतार*, वेणी*

**quibble** *n.* वाक्छल, वक्रोक्ति* शब्द श्लेष; *v.t.* वाक्छल करना टेढ़ा बोलना, शब्द-श्लेष का प्रयोग करना

**quick** *a.* फुर्तीला, प्रस्तुत, तीव्र, सजीव; *n.* शरीर का जीवित (मर्म) भाग; be quick जल्दी करो; piercing to the quick मर्मभेदी

**quicksand** *n.* नदी या समुद्र का घसकनेवाला बालू का किनारा

**quicksilver** *n.* पारद, पारा

**quiet** *a.* निश्चल, शांत, सौम्य, चुपचाप, *n.* शांति*, स्थिरता*; *v.i.* स्थिर करना, शान्त करना

**quilt** *n.* रज़ाई*, तोषक, गद्दा, तोषक की खोली*; *v.t.* तोषक सीना, गद्दा बनाना

**quinine** *n.* कुनैन

**quit** *v.t.* ( *p.t.* quitted छोड़ना, चुकाना, त्यागना

**quite** *adv.* सर्वथा, पूरी तरह से, बिलकुल; quite another सर्वथा, भिन्न; not quite proper अनुचित; quite so बहुत ठीक, मैं स्वीकार करता हूं

**quits** *n.* चुकती*, बदला; to cry quits झगड़ा तय करना, मेल करना

**quiver** *n.* तरकस; *v.i.* & *t.* कांपना, थर्राना, कंपाना

**quixotic** *a.* विलक्षण, अद्भुत, व्यर्थ

**quorum** *n.* ( *pl.* quorums) कोरम, किसी सभा के कार्य के लिए सभासदों की निर्दिष्ट संख्या*

**quota** *n. pl.* (*sing.* quotum) कोटा, अंश, स्थिर भाग

**quotation** *n.* उद्धरण, प्रचलित मूल्य; quotation-marks निर्धारित वाक्य के

आगे-पीछे लगे हुए (" ") चिह्न

quote *v.t.* किसी के शब्द का उद्धरण करना, अधिकार के वचन कहना, मूल्य बतलाना

# R

Rabbi *n.* रबी, यहूदी धर्मा-धिकारी

rabbit *n.* खरगोश

rabid *a.* उन्मत्त, विक्षिप्त, बावला

race *n.* वंश कुल, सन्तति*, जाति*, दौड़*, तीव्र जल-धारा*; *v.i.* वेग से दौड़ना; race-course दौड़ का मैदान; race-horse घुड़दौड़ का घोड़ा

racial *a.* कुल-संबंधी, जातीय, जातिमूलक

racialism *n.* जातिवाद, जाती-यता*

rack *n.* सचल घन, उड़ते हुए बादल, प्रलय; चारा रखने का कठौता, बोतल इ० रखने की टांड़, हत्या करने का साधन; *v t.* कसकर फैलाना, कष्ट देना, हत्या करना; rack rent अधिक से अधिक किराया

racket (racquet) *n.* टेनिस खेलने का बैट, बरफ पर चलने का जूता, कोलाहल; racket-

ball एक प्रकार का कठोर छोटा गेंद; racket-press टेनिस के बैट को दबाने का साधन

radiance *n.* प्रभा*, चमक*, प्रकाश

radiant *a.* दीप्तिमान, उज्ज्वल, प्रसन्नमुख

radiate *v.i.* & *t.* किरण फेंकना, फैलाना

radiator *n.* रेडियेटर, विकि-रक, तापविकिरक कर्म, ताप-नाशक यंत्र

radical *a.* पूर्ण, समस्त, मौलिक; *n.* मूल सिद्धान्त

radio *n.* रेडियो, आकाशवाणी*; *v.t.* रेडियो समाचार भेजना, आकाशवाणी द्वारा प्रसारित करना; *pref.* 'रेडियम-संबंधी' अर्थ का उपसर्ग

radiograph *n.* रेडियोग्राफ, एक्सरे द्वारा उतारा हुआ चित्र

radiogram *n.* रेडियोग्राम, रेडियो-समाचार

radiophone *n.* रेडियो-टेलीफोन

radium *n.* रेडियम, एक बहुमूल्य धातु जिसमें से बिजली की किरणें निकला करती हैं

radius *n.* (*pl.* radii) अर्धव्यास

rag *n.* चीर, चिथड़ा, लत्ता, टुकड़ा; *v t.* गाली देना, कष्ट देना

rage *n.* क्रोध, रोष, तीव्रता*; *v.t.* क्रुद्ध होना

raid *n.* धावा, चढ़ाई*; *v.t.* चढ़ाई करना, आक्रमण करना

raider *n.* आक्रमणकारी

rail *n.* रेल, रेल की लाइन*; *v.t.* पटरी लगाना या जड़ना; by rail रेल द्वारा; off the rails क्रमहीन

rail *v.t & i.* (*p t* railed) बाड़ लगाना, रेल लगाना

railing *n.* कटघरा, छड़ की बनी हुई आड़*

railway *n.* रेलवे, रेलमार्ग

rain *n.* वर्षा*, वृष्टि*; *v.i.* वर्षा होना; to rain in torrents, to rain cats and dogs मूसलधार वृष्टि होना

rainbow *n.* इन्द्रधनुष

rainfall *n.* वर्षा*, वृष्टि*

raise *v.t.* उभाड़ना, उठाना, बढ़ाना, जागृत करना, बनाना, धन बटोरना, उन्नति करना, शब्द करना; to raise a cry कोलाहल मचाना; to raise a dust उपद्रव खड़ा करना; to raise a laugh दूसरों को हंसाना; to raise a siege घेरनेवाली सेना को हटाना; to raise bread रोटी बनाने के लिए खमीर उठाना; to raise the wind किसी कार्य के लिए धन इकट्ठा करना

rally *v t. & i* (*p t.* rallied) समेटना, बटोरना, फिर से जुटाना; *v t.* ताना मारना

ramble *v.t.* भ्रमण करना, विचरना, असंबद्ध लिखना या बात करना; *n.* परिभ्रमण

rampant *a.* उग्र, प्रचण्ड, अनियंत्रित

rampart *n.* दुर्ग प्राचीर, शहर पनाह

rancour *n.* शत्रुता*, घृणा*, द्वेष

random *a.* क्रम-रहित, बिना सोचे-समझे; at random असंगत अटकलपच्चू

range *v.t.* पंक्ति में रखना, क्रम से करना; *n.* श्रेणी*, पंक्ति*, लक्ष्य लगाने का स्थान; range-finder लक्ष्य लगाने

की दूरी नापने का यंत्र
**ranger** *n.* रेंजर, वनपालक या वन या उद्यान का रखवाला, (ब० व०) घुड़सवार लोग
**rank** *a.* तीखा, उग्र गन्ध का; *n.* पंक्ति*, श्रेणी*, विभाग-क्रम प्रतिष्ठा, गौरव, पंक्ति-बद्ध सैनिक; *v.t.* पंक्ति या क्रम में रखना; a man of rank कुलीन मनुष्य
**ransom** *n.* बंदी को छोड़ने के लिए दिया हुआ धन; *v.t.* धन देकर बन्दी को मुक्त करना
**rapacious** *a.* लालची, अति लोलुप
**rape** *n.* बलात्कार
**rapport** *n.* संबंध, सारुप्य
**rapt** *a.* निमग्न, लीन
**raptured** *a.* हर्ष से उन्मत्त
**rare** *a* विरल, अपूर्व, अनूठा
**rascal** *n.* दुष्ट, नीच, पापी
**rash** *a.* उतावला, हठी, अविवेकी; *n.* चकत्ता, ददोरा
**rat** *n.* चूहा, मूसा, साथ छोड़नेवाला व्यक्ति; to smell a rat संदेहयुक्त होना; rat-trap चूहादानी*
**rate** *n.* प्रमाण, महसूल, दर*, मूल्य, गति*, वेग, कर, अनुपात, अनुमान; *v.t.* प्रमाण स्थिर करना, विचारना, नियत करना, गाली देना
**rather** *a.* वस्तुतः, कुछ अपेक्षा,. अथवा
**ratification** *n.* अनुसमर्थन, विशोधन, दृढ़ीकरण
**rating** *n.* कर स्थिर करना; at any rate किसी न किसी प्रकार से; market rate बाजार दर; rate of interest ब्याज की दर
**ratify** *v.t* (*p.t.* ratified) स्थिर करना, प्रमाणित करना, विशोधन करना, दृढ़ करना
**ratio** *n.* (*pl.* ratios) अनुपात
**ration** *n.* राशन, रसद
**rational** *a* तर्क संबंधी, तर्क-युक्त, विवेकी
**rationale** *n.* उपपत्ति*, मूल कारण
**rationality** *n.* तर्क* शक्ति*, युक्तता*, चेतना*
**rationalize** *v.t. & i.* तर्कान्वित करना, सिद्ध करना; rationalisation of industry उद्योग समीकरण
**rattle** *v.i.* खड़खड़ करना; *n.* खड़खड़ का शब्द, एक प्रकार का शब्द करनेवाला खिलौना; to rattle along खड़खड़ करते हुए चलना; to rattle the sword युद्ध करने के लिए डराना
**ravage** *v.t.* नाश करना, लूटना;

*n.* नाश, लूट*

**rave** *v.i.* पागल की तरह बकबक करना, पागल होना

**ravine** *n.* कन्दरा*, खोह*, गहरी पतली घाटी*

**raving** *n. & a.* क्रोधपूर्ण वार्ता*, पागल

**raw** *a.* कच्चा, अधूरा, प्राकृतिक, अप्रौढ़, अशिक्षित; raw cloth बिना माड़ी लगा वस्त्र, raw head *n.* बच्चों को डराने का भूत ; to touch one on the raw मर्मस्पर्श करना

**ray** *n.* किरण, प्रभाव, थोड़ी आशा*; *v.i* चमकना

**raze** *v.t.* भूमिसात करना, ढहाना, मटिया मेट करना, नष्ट करना

**razor** *n.* हजामत बनाने का उस्तरा; razor-strop उस्तरा पैना करने का चमोटा

**re** *prep.* विषय में; *pref.* 'फिर से, दूर, किनारे' के अर्थ का उपसर्ग

**reach** *v.t. & i.* पहुंचना प्राप्त करना; *n.* पहुंच*, विस्तार; beyond his reach उसकी शक्ति के बाहर; within the reach of प्राप्य, लभ्य

**react** *v.i.* प्रतिकार करना, परस्पर प्रतिक्रिया करना

**reaction** *n.* प्रतिक्रिया*, उत्तेजना के बाद की मलिनता*

**reactionary** *a. & n.* प्रतिक्रियावादी, उन्नति-रोधक

**read** *v.t.* (*p.t. & p.p* read) पढ़ना, व्याख्या करना, समझना, अध्ययन करना, to read a person's hand हस्तरेखा देखकर फल बताना; to read through आदि से अन्त तक पढ़ना; well-read विद्वान

**readable** *a.* पढ़ने योग्य, पठनीय

**reader** *n.* रीडर, विश्वविद्यालय का अध्यापक, प्रेस की छपी पुस्तक शुद्ध करनेवाला, पाठ्य-पुस्तक*, पाठक

**readily** *adv.* सहज में, इच्छा-पूर्वक

**readiness** *n.* उत्साह, शीघ्रता*

**ready** *a. & adv.* उद्यत, इच्छुक, तैयार, सहज में प्राप्त; ready to go जाने को तैयार; ready at hand उपस्थित; ready-made तैयारी माल; ready money नगद रुपया

**reagent** *n.* एक रासायनिक पदार्थ को दूसरे तत्त्वों के अन्वेषण में सहायता देता है; प्रतिकर्त्ता

**real** *a.* सत्य, वास्तविक, यथार्थ

**realistic** *a.* यथार्थवादी, वास्तव-

वादी

reality *n* (*pl.* realities) यथार्थ, सत्यता*; in reality वास्तव में, सचमुच

realize *v.t.* & *i.* प्रत्यक्ष करना, जानना, स्पष्ट सुनना या देखना, मूल्य पाना

really *adv.* सचमुच, वस्तुत:

realm *n.* राज्य, देश, विषय

realty *n.* (*pl.* realties) अचल सम्पत्ति*

ream *n.* रीम, बीस जिस्ता कागज़; *v.t.* टेकुवे से धातु में छिद्र बढ़ाना

reap *v.t.* & *i.* फसल आदि काटना, फल भोगना; as you sow so you reap जैसी करनी तैसी भरनी; to reap the fruits of one's deeds अपने किए का फल भोगना

reaper *n.* काटनेवाला, लवन करनेवाला

reason *n.* विवेक-बुद्धि*, तर्क, युक्ति*, कारण, प्रयोजन; *v.i.* & *t.* तर्क करना, विचार करना

reasonable *a.* उचित, यथार्थ, सर्वमान्य

reasonably *a.* युक्तिपूर्वक, यथोचित

reasoning *n.* विवेकबुद्धि*, विचार

reassemble *v.t.* & *i.* फिर से इकट्ठा करना या होना

reassess *v t.* फिर से कर आदि स्थिर करना, पुनराकलन करना, दुबारा जांचना या कूतना

reassure *v.t.* विश्वास दिलाना

rebate *v i.* शक्ति कम करना, घटाना; *n.* रिबेट, बट्टा, छूट

rebel *v.i.* (*p t.* rebelled) राजद्रोह या विप्लव करना; *n.* राजद्रोही, विप्लवकारी

rebellion *n.* राजद्रोह, विप्लव

rebellious *a.* बलवाई, राजद्रोही

rebound *v.i.* प्रतिक्षिप्त होना, उलट आना

rebuff *n.* प्रतिघात, रोक, झिड़की*; *v.t.* हटाना; रोकना, झिड़कना

rebuild *v.t.* (*p.t.* rebuilt) दुबारा बनाना, फिर से बनाना

rebuke *v.t.* निन्दा करना, गाली देना; *n.* गाली*, झिड़की*

recall *v.t.* स्मरण करना याद करना

recapitulate *v.t.* संक्षेप में वर्णन करना, पुनरावृत्ति करना

recapitulation *n.* संक्षिप्त, पुनर्कथन, आवृत्ति*, भ्रूणों

की पुनरुत्पत्ति*

receipt *n* भरपाई*, स्वीकार-पत्र, रसीद*

receive *v t.* प्राप्त करना, लेना, ग्रहण करना, स्वागत करना

receiver *n.* रिसीवर, लेनेवाला, तार, टेलीफोन आदि के समाचार ग्रहण करने के यंत्र का प्रधान भाग, आदाता

recent *a.* नया, आधुनिक

reception *n.* स्वागत, ग्रहण, प्रतिग्रह, अगवानी*; reception room स्वागत-कक्ष

receptive *a.* आशुग्राही मेधावी

recess *n* पीछे हटना, कोना, विश्रान्ति*, अवकाश

recession *n.* पीछे हटना, निकासी*, व्यापारिक मंदी*

recipe *n.* (*pl.* recipes) विधि*, नुसखा, प्रयोग, तालिका*, साधन

recipient *n.* ग्रहण करनेवाला, आधार

reciprocal *a.* परस्पर का, आपस का, आपस के संबंध का

reciprocate *v.t.* & *i.* परस्पर लेन - देन करना, विनिमय करना, प्रतिदान करना, प्रतिफल चुकाना

recital *n.* प्रपठन, आख्यान, वाचन, गायन, वादन

recitation *n.* सस्वर पाठ, प्रवचन

recite *v.t.* वर्णन करना, व्याख्या करना, चर्चा करना

reckless *a.* असावधान, धृष्ट

reckon *v.t.* गणना करना, अनुमान करना, विश्वास करना

reckoning *n.* गणना*, हिसाब-किताब

reclaim *v.t.* & *i.* प्राप्त करना, सुधारना, पालना, कृषि योग्य बनाना, विरोध खड़ा करना

reclination *n.* झुकाव

recline *v.t.* & *i.* झुकाना, झुकना, सहारा लेना, विश्राम करना

recluse *a.* एकान्तवासी; *n.* संन्यासी, वैरागी

reclusion *n.* वैराग्य

recognition *n.* अभिज्ञान, पहचान*, स्वीकरण, मान्यता*

recognize *v.t.* पहचानना, स्वीकार करना, प्रमाणित करना

recoil *v.i.* पीछे हटना, कूदना, ठमकना; *n.* परावर्तन, प्रतिक्षेप

recollect *v.t.* फिर से इकट्ठा करना, स्मरण करना

recollection *n.* अनुस्मरण, स्मरण-शक्ति*

recommend *v t.* संस्तुति करना, अनुशंसा करना, अनुग्रह करना, सलाह देना,

सिफारिश करना
recommendation *n.* संस्तुति*, अनुशंसा*, गुण - कीर्तन, सिफारिश*
recompense *v.t.* बदला चुकाना, पारितोषिक देना, मुआविज़ा देना
reconcile *v.t.* झगड़ा मिटाना, संधि कराना
reconciliation *n.* विरोध की शान्ति*, संधि*, पुनर्मिलन, संतोष, संराधन
reconnaissance *n.* किसी स्थान की सैनिक परीक्षा*, जासूसी देखभाल*, गश्त*, पैमाइश*
reconsider *v.t.* पुनर्विचार करना
record *v.t.* लिपिबद्ध करना, टांकना, रजिस्टर में लिखना *n.* रेकर्ड, अभिलेख, ग्रामोफोन बाजे का तवा, सरकारी कागज, गति*, धैर्य इत्यादि का आदर्श
recoup *v.t.& i* कमी करना, क्षति-पूर्ति करना
recourse *n.* आश्रय, शरण, सहारा, उपाय, साधन
recover *v.t. & i.* पुन: प्राप्त करना, बचाना, स्वस्थ होना, पुनः सम्पत्तिलाभ करना
recovery *n.* आरोग्य प्राप्ति*, पुन: प्राप्ति*
recreation *n.* विश्राम, मनोरंजन
recrimination *n.* परस्पर दोषारोपण
recruit *v.t. & i.* सामग्री पहुंचाना. नया बल प्राप्त करना, सैनिक की भरती करना; *n* रंगरूट, नया सैनिक
rectangle *n.* समकोण, चतुर्भुज, आयत
rectangular *a.* समकोण, आयताकार
rectification *n.* समाधान, शुद्धि*
rectify *v.t.* (*p.t.* rectified शुद्ध करना, संशोधित करना, ठीक करना, आसव बनाना
rector *n.* (*fem.* rectoress रेक्टर, अधिशिक्षक, मुख्याधिष्ठाता
rectum *n.* मलनाली, मलाशय
recur *v.i.* (*p.t.* recurred) फिर से याद पड़ना, दुबारा होना
recurrence *n.* पुनरागमन, पुनरावृत्ति*
recurrent *a.* बारम्बार होने वाला
red *a.* लाल रंग का; *n.* लाल रंग; red cap सैनिक; red flag भयसूचक चिह्न; red rag क्रोध उत्पन्न करनेवाला

पदार्थ; red-hot जलता हुआ, आगबबूला; red-handed अपराध करता हुआ; red-letter उत्सव का दिन; red tape लाल फीता

redeem *v.t.* पुनः मोल लेना, धन देकर बचाना, बदला देना, मुक्त करना, दरहम-बरहम करना, वचन निभाना

redemption *n.* ऋणमुक्ति*, विमोचन

redirect *v.t.* फिर से निर्देशन करना

redolence (-cy) *ns.* सुगन्ध

redress *v.t.* प्रतिकार करना, सुधारना; *n.* प्रतिकार, समाधान, कष्टनिवारण

reduce *v.t.* क्रम में लाना, छोटा करना, अधीन करना, दुर्बल करना; to reduce to ashes भस्म करना; reduced circumstances दरिद्र अवस्था*; reduced in body क्षीण शरीर, दुर्बल; to reduce to a system व्यवस्था करना; to reduce to a skeleton अस्थि-पंजर (ठठरी) हो जाना

reduction *n.* कमी*, छूट*, छंटनी*

redundant *a.* व्यर्थ, अनावश्यक

reenactment *n.* पुनरधिनियमन

reel *n.* चरखी*, गड़ारी, एक प्रकार का नाच; *v.i.* लड़खड़ाना, चक्कर मारना; *n.* चक्कर; off the reel बिना रुकावट के, शीघ्रता से

refer *v.t. & i.* (*pt.* referred) निर्देश करना, लक्ष्य करना, सूचित करना, उद्देश्य करना

referee *n.* रेफ्री, पंच, खेल पंच

reference *n.* अधिकार-सीमा*, संदर्भ, हवाला, निर्देश, संकेत, आश्रय; cross reference एक ही पुस्तक के अनेक स्थलों का निर्देश; with reference to संबंध में, विषय में

referendum *n.* मतसंग्रह

refill *v.i.* फिर से भरना; *n.* पुनः भरने या बैठाने की वस्तु*

refine *v.t. & i.* निर्मल करना, सिद्ध करना, संस्कार करना, सुधारना, चमकाना

refinement *n.* संशोधन, शिष्टता*, विनय

refinery *n.* रिफायनरी, किसी पदार्थ को शुद्ध करने का स्थान, शोधशाला*

reflect *v.t. & i.* प्रतिबिम्ब डालना, विचारना, निन्दा या स्तुति करना, दोष निकालना

reflection *n.* प्रतिबिम्ब,

भावना*, विचार
reflective *a.* विचार-संबंधी
reflector *n.* प्रतिबिम्ब फेंकने-वाला पदार्थ दर्पण
reflex *a.* पलटा हुआ, चित्त में विचार किया हुआ; *n.* प्रतिबिम्ब, छाया*
reflexive *a.* परावर्ती, कर्ता-संबंधी
reform *v.t. & i.* सुधारना, फिर से बनाना; *n.* सुधार, दोषनिवृत्ति*
reformation *n.* सुधार
reformative *a.* संस्कारक
reformatory *n.* बाल-सुधार विद्यालय
reformer *n.* refrain *v.i. & t.* सुधारक
refrain *v.i. & t.* अड़ना, रुकना; *n.* गीत के अन्त के शब्द, टेक
refresh *v.t.* नया करना, आनन्दित करना, ताज़ादम करना या होना, जलपान करना
refreshment *n.* अल्प आहार, जलपान
refrigerate *v.t.* ठण्डा करना, जमाना
refrigerator *n.* रेफरीजरेटर, प्रशीतक
refuge *n.* आश्रय, शरण, आश्रय देनेवाला; house of refuge अनाथालय
refugee *n.* शरणार्थी
refund *v.t.* लौटाना, वापस करना
refusal *n.* अस्वीकृति*
refuse *v.t. & i.* न मानना, अस्वीकार करना
refuse *n.* अवशिष्ट, जूठन, कचरा
refutable *a.* खंडन करने योग्य
refutation *n.* खण्डन
refute *v.t.* झूठा ठहराना, खण्डन करना
regal *a.* राजकीय, महत्त्वपूर्ण
regard *v.t. & i.* आदर करना, विचार करना, मानना, संबंध रखना
regency *n.* राजप्रतिनिधि का पद, उसका राज्य-काल
regenerate *v.t. & i.* नई शक्ति और जीवन देना, अवस्था सुधारना
regeneration *n.* पुनर्जीवन
regent *n.* राज्यसंरक्षक
regime *n.* शासन, शासनपद्धति* शासनकाल
regiment *n.* सैन्य दल, पलटन*, अनुशासन; *v.t.* नियंत्रण में रखना
regimental *a.* पलटन संबंधी
region *n.* प्रदेश, क्षेत्र; lower

regions पाताल; upper regions स्वर्ग
regional *a.* क्षेत्रीय, प्रादेशिक
register *n.* रजिस्टर, पंजी*, हिसाब-बही*, गणनापत्र; *v.t.* रजिस्टर में लिखना, पंजीयित करना
registered *a.* गणनापत्र में लिखा हुआ, पंजीकृत
registrar *n.* रजिस्ट्रार, पंजिकाधिकारी, (विश्वविद्यालय में) कुलसचिव
registry *n.* रजिस्ट्री, पंजीयन लेखशाला*
regress *n.* वापसी*, निकासी*; *v.i.* लौटना, वापस आना; *v.t.* पीछे की ओर हटाना या घुमाना
regret *v.i.* (*p.t.* regretted) पछतावा करना, दुःखी होना
regular *a.* नियम के अनुसार, यथार्थ, व्यवस्थित, प्रचलित, एक समान, सामान्य; *n.* स्थायी सेना का सैनिक
regularity *n.* एकसमानता*, व्यवस्था*, नियम, विधि*
regulate *v.t.* विनियमन करना, क्रम में रखना
regulation *n.* अधिनियम
regulator *n.* रेगुलेटर, विनियमक, क्रम स्थापित करनेवाला
rehabilitate *v.t.* पुनरावास देना, अधिकार प्रदान करना, पुनः प्रतिष्ठित करना
rehabilitation *n.* पुनर्वासन, पुनस्थापन
rehearsal *n.* रिहर्सल, अभ्यास
rehearse *v.t.* रिहर्सल करना
reign *v.t.* शासन करना, राज्य करना; *n.* शासन राज्य
reimburse *v.t.* वापस करना, फेरना; reimbursement भरपायी, अदायगी
rein *n.* बागडोर*, लगाम*; *v.t.* संयम करना, अधीन करना
reinforce *v.t.* शक्ति बढ़ाना, पुनः लागू करना; reinforced concrete लोहे की छड़, गिट्टी इत्यादि डालकर पुष्ट किया हुआ मसाला
reinforcement *n.* अतिरिक्त सैन्य, संवृहण, पोषण, बलवृद्धि*
reinstate *v.t.* पुनः नियुक्त करना, बहाल करना
reinstatement *n.* बहाली*, पुनः स्थापन
reiterate *v.t.* बारम्बार दुहराना
reject *v.t.* अस्वीकार करना, त्यागना
rejection *n.* अस्वीकरण
rejoice *v.i.* प्रसन्न होना,

आनन्द मनाना
**rejoin** *v.t. & i.* फिर मिलना या जोड़ना, उत्तर देना
**rejoinder** *n.* प्रत्युत्तर
**rejuvenate** *v.t.* फिर से युवा करना
**rejuvenation** पुनर्युवाकरण काया-कल्प
**rekindle** *v.t.* फिर से जलाना
**relapse** *v.i.* पहली अशुद्धि में दुबारा पड़ना, आरोग्य होकर फिर रोगी होना; *n.* पुन: स्वास्थ्य पतन या रोगाक्रमण
**relate** *v.t. & i.* कहना, सूचना देना, मिलाना, वर्णन करना
**relation** *n.* सूचना*, वर्णन, संबंध, संबंधी
**relative** *a.* सगोत्र संबंधी; *n.* संबंधी, नातेदार
**relax** *v.t.* शिथिल करना, कोमल करना
**relaxation** *n.* शिथिलता*, विश्राम
**relay** *n.* घोड़े, मनुष्य, सामग्री इत्यादि की नयी भरती, पुनर्योजन, पुन: प्रचालन
**release** *v.t.* मुक्त करना, छुटकारा देना, त्यागना; *n.* निस्तार, मुक्ति* छुटकारा
**relent** *v.i.* मृदु या कोमल होना, मान जाना
**relentless** *a.* निर्दय, दयाहीन
**relevance (-cy)** *ns.* सम्बन्धता*, सगति*, योग्यता*
**relevant** *a.* अनुरूप, योग्य, उचित
**reliable** *a.* विश्वास के योग्य
**reliance** *n.* भरोसा, विश्वास
**relic** *n.* मृत व्यक्ति का स्मारक, चिह्न, मृत शरीर
**relief** *n.* सहायता* सुख, दु:खी की सहायता, उभड़ी हुई नक्काशी*, relief fund सहायता के लिए एकत्रित धन; relief works व्यवसाय-हीन मनुष्यों को कार्य देने के लिए निर्माण-कार्य
**relieve** *v.t.* सहायता देना, पीड़ा हटाना, कार्य से हटाना
**religion** *n.* धर्म
**religious** *a.* धार्मिक, भक्तिमान
**relinquish** *v.t.* छोड़ना, त्यागना, अलग करना
**relish** *v.t. & i.* स्वाद लेना, आनन्द लेना, प्रसन्न होना; *n.* रस, स्वाद, रुचि*, आनन्द reluctance (-cy) अरुचि*, अनिच्छा*
**reluctant** *a.* अनिच्छुक, असन्तुष्ट
**rely** *v.i.* (*p.t.* relied) विश्वास करना, भरोसा करना
**remain** *v.i.* रहना, पीछे ठहरना, भरोसा करना; let

it remain as it is. जैसा है वैसा छोड़ दो
**remainder** *n.* शेष भाग, अवशिष्ट
**remains** *n. pl.* अवशेष, मृतक शरीर
**remand** *v.t.* वापस भेजना, बंधन में रखना; *n.* वापस भेजने की आज्ञा*
**remanent** *a.* & *n.* अवशिष्ट, अवशेष, बचा हुआ भाग
**remark** *v.t.* & *i.* ध्यान देना, विचारना, बोलना; *n.* भाषण, चर्चा, टीका-टिप्पणी*
**remarkable** *a.* ध्यान में रखने योग्य
**remedy** *n* चिकित्सा, औषधि, कष्ट-निवारण का उपाय; *v.t.* (*p.t.* remedied) चिकित्सा करना, उपचार करना, प्रतिकार करना
**remember** *v.t.* स्मरण रखना, याद करना
**remembrance** *n.* स्मरण, यादगार*, स्मारक वस्तु; to put in remembrance स्मरण कराना
**remembrancer** *n.* राजकोष का अध्यक्ष
**remind** *v.t.* स्मरण कराना, स्मरण करना
**reminiscence** *n.* स्मृति*, संस्मरण
**reminiscent** *a.* अतीत का स्मरण दिलाने वाला
**remission** *n.* ऋण की चुकती*, क्षमा*
**remit** *v.t.* (*p.t.* remitted) छोड़ना, रुपया भेजना, ढीला करना, छूट देना
**remittance** *n.* भेजा हुआ धन
**remodel** *v.t.* (*p.t.* remodelled) फिर से तैयार करना या बनाना
**remorse** *n.* पश्चात्ताप, पछतावा
**remote** *a.* दूरवर्ती, असमीप, एकान्त, निर्जन
**removable** *a.* हटाने योग्य
**remove** *v.t.* & *i.* स्थान बदलना या हटाना, अलग करना; to remove mountains विलक्षण कार्य करना
**remunerate** *v.t.* पुरस्कार देना, पारिश्रमिक देना
**remuneration** *n.* पारितोषिक, पारिश्रमिक
**remunerative** *a.* लाभकारी, पारिश्रमिक-संबंधी
**renaissance** *n.* रिनायसां, पुनर्जागरण, नवयुग, नवजागरण, पुनरुद्धार
**render** *v.t.* देना, प्रतिपादन करना, अनुवाद करना
**rendering** *n.* प्रतिपादन, अनुवाद

rendezvous *n.* ( *pl.* -ooz ) समागम या सभा का स्थान, विनोदस्थल

renegade *n.* स्वधर्मत्यागी, पाखण्डी, विश्वासघाती

renew *v.t.* & *i.* नया करना या होना, पूर्व अवस्था में लाना, दुहराना

renounce *v.t.* & *i.* त्यागना, दूर करना, छोड़ना; to renounce the world संन्यास ग्रहण करना

renovate *v.t.* नया करना, सुधारना •

renown *n.* यश, कीर्ति*

renowned *a.* प्रसिद्ध

rent *n.* दरार*, भूमिकर, किराया; *v.t.* & *i.* किराये पर या पट्टे पर देना; rent-free निःशुल्क, बिना कर का

renunciation *n.* आत्मत्याग, संन्यास, अस्वीकार

repair *v.t.* & *i.* सुधारना, मरम्मत करना, जाना, शरण प्राप्त करना, आरोग्य होना

repartee *n.* हाज़िर-जवाबी*, व्यंग्य-उक्ति*; *v.i.* व्यंग्य बोलना

repatriate *v.i.* अपने देश को लौट आना

repatriation *n.* स्वदेश में आगमन

repay *v t.* & *i.* ( *p.t.* repaid) चुकाना, प्रतिफल देना, बदला देना

repayment *n.* दुबारा भुगतान

repeal *v.t.* खण्डन करना, तोड़ना; *n.* प्रचार, भंग, लोप

repealable *a.* खंडन करने योग्य

repeat *v.t.* & *i* फिर से कहना या करना, आवृत्ति करना

repel *v.t.* ( *p.t.* repelled ) हटाना, टालना

repent *v.t.* & *i.* पश्चात्ताप करना, पछताना

repentance *n.* पछतावा

repentant *a.* पछतावा करनेवाला

repercussion *n.* प्रतिघात, प्रतिप्रभाव, अप्रत्यक्ष प्रभाव, प्रतिक्रिया*

repetition *n.* पुनरुक्ति*, आवृत्ति*, दुहराव

replace *v t.* पुनः स्थापित करना, हानि की पूर्ति करना

replenish *v.t* फिर से भरना

replete *a.* भरपूर, भरा हुआ

replica *n.* प्रतिरूप, प्रतिकृति*, प्रतिचित्र, नकल*

reply *n.*, *v i.* & *t.* (*p.t.* replied) उत्तर, उत्तर देना; reply-paid telegram तार जिसके उत्तर के लिए भेजनेवाले ने रुपया जमा कर दिया

हो
report *v.t. & i.* रिपोर्ट देना, वृत्तान्त कहना, सूचना देना, वर्णन करना, घोषणा करना; *n.* रिपोर्ट*, वर्णन, चर्चा*, तीव्र शब्द; bad report झूठी चर्चा*; the report goes ऐसा सुना जाता है
reporter *n.* सूचना देनेवाला, संवाददाता
repose *v.t. & i.* विश्राम करना, सोना, विश्वास रखना
repository *n.* कोष, भण्डारघर
reposure *n.* शान्ति*
reprehension *n.* निन्दा*, कलंक
represent *v.t.* वर्णन करना, दरसाना, चित्त में लाना, प्रतिनिधि होना; to represent in writing लेख रूप में रखना
representation *n.* प्रतिनिधित्व, वर्णन, प्रतिरूप, मूर्त्ति*
representative *a. & n.* प्रतिनिधि
repress *v.t.* रोकना, दबाना, अधिकार में लाना
repression *n.* रोक*, निरोध, दमन
reprieve *v.t.* दण्डविराम करना, अवकाश देना, फांसी स्थगित करना; *n.* दण्डविराम
reprimand *v.t.* डांटना; झिड़कना; *n.* झिड़की*, घुड़की*
reprint *v.t.* दुबारा छापना या प्रकाशित करना; *n.* पुस्तक का नया प्रकाशन या संस्करण
reproach *v.t.* गाली देना, निन्दा करना, धिक्कारना; *n.* निन्दा*, तिरस्कार
reptile *n.* सांप, रेंगनेवाला जन्तु
republic *n.* गणराज्य, गणतंत्र
republican *a. & n.* रिपब्लिकन, गणतंत्रवादी, प्रजातंत्र राज्य का समर्थक
repudiate *v.t.* प्रत्याख्यान करना, परित्याग करना, अलग करना, अधिकार से हटा देना
repugnance *n.* विरोध, घृणा*, अरुचि*
repugnant *a.* विरुद्ध, प्रतिकूल, घृणास्पद
repulse *v.t.* हटाना, अस्वीकार करना
repulsion *n.* अपकर्षण, घृणा*, अरुचि*
repulsive *a.* प्रतिघाती, घृणित, अप्रिय
reputation *n.* कीर्ति* यश, मान
repute *v.t.* विचार करना; *n.* यश, कीर्ति*, प्रसिद्धि*
request *v.t.* प्रार्थना करना,

विनय सहित मांगना; *n.* प्रार्थना*, मांग*

**require** *v.t.* मांगना, चाहना, आकांक्षा करना

**requirement** *n.* आकांक्षा*, मांग, जरूरत*

**requisite** *a.* आवश्यक, प्रयोजनीय

**requisition** *n. & v.t.* प्रार्थना*, मांग*, प्रार्थना करना

**rescue** *v.t.* बचाना, मुक्त करना, छुटकारा देना; *n.* त्राण, छुटकारा, मुक्ति*

**research** *n.* अन्वेषण, खोज*

**resemblance** *n.* सादृश्य, तुल्यता*

**resemble** *v.t.* सदृश होना, तुल्य होना

**resent** *v.t.* क्रोध करना, बुरा मानना

**resentment** *n.* क्रोध, ईर्ष्या*, द्वेष

**reservation** *n.* आरक्षिति*, रोक*, निग्रह

**reserve** *v.t.* अलग रखना, रोकना, बचा रखना; *n.* रोक, संशय, सावधानी*, निग्रह, आत्मसंयम, मानसिक गम्भीरता*; reserve fund सुरक्षित कोष; without reserve पूर्ण रूप से

**reservoir** *n.* जलाशय, कुंड

**reshape** *v.t.* नयी आकृति प्रदान करना

**reside** *v.i.* बसना

**residence** *n.* रहने का स्थान, निवास

**residency** *n.* राजकीय अधिकारी के रहने का स्थान

**resident** *n.* निवासी, राजकीय अधिकारी

**residual** *n. & a.* शेष, बचत*

**residuary** *a.* बचत का

**residue** *n* परिशिष्ट, बाकी*, छाछ

**resign** *v.t.* पद का त्याग करना; to resign one's claims अधिकार त्यागना; to resign to fate भाग्य के अधीन होना

**resignation** *n.* पद का परित्याग

**resist** *v.t.* अवरोध करना, बाधा झलना

**resistance** *n.* विरोध, रुकाव

**resistant** *a.* अवरोध करनेवाला, अवरोधक

**resolute** *a.* स्थिर, दृढ़, साहसी

**resolution** *n.* निश्चय, स्थिरता*, चित्त की दृढ़ता* प्रस्ताव

**resolve** *v.t. & i.* अलगाना, भाग करना, ठानना, निश्चय करना

**resonance** *n.* प्रतिध्वनि*

**resonant** *a.* प्रतिध्वनित, गूंजनेवाला
**resort** *v i.* कहीं जाना, प्रयोग करना; *n.* आश्रय, अड्डा
**resound** *v.t. & i.* गूंजना, यश फैलाना
**resource** *n.* साधन. सहारा; (ब० व०) द्रव्य प्राप्ति का साधन
**respect** *v.t.* प्रतिष्ठा करना, सत्कार करना; *n.* प्रतिष्ठा*, सम्मान, विषय; in all respects सर्वथा; in respect of विषय में; self-respect आत्मगौरव; to pay one's respects प्रणाम करना
**respective** *a.* अलग-अलग, निज का, संबंधी
**resplendent** *a.* बड़ा चमकीला
**respond** *v.i.* उत्तर देना, अनुकूल होना
**respondent** *n.* प्रतिवादी
**response** *n.* उत्तर, प्रतिवचन
**responsibility** *n.* उत्तरदायित्व
**responsible** *a.* उत्तरदायी, विश्वस्त
**rest** *n.* स्थिरता*, शान्ति*, विश्राम, शेष भाग; *v t. & i.* विश्राम करना, स्थापित करना, बैठाना, ठहरना, भरोसा करना
**restaurant** *n.* रेस्तरां, भोजनालय, जलपान-गृह
**restive** *a.* अड़ियल, हठी, अशांत
**restoration** *n.* उद्धार, आरोग्य
**restore** *v.t.* वापस देना, सुधारना, आरोग्य करना
**restrain** *v.t.* रोकना, दबाना, अधीन करना
**restrict** *v.t.* सीमित करना, रोकना
**result** *v.i.* परिणाम होना, निकलना; *n.* अन्त, परिणाम, नतीजा
**resume** *v.t.* दुबारा आरम्भ करना, फिर शुरू से करना; *n.* सार, संक्षिप्त विवरण
**resumption** *n.* पुनर्ग्रहण
**resurrect** *v.t.* पुनर्जीवित करना
**resurrection** *n.* मसीह के कब्र से उठने की स्मृति में मनाया जानेवाला एक ईसाई पर्व, प्रलय के दिन मृतोत्थान, पुनरुज्जीवन, पुनः उभड़ना, पुनर्जीवन
**resuscitate** *v.i. & t.* पुनर्जीवित होना या करना
**resuscitation** *n.* पुनर्जीवन
**retail** *v.t. & i.* फुटकर बिक्री करना दुबारा समाचार कहना; *n.* फुटकर बिक्री*
**retailer** *n.* खुदरा बेचनेवाला
**retain** *v.t.* रोकना, धारण करना, चित्त में रखना

retainer *n.* अनुचर, सेवक, आश्रित
retaliate *v.i* बदला लेना
retaliation *n.* प्रतिशोध, बदला
retard *v.t.* कम करना, रोकना
retardation *n.* विरोध, रुकावट*
retention *n.* धारण करना या धारण करने की शक्ति*
retentive *a.* धारण करने की शक्ति वाला
retina *n.* (*pl.* retinae) आंख के पिछले भाग का चित्रपट, मूर्ति-पटल
retinue *n.* परिचारक या अनुचर वर्ग
retire *v.i & t.* अवकाश ग्रहण करना, पीछे को हटना, निद्रा लेना, शरण लेना; to retire from the world संसारी कार्यों से अलग होना
retirement *n.* अवकाश-ग्रहण, एकान्त स्थान
retort *v.i. & t.* प्रत्युत्तर देना, बदला लेना *n.* प्रत्युत्तर, अर्क उतारने का भबका
retrace *v.t.* खोजना, याद करना
retreat *v.i. & t.* पीछे हटना, स्थान छोड़ना; *n.* शरण, आश्रय, निर्जन स्थान
retrench *v t.* छटनी करना
retrenchment *n.* छंटनी*
retrieve *v.t. &* i. पुनः प्राप्त करना, चंगा करना, बचाना, क्षतिपूर्ति करना, भूल सुधारना
retrim *v.t.* (*p.t.* retrimmed) काट-छांट कर फिर से सुधारना
retrograde *v.t.* पीछे हटना, पतित होना
retrospect *n.* सिंहावलोकन, अतीत-पर्यालोचन, पूर्व दृष्टांत गत प्रभाव
return *v i. & t.* फिर जाना या आना, वापस करना, उत्तर देना, सदस्य चुनना; *n.* पुनरागमन, वापसी*, हिसाब का लेखा; return-ticket वापसी टिकट
returning-officer *n.* निर्वाचन-अधिकारी
reunion *n.* पुनर्मिलन, सम्मिलन, मण्डली*
reveal *v.t.* प्रत्यक्ष करना, प्रकाशित करना, प्रकट करना
revel *v i.* (*p.t.* revelled) कोलाहल सहित खाना-पीना, अति आनन्द लेना
revelation *n.* आकाशवाणी, दैवी प्रकाशन
reveller *n.* मद्यपान करके उपद्रव मचानेवाला
revelry *n.* मद्यपान का उत्सव
revenge *v.t.* वैर करना, बदला लेना; *n.* प्रतिकार, बदला

**revenue** *n.* राजस्व, राज्य की आय*
**reverberate** *v.i.* प्रतिध्वनि करना, गूंजना
**revere** *v t.* आदर करना, पवित्र मानना
**reverence** *n.* आदर, सत्कार, भक्ति*, act of reverence नमस्कार; his reverence महामान्यवर, प्रभु
**reverend** *a. & n.* माननीय, पादरी की उपाधि*
**reverie** *n.* ध्यान, भावना*, मन की लहर*
**reversal** *n.* उलट*, परिवर्तन
**reverse** *n.* विपरीत अवस्था*, हार*, पिछला भाग; *a.* विपरीत, उलटा; *v.t.* उलटना, औंधा करना
**revert** *v.t. & i.* पलटना लौटाना
**review** *v.t.* समालोचना करना, दोहराना; *n.* गुण-दोष-निरूपण, सैनिकों की जांच*, समीक्षा*
**revise** *v.t.* दोहराना, दुबारा विचार करना, दुबारा जांचना, दोष संशोधन करना
**revision** *n.* दुबारा परीक्षा* या संशोधन
**revival** *n.* चेतना-प्राप्ति*, पुनरुत्थान
**revive** *v.t. & i.* फिर से जीवित करना, पूर्वरूप में लाना; प्रसन्न करना
**revocable** *a.* खण्डन करने योग्य
**revoke** *v.t.* खण्डन करना, रद्द करना
**revolt** *v.i. & t.* राजद्रोह करना, विप्लव करना, घृणा उत्पन्न होना, धक्का देना
**revolution** *n.* क्रान्ति*, राज्य क्रान्ति*, चक्कर, भ्रमण
**revolutionary** *a.* राज्य-परिवर्तन संबंधी, क्रान्तिकारी
**revolve** *v.i. & t.* चक्कर खाना, घूमना, विचार करना
**revolver** *n.* रिवाल्वर, एक बार भर कर अनेक बार चलाने की पिस्तौल*
**reward** *n.* प्रतिफल पारितोषिक; *v.t.* पारितोषिक देना
**rhapsody** *n.* असंबद्ध काव्य
**rhetoric** *n.* अलंकार-शास्त्र, रीति-शास्त्र
**rhinoceros** *n.* (*pl*-es) गैण्डा
**rhyme** (rime) *n.* अनुप्रास, पद्यक, कविता* *v.i.* कविता लिखना, पद्य बनाना
**rhymer, rhymester** *ns.* पद्यकार, तुच्छ कवि
**rhythm** *n.* ताल*, लय, ठेका
**rhythmic** (-al) *a.* तालबद्ध,

ताल-सुर संबंधी

rib *n.* पसुली*, पत्ती की नस*

ribald *n.* अशिष्ट नीच मनुष्य; *a.* नीच, अशिष्ट

ribbon *n.* रिबन, पतला फ़ीता; (ब०व०) घोड़ा हांकने की रास*

rice *n.* चावल

rich *a.* धनी, बहुमूल्य, उपजाऊ, अनोखा, मसालेदार, चमकीला; riches *n. pl.* धन, संपत्ति*

richly *adv.* बड़े प्रताप से, सम्पन्न रूप में

richness *n.* अतिशोभा*, उपजाऊपन, अधिकता*

rickshaw *n.* रिक्शा

rid *v.t.* (*p.t.* rid or ridded) मुक्त करना, छोड़ना, हटाना

riddle *n.* कूट प्रश्न, पहेली*, बड़ी चलनी*; *v.t.* चलनी से चालना

ride *v.t.* (*p.t.* rode *p p.* ridden) घुड़सवारी करना, गाड़ी इ० पर सवार होना, जल पर तैरना; *n.* सवारी*; to ride on कष्ट देना; to ride one down घोड़ा दौड़ाकर पकड़ लेना

ridge *n.* पर्वत-पृष्ठ, उभाड़, टीला; *v.t.* टीला बनाना

ridicule *v.t.* हंसी उड़ाना, ताना मारना, ठिठोली करना

ridiculous *a.* हास्यास्पद, भद्दा

rifle *v t.* & *i.* लूटना, बन्दूक की नली में चक्करदार छेद बनाना; *n.* राइफल

rifler *n.* लुटेरा

rift *n.* दरार*, छेद, फूट*; *v.t.* फाड़ना

right *a.* & *n.* शुद्ध, सीधा, नियमानुसार, उचित, दाहिना; rights *n. pl.* अधिकार; *v.t.* & *i.* ठीक स्थान पर रखना, ठीक करना, न्याय करना; bill of rights अधिकार पत्र; right down पूर्ण रूप से; right to the bottom ठीक पेंदी तक; right and left प्रत्येक दिशा में; right angle समकोण; to put to right क्रम में रखना

righteous *a.* धार्मिक, पवित्र, सच्चा

rigid *a.* कड़ा, कठोर, दृढ़

rigmarole *n* निरर्थक वार्तालाप

rigorous *n.* कठिन, दृढ़

rigour *n.* दृढ़ता, *कठोरता*, निठुरता*

rimple *n.* झुर्री*, सिकुड़न*

ring *n.* वृत्त, अंगूठी*, चक्राकार

पदार्थ, भंवर*, बाड़ा, घंटी का शब्द, मनुष्यों का जत्था; *v.t.* (*p.t.* ringed) मुंदरी चढ़ाना, घेरना

**ring** *v.t.* & *i.* (*p.t.* rang, *p.p.* rung) घंटी के समान बजना; the coin rings true (or untrue) सिक्के की ठनकार ठीक (या बेठीक) है; to ring the bell घण्टी बजाकर सेवक को बुलाना; to ring off टेलीफोन से बातचीत समाप्त करना; to ring up टेलीफोन पर घण्टी बजाना

**ring-master** *n.* सर्कस का प्रबन्ध करनेवाला

**ringlet** *n.* बालों की लट*

**ringleader** *n.* नायक, सरदार

**ringworm** *n.* दद्रु, दाद

**riot** *n.* दंगा, कोलाहल, उपद्रव, विप्लव; to run riot उपद्रव मचाना; *v.t.* विप्लव करना, कोलाहल करना

**riotous** *a.* उपद्रवी

**rip** *v.t.* (*p.t.* ripped) फाड़ना, चीरना; *n.* चीर, फटन

**ripe** *a.* प्रौढ़, तैयार, पका हुआ, योग्य, सिद्ध, पूर्ण, सम्पन्न; ripe-occasion उचित अवसर

**ripple** *v.t.* लहराना, लहर के समान शब्द करना; *n.* लहरी, कोमल शब्द

**rise** *v.i.* (*p.t.* rose, *p.p.* risen) उठना, सीधा होना, चढ़ना, उद्गम होना विप्लव करना, फूलना, त्यागना; *n.* उदय, चढ़ाव, ऊंचाई*, वृद्धि*, अधिकता*; rising generation नयी पीढ़ी*; spirits rise अति प्रसन्न है; the pillar rises fifteen feet खंभा पंद्रह फीट लम्बा है; to rise against विद्रोह करना; to rise betimes प्रातःकाल उठना; to give rise to उत्पन्न करना

**risk** *n.* विपत्ति*, आशंका*, संकट; *v.t.* संकट या आपत्ति में डालना; to run the risk आपत्ति का सामना करना

**risky** *a.* आपत्तिपूर्ण, संकटमय

**rite** *n.* आचार, संस्कार; rite of hospitality आतिथ्य-सत्कार

**ritual** *a* संस्कार-संबंधी; *n.* धार्मिक क्रिया*, पद्धति* शास्त्रविधि*

**rival** *n.* प्रतिस्पर्धी; *a.* स्पर्धा करनेवाला; *v.t.* (*p.t.* rivalled) स्पर्धा करना

**rivalry** *n.* विरोध, स्पर्धा*

**river** *n* नदी*; river-bed नदी का तल

rivulet *n.* छोटी नदी*, नाला
road *n.* सड़क*, राजपथ
roadstead *n.* जहाज का लंगर डालकर ठहराने का स्थान; high road राजपथ, बड़ी सड़क; on the road यात्रा करते हुए; royal road राजपथ, बड़ी सड़क*, सीधा मार्ग
roam *v.t.* घूमना, टहलना; to roam about इधर-उधर भटकना
roar *n.* जंगली पशु की गरज*, चिल्लाहट*, चीख*; *v.t.* गरजना, चिल्लाकर बोलना
roast *v.t.* भूनना, आंच पर या धूप में सुखाना; *n.* भुना हुआ मांस
rob *v.t.* (*p t.* robbed) बलपूर्वक छीनना, लूटना
robber *n.* डाकू, लुटेरा
robbery *n.* डाका, लूट*
robe *n.* जामा, लबादा घाघरा; *v.i & t.* लबादा पहिनना, पहिनाना; gentleman of the robe वकील या बैरिस्टर
robot *n.* मनुष्य के आकार का यन्त्र जो आज्ञानुसार अनेक कार्य करता है
robust *a.* पुष्ट, हट्टा-कट्टा
rock *v.i. & t.* धीरे-धीरे डोलना, हिलना, हिलाना
rock *n.* चट्टान*; rock-bottom सबसे नीचे का भाग
rocket *n.* राकेट, अग्निबाण; *v.t.* राकेटों से बमबारी करना
rod *n.* छड़, लग्गी*, डंडा, छड़ी*; to kiss the rod शान्तिपूर्वक दण्ड स्वीकार करना
rogue *n.* धूर्त्त, शठ, कपटी मनुष्य, *v.t. & i.* शठ की तरह व्यवहार करना, ठगना
role *n.* भूमिका*, महान कार्य, कृत्य
roll *v.i. & t.* पहिए की तरह चलना, चक्कर में मुड़ना, लपेटना, गरजना; *n.* सूची*, तालिका*, नियमावली*; roll-call हाजिरी लेना, roll of honour युद्ध में मरे हुए व्यक्तियों की सूची
rollick *v.i.* आनन्द मचाना, मौज उड़ाना
Roman *n.* रोम देशवासी, *a.* रोम देश का; Roman Catholic ईसाइयों के धर्म का एक सदस्य
romance *n.* प्रणय, कल्पित कथा, झूठी कहानी*, उपन्यास; *v.t.* झूठ कहना, गप्प हांकना
romantic *a.* कल्पित, विलक्षण, रूमानी
romp *v.i.* कोलाहल करते हुए

खेलना; *n.* इस प्रकार खेलने-वाली लड़की*

rood *n.* ईसामसीह के शूली पर चढ़ने की प्रतिमा*, एक एकड़ का चौथाई भाग

roof *n.* छत*, पाटन, शरण, ऊपरी भाग; *v.t.* छत लगाकर ढांपना; roof of the mouth तालु; under the same roof एक ही घर में

room *n.* स्थान, कमरा, अधिकृत भूमि*, अवसर

roomy *a.* विशाल, फैला हुआ

roost *n.* पक्षी का अड्डा, बसेरा; *v.t.* अड्डे पर बसेरा लेना; to go to roost रात में विश्राम करना

root *n.* जड़*, मूल*, नीचे का भाग, कारण, हेतु, यौगिक शब्द. *v.t.* जड़ पकड़ना, स्थिर होना; root and branch पूर्ण रूप से; to root out जड़ से उखाड़ना

rope *n.* रस्सा, डोरी*; *v.t.* रस्से से बांधना; on the high ropes पारितोषिक के लिए लड़नेवाले; rope of sand माया*; rope-dancer नट

rosarian *n.* गुलाब के फूल का प्रेमी

rosary *n.* माला*, सुमिरनी*, भजन*, गुलाब का बगीचा

rose *n.* गुलाब का फूल, गुलाबी रंग, फीते का गुच्छा; life's roses जीवन के आनन्द; otto of roses गुलाब का अतर; rose without a thorn अलभ्य आनन्द

roseate *a.* गुलाबी रंग का

rosemary *n.* मेंहदी*, दौना

rosewater *n.* गुलाब-जल

rosewood *n.* एक प्रकार की सुगन्धित लकड़ी*

rostrum *n.* (*pls.* rostrums, rostra) व्याख्यान-मंच या चबूतरा

rosy *a.* गुलाबी, प्रसन्न, आनन्दित

rot *n.* दुर्गन्ध*, सड़ांध*; *v.i.* & *t.* सड़ना, सड़ाना

rotary *a.* घूमने या चक्कर मारनेवाला; Rotary Club रोटरी क्लब

rotate *v.i.* & *t.* चक्कर खाना

rotation *n.* परिभ्रमण, चक्कर

rotator *n.* अंग को घुमानेवाली पेशी*

rote *n.* आवृत्ति; to learn by rote कण्ठस्थ करना

rouble *n.* रूबल, रूसी सिक्का

rough *a.* विषम, रूक्ष, बिना चमक का, असभ्य, बेढंगा, अपूर्ण; rough-hewn भद्दा,

बनाया हुआ; rough-rider बिना फिरे हुए घोड़े पर सवारी करनेवाला; rough-shod घोड़े की नाल में के उभड़े हुए कांटे

round *a.* मण्डलाकार, गोलाकार, पूर्ण, निश्चित, पुष्ट, मोटा, फूला हुआ; *v.t. & i.* गोल होना या बनाना, पूर्ण करना; *n.* गोल पदार्थ, कार्यक्रम, परिधि*, सीढ़ी का डंडा, मोड़*, चाल*, चक्र स्थिति*; *adv.* चक्रवत, चारों ओर; all the year round वर्ष-भर; all round चारों ओर; merry-go-round फिरहिरी*; rounds of ladder सीढ़ी के डंडे; the daily round प्रतिदिन का सामान्य कार्य

rouse *v.i.* उत्तेजित करना, जगाना, चौंकाना

rout *v.t.* भगाना, हराना; *n.* कोलाहल, उपद्रव विप्लवकारियों की मंडली*

route *n* मार्ग, क्रम; enroute मार्ग में

routine *n.* दिनचर्या* बंधा-बंधाया काम

rove *v.i.* भ्रमण करना, घूमना

rover *n.* घुमक्कड़, समुद्री लुटेरा

row *n.* पंक्ति*, पद, पांति*, विप्लव, उपद्रव, नाव की सैर*; *v.t.* डांडे से नाव खेना; to kick up a row कोलाहल मचाना

rowdy *a.* कोलाहली, उपद्रवी; *n.* उपद्रवी पुरुष

royal *a* राजकीय, शिष्ट, महत्त्वपूर्ण; *n.* 20 × 25 इंच नाप का कागज़

rub *v.t.* (*p.t.* rubbed) घिसना, रगड़ना, मलना, स्वच्छ करना, पालिश करना; *n.* रगड़*, रुकावट*; to rub in बुकनी करना; to rub up रगड़कर चमकाना, स्मरणशक्ति ताज़ा करना

rubber *n.* रबर

rubbish *n.* तुच्छ पदार्थ, कूड़ा-कर्कट

rubble *n.* पत्थर या ईंट के टुकड़े

ruby *n.* लाल रत्न; *a.* गहरे लाल रंग का

rude *a.* (*comp.* ruder, *sup.* rudest) रूखा, अशिष्ट, मूर्ख असभ्य, उद्धत

rudiment *n.* आरम्भ, (ब०व०) प्रथम (मूल) तत्त्व

rudimentary *a.* मौलिक, प्रथम

rue *v.t.* शोक करना, पछताना

rueful *a.* शोकार्त, उदास

ruffian *n.* गुण्डा, बदमाश,

आततायी मनुष्य

ruffle *v.t. & i.* व्याकुल करना, झालर बनाना; *n.* झालरदार गुलूबन्द

rugged *a.* रूखा, बिना चमक का, असभ्य, झुर्रीदार

ruin *n.* नाश, पतन, (ब० व०) टूटा-फूटा भाग; *v.t. & i.* नाश करना, अपमानित करना, नाश होना

rule *n.* शासन, राज्य, निर्देश, नियम, अधिकार, सिद्धान्त, व्यवस्था*, अविमान, शासक; *v.t.* निर्देश करना, शासन करना, राज्य करना, लकीर खींचना; according to rule यथाविधि; general rules सामान्य विधि; golden rule सुन्दर नियम; moral rules मर्यादा, नैतिक नियम; rule of action क्रिया विधान; rule of thumb अनुभवसिद्ध रीति

ruler *n.* शासक, लकीर खींचने की पटरी*

ruling *a.* राज्य करता हुआ, उपदेश करनेवाला, प्रचलित; *n.* न्याय, न्यायाधीश का निर्णय

rum *n.* रम*, ऊख की मदिरा*; *a.* विलक्षण

rumble *v.i.* गड़गड़ शब्द करना; *n.* गड़गड़ाहट का शब्द

rumbler *n.* गड़गड़ शब्द करनेवाला

rumour *n.* लोकवार्ता*, गप्प*, अफवाह*, चर्चा*; *v.t.* गप्प या अफवाह उड़ाना, बात फैलाना

run *v.i. & t.* (*p.t.* ran, *p.p.* run) दौड़ना, वेग से चलना, कूदना, बढ़ना, फैलना, फैलाना, बहना; *n.* दौड़ान*, चाल*, यात्रा*, क्रम; to run riot मर्यादा भंग करना; a run on किसी वस्तु की बड़ी मांग; at a run दौड़ता हुआ; common run of men सामान्य मनुष्य; his blood ran cold वह बहुत डर गया; his tongue runs वह बकवास करता है; in the run अन्त में; news ran समाचार फैल गया; on the run भागता हुआ; to run about भटकना; to run across टकराना; to run after पीछा करना; to run at आक्रमण करना; run-away आपत्ति से भागनेवाला, भगेड़ू

runner *n* दौड़नेवाला, हरकारा

rupee *n.* रुपया

rupture *n.* टूटन*, बिगाड़,

अलगाव; *v.t. & i.* तोड़ना, टूटना
rural *a.* देहाती, गंवारू
rush *n.* सरहरी*, झपट*, आक्रमण; *v.t.* झपटना, बिना समझे-बूझे काम करना, जल्दी करना; to rush a bill through जल्दी में नियम स्थिर करना; to rush at आक्रमण करना; to rush into print जल्दी से छाप देना
rust *n.* मुर्चा, अस्वस्थ दशा*; *v.i.* मुर्चा लगना
rustic *a.* ग्रामीण, देहाती, असभ्य
rusticate *v t.* निस्सारित करना
rustication *n.* निस्सारण
rut *n.* पहिया चलने की लकीर*
ruth *n.* दया*
ruthless *a.* निर्दय, क्रूर
ryot *n.* रैयत

# S

sabaoth *n. pl.* सेनाएं*
sabbath *n.* धार्मिक विश्राम का दिन, सप्ताह का पहला दिन
sabotage *n.* तोड़-फोड़
sabre *n.* कृपाण, तलवार*; *v.t.* कृपाण से हत्या करना
sack *n.* बोरा; लूटपाट; *v.t.* बोरे में भरना; *v.t.* नगर को जीतकर लूटना
sacrament *n.* धर्मविधि*, संस्कार
sacred *a.* पुनीत, पवित्र, दैवी; sacred grove तपोवन; sacred knowledge वेदों का ज्ञान
sacrifice *n.* बलिदान, यज्ञ, होम, समर्पण, हानि*; *v.t. & i.* बलिदान करना, अर्पण करना, त्याग करना
sacrificial *a.* यज्ञ-संबंधी, बलिदान संबंधी
sacrilege *n.* पवित्र वस्तु को दूषित करने या लूटने का कार्य
sacrilegious *a.* अपवित्र, भ्रष्ट, पवित्र वस्तु को चुरानेवाला, धर्म का उल्लंघन करनेवाला
sacrosanct *a.* पवित्र
sad *a.* (*comp.* sadder, *sup.* saddest) उदास, दुःखी, खिन्न
sadden *v.t.* खिन्न या दुःखी करना
saddle *n.* जीन, बैठकी*, खोगीर; *v.t.* घोड़े की पीठ पर जीन कसना, भार रखना

**sadism** *n.* क्रूरतापूर्ण विकृत सम्भोग या मैथुन, दूसरे को दुखी करके आनन्दित होने की प्रवृत्ति*

**safe** *a.* सुरक्षित, स्वस्थ, विश्वस्त, निश्चित; *n.* सेफ, लोहे की संदूक*, तिजोरी*, भोजन-सामग्री रखने की जालीदार अलमारी*; safe and sound कुशलपूर्वक

**safeguard** *n.* रक्षा*, सावधानी*; *v.t.* रक्षा करना

**safety** *n.* रक्षा*; safety lamp खान में ले जाने का लम्प; safety match केवल विशेष प्रकार के मसाले पर रगड़ने से ही जलनेवाली दियासलाई; safety pin कोना न चुभनेवाली आलपीन; safety-razor ऐसा उस्तरा जिससे हजामत बनाने में दाढ़ी न कटे: safety-valve भाप का दबाव अधिक बढ़ जाने पर स्वयं खुल जानेवाला इंजन का डट्टा

**saffron** *n.* केशर, कुंकुम; *a.* केशरिया

**sagacious** *a.* मेधावी, बुद्धिमान, चतुर, तीक्ष्ण बुद्धि का

**sagaciously** *adv.* चतुराई से

**sagacity** *n.* सूक्ष्म बुद्धि*, चतुराई*

**sage** *a.* पंडित, ज्ञानी; *n.* ऋषि, मुनि

**sail** *n.* पाल, जहाज, जलयात्रा*, वायु से चलनेवाली चक्की का पंखा; *v.t. & i.* जल में चलना या चलाना, वायु में चलाना, नाव चलाना, जलयात्रा करना

**sailer** *n.* पाल पर चलनेवाला जहाज

**sailor** *n.* नाविक

**saint** *n* ऋषि, मुनि, सिद्धजन

**saintly** *a.* पवित्र, पुण्यात्मा

**saintliness** *n.* पुण्यात्मापन

**salad** *n.* कच्चे साग का अचार, रायता; salad days युवावस्था*, अनुभवहीन अवस्था*

**salary** *n.* वेतन; *v.t.* नियम से वेतन देना

**sale** *n.* बिक्री*, नीलाम, कम मूल्य की बिक्री*

**salesman** *n.* विक्रेता

**salient** *a.* उभड़ा हुआ, प्रधान, मुख्य

**sallow** *a.* पीला, रोगी

**sally** *n.* झपट्टा, आक्रमण, विप्लव, बुद्धिविलास; *v.t.* (*p.t.* sallied) आक्रमण करना।

**saloon** *n.* सैलून, सजा हुआ बड़ा कमरा, जहाज़ का बड़ा कमरा, रेलगाड़ी का बिना विभाग का बड़ा डब्बा

**salt** *n.* नमक, तीखापन, बुद्धि*; *a.* नमकीन; *v t.* नमक छिड़कना, नमक पोतना; not worth his salt न रखने योग्य; the salt of the earth संसार की श्रेष्ठ जाति; to eat a master's salt स्वामी का काम ईमानदारी से करना; to eat one's salt प्रतिथि होना; salt-cellar नमक रखने का छोटा पात्र

**salty** *a.* नमकीन

**salute** *n.* सत्कार, नमस्कार, चुम्बन, तोप की सलामी; *v.t.* नमस्कार करना, स्वागत करना

**salvage** *n.* अंशोद्धार, अग्नि इत्यादि से सम्पत्ति को बचाना, जहाज की सामग्री को डूबने से बचाना

**salvation** *n.* पाप से मुक्ति*, मोक्ष, उद्धार; salvation army मुक्तिसेना*

**salve** *n.* शांतिप्रद औषधि*, मलहम; *v.t.* नाश से बचाना

**same** *a.* & *adv.* अभिन्न, समान, यही, एक ही, पहले कहा हुआ; all the same तिसपर भी; at the same time उसी समय; just the same ठीक ऐसा ही; of the same age एक ही वय का

**sample** *n* प्रतिरूप, आदर्श; *v.t.* परीक्षा करना

**samson** *n.* अति बलवान मनुष्य

**sanatorium** (*pl.* sanatoria) *n.* स्वास्थ्यसदन

**sanctification** *n.* पवित्र करने का कार्य, पवित्रकरण

**sanctify** *v.t.* (*p t* sanctified) पवित्र करना, पाप से मुक्त करना

**sanctimonious** *a.* कपटधर्मी, पाखण्डी

**sanctimony** *n.* बनावटी पुण्य, पवित्रता* का बहाना

**sanction** *n.* आज्ञा*, अनुमोदन, प्रोत्साहन; *v.t.* आज्ञा देना, अधिकृत करना

**sanctity** *n.* (*pl.* -ties) पवित्रता*, निर्मलता*, शुद्धता*

**sanctuary** *n.* (*pl.* -ries) शरणस्थान

**sand** *n.* बालू मरुस्थल; *v.t.* बालू मिलाना; sand bank बलुआ किनारा; sand bath औषधि इत्यादि पकाने का बालू का यंत्र; sand-blast कांच, धातु आदि के चमकीले भाग को खुरखुरा करने का यंत्र; sand-blind चौंधर, कुछ अंधा; sand-box बालू-दानी; sand-paper स्वच्छ

(पालिश) करने का बालू का कागज; sand-piper टिटिहरा; sand shoes बालू पर चलने का जूता; sandstone बलुआ पत्थर
sandal *n.* चप्पल*, चट्टी*
sandlewood *n.* चन्दन, सन्दल
sandwich *n.* मेवा, मांस इत्यादि भरी हुई कचौड़ी*; *v.t.* दो पदार्थों के बीच में कुछ रखना
sane *a.* स्वस्थ चित्त का, बुद्धिमान
sanguine *a.* रक्तवर्ण का, आशायुक्त, प्रसन्न, चमकीला; *n.* लोहू का रंग
sanitary *a.* स्वास्थ्य संबंधी
sanity *n.* चित्त की स्थिरता*, मानसिक स्वास्थ्य
sapling *n.* छोटा पौधा
sarcasm *n.* आक्षेप, उपहास, व्यंग्य, ताना
sarcastic (-al) *a.* ताने का, व्यंग्यात्मक
sardonic *a.* उपहास या ताने का
Satan *n.* पिशाच, दैत्य
satellite *n.* उपग्रह, किसी मनुष्य का सर्वदा पीछा करनेवाला
satiate *v.t.* सन्तुष्ट करना, नाक तक भरना; *a.* अत्यन्त भरा हुआ
satire *n.* आक्षेप का लेख, उपहास, ताना
satirist *n.* व्यंग्यकार
satirize *v.t.* व्यंग्य करना
satisfaction *n.* इच्छा-पूर्ति*, सन्तोष, ऋण का चुकौता, निस्तार
satisfactory *a.* सन्तोषजनक, तृप्तिकर
satisfy *v.t.* (*p.t.* & *p.p.* satisfied) सन्तुष्ट करना, ऋण इत्यादि चुकाना, पूर्ण करना, विश्वास दिलाना
saturate *v.t.* पूर्ण रूप से सोखना, चूसना, पूरा भरना, मिलाना
saturation *n.* भराव, पूर्णता*
Saturday *n.* शनिवार, शनीचर
Saturn *n.* शनिग्रह
sauce *n.* मसाला, चटनी*, धृष्टता*; *v.t.* & *i.* मसालेदार बनाना, धृष्टता का व्यवहार करना
saucer *n.* तश्तरी*, रकाबी*
saunter *v.i.* टहलना, निरर्थक घूमना, अपना समय नष्ट करना, मस्ती से घूमना, मटरगश्ती करना
savage *a.* असभ्य, निर्दय, अशिष्ट, क्रोधी; *n.* निर्दय या क्रूर मनुष्य, असभ्य मनुष्य
savagery *n.* जंगलीपन, क्रूरता*

**savant** *n.* विद्वान, पंडित, ज्ञानी

**save** *v.t.* रक्षा करना, बचाना, रोकना, अल्प व्यय करना; *prep.* अतिरिक्त, छोड़कर

**savings** *n.* बचत*, संग्रह, संचित धन; savings bank बचत का धन, जमा करने का बैंक, संचय, अधिकोष

**saviour** *n.* उद्धारक, रक्षक, मुक्तिदाता

**savour** *n.* स्वाद, रस, रुचि*; *v.i. & t.* स्वाद लेना, तारीफ करना आभास देना

**saw** *n.* आरा आरी*; *v.t.* आरी से काटना

**saw-dust** *n.* आरे से निकला हुआ लकड़ी का बुरादा

**say** *v.t. & i.* (*p.t. & p.p.* said) बोलना, कहना, बताना, वर्णन करना; *n.* बात*, उक्ति*, कथन, मत, कहावत*; I say मैं दृढ़तापूर्वक कहता हूं; say no more बोलना बंद करो; that is to say अर्थात्; to say out स्पष्ट रूप से प्रकट करना

**scaffold** *n.* फांसी का तख्ता; *v.t.* मचान बांधना

**scale** *n.* मछली के चमड़े पर की परत*, चोइयां*, पतली तह*; *v.i.* परत उखड़ना; on a large scale स्थूल परिमाण में; to hold the scale पक्षपात न करना; to sink in the scale नीच अवस्था को प्राप्त करना; to turn the scale अवस्था बदल देना

**scale** *n.* तराज़ू का पलड़ा, तुला*, सीढ़ियों का क्रम, क्रमिक प्रबन्ध, नापने का चिह्न, सरगम का क्रम, कार्य-क्रम; *v.t.* ऊपर को चढ़ना

**scalp** *n.* खोपड़ी, मस्तक पर की त्वचा और बाल; *v.t.* मस्तक की खाल उखाड़ना

**scan** *v.t.* जांचना, सूक्ष्म परीक्षा करना, छन्द की मात्राओं की गणना करना

**scandal** *n.* आक्षेप, निन्दा*, कलंक, लोकापवाद; *v.t.* (*p.t.* scandaled) कलंक लगाना, निन्दा करना

**scandalous** *a.* कलंक लगानेवाला, अपवादक

**scandalize** *v.t.* निन्दा करना, कलंक लगाना

**scant** *a.* कम, थोड़ा; *adv.* कम मात्रा में

**scape** *v.t.* भाग जाना; scape-gallows फांसी पड़ने से बाल-बाल बचा हुआ; scape-goat बलि का बकरा, दूसरों के अपराध का फल भोगनेवाला:

scape-grace निर्लज्ज मनुष्य
scar *n.* घाव का चिह्न; *v.i.* (*p.t.* scarred) घाव का चिह्न पड़ना
scarce *a.* कम, थोड़ा, दुर्लभ; *adv.* प्राय: नहीं
scarcity *n.* न्यूनता*, कमी*
scare *n.* अकारण भय; *v.t.* डराना, चौंकाना
scarecrow *n.* विभीषिका*, चिड़ियों को डराने का पुतला, कागभगोड़ा
scathing *a.* अति कठोर, विनाश
scatter *v.t.* & *i.* छितराना, बिखेरना, फैलाना, प्रसारित करना
scatter-brain विचारहीन पुरुष
scavenger *n.* मेहतर, भंगी
scene *n* घटनास्थल, दृश्य, नाटक का अंश, रंगभूमि*, नाटक का पर्दा
scenery *n.* दृश्यावली*, सीनरी*
scenic (-al) *a.* सुरम्य, नाटक-संबंधी
scent *n.* सुगन्ध*, वास*; *v.t.* सूंघना, सुगन्धित करना; on the scent खोज में; to put off the scent धोखा देना
sceptic *n.* सन्देहवादी, संशयात्मा, नास्तिक वहमी, शक्की
sceptical *a.* सन्देह-युक्त
scepticism *n.* संदेहवाद, अविश्वास
sceptre *n.* राजदण्ड, राज्यचिह्न
schedule *n.* सूची*, नामावली*, कार्यक्रम; *v.t.* सूची में लिखना, सूचीपत्र बनाना; scheduled time निर्धारित समय
scheme *n.* स्कीम, योजना* प्रारूप, उपाय, प्रबन्ध, व्यवस्था*; *v.t.* प्रबन्ध करना, उपाय करना, योजना बनाना
schism *n.* मतभेद, फूट*, लड़ाई*
scholar *n.* विद्यार्थी, छात्र, विद्वान
scholarship *n* पाण्डित्य, विद्वत्ता*, छात्रवृत्ति*
scholastic *a.* विद्वान या विश्वविद्यालय संबंधी, पंडिताऊ
school *n.* स्कूल विद्यालय, पाठशाला*, शाखा* सम्प्रदाय; *v.t.* अध्ययन करना, सिखलाना
schooling *n.* शिक्षा, उपदेश
school-master *n.* (*fem.* mistress) स्कूल का अध्यापक; school of fish मछलियों का झुण्ड
science *n.* विज्ञान, विद्याशास्त्र
scientific *a.* वैज्ञानिक, शास्त्रानुरोधी, शास्त्रीय
scientist *n.* वैज्ञानिक

scissors *n. pl.* कतरनी*, कैंची*; lamp-scissors लैम्प की बत्ती काटने की कैंची; nail scissors नाखून काटने की कैंची*

scoff *n.* आक्षेप, तिरस्कार; *v.t.* घृणा करना, ताना मारना

scold *v.t.* झिड़की देना, गाली देना; *n.* झिड़की*, गाली*

scoop *n.* फरसा, बड़ा चम्मच कल्छुल, विशेष खबर; *v.t.* उठाना, खोदना, विशेष खबर का पता लगाना

scope *n.* हेतु, रुचि*, विस्तार, अवसर, सीमा*

scorch *v.t. & i.* जलाना, झुलसाना, सूख जाना

score *n.* दरार*, फटन*, कोड़ी*, लम्बी लकीर*, कूंड़, खेलों में बनाए गए अंक; *v.t. & i.* खेल में अंक बनाना, गोल करना, रन बनाना, सफल होना, लाभ उठाना, हाज़िर जवाबी से काम लेना; on the score उस विषय में; scorebook गणना करने की पुस्तक; scores of people मनुष्यों की अधिक संख्या; to pay one's score गिनती ठीक करना, to score under रेखांकित करना

scorn *n.* तिरस्कार, निन्दा*; *v.t.* तिरस्कार करना, अपमान करना

Scot *n.* स्कॉटलैंड देश का निवासी; scot *n.* कर

scot-free *a* बिना चोट लगे, बिना कर दिए

Scotch *a. & n.* स्कॉटलैंड देश का, इस देश का निवासी, इनकी भाषा, स्कॉच ह्विस्की

scotch *v.t.* क्षत-विक्षत करना, ज़ख्मी करना; *n.* छोटा घाव, खरोंच

scoundrel *n.* नीच, दुष्ट, लुच्चा

scout *n.* स्काउट, बालचर, भेदिया, जासूस, द्रुतगामी छोटा वायुयान; *v.t. & i.* स्काउट की तरह काम करना, भेद जानना; boy scout बालचर

scowl *v.t.* भौंह चढ़ाना, मुंह सिकोड़ना; *n.* भ्रूभंग, क्रोध-पूर्ण आकृति*

scramble *v.i. & t.* छीना-झपटी करना, पेट के बल चढ़ना; *n.* छीना-झपटी*, झगड़ा, कलह

scrap *n.* रद्दी माल, खण्ड, टुकड़ा, टूटा भाग; *v.t.* (*p.t.* scrapped) व्यर्थ जानकर टुकड़े करना, रद्दी की ढेर में डालना

scrape *v.t.* रगड़कर या खुरच

कर चिकना करना; *n.* खुरचन; to scrape one's boots जूते के तल्ले की मिट्टी हटाना; to scrape one's plate सब खा जाना, थाली में कुछ न छोड़ना

**scratch** *v.t.* खुरचना, खोदना, अलगाना; *n.* छोटा घाव, खरोंच

**scrawl** *v.i.* घसीट लिखना; *n.* घसीट लिखावट या चित्र

**scream** *v.i.* चीखना, ठहाका मारकर हंसना; *n.* चीख*, चिल्लाहट*, हंसी*

**screen** *n.* रक्षा करने या छिपाने का पदार्थ, ओट, पर्दा, बड़ी चलनी*; *v.t.* शरण देना, रक्षा करना, तलाशी लेना, सिनेमा दिखाना

**screw** *n.* पेंच, कंजूस मनुष्य; *v.t. & i.* ऐंठना, रूक्षता का व्यवहार करना, पेंच से कसना; to have a screw loose मनुष्य जिसका मस्तिष्क ठीक काम नहीं करता; to put the screw on पूरा प्रयत्न करना

**screw-bolt** *n.* ढिबरीदार पेंच

**screw-driver** *n.* पेंचकस

**script** *n.* लिपि*, हस्तलिपि*, वर्णमाला*, लिखावट*, मूल लेख, चलचित्र-नाट्य, या फिल्मी नाटक की टंकित लिपि*, रेडियो-भाषण या वार्ता* का पाठ, लेख, निबन्ध

**scripture** *n.* धर्म-पुस्तक, बाइबिल*, बाइबिल का अंश

**scroll** *n.* कुंडली*, लपेटे हुए कागज़ का मुट्ठा, सूची-पत्र, घुमौवा फीता; *v.t.* बेलबूटे काढ़ना, बेलबूटों से सजाना

**scrutinize** *v.t.* छानबीन करना, जांचना

**scrutiny** *n.* सूक्ष्म परीक्षा*; छानबीन

**scuffle** *n.* झगड़ा, हाथापाई* *v.t.* झगड़ना, खींचातानी करना

**sculptor** *n.* मूर्तिकार, संग-तराश, नक्काश

**sculptural** *a.* मूर्तिकला-विषयक

**sculpture** *n.* मूर्तिकला*, शिल्प कला*, संगतराशी*, मूर्ति*, *v.t.* मूर्ति बनाना

**scum** *n.* फेन, झाग, मैल* *v.t. & i.* (*p.t.* scummed) मैल हटाना

**scurf** *n.* चोइआं* रूसी*

**scurvy** *a.* नीच, तिरस्कृत; *n.* एक प्रकार का रक्त-रोग, लवणरक्त, दन्तरोग

**scuttle** *n.* कोयला रखने का

पात्र, छोटी डलिया*; *v.i.* खिसकना, जल्दी करना, दुम दबाकर भागना

**sea** *n.* समुद्र, बड़ी झील*, समुद्र की बड़ी लहर*, seaboard समुद्र तट; sea-coal जहाज़ से लाया हुआ कोयला; sea-cow समुद्री घोड़ा; seafarer मल्लाह, समुद्र-यात्रा करने वाला; seaman मल्लाह, मांझी; seamanship नाविक विद्या*; sea-rover समुद्री डाकू; seascape समुद्र का चित्र; seaworthy समुद्र यात्रा करने के योग्य; a rough sea प्रचण्ड लहर; mistress of the seas प्रधान समुद्री शक्ति; sea of blood हत्याकाण्ड; to go to sea मल्लाह बनना; to put to sea समुद्र पार जाना

**seal** *n.* एक प्रकार की समुद्री मछली,* सुंईस*

**seal** *n.* मुद्रा,* मुहर की छाप,* विशिष्ट चिह्न; *v.i.* मुहर लगाना, बन्द रखना, दृढ़ करना

**search** *v.t. & i.* खोजना, जांच करना, परीक्षा करना; *n.* जांच,* खोज,* परीक्षा* to search into परीक्षा करना; to search out जांच-पड़ताल करना

**searching** *a.* कठोर अनुसंधान या परीक्षा या जांच करने वाला

**searchlight** *n.* सर्चलाइट, बिजली की तेज़ रोशनी वाला यंत्र

**season** *n.* ऋतु,* समय, काल, उचित अवसर; *v.t.* स्वादिष्ट करना, अभ्यास करना, सुखाकर पुष्ट करना; auspicious season अच्छा अवसर; in season, out of season सब काल में; out of season अकाल में; season ticket रेलवे इत्यादि का कुछ समय के लिए रियायती टिकट

**seasonable** *a.* मौसमी, प्रसंगोचित, समय की आवश्यकताओं को पूरा करने वाला

**seasonably** *adv.* उचित अवसर का

**seat** *n.* आसन, बैठने का अधिकार, स्थान, ग्रामीण वासस्थान *v.i.* स्थापित करना, नियुक्त करना

**secede** *v.t.* पृथक् होना, भिन्न मत ग्रहण करना, अलग होना

**secession** *n.* पार्थक्य, अलगाव, फूट*

**seclude** *v.t.* समाज से अलगाना, एकान्त में रखना, दूर रखना, निकालना

**secluded** *a.* एकान्त स्थित, निर्जन, एकान्त

**seclusion** *n.* अकेलापन, निर्जनता

**second** *a.* दूसरा; *n.* सेकण्ड, मिनट का साठवां भाग, रद्दी माल; *v t.* अनुमोदन करना, साहस देना; **second to none** अद्वितीय, अपूर्व; **second-floor** दूसरी मंज़िल; **second-hand** दूसरे का व्यवहार किया हुआ, जीर्ण; **second-rate** सामान्य

**secondary** *a.* अमुख्य, अप्रधान, दूसरे क्रम का, सहायक; **secondary education** माध्यमिक शिक्षा

**seconder** *n.* प्रस्ताव का समर्थक

**secrecy** *n.* गुप्तता*, एकान्तता*

**secret** *a.* गुप्त, गूढ़, छिपा हुआ; *n.* भेद, रहस्य; **in secret** एकांत में; **open secret** आम बात*; **secret counsel** गुप्त मन्त्रणा; **secret information** गुप्त मन्त्र; **secret ballot** गुप्त मतदान

**secretarial** *a.* सचिव-संबंधी

**secretariat (e)** *n.* सचिवालय

**secretary** *n.* सेक्रेटरी, सचिव, मंत्री; **secretary of state** राज्यमंत्री (ब्रिटेन), परराष्ट्र मंत्री (अमरीका); **under-secretary** अवर सचिव; **joint secretary** संयुक्त सचिव

**secretaryship** *n.* सचिवत्व, मंत्रित्व

**secretive** *a.* रहस्यपूर्ण, छिपाऊ, चुप्पा

**sect** *n.* सम्प्रदाय, पंथ

**sectarian** *a.* संकीर्ण, कट्टर

**sectarianism** *n.* संकीर्णतावाद

**section** *n.* कटाव, खण्ड, जाति, वर्ग, भाग, प्रकरण; **section-mark** प्रकरण का चिह्न

**sectional** *a.* खंड संबंधी

**sector** *n.* वृत्तखण्ड, रेखागणित का एक यन्त्र

**secular** *a.* धर्मनिरपेक्ष, पार्थिव, संसारी; *n.* धार्मिक सत्य

**secure** *a.* चिन्ता-रहित, सुरक्षित, निर्भय, दृढ़, विश्वासी; *v t.* निश्चित करना, प्राप्त करना, पुष्ट या सुरक्षित करना

**security** (*pl.* **securities**) *n.* रक्षा*. बचाव, प्रतिभू

**sedate** *a.* गम्भीर. शान्त, सौम्य, धीर, सयत

**sediment** *n.* तलछट, अवसाद
**sedition** *n.* राजद्रोह, विद्रोह, संक्षोभ
**seditious** *a.* राजद्रोही, विद्रोही
**seduce** *v.t.* सतीत्व नष्ट करने के लिए फुसलाना, चरित्र भ्रष्ट करने के लिए बहकाना, सत्पथ से डिगाना, सतीत्व नष्ट करना, पाप या अपराध की ओर लुभाना
**seduction** *n.* सतीत्वहरण, चरित्रदूषण
**see** *v.t. & i.* (*p.t.* saw, *p.p.* seen) देखना, विचारना, समझना, प्रबन्ध करना; परीक्षा करना; भेंट करना; I see मैं समझता हूं; to see after संभालना; to see good भला विचारना; to see into विचार करना; to see life अनुभव प्राप्त करना; to see the light उत्पन्न होना; to see off हटाना; to see one's way प्रबन्ध करना; to see the back त्याग देना; to see with one's eyes प्रत्यक्ष साक्षी होना; to see to परीक्षा करना
**seek** *v.t. & i.* (*p.t. & p.p.* sought) खोजना, जांचना, प्रत्यक्ष करना; to seek out अलगाना; to seek through खोज निकालना
**seem** *v.i.* जान पड़ना, देख पड़ना
**seer** *n.* (*fem.* seeress) भविष्यदर्शी, सिद्ध पुरुष, ऋषि, पैगम्बर, नबी
**segment** *n.* भाग, खण्ड, छिन्न अंश
**segregate** *v.t. & i.* पृथक् करना, अलगाना
**segregation** *n.* पृथक्त्व, अलगाव
**seize** *v.t.* पकड़ना, घरना, आक्रमण करना, विचारना
**seizure** *n.* आक्रमण, घावा, कानूनी अभिग्रहण
**seldom** *adv.* कदाचित, विरले ही
**select** *v.t.* बराना, चुनना; *a.* उत्तम, चुना हुआ
**selection** *n.* चुनाव
**selective** *a.* चुनने योग्य
**self** *n.* (*pl.* selves) स्व, आपा, स्वयं, निज, आत्म, अहं, आत्महित, स्वार्थ self-acting स्वयं कर्म करने वाला; self-assumed बिना अधिकार के स्वीकृत; self-collected शान्त; self-evidence स्वतः सिद्ध; self-interest निजी स्वार्थ;

self-made अपने परिश्रम से महत्त्व प्राप्त किया हुआ; self-will हठ
selfish *a.* स्वार्थपर, स्वार्थी
sell *v.t.* (*p.t.* & *p.p.* sold) बिक्री करना, धोखा देना; to sell off सब सामग्री बेच डालना
seller *n.* बेचने वाला, विक्रेता
sematic *a.* सार्थ, भय-सूचक
semblance *n.* रूप, आकार, समानता*
semen *n.* शुक्र, वीर्य
semi *pref.* (*as bemi demi*) 'आधा' के अर्थ का उपसर्ग
seminal *a.* शुक्र-संबंधी, प्रजनन-विषयक
seminary *n.* सेमिनरी, पाठशाला*
senate *n.* सेनेट, मन्त्रिसभा*, विश्वविद्यालय की प्रबन्धकारिणी सभा*
senatorial *a.* सेनेट-संबंधी, राजसभा या समिति-संबंधी
send *v.t.* & *i.* (*p.t.* & *p.p.* sent.) भेजना, प्रस्थान कराना; send off बिदाई; to send away प्रस्थान करना, भेजना; to send bullet गोली चलाना; to send for बुलाना; to send forth भेजना
senile *a.* वृद्धावस्था-संबंधी, जरा-सूचक
senior *a.* सीनियर, बड़ी अवस्था या पद का, वयोवृद्ध, ज्येष्ठ, वरीय, प्रधान व्यक्ति
seniority *n.* वरीयता*; ज्येष्ठता*, जेठापन*
sensation *n.* संवेदना*, मनोवेग, उद्वेग, तीव्र अनुभूति*, अनुभव, उत्तेजना, सनसनी*
sensational *a.* संवेदनात्मक, उत्तेजनात्मक, सनसनीखेज़, चेतना-विषयक, इन्द्रियबोध-संबंधी
sense *n.* इन्द्रिय-ज्ञान, बुद्धि*, चेतना*, बोध, विचार, तात्पर्य, होश; a man of sense बुद्धिमान पुरुष; common sense बिवेक, बुद्धि*, साधारण ज्ञान; literal sense शब्दार्थ; out of sense बुद्धि-भ्रष्ट, पागल; pleasures of senses विषय-सुख, इन्द्रिय-सुख; sense of action कर्मेन्द्रिय; sense of obligation कृतज्ञता; sense of perception ज्ञानेन्द्रिय; sense of pleasure सुख का अनुभव
senseless *a.* ज्ञानहीन, दुर्बुद्धि, बेहोश

sensibility *n.* इन्द्रियग्राह्यता*, अनुभवशीलता*, ग्रहणशक्ति*, चेतना*, एहसास

sensible *a.* संवेदनशील, इन्द्रियगम्य, श्लाघनीय, संचेतन, उचित

sensibly *adv.* सद्बुद्धि से

sensitive *a* कोमलहृदय, सूक्ष्मग्राही; sensitive market जल्दी-जल्दी भाव बदलने की हाट; sensitive paper प्रकाश का प्रभाव पड़नेवाला फोटो का कागज

sensual *a.* इन्द्रियसुख-संबंधी, वासनात्मक, विलासप्रिय, शारीरिक, संसारी

sensualist *n.* विलासी, विषयी, सुखभोगवादी

sensuality *n.* कामासक्ति*, विषयरति*

sensuous *a.* इन्द्रियजनित, ऐन्द्रिक

sentence *n.* वाक्य, दण्ड की आज्ञा*, सूत्र; *v.t.* दण्ड की आज्ञा देना

sentiment *n.* मनोभाव, भावना*, भाव

sentimental *a.* भावुक, भावुकतापूर्ण

sentry *n.* सन्तरी, चौकीदार

separable *a.* अलगाने योग्य

separate *v.t.* & *i.* विभाग करना, अलगाना, पृथक् होना या करना; *a.* विभक्त, पृथक्, अकेला

separation *n.* वियोग, विरह, विभेद, आंशिक तलाक

September *n.* सितम्बर

septic *a.* & *n.* रक्त-दूषक, रक्त-दूषक पदार्थ, सेप्टिक

sequel *n.* अन्त, परिणाम

sequence *n.* अनुक्रम, परम्परा*, श्रेणी*

serene *a.* शान्त, स्वच्छ, निर्मल

serenity *n.* निर्मलता*, शान्ति*, स्थिरता*

serf *n.* दास, किसान, कपड़ा धोने का पाउडर

serfdom *n.* दासवृत्ति*, अर्धदासता*

serge *n.* एक प्रकार का ऊनी वस्त्र, सरज

sergeant *n.* सेना का अध्यक्ष, पुलिस का अफसर; lance-sergeant पुलिस का घुड़सवार सिपाही; sergeant-major सेनाध्यक्ष का सहायक

serial *a.* धारावाहिक, क्रमशः; *n.* क्रमिक प्रकाशन

series *n.* (*sing.* & *pl.*) सीरीज़, श्रेणी*, ग्रंथमाला*, लेखमाला*

serious *a.* गम्भीर, सच्चा, उत्सुक

sermon *n.* धर्मोपदेश, प्रवचन,

उपदेश

**serpent** *n.* सर्प, सांप; pharaoh's serpent एक प्रकार की बत्ती जो जलाने पर सर्प के आकार की हो जाती है

**servant** *n.* सेवक, दास, मज़दूर, नौकर

**serve** *v.t. & i.* सेवा करना, सहायता देना व्यवहार करना, परोसना, कार्य करना; it will serve यह पर्याप्त होगा; to serve a sentence पूरी अवधि तक दंड भोगना; to serve out बांटना, to serve the devil निर्दय बनना; to serve the purpose of उपयोग का होना

**service** *n.* सेवा*, नौकरी*, उपयोगिता*, दया*, आराधना*, उपासना*; at his service उसके अधान; to take service with नौकरी करना, नौकरी में लगना

**serviceable** *a.* उपयोगी, लाभदायक

**servile** *a.* दासवत्, गुलाम वृत्ति का

**session** *n.* सेशन, न्यायालय या सदन या सभा की बैठक, कार्यकाल, पाठशाला का सत्र

**sesspool** *n.* चहबच्चा

**set** *v.t. & i.* (*p.t. & p.p.* set) रखना, नियुक्त करना, बैठाना, ठीक करना, बोना या लगाना, स्थिर करना या जमाना, फलाना, फलना, चुनना, स्थापित करना, क्षितिज में डूबना; *a.* स्थिर, नियुक्त; *n.* प्रेरणा*, समुदाय, मण्डली*, संघ; set speech पहले से प्रस्तुत व्याख्यान; to set about आरम्भ करना; to set a trap फन्दा लगाना; to set apart अलगाना; to set a defiance ललकारना; to set at liberty स्वतन्त्र करना; to set at naught तिरस्कार करना; to set by बचा रखना; to set fire to आग लगाना; to set forward उत्पत्ति में सहायता देना; to set free मुक्त करना; to set in आरम्भ करना; to set one's hand कार्य आरम्भ करना; to set table भोजन के लिए टेबुल बिछाना; to set the watch घड़ी मिलाना; set-back अवरोध, रोक; set-off मुजरा, छूट

**settle** *v.t. & i.* स्थापित करना, शांत करना, निर्णय करना, राज़ी होना, नियुक्त करना,

स्वच्छ होना
settlement *n.* निर्णय, व्यवस्था*, उपनिवेश, निपटारा, चुकौती*
settler *n.* उपनिवेशी, नया बसनेवाला
seven *n.* सात; seventeen सत्रह; seventeenth *a.* सत्रहवां; seventy सत्तर; seventieth *a.* सत्तरवां
sever *v.t. & i.* अलग करना, अलग होना, तोड़ना
severance *n.* अलगाव, विच्छेद
several *a.* अनेक, अलग, पृथक्
severe *a.* तीक्ष्ण, कठोर, अत्यन्त कष्टदायक
sew *v.t.* (*p.t.* sewed, *p.p.* sewn) सीना, टांका लगाना
sew *v.t. & i.* पानी बहाना या बहना, पानी का धीरे-धीरे निकलना
sewage *n.* कीच, मल, परनालियां*
sewer *n.* नाली*, मोरी*
sewerage *n.* परनाला
sex *n.* जाति*, लिंग, योनि*; the fair sex स्त्रीजाति*, the male sex पुरुष जाति*
sexual *a.* स्त्री या पुरुष जाति संबंधी; लैंगिक, कामवासना-संबंधी, योनि-संबंधी
sexualist *n.* लिंग-सिद्धान्तवादी, लिंग या जातित्व विभाजन का पंडित
shabby *a.* जर्जर, कुत्सित, दरिद्र, मलिन, मैला
shackle *n.* शृंखला*, बंधन; *v.t.* बांधना, रोकना
shade *n.* छाया*, अन्धकार, पर्दा, रंग का उतार-चढ़ाव, चित्र का गहरे रंग का भाग, प्रेत, थोड़ा अन्तर; *v.t.* छाया करना, अंधेरा करना, ढांकना; to throw into the shade निन्दा करना
shadow *n.* छाया*, परछाईं*, आभा, रक्षा*, अनुचर, प्रेत; *v.t.* छाया करना, अन्धकार करना, ढांकना
shaft *n.* डंडी*, मुठिया*, पतला डंडा, तीर, यन्त्र का लम्बा धुरा
shake *v.t. & i.* (*p.t.* shook, *p.p* shaken) हिलना, कांपना, लड़खड़ाना, व्याकुल करना, थर्राना, निर्बल करना; *n.* धक्का, थर्राहट*, हाथ-मिलौवल; to shake about हिला देना; to shake down हिलाकर भेजना या लाना; to shake in one's shoes भय से कांपना; to shake off छुटकारा पाना; to shake off the dust from one's

feet सब संबंध त्याग देना
shaky *a.* अनिश्चित, डावांडोल
shall *v. aux.* (*p.t.* should) भविष्यकाल-सूचक क्रिया गा, गी
shallow *a.* (*comp.* shallower, *sup.* shallowest) छिछला, हलका, तुच्छ, ओछा
shallowness *n.* छिछलापन, ओछापन
shame *n.* लज्जा*, शर्म*, अपमान, कलंक; *v.t.* लज्जित करना
shameful *a.* लज्जापूर्ण, लज्जास्पद
shameless *a.* निर्लज्ज, बेशर्म
shampoo *v.t.* साबुन रगड़कर सिर धोना; *n.* शैम्पू, बाल धोने का पाउडर या लेप
shanty *n.* (*pl.* shanties) झोंपड़ी*
shape *v.t.* (*p.t.* shaped, *p.p.* shaped *or* shapen) आकार धारण करना, बनाना, ढालना, रचना, मूर्त्ति बनाना; *n.* आकृति*, आकार, रूप, सांचा
shapeless *a.* निराकार, भद्दा
shapely *a* सुरूप, सुन्दर, सुडौल
share *n.* अंश, भाग, हिस्सा, हल का फार; *v.t.* भाग करना, अंश लेना; share holder हिस्सेदार
sharer *n.* अंशभागी, हिस्सेदार
shark *n.* एक भयंकर समुद्री मछली, धूर्त्त पुरुष
sharp *a.* तीखा, नोकदार, तीव्र-बुद्धि, सावधान, रसिक, कर्कश, छली, उग्र, पीड़ाकर; *n.* ठग; *adv.* ठीक समय पर, अभी; sharp-cut स्पष्ट रूप से निरूपित; sharp-set भूखा; sharp-shooter सही या ठीक लक्ष्य लगानेवाला मनुष्य
sharpen *v.t. & i.* तीखा करना या होना, अधिक बुद्धिमान बनाना
sharpener *n.* सान धरनेवाला
sharper *n.* ठग
sharply *adv.* रूखेपन से, पैने ढंग से
shatter *v.t. & i.* टुकड़े-टुकड़े करना, छितराना, क्रम बिगाड़ना
shave *v.t. & i.* (*p.t.* shaved, *p.p* shaved or shaven) हजामत बनाना या बनवाना, महीन काटना
shaver *n.* नापित, बाल मूंड़नेवाला, छोकड़ा, लौंडा, महंगा बेचनेवाला व्यापारी
shaving *n.* हजामत*, मुण्डन
shawl *n.* शाल, दुशाला
she *pron.* (*obj.* her, *poss.* hers, her, *pl.* they) वह

(स्त्री), यह (स्त्री)
shed *v.t.* (*p.t.* & *p.p.* shed) फेंकना, गिराना; *n.* शेड, झोंपड़ी*, ओसारा
sheep *n.* (*pl.* sheep), (*male* ram, *female* ewe, *young one* lamb) भेड़ी; sheep without a shepherd बिना नेता की मण्डली; to cast sheep's eyes प्रेम-दृष्टि डालना; to follow like sheep सर्वदा अनुकरण करना
sheepish *a.* डरपोक, लज्जालु
sheer *a.* केवल, मात्र, निपट, खड़े बल का; *v.i.* अलग होना, घिसकना
sheet *n.* चादर, चौड़ा वस्त्र, विस्तार, पाल
shelf *n.* (*pl.* shelves) अलमारी*, टांड, उभड़ी हुई चट्टान*
shell *n.* छिलका, खोली, बम का गोला, ढांचा; *v.t.* & *i.* छिलका उतारना, बम गोले से उड़ाना; shell-buttons कपड़ा चढ़े हुए धातु के बटन; shell-proof गोली के लक्ष्य से बचने योग्य
shelter *n.* आश्रय, शरण, रक्षा करनेवाला; *v.t.* रक्षा करना
shepherd *n.* (*fem.* shepherdess) गड़रिया, चरवाहा; *v.t.* रखवाली करना
sheriff *n.* शेरिफ, नगराधिप
sherry *n.* स्पेन देश की श्वेत मदिरा*, शेरी
shield *n.* ढाल, रक्षा करनेवाला मनुष्य या पदार्थ, पदक; *v.t.* रक्षा करना, बचाना; the other side of the shield प्रस्तुत विषय का अनावश्यक अंश
shift *v.t.* & *i.* हटाना, हटना, अवस्था या स्थान बदलना, स्थानापन्न करना, विचार पलटना, प्रयत्न करना, टालना; *n.* पाली*, बदला, छल, साधन; to shift about एक स्थान से दूसरे स्थान को जाना; to shift one's ground नई स्थिति धारण करना
shin *n.* पिंडली*
shine *v.i.* (*p.t.* shone) चमकना, जगमगाना; *n* प्रकाश, चमक
ship *n.* जहाज़, पोत; *v.t.* (*p.t.* shipped) जहाज पर लादना या रखना
shipment *n.* जहाज पर लादी गई सामग्री*
shipping *n.* जहाज, नौवहन
shipwright *n.* जहाज बनाने-

वाला

**shipyard** *n.* जहाज़ का कारखाना

**shirt** *n.* कमीज़*

**shit** *v.i.* मल त्यागना; *n.* अपशब्द, गाली*

**shiver** *v.i. & t.* कांपना, टूटना, टुकड़े करना; *n.* कंपन

**shock** *n.* आघात, धक्का, टक्कर*, चोट*; *v.t. & i.* धक्का देना, धक्का लगना, दु:खी करना

**shoe** *n.* जूता, नाल; *v.t.* (*p.t.* shod) जूता पहनाना, नाल बांधना; shoe-black जूते पर पालिश करनेवाला; shoe-horn जूता पहनने का साधन; shoer *n.* नालबन्द; to die in one's shoes फांसी पड़कर मरना

**shoot** *v.t. & i.* (*p.t.* shot) मारना, फेंकना, छूटना एकाएक उठ आना, अंकुरित होना; *n.* फेंकान, लक्ष्यभेदी या निशानेबाज़ों का दल, नई डाल*; shooting star उल्का, टूटनेवाला तारा

**shop** *n.* दूकान*; *v.i.* (*p.t.* shopped) सामग्री मोल लेने के लिए दूकान पर जाना

**shopping** *n.* खरीद*

**shore** *n.* समुद्रतट

**short** *a.* छोटा, नाटा, थोड़ा, कम, संक्षेप, शीघ्र; *adv.* यकायक, तुरन्त; in short संक्षेप में, a short cut सरल मार्ग; to cut short शीघ्र समाप्त करना; shorthand संक्षिप्त या संकेत लिपि; shorthanded कम सहायकों वाला; to come to short निराश करना; to fall short कम होना; to take short views केवल वर्तमान का विचार करना

**shortage** *n.* न्यूनता*, कमी*

**shortcoming** *n.* दोष, न्यूनता*

**shortly** *adv.* शीघ्र, झट से

**shortness** *n.* अल्पता*, लघुता*

**shorts** *n. pl.* घुटने तक का पाजामा, जांघिया*

**short-wind** *a.* जल्द थक जानेवाला

**short-witted** *a.* कम बुद्धिवाला

**shot** *n.* गोली मारने की क्रिया*, गोली*, बन्दूक या तोप का गोला, गोली चलानेवाला

**shoulder** *n.* कन्धा, आधार, सहारा; *v.t. & i.* कन्धे से धक्का देना, कन्धा लगाना, दायित्व लेना; of broad shoulders बलवान; old head on young shoul-

ders अल्प वय का बुद्धिमान पुरुष
shout *n.* डांट*, चिल्लाहट*, कोलाहल; *v.i.* चिल्लाना, कोलाहल करना; to shout at चिल्लाकर बोलना
shove *v.t. & i.* ढकेलना, किनारे पर से गिराना; *n.* धक्का
shovel *n.* फावड़ा; *v.t.* (*p.t.* shovelled) फावड़े से हटाना
show (shew) *v.t. & i.* (*p.t.* showed, *p.p.* shown) प्रकट करना, प्रदर्शित करना, निर्देश देना, सिद्ध करना, मार्ग दिखलाना, देख पड़ना; *n.* दर्शन, प्रदर्शन या प्रदर्शनी*, दिखाव, कौतुक
shower *n.* वृष्टि*, बौछार, झड़ी*, फुहार*; *v.i.* बरसना, झड़ी लगाना
shrewd *a.* चतुर, धूर्त, तीक्ष्ण
shriek *n.* चीख*, कर्कश शब्द, चिल्लाहट*; *v.i.* चीखना, ठहाका मारकर हंसना
shrill *a.* तीव्र, कर्कश, उग्र, कर्णकटु
shrine *n.* पुण्यस्थान, तीर्थस्थान, मन्दिर, मठ
shrink *v.t. & i.* (*p.t.* shrank *p.p.* shrunken, shrunk) सिकुड़ना, सिकोड़ना, सकुचाना
shrinkable *a.* सिकुड़ने योग्य
shrinkage; *n.* सिकुड़न*
shrunken *a.* सिकुड़ा हुआ
shroud *n.* शव-वस्त्र, कफन, ढकना; *v.t.* ढांकना, छिपाना, आश्रय देना
shrug *v.t. & i.* (*p.t.* shrugged) असन्तोष, सन्देह इत्यादि सूचित करने के लिए कन्धा सिकोड़ना
shudder *v.i.* कांपना, थर्राना
shuffle *v.i. & t.* स्थान बदलना, उलट-पुलट करना, गड़बड़ करना, पैर घसीट कर चलना, ताश फेंटना; *n.* गड़बड़ी, धूर्तता; to shuffle the cards नई विधि ग्रहण करना या अपनाना
shun *v.t.* (*p.t.* shuned) त्यागना, अलगाना, पहलू बचाना, किनारा कसना
shunt *v.t.* गाड़ी का मार्ग बदलना, बिजली की धारा का क्रम पलटना; *n.* बगल की लाइन*
shut *v.t. & i.* (*p.t. & p.p.* shut) बन्द करना, रोकना, बन्द होना, अलगाना; to shut down दृढ़तापूर्वक बन्द

करना; to shut off प्रवाह रोकना; to shut one's eyes न देखने का बहाना करना; to shut the door upon विचार न करना, असम्भव करना

shutter *n.* शटर, बन्द करने का साधन, झांप; to put up the shutters दिन-भर के लिए व्यवसाय बन्द करना

shuttle *n.* ढरकी*, सूत्र यंत्र

shuttlecock *n.* पर लगा हुआ काग जो बैडमिन्टन के खेल में प्रयुक्त होता है

shy *a.* (*comp.* shyer or shier, *sup.* shyest or shiest) लज्जालू, समाज से दूर रहने वाला डरपोक; *v.i.* भड़कना, लजाना

shyly *adv.* लज्जा से

Siamese *a.* स्याम देश का निवासी, इस देश की भाषा

Siberian *a.* साइबेरिया देश के निवासी का

sick *a.* पीड़ित, दुखी, रोगार्त, वमनेच्छु

sicken *v.t. & i.* रोगी होना या करना, जी मचलाना, घृणा होना; sick leave रोगों के कारण छुट्टी, रोगावकाश

sickle *n.* हसिया* हंसुवा

sickliness *n.* अस्वस्थता*

sickly *a.* अस्वस्थ, रोगी, घृणित

side *n.* किनारा, छोर, बगल, तरफ*, दल, वश; *v.i. & t.* पक्ष लेना, भाग लेना; on all sides चारों ओर; on both sides दोनों ओर; on the other side उस पार; opposite side विपक्ष; on this side of the grave संसार में, जीवन में; outer side बाहरी भाग; side by side पास-पास; side-issue चित्त हटाने वाला विषय; side-line अप्रधान व्यवसाय

siege *n.* सेना से किले का घिराव; to lay siege to घेरा डालना

siesta *n.* दोपहर की झपकी*

sigh *n.* गहरी सांस*, उच्छ्वास*; *v.i. & t.* आह भरना, दुःख प्रकट करना

sight *n.* दृष्टि*, दर्शन, दृश्य, दिखाव, चमत्कार, निरीक्षण; *v.t.* देखना, लक्ष्य लगाना; at first sight देखते ही; in sight of दृष्टिगोचर; out of sight दृष्टि से परे; out of sight, out of mind अनुपस्थित को भूल जाना; payment at sight

दर्शनी हुंडी; to know by sight देखते ही पहचान लेना; to put out of sight छिपा देना; within sight दृष्टिगोचर

**sightly** *a.* सुन्दर, मनोहर

**sign** *n.* प्रतीक, प्रारूप, लक्षण, संकेत, भाव, इशारा, विशेष चिह्न; *v.t.* चिह्न करना, हस्ताक्षर करना; sign-board नामपट्ट; sign-post मार्ग-दर्शक पटरा

**signal** *n.* सिगनल, संकेत; *a.* अपूर्व, असाधारण; *v.t.* (*p.t.* signalled) संकेत द्वारा सूचित करना

**signaller** *n.* रेलगाड़ी के आने का संकेत करने वाला

**signatory** *a.* हस्ताक्षर-संबंधी; *n.* हस्ताक्षरकर्त्ता

**signature** *n.* हस्ताक्षर, दस्तखत

**significance** *n.* अभिप्राय, अर्थ, महत्त्व

**significant** *a.* अभिप्रायपूर्ण, प्रसिद्ध, विख्यात

**signify** *v.t. & i.* (*p.t.* signified) अर्थ प्रकट करना, बतलाना

**silence** *n.* मौन, शान्ति*, गुप्त भाव; *interj.* चुप हो ! *v.t.* चुप करना, मुंह बन्द करना

**silencer** *n.* मशीन की आवाज़ कम करने का साधन

**silent** *a.* निःशब्द, चुप

**silently** *adv.* मौन होकर, चुपचाप

**silhouette** *n.* केवल बाहरी रेखा दिखलानेवाला चित्र, तिमिर-चित्र, छाया-चित्र

**silk** *n.* सिल्क, रेशम, रेशमी कपड़ा

**silk-cotton** *n.* सेमल

**silken** *a.* रेशमी, रेशम के समान

**silkworm** *n.* रेशम का कीड़ा

**silky** *a.* रेशम के समान कोमल

**silly** *a.* (*comp.* sillier, *sup.* silliest) मतिहीन, अनाड़ी, मूर्ख

**silver** *n.* चांदी, चांदी की चद्दर, मुद्रा* इत्यादि; *v.t.* चांदी चढ़ाना; silver plate चांदी के चढ़े पात्र; silver-smith चांदी का काम बनानेवाला, सुनार

**similar** *a.* समान, तुल्य

**similarity** *n.* सादृश्य, समानता*

**simile** *n.* (*pl.* similes) उपमा*, समानता*

**simmer** *v.i. & t.* धीरे धीरे उबलना या उबालना; *n.* मन्द, उबाल

**simple** *a.* अमिश्र, सरल, एक ही प्रकार का, सहज, निष्कपट,

साधारण, ईमानदार, सीधा-सादा; simple diet सामान्य भोजन; simple-hearted सरल हृदय का

simpleton *n.* मूर्ख, अनाड़ी

simplicity *n.* भोलापन, सरलता*

simplify *v.t.* (*p.t.* simplified) सरल करना, आसान बनाना, सुगम करना

simultaneous *a.* एक ही समय में होनेवाला, समकालीन, एक साथ

simultaneously *adv.* एक ही समय में, एक साथ

sin *n.* पाप, अनैतिकता*, दुष्ट-आचरण; *v.i.* (*p.t.* sinned) पाप करना, अपराध करना

since *adv.*, *prep.* & *conj.* से, जबसे, बाद में, क्योंकि, आरम्भ करके; ever since तब से; not long since थोड़े दिन हुए

sincere *a.* निष्कपट, सच्चा, यथार्थ

sincerity *n.* ईमानदारी*, सचाई*, खरापन

sinful *a.* पाप-पूर्ण दुष्ट

sing *v i.* & *t.* (*p.t.* sang, *p.p.* sung) गाना, कविता रचना; to sing out चिल्लाकर पुकारना; to sing to sleep गाकर सुलाना

singer *n.* गायक, गवैया, गानवाला

single *a.* एक, अकेला, अविवाहित, असहाय; *v.t.* चुन लेना; single-eyed एक आंख का काना

singular *a.*. अकेला, अपूर्व, विचित्र, असाधारण

singularity *n.* अपूर्वता*, विलक्षणता*

singularly *adv.* विशेष प्रकार से

sinister *a.* कुटिल, बुरा, दुष्ट

sink *v.t.* & *i.* (*p.p.* sunk) डूबना, कुआं खोदना, दबना या दबाना, कम करना, लुप्त होना; *n.* मोरी*, परनाला

sinless *a.* पाप-रहित, शुद्ध

sinner *n.* पापी

sip *v.t.* थोड़ा-थोड़ा करके पीना, चुस्की लेना; *n.* चुस्की*

sir *n.* (*fem* madam) महाशय, महोदय, आर्य, श्रीमान, जनाब

siren *n.* अप्सरा*, मोहिनी*, स्त्री*, तीव्र शब्द उत्पन्न करने का भोंपा

sister *n.* (*mas.* brother) बहिन*, धार्मिक सम्प्रदाय की सदस्या*, भगिनी*

sisterhood *n.* भगिनीत्व; sister-in-law ननद*, साली*, भौजाई*

sisterly *a.* बहिन के समान

sit *v.t. & i.* (*p.t.* sat) बैठना, स्थिर होना, विश्राम करना, बैठाना, अण्डा सेना, अण्डे पर बैठना; to sit at home कार्यहीन रहना; to sit out किसी विषय में भाग लेना; to sit up उठ बैठना

situate-(d) *a.* स्थित, स्थापित

situation *n.* स्थिति*, अवस्था*, कार्य

six *a. & n.* छः; sixfold छः गुना; sixth *a.* छठा, sixteen सोलह; sixteenth *a.* सोलहवां; sixty *n.* साठ; sixtieth *a.* साठवां; at sixes and sevens व्याकुलता से, घबड़ाहट में

size *n.* परिमाण, आकृति*, रूप, आकार, सरेस, लासा; *v.t.* आकार के अनुसार क्रम में रखना, सरेस लगाना

skate *n.* स्केट बरफ पर सरकने- वाला जूता; *v.i.* ऐसा जूता पहनकर सरकना; roller- skate बरफ पर सरकनेवाला पहिया लगा जूता; skating- ring इस प्रकार के जूते पहनकर दौड़ने का स्थान

sketch *n.* रेखाकृति*, स्थूल वर्णन, ढांचा; *v.t.* खाका बनाना, ढांचा बनाना, मान- चित्र खींचना; sketch-book खाका बनाने की पुस्तक

skilful *a.* प्रवीण, कुशल, चतुर, निपुण

skill *n.* कुशलता*, युक्ति*, चातुरी*

skilled *a.* चतुर, अभ्यस्त

skin *n.* छाल, चमड़ा, छिलका; *v.t.* (*p.t.* skinned) खाल उतारना; only skin and bone कंकाल मात्र; to change one's skin असंभव परिवर्तन होना; to save one's skin सुरक्षित रहना

skirmish *n.* बिना क्रम का युद्ध, हलकी लड़ाई*; *v.i.* भिड़न्त करना, हलकी लड़ाई लड़ना

skirt *n.* स्कर्ट, वस्त्र का लटकता भाग, स्त्रियों का घाघरा, किनारा; *v.t.* किनारा लगाना

skit *n.* हंसी का अभिनय, भंडई*

sky *n.* (*pl.* skies) आकाश, ऋतु*; *v.t.* (*p.t.* skied) गेंद इत्यादि को आकाश में फेंकना; sky-lark चकोर, चकवा; skylight छत में खिड़की*; skyline क्षितिज; sky-scraper गगन-चुम्बी प्रासाद

slab *n.* पत्थर की चौरस पटिया*; *v.t.* पटिया या परत अलगाना

slack *a.* शिथिल, मन्द, कार्यहीन, ढीला; *v.t. & i.* ढीला करना या होना; to slack off शक्ति कम करना; to slack up गति कम करना

slander *n.* अपवाद, दुर्नाम; *v.t.* कलंक लगाना, दुर्नाम करना

slanderous *a.* कलंकी

slang *n.* अशिष्ट भाषा, गंवारू बोलचाल के शब्द

slap *n.* तमाचा; *v.t.* थप्पड़ मारना

slash *v.t.* दीवार या आड़ बनाने के लिए पेड़ों को गिराना, लंबी फांक करना; *n.* लम्बी फांक* लंबी चीर*

slate *n.* स्लेट पत्थर, स्लेट पट्टी*; *v.t.* स्लेट पत्थर बैठाना

slate *v.t.* कड़ी आलोचना करना, धज्जियां उड़ाना, डांटना, फटकारना, गाली देना

slaughter *n.* हत्या, संहार, वध; *v.t.* हत्या करना, वध करना; slaughter-house वधस्थान, कसाईखाना

slave *n.* दास, चाकर; *v.i.* दास की तरह काम करना; slave-bangle कुहनी पर पहनने की बरेखी; slave-born जन्म से दास; slave-hunter दास खोजनेवाला; slave-trade दास बेचने और मोल लेने का व्यापार

slavery *n.* दासत्व, गुलामी

slavish *a.* दास तुल्य, तुच्छ, नीच

slay *v.t.* (*p.t.* slew, *p p.* slain) वध करना, नाश करना

sleek *a.* मुलायम, चिकना, चमकीला

sleekness *n.* चिकनाहट*

sleep *v i.* (*p t. & p.p.* slept) सोना, मरना; *n.* निद्रा*, विश्राम

sleeper *n.* सोनेवाला; आलसी मनुष्य, लकड़ी की धरन जिस पर रेल की लाइन जड़ी होती है

sleeve *n.* बहोली*, आस्तीन*; to laugh in one's s'eeve छिपकर हंसना; to roll up one's sleeve झगड़ा करने के लिए तैयार होना; sleeve-link आस्तीन में लगाने का बटन

slender *a.* दुबला-पतला, छोटा, क्षीण, दुर्बल

slice *v.t.* चौड़े पतले टुकड़े करना; *n.* टुकड़ा, फांक

slick *a.* सामान्य, चतुर, भड़कीला

slide *v.i. & t.* (*p.t.* slid) खसकना, फिसलना, सरकना;

*n.* सरकनेवाला भाग, सरकन, स्लाइड
**slight** *a.* छोटा, तुच्छ, अनावश्यक; *n.* अनादर, तिरस्कार; *v.t.* तिरस्कार करना
**slim** *a.* दुबला-पतला, धूर्त
**sling** *v.t. & i.* (*p t.* slang) फेंकना, लटकना; *n.* ढेलवांस, गांठ उठाने का रस्सा, बरही*
**slip** *v.t. & i.* (*p.t.* slipped) सरकना, फिसलना, झूठा पैर पड़ना, भूल करना, भागना, ध्यान न देना, चुपके से ले जाना; *n.* दोष, भूल* ढीला वस्त्र, तकिये की खोली*, लकड़ी की पट्टी*
**slipper** *n.* घर में पहनने का ढीला जूता, चप्पल*, चट्टी*
**slippery** *a.* सरकनेवाला, अस्थिर
**sliver** *n.* काठ का टुकड़ा, फरीं
**slogan** *n.* नारा
**slope** *n.* ढालुआं भूमि*, ढलवान, पर्वत का किनारा; *v.t. & i.* तिरछा या ढालुआं करना या होना; *a.* ढालुआं
**slow** *a.* मन्द, आलसी, विलम्ब करनेवाला, असावधान; *v.t.* गतिक्रम करना
**slowly** *adv.* धीरे से, मन्दता से
**slowness** *n.* मन्दता*, आलस्य
**slow-witted** *a.* मन्द बुद्धि का
**slug** *n.* एक प्रकार का घोंघा, आलसी पुरुष, बंदूक की अंडाकार गोली; slug abed देर तक चारपाई पर पड़ा रहनेवाला पुरुष
**sluggard** *n.* निद्रालु, आलसी मनुष्य
**sluggish** *a.* आलसी, ढीला
**sluggishly** *adv.* मंद गति से
**slum** *n.* गन्दी बस्ती*
**slumber** *v.i.* झपकी लेना, ऊंघना; *n.* झपकी*; to slumber away झपकी लेते हुए समय नष्ट करना
**slumberous** *a.* निद्रालु
**slump** *n.* किसी पदार्थ के मूल्य में एकाएक ह्रास या गिरावट*, मंदी*
**slur** *v.t. & i.* (*p.t.* slurred) अस्पष्ट बोलना, शीघ्रता करना, अपमान करना; *n.* निन्दा*, कलंक
**slut** *n.* (*mas.* solven) मैली-कुचैली स्त्री*
**sly** *a.* (*comp.* slyer, *sup.* slyest) धूर्त, दुष्ट
**smack** *n.* स्वाद, अल्प परिमाण, अल्प ज्ञान, मछली मारने की नाव*, ओठ का शब्द; *v.t. & i.* स्वाद लेना, पटाखा छोड़ना
**small** *a.* अल्प, थोड़ा, छोटा,

तुच्छ, विनीत; n. कोमल
भाग; adv. विनीत; भाव से;
small arms बारूद से चलने-
वाले छोटे शस्त्र; smallpox
शीतला रोग, चेचक; small
cause court अदालत
खफीफा, लघुवाद न्यायालय

smart n. तीव्र वेदना*; v.t.
पीड़ा का अनुभव करना; a.
तीव्र, तीक्ष्ण, कठिन, कुशल,
चतुर, तीक्ष्णबुद्धि

smartly adv. तीव्रता से,
शीघ्रता से

smash v t. & i. टुकड़े करना,
नष्ट होना

smear v.t. धब्बा लगाना, मलिन
करना; n. धब्बा, मलिनता*

smell v.t. (p.t. smelled or
smelt) सूंघना, शंका करना;
n गन्ध ग्रहण करने की
शक्ति*, गन्ध*

smelt v.t. गलाकर धातु अल-
गाना

smile v.t. & i. मुस्कराना,
कृपा करना; n. मुस्कराहट*
अनुग्रह

smiling a. मुस्कराता हुआ,
प्रसन्न

smith n. धातु का काम करने-
वाला

smoke n. धुआं; v.t. & i. धुआं
फेंकना, तमाखू पीना

smoking n. धूम्रपान

smoky a. धुएं से भरा हुआ,
धुएं के रंग का

smooth a. चौरस, चिकना,
मृदु, प्रसन्न, विनीत; v.t.
चिकना करना, शांत करना;
smoothing-iron इस्त्री
करने का लोहा; smooth-
tongued चापलूस

smoothen v.t. चिकना करना

smoothing a. चिकनानेवाला

smoothly adv. निर्विघ्नता से

smother v t. गला घोंटना,
दबाना, छिपाना; n. धूल का
बादल

smoulder v.i. बिना ज्वाला के
धुआं देना, भीतर ही भीतर
जलना

smug n. बना-ठना हुआ, अपने
ही में प्रसन्न

smuggle v t. कर लगनेवाली
सामग्री को चोरी से मंगाना
या बाहर भेजना

smuggler n. इस प्रकार (कर न
देने की) चोरी करनेवाला,
चुंगीचोर

smuggling n. कर लगनेवाले
माल को चोरी से मंगाना या
भेजना, चुंगीचोरी*

snack n. अल्प भोजन, भाग

snag n. ठूंठ, उभड़ा हुआ कोना,
आकस्मिक व्यवधान, अड़-

चन*, बाधा*, रुकावट*
snail *n.* घोंघा, आलसी मनुष्य
snake *n.* सांप, धूर्त मनुष्य; snake-charmer मदारी; snake-gourd चिचिड़ा
snaky *a.* सांप के आकार का
snap *v t.* & *i.* (*p t.* snapped) झपटना, दांत काटना, तोड़ना, क्रोध से बोलना, चलते-फिरते पदार्थ का छायाचित्र (फोटो) लेना; *n.* कड़कड़ाहट*, खटका; to snap at काटने का प्रयत्न करना; to snap out क्रोध से बोलना; to snap teeth together दांत कड़कड़ाना; snapshot चलते-फिरते पदार्थ की फोटो
snarl *n.* गुर्राहट*; *v.i.* गुर्राना
snatch *v.t.* झटके से पकड़ना, छीन ले जाना; *n.* झपट्टा, छोटा भाग; by snatches टुकड़े-टुकड़े करके; to snatch at पकड़ने के लिए प्रवृत्त होना; to snatch off चुरा लेना
sneak *v.t.* & *i.* चुपके से देखना, चुराना, चोर की तरह भागना, नीचता का व्यवहार करना
sneaking *a.* रहस्यमय, गुप्त, अधम, नीच
sneeze *v.i.* छींकना; *n.* छींक*
sniff *v.i.* शब्द करते हुए नाक से हवा खींचना, घृणा प्रकट करना
snob *n.* गंवार, मोची का सेवक; भद्रमानी, वर्गदम्भी, नकचढ़ा अमीर
snobbery *n.* कपटभद्रता*, मिथ्या वैभव-प्रेम, सभ्यम्मन्यता*, अमीरी की अकड़*
snobbish *a.* मिथ्या वैभव-प्रेमी, बना अमीर
snore *v.i.* नींद में खर्राटा लेना
snoring *n.* खर्राटा, घुरकन*
snort *v.i.* नाक से घर्रघर्र का शब्द करना
snout *n.* पशु का थूथुन
snow *n* बरफ* तुषार, पाला; *v.i.* बरफ की तरह गिरना; snow-drift वायु से हटाया हुआ हिम; snow-line जिस ऊंचाई के ऊपर पर्वत सर्वदा बरफ से ढका रहता है; snow-plough बरफ हटाने का साधन
snowless *a.* बिना बरफ का
snowy *a.* बर्फीला, हिमपूर्ण
snub *n.* भर्त्सना*, गाली*, ताना; *v.t.* (*p.t.* snubbed) विनीत करना, झिड़कना; snub-nose चपटी छोटी नाक*

snubbing *n.* झिड़की*, फटकार*

snuff *v.t.* सूंघना; *n.* सूंघनी*, मोमबत्ती का गुल

so *adv. conj. & pron* इस प्रकार से, ऐसा, तो भी इसलिए; quite so बिलकुल ठीक या ऐसा ही; so and so अमुक व्यक्ति; so be it ऐसा ही हो; so far अब तक; so long तब तक; so to say मानो, कहने के लिए

soak *v.t. & i.* भिगोना, तर करना, खूब मदिरा पीना; *n.* भीगन

soap *n.* साबुन; *v.t.* साबुन से धोना

soapy *a.* साबुन के समान, खुशामदी; soap-nut रीठी

soar *v.i.* ऊपर की ओर उड़ना, बहुत ऊंचे पर चढ़ना; *n.* उड्डयन, उड़ान*

soaring *n.* ऊपर की ओर उड़ान

sob *v.i.* (*p.t* sobbed) सिसकना; *n.* सिसकी*

sobbing *n.* सिसकी*, सुबकी*

sober *a.* संयमी, विचारवान, सचेत, गंभीर शांत, अप्रमत्त; *v.t. & i.* संयतमन होना, अनुत्तेजित होना, शांत करना, होश में लाना या होना

sobriety *n.* संयम, स्थिरता*, गम्भीरता*

sociability *n.* मिलनसारी* मेल- मिलाप

sociable *a.* मिलनसार, मैत्रीपूर्ण, मेलमिलापी

sociably *adv.* मिलनसारी से

social *a.* सामाजिक, संघप्रिय समाज-सम्बन्धी, सांसर्गिक, मिलनसार, संबंधप्रिय

socialism *n.* समाजवाद, समाजतन्त्र

socialize *v.t.* समाजीकरण करना, सामाजिक करना, समाजवादी सिद्धान्तों पर व्यवस्थित करना

society *n.* समाज, सभा*, सामाजिक जीवन

sociology *n.* मनुष्य-समाज के नियम तथा उन्नति का शास्त्र, समाजशास्त्र, मानवसमाज तत्त्व, समाज विज्ञान

sock *n.* (*pl.* sox) छोटा मोजा

socket *n.* सॉकेट, खाना, कोटर, छेद जिसमें कोई वस्तु बैठाई जाती हो

soda *n.* सोडा, खार

sodium *n.* सफेद धातु जो सोडा में पाई जाती है, क्षारधातु*

sofa *n.* सोफा, पलंग*, सेज*

soft *a.* कोमल, लचीला,

चिकना, सामान्य मृदु, सुकुमार, मधुर; *interj.* चुप; soft colours हलके रंग; soft goods कपड़े; soft-water ऐसा जल जिसमें क्षारीय पदार्थ तथा नमक का अंश बहुत कम हो, कोमल या मृदु जल

**soften** *v.t.* & *i.* कोमल करना या होना

**softly** *adv.* कोमलता से

**soil** *n.* भूमि*, धरती*, प्रदेश; *v.t.* & *i.* मैला करना या होना, अपवित्र करना

**sojcurn** *v.i.* प्रवासी होना, प्रवास करना, अस्थायी रूप से वास करना; *n.* अल्पवास, प्रवास, बसेरा

**solace** *v.t.* धीरज देना, ढांढ़स देना; *n.* ढाढ़स, सान्त्वना*, दिलासा*

**solar** *a.* सौर, सूर्य-संबंधी; solar eclipse सूर्य-ग्रहण, solar system सौर-मण्डल, सौर-जगत

**solarium** *n.* रोग निवृत्ति के लिए सूर्य की किरणों के सेवन करने का घर, सौर-चिकित्सालय

**soldier** *n.* सैनिक, फौजी

**soldierly** *a.* सैनिक की तरह

**sole** *n.* तलवा, जूते का तल्ला; *a.* अकेला, केवल, अनन्य, एकमात्र, सिर्फ, एक ही

**solemn** *a.* गम्भीर, धार्मिक, प्रभावशाली, पवित्र

**solemnity** *n* गम्भीरता*, शांतचित्तता*

**solemnize** *v.t.* उत्सव मनाना, संस्कार करना, यथाशास्त्र अनुष्ठान करना

**solicit** *v.t.* & *i.* (*p.t.* solicited) अनुनय करना, याचना करना, प्रार्थना करना

**solicitation** *n.* प्रार्थना*, विनती*, मिन्नत*

**solicitor** *n.* सालीसिटर, उपवकील, निवेदक; S~ General सॉलिसिटर जनरल, महावादेक्षक

**solicitous** *a.* उत्सुक, उत्कंठित

**solicitude** *n.* चिन्ता*, व्यग्रता*, बेचैनी*

**solid** *a.* संपूर्ण, घन, ठोस, तत्त्वपूर्ण, अविभक्त

**solidarity** *n.* एकता*, पारस्परिक दायित्व

**soliloquy** *n.* (*pl.* -quies) स्वगत भाषण, अपने आप बकना

**solitary** *a.* निर्जन, अकेला, एकान्त

**solitude** *n.* निर्जन स्थान, अकेलापन

solo *n.* ( *pl.* solos) सोलो, अकेले का गीत, अकेले बाजे का राग; solo flight वायुयान पर अकेले उड़ना

soluble *a.* घुलनशील, हल करने योग्य

solution *n.* हल, घुलाव, पिघलाव, घोल. व्याख्या*, साधन या उत्पत्ति* chemical solution रासायनिक घोल

solve *v.t.* स्पष्ट करना, व्याख्या करना, प्रश्न का उत्तर निकालना; to slove a doubt सन्देह निवृत्त करना; to slove a question प्रश्न का उत्तर निकालना

solvency *n.* ऋण चुकाने की योग्यता*

solvent *a.* & *n.* गलाने या घोलनेवाला, घोलक, ऋण चुकाने में समर्थ

some *a. pron.* & *adv.* कुछ मात्रा, कुछ संख्या, कोई, करीब-करीब, थोड़ा; some·body *n.* कोई एक व्यक्ति; somehow किसी प्रकार से; sometimes कभी-कभी; somewhat कुछ, थोड़ा-सा; somewhere किसी अज्ञात स्थान में, कहीं भी

some *suf a.* उत्पन्न करने वाला' के अर्थ में प्रयुक्त होने-वाला प्रत्यय

somersault *n.* कलाबाज़ी, गुलांट

son *n.* (*fem.* daughter) पुत्र; son-in-law दामाद

song *n.* गायन, गीत, राग, अनुप्रासयुक्त कविता*

sonnet *n.* सॉनेट, चौदह पंक्ति का गीत

sonometer *n.* सोनोमीटर, ध्वनिमान, बहरे आदमी की श्रवण-शक्ति जांचने का यंत्र

sonorous *a.* घोषपूर्ण, मधुर, मंजुल, सुरीला, ओजस्वी, गुंजायमान

soon *adv.* (*comp.* sooner, *sup.* soonest) थोड़े समय में, शीघ्र, झटपट, तुरन्त; no sooner than ज्योंही; soon as त्योंही, तुरन्त; sooner or later देर-सबेर; too soon अति शीघ्र

soot *n.* कजली, कालिख; *v.t.* कालिख लगाना

soothing *a.* शांत करनेवाला, तापहर

sophism *n.* मिथ्यावाद, सत्याभास, वाक्छल

sorcerer *n.* (*fem.* -ess) जादूगर, ऐन्द्रजालिक

sordid *a.* नीच, अधम, घटिया, क्षुद्र

sore *a.* पीड़ायुक्त, दुःखदायी, क्षतयुक्त; *n.* घाव, जलन, फोड़ा-फुंसी कसक; *adv.* दुःख से, कष्ट से

sorrow *n.* शोक, खेद, संताप व्यथा*; *v.i.* शोक करना, दुःख करना

sorrowful *a.* उदास, दुःखी

sorry *a.* दुःखी, खिन्न, उदास, नीच; in a sorry plight शोचनीय अवस्था में

sort *n.* प्रकार, जाति*, ढंग, रीति*; out of sorts अस्वस्थ, रोगी; *v.t. & i.* मेल लगाना, चुनना

soul *n.* शरीरात्मा*, जीव, तेज, तत्त्व, आदर्श

sound *a.* स्वस्थ, भला-चंगा, पूर्ण, ठीक, समूचा, शुद्ध

sound *v.t.* पानी की गहराई नापना, किसी के विचार का पता लगाना

sound *n.* शब्द, कोलाहल; *v.t. & i.* जोर से बोलना, परीक्षा करना

soundly *adv.* स्वस्थ रूप में, दृढ़ता से

soup *n.* सूप, झोल, जूस, शोरबा

sour *a.* खट्टा, तीखा, चिड़चिड़ा; *v.t. & i.* खट्टा करना या होना

source *n.* स्रोत, मूल, आदि-कारण

south *n.* दक्षिण दिशा*; south-east आग्नेय या दक्षिण-पूर्व दिशा*; south-west नैऋत्य या दक्षिण-पश्चिम दिशा*

southern *a.* दक्खिनी

souvenir *n.* स्मारक, पदार्थ, यादगार

sovereign *a.* प्रभुसत्ताधारी, प्रधान, श्रेष्ठ, मुख्य; *n.* राजा, इङ्गलैंड का 20 शिलिंग का सोने का सिक्का

sovereignty *n.* प्रभुसत्ता*, प्रभुत्व

Soviet *n.* सोवियत, रूसी श्रमिकों तथा सैनिकों द्वारा निर्वाचित जिला-परिषद, पंचायत, अखिल रूस की प्रतिनिधि कांग्रेस

sow *n.* (*mas.* boar) सुअरी; *v.t.* (*p.t.* sowed, *p p.* sown) बीज बोना, फैलाना

space *n.* अन्तरिक्ष, स्थान, अन्तर, प्रदेश; *v.t.* स्थान छोड़ते हुए क्रम में रखना; pervading all space सब दिशाओं में व्यापक, सर्वव्यापी; to space out अधिक स्थान फैलाना

spacious *a.* विस्तीर्ण, लम्बा-चौड़ा

**spaciousness** *n.* विस्तार, फैलाव

**spade** *n.* कुदाली*, फावड़ा; *v.t.* कुदाली से खोदना

**spade-work** *n.* प्रारम्भिक तथा कठिन परिश्रम

**span** *n.* बित्ता, मेहराब की चोड़ाई, विस्तार, फैलाव; *v.t.* (*p t.* spanned) फैलाना, मेहराब लगाना, बित्ते से नापना

**Spaniard** *n.* स्पेन देश का निवासी

**Spanish** *a.* स्पेन देश संबंधी; *n.* स्पेन देश की भाषा

**spare** *v.t & i.* बचाना, अल्प व्यय करना, रक्षा करना, क्षमा करना; *a.* अल्पव्ययी, थोड़ा, परिमित, कम

**spark** *n.* चिनगारी*, प्रतिभांश, ज्योति*

**sparkle** *v.i.* चिनगारी फेंकना, चमकना; *n.* छोटी चिनगारी*

**sparrow** *n.* चटक, गोरैया पक्षी

**Spartan** *a.* स्पर्टा नगर संबंधी, वीर और साहसी

**spatial** *a.* स्थान-संबंधी

**speak** *v.i. & t.* (*p.t.* spoke, spake, *p p.* spoken) भाषण देना, बोलना, व्याख्या करना; speaking trumpet दूर तक शब्द पहुंचाने-वाली तुरही; speaking-tube बोलने की नली; to speak up चिल्लाकर बोलना; to speak fair शिष्ट भाषा का प्रयोग करना; to speak for किसी के लिए बोलना; to speak ill of निन्दा करना; to speak one's mind अपना विचार प्रकट करना; to speak out प्रकाशित करना

**speaker** *n.* व्याख्यान देनेवाला, लोकसभा या विधानसभा का अध्यक्ष, वक्ता

**specialist** *n.* विशेषज्ञ

**speciality** *n.* विशिष्टता*

**specialize** *v.t. & i.* विशेषज्ञ होना, अलगाना, विशिष्ट करना, सीमा बांधना

**specific** *a. & n.* निश्चित, विशिष्ट, स्पष्ट, रोग हटाने की निश्चित औषधि; specific gravity विशिष्ट भार; specific medicine किसी रोग को हटाने की विशिष्ट औषधि

**specification** *n.* विशेष निर्देश, विस्तृत ब्योरा, इमारत का नक्शा और लागत का हिसाब

**specify** *v.t.* (*p.t.* specified) विशेष रूप से कहना, निश्चित रूप से उल्लेख करना

specified *a.* निर्दिष्ट*, विशिष्ट
specimen *n.* नमूना, बानगी*
spectacle *n.* चमत्कार, कौतुक, तमाशा, (ब०व०) उपनेत्र, चश्मा
spectacled *a.* चश्मा पहने हुए
spectacular *a.* चमत्कारपूर्ण, भव्य, अतिदर्शनीय
spectator *n.* (*fem.* spectatress) दर्शक, देखनेवाला, तमाशबीन
spectre *n.* भूत, पिशाच, प्रेतच्छाया*
spectrum *n.* (*pl.* spectra) रूपच्छटा*, वर्ण-क्रम, वर्ण-पट
speculate *v.i.* विचार करना, कल्पना करना, ख्याली घोड़े दौड़ाना, सट्टा करना
speculation *n.* सट्टेबाजी*, चिन्तन, दूरकल्पना*, अटकल-बाजी*
speech *n.* वाणी*, भाषा* व्याख्यान; eloquence of speech पदलालित्य; figure of speech अलंकार; maiden speech व्याख्यान-दाता का पहला भाषण; parts of speech शब्दभेद
speechless *a.* मूक, गूंगा
speed *v.t. & i.* (*p.t.* sped) शीघ्रता करना, सफल होना, सहायता देना; *n.* शीघ्रता*, सफलता*, गति*, रफ्तार*
speedily *adv.* झट, तुरन्त
speediness *n.* शीघ्रता*, जल्दी
speedy *a.* तीव्र, शीघ्र
spell *n.* जादू, टोना, मोहन-मन्त्र; spell-bound जादू से मोहित
spell *v.t.* (*p.t.* spelled *or* spelt) हिज्जे करना; to spell back-wards अर्थ बदलना; to spell out अक्षरों के क्रम से उच्चारण करना
spelling *n.* अक्षर-विन्यास, हिज्जे
spend *v.t.* (*p.t. & p.p.* spent) व्यय करना, लुटाना, खर्च करना
spendthrift *n.* अपव्ययी, खर्चीला, फिजूलखर्च, धन उड़ानेवाला मनुष्य
sphere *n.* गोलक, नक्षत्र, व्यवसाय, क्षेत्र
spheric (-al) गोलाकार, दिव्य
spice *n.* सुगन्धित द्रव्य, मसाला; *v.t.* मसालेदार बनाना
spicy *a.* सुगन्धित, दिखौवा, मसालेदार, तीखा
spider *n.* मकड़ा
spill *v.t.* (*p.t.* spilled *or* spilt) गिराना, बहाना; *n.*

बहाव, गिराव; to spill blood हत्या करना

**spin** *v.t.* (*p.t.* span *p.p.* spun) सूत कातना, घुमाना या चक्कर देना; *n.* चक्कर, घुमाव

**spinal** *a.* रीढ़ की हड्डी का; spinal column पीठ की रीढ़, मेरुदण्ड; spinal cord इस रीढ़ के भीतर की नाड़ी*, सुषुम्ना*

**spindle** *n.* धुरा, टेकुग्रा, तकुग्रा, तकली*

**spine** *n.* पीठ की रीढ़*, कांटेदार उभाड़

**spinner** *n.* कातनेवाला

**spiral** *a.* चक्राकार, पेचदार, नोकदार; *n.* चक्कर, चक्करदार कमानी

**spirit** *n.* प्राण, ग्रात्मा*, प्रेत, चित्तवृत्ति, वीरता, साहस, प्रसन्नता*, चेष्टा*, प्रभाव, सत्त्व सारांश, स्प्रिट, (ब०व०) मदिरा*; *v.t.* प्रसन्न करना, उत्तेजित करना; departed spirit प्रेतात्मा; gentle spirit स्वभाव की सुजनता; the spirit of the age युग-भावना*; in good spirits प्रसन्नतापूर्ण; in high spirits उत्साह सहित; spirit level समतल नापने का यन्त्र

**spirited** *a.* साहसी, तेजस्वी

**spiritless** *a.* तेजहीन, उत्साहहीन

**spiritual** *a.* ग्राध्यात्मिक, धार्मिक, पवित्र

**spiritualism** *n.* ग्रध्यात्मवाद

**spiritualist** *n.* ग्रध्यात्मवादी, ब्रह्मवादी

**spirituality** *n.* ग्राध्यात्मिकता*, पवित्रता*, धार्मिकता*

**spit** *n.* सींकचा थूक*; *v.t.* (*p.t.* spitted) सींक भोंकना; *v.i.* (*p.t.* spat) थूकना, फूही पड़ना, खखारना

**spitfire** *n.* ग्रति क्रोधी मनुष्य

**spittoon** *n.* पीकदान, उगालदान

**splash** *v.t.* पानी का छींटा देना, कीचड़ उड़ाना; *n.* छींटा, बौछार, छपाके का शब्द

**spleen** *n.* प्लीहा, बरबट, रोष, क्रोध

**splendent** *a.* चमकीला, उज्ज्वल, देदीप्यमान, धातु के समान चमकता हुग्रा

**splendid** *a.* श्रेष्ठ, प्रतापवान, भव्य, महान

**splendour** *n.* शोभा*, प्रताप, विभव

**splinter** *n.* चीरी हुई पट्टी; *v.t.* पतली पट्टी चीरना

split *v.t. & i.* (*p.t.* split) फाड़ना, धज्जी करना, फूटना, अलग होना; *n.* दल में विघटन*, फूट*, विभेद, दरार*, फटन*

splitter *n.* तोड़क, अलगानेवाला

spoil *v.t. & i.* (*p.t.* spoiled, spoilt) नष्ट करना, भ्रष्ट करना या होना, लूटना; *n.* लूट

spoke *n.* पहिए की तीली*, सीढ़ी का डण्डा

spokesman *n.* प्रतिनिधि, प्रवक्ता

sponge *n.* एक समुद्री प्राणी, स्पन्ज, जलसोख; *v.t.* स्पन्ज से धोना सुखाना

sponsor *n.* ज़ामिन, प्रतिभू, धर्मपिता

spontaneity *n.* स्वयंस्फूर्ति*, सहजता*

spontaneous *a.* आत्मस्फूर्त, अपने आप, स्वयंजात, नैसर्गिक, स्वाभाविक

spoon *n.* चम्मच, मूर्ख मनुष्य; *v t.* चम्मच से लेना; born with a silver spoon in one's mouth जन्म से भाग्यवान; desert-spoon दो ड्राम का चम्मच

sporadic *a.* छिटपुट, कहीं-कहीं, जहां-तहां

sport *n.* खेल, क्रीड़ा*, हंसी*, लीला*; *v.t. & i.* खेलना, हंसी करना, प्रसन्न करना; to make sport of उपहास करना, हंसी उड़ाना

sportive *a.* विनोदी, खिलाड़ी, चंचल

sportsman *n.* मृगयासेवी, खिलाड़ी

sportsmanlike *a.* खिलाड़ी की तरह का

spot *n.* स्थान, कलंक, लांछन; *v t.* (*p.t.* spotted) धब्बा डालना, चिह्नित करना

spotless *a.* पवित्र कलंकहीन

sprain *v.t.* पेशी को मरोड़ना, ऐंठना; *n.* मरोड़*, मुरक*, मोच*

spray *n.* पतली शाखा*, टहनी*, फूलों का गुच्छा, बौछार; *v.t.* (*p.t.* sprayed) छिड़कना, फुहार डालना

spread *v.t.* (*p.t.* & *p p.* spread) फैलाना, तानना, छितराना ढांपना; *n.* फैलाव, विस्तार

spree *n.* आनन्द का उत्सव, नाच-रंग

spring *v.i. & t.* (*p.t.* sprang, *p p.* sprung) निकलना, उगना, कूदना, चौंकना, प्रकट

होना, प्रस्ताव करना, फूटना, फाड़ना; *n.* कुदान*, लचीलापन, कमानी का बल, शक्ति*, स्फूर्ति* उद्गम, झरना, वसन्त ऋतु*; spring-tide ज्वार; sprung from a noble family उच्च कुल में उत्पन्न; sprung from a royal family राजकुल में उत्पन्न

sprinkle *v.t.* छिड़कना; *n.* छिड़काव

sprout *v.i.* अंखुवा निकलना, जमना; *n.* पौधे का अंखुआ, कोंपल

spurious *a.* मिथ्या, बनावटी, जाली

sputum *n.* (*pl.* sputa) लार, थूक

spy *v.i.* (*p.t.* spied) दूर से देखना, जांच करना, भेद लगाना; *n.* जासूस, भेदिया

squad *n.* दस्ता, जत्था, झुंड

squadron *n.* सैनिक सवारों का जत्था, जहाजी बेड़े का भाग, विमान दल

squalor *n.* गंदगी*, दरिद्रता*, मलिनता*

squander *v.t.* वृथा व्यय करना, धन लुटाना

square *a.* समचतुर्भुज के आकार का, ठीक बराबर, चौरस, निष्कपट; *n.* समकोण चतुर्भुज, चौकोर मैदान जिसके चारों ओर घर बने हों, गोनिया, वर्ग, द्विघात; *v.t.* चौकोर करना, ठीक करना, हिसाब तय करना; on the square सचाई से; square root वर्गमूल; square dealing निष्कपट व्यवहार; to square the circle असंभव कार्य करना; to square up घूस देना

squarely *adv.* पूर्ण रूप से

squash *v.t.* कुचलना, दबाना, विनती करना; *n.* रस, कुचला, मुलायम वस्तु के गिरने की आवाज़

squeak *v.i* चीखना, चिल्लाना; *n.* चीत्कार; a narrow squeak बाल-बाल बचना

squeeze *v.t.* दबाना, निचोड़ना, दबाव डालकर धन लेना

squint *v i.* कनखी से देखना; *n.* कनखी, ऐंची आंख

squire *n.* स्क्वायर, एक अंग्रेजी पदवी*, देहात का ठाकुर, ज़मींदार, नवाब का सेवक

squirrel *n.* गिलहरी*, चिखुरी*

stab *v.t.* (*p.t.* stabbed) नुकीले अस्त्र से प्रहार करना; *n.* छुरे का घाव, खोंच, भोंक; to stab in the back निन्दा

करना; to stab in the secret परोक्ष में मर्मभेद करना

**stability** *n.* स्थिरता*

**stable** *a.* स्थिर, निश्चल, टिकाऊ

**stable** *n.* घुड़साल *v t.* घुड़साल में रखना

**stadium** *n.* स्टैडियम, क्रीड़ांगन, मञ्च

**staff** *n.* (*pls.* staves, staffs) डण्डा, आधार, मूठ, स्टाफ, अधिकारियों का समूह

**stag** *n.* (*fem.* hind) हिरन, बारहसिंगा

**stage** *n.* मचान, चबूतरा, रंगभूमि*, नाट्यशाला*, दृश्य, विश्रामस्थान, कार्यक्रम; *v.t. & i.* नाटक खेलना; stage-coach यात्रियों को ले जाने-वाली गाड़ी*;डाक*; stage-craft नाटक खेलने की कला; stage-manager सूत्रधार

**stagnant** *a.* गतिहीन, स्थिर, मन्द

**stagnate** *v.i.* प्रवाह का रुकना, स्थिर होना, थम जाना

**stagnation** *n.* स्थिरता*, निश्चलता*

**stainless** *a.* निर्मल, कलंकरहित

**stair** *n.* सीढ़ी*; down-stairs घर का नीचे का खंड, flight of stairs सीढ़ियों की पंक्ति; spiral staircase घुमौवा सीढ़ी; staircase सीढ़ियों की पंक्ति

**stake** *n.* खूंटा, शंकु, दांव, पण; *v.t.* दांव लगाना, खूंटे म बांधना; at stake सन्देह में, कठिनाई में

**stale** *a.* पुराना, बासी, बेस्वाद, नीरस; *v.t.* वेस्वाद करना, पुराना करना, बासी बनाना

**stall** *n* घुड़साल,छोटी दूकान*; *v.t.* घुड़साल में बांधना, बिक्री के लिए सजाना

**stalwart** *a.* वीर, साहसी, राजनीतिक दल का पक्का समर्थक, जीवट का, दिलेर

**stamina** *n.* बल, सहनशक्ति*, जीवट

**stammer** *v.t.* हकलाना, रुक-रुककर बोलना

**stamp** *v t & i.* पैर पटकना, ठप्पा लगाना, कुचलना, टिकट लगाना, दवाना; *n.* ठप्पा, मुहर* टिकट, मुहर करने का यंत्र, चरित्र; of the common stamp सामान्य प्रकृति का; of high stamp महानुभाव; of the same stamp तुल्य स्वभाव का; to stamp out अ त करना, समाप्त करना

**stampede** *n.* भगदड़*, खलबली*

**stanch** *v.t. & i.* घाव से खून का बहाव रोकना, बहाव बन्द करना, सूख जाना; *a.* स्थिर

**stand** *v.i. & t.* (*p.t. & p.p.* stood) खड़ा होना या रखना, रुकना, ठहरना, स्थिर रहना, सहना, चुनाव के लिए खड़ा होना, किसी सिद्धान्त पर दृढ़ रहना; hair stands on end रोमांचित होना, रोंगटे खड़ा होना; it stands to reason यह न्यायसंगत है; stand ly *n.* सहारा, आश्रय; the matter stands thus विषय ऐसा है; to stand against बाधा डालना; to stand at bay ठमककर लड़ना; to stand by सहायता देना, समर्थन करना, अड़ जाना; to stand off हट जाना; to stand on हठ करना; to stand out आक्षेप करना; to stand over टालना; to stand still निश्चल खड़े होना; to stand the test परीक्षा की कसौटी पर चढ़ना

**stand** *n.* स्थिर दिशा*, रुकावट*, स्थान, व्याकुलता*, आश्रय, चबूतरा, गाड़ियों के ठहरने का अड्डा

**standard** *n.* मापदण्ड, पताका*, झण्डा, नियम, रीति*, आदर्श, मान, प्रमाण; *a.* अति उत्तम; standard author प्रामाणिक ग्रन्थकार

**standardize** *v.t.* प्रमाण के अनुसार करना

**standing** *a. & n.* खड़ा, स्थायी, स्थिर पद, प्रसिद्धि*

**standpoint** *n.* सिद्धान्त

**stanza** *n.* पद्यांश, श्लोक, छन्द

**staple** *a.* मुख्य, प्रधान; *n.* कुलाबा, कुण्डा; सौदा. सामग्री*, प्रधान अंश, रेशम या सूत का रेशा

**star** *n.* तारा, प्रसिद्ध पुरुष, छापे में तारे का चिह्न; *v.t.* (*p.t.* starred) तारों से सजाना

**stare** *v.t.* घूरना, ताकना; *n.* टकटकी*

**starry** *a.* तारों से पूर्ण

**start** *v.i. & t.* चौंक पड़ना, चिहुंक उठना, चल देना, आरम्भ करना, कूदना, चालू करना; by fits and starts आकस्मिक प्रयत्न से; to get a start of सुविधा पाना; to start aside स्थान से विचलित होना; to start in आरम्भ करना; to start up चौंक उठना; to start with आरम्भ में; *n.* चिहुंक*, यका-

यक गति*, आरम्भ

**starting** *n.* प्रस्थान; starting-post जिस खंभे से घुड़दौड़ इत्यादि का आरंभ होता है

**startle** *v.t.* चौंकाना, घबड़ाना

**startling** *a.* चौंकानेवाला

**starvation** *n.* उपवास, अनशन

**starve** *v.t. & i.* क्षुधा से पीड़ित होना, भूखों मरना, ठंड से कष्ट उठाना, उपवास करना, अकालग्रस्त होना, अभावग्रस्त होना

**starving** *a.* क्षुधा से पीड़ित, निराहार

**state** *n.* अवस्था*, दशा*, पद, धूमधाम, जीवनवृत्ति*, राज्य; *v.t.* वर्णन करना, प्रकट करना, स्थिर करना; *a.* सर्वसामान्य, राजकीय; state affairs राजकीय; in state वैभव में; chair of state राजसिंहासन; statecraft राजकार्य-पद्धति, राजनीति

**stateliness** *n.* महत्त्व, गौरव

**stately** *a.* महत्त्व का, वैभवयुक्त

**statement** *n.* वक्तव्य, बयान, वर्णन

**statesman** *n.* नीतिमान, राजनीतिज्ञ, राज्यमर्मज्ञ, राजनायक

**statesmanlike** *a.* राजनीतिज्ञ के सदृश

**statesmanship** *n.* राजनीतिज्ञता*

**station** *n.* स्थान, पद, स्थिति*, रेल के ठहरने का स्थान, थाना, शस्त्र रखने का स्थान, ठिकाना; *v.t.* बैठाना

**stationary** *a.* अचल, निश्चल, स्थिर

**stationer** *n.* स्टेशनर, लेखन-सामग्री बेचनेवाला

**stationery** *n.* स्टेशनरी, लेखन-सामग्री*

**statistician** *n.* सांख्यिक, आंकिक

**statistical** *a.* आंकड़ा-संबंधी

**statistics** *n. pl.* सांख्यिकी*, आंकिकी*, आंकड़े

**statue** *n.* मूर्ति*, प्रतिमा*, बुत*

**stature** *n.* डील-डौल, आकार; of dwarfish stature बौने के आकारवाला; of low stature नाटा; of short stature नाटे कद का

**status** *n.* पद, सामाजिक स्थिति*

**statute** *n.* विधि*, व्यवस्था*, स्थिर नियम

**statutory** *a.* वैधिक, संविहित, कानूनी; statutory rationing संविहित राशन व्यवस्था*

**staunch, stanch** *a.* दृढ़, पक्का विश्वसनीय, कट्टर, मजबूत

**stave** *n.* डंडा, पीपा बनाने की

पटरी*; *v.t.* (*p.t. & p p.* staved *or* stove) छेद करना, टालना; to stave in कुचलकर टेढ़ा-मेढ़ा करना; to stave off हटा देना

stay *v.t. & i.* (*p.t.* stayed) ठहराना. रोकना, ठिकाना, सहारा देना; *n.* ठहराव, रुकाव; stay order निर्णय का कुछ काल के लिए स्थगन; to stay one's progress गति या उन्नति रोकना

steadfast *a.* स्थिर, अटल

steady *a.* (*comp.* steadier, *sup.* steadiest) दृढ़, अचल, स्थिर, विश्वासी; *v.t. & i.* (*p.t.* steadied) स्थिर होना या करना

steal *v.t. & i.* (*p.t.* stole, *p.p.* stolen) चोरी करना, खिसक जाना, चुपके से भाग जाना

stealthily *adv.* चोरी से, चुपके से

steam *n.* भाप*, शक्ति*, उत्साह; *v.t. & i.* भाप निकालना, भाप बनकर उड़ना

steamer *n.* स्टीमर, भाप से चलनेवाला जहाज़

steel *n.* इस्पात, पक्का लोहा, वज्रलोह के बने शस्त्र, स्थिरता*; steel-hearted कठोर-हृदय, निर्दय; *a.* इस्पात का बना हुआ या इसके समान; *v.t.* कड़ा करना, पक्का करना

steep *v.t.* भिगोना, गीला करना; *n.* गीला करने की विधि*

steer *v.t. & i.* जहाज़, नाव, मोटर, वायुयान, बाइसिकिल इ० चलाना, मार्ग दिखलाना; steersman जहाज़ चलानेवाला, कर्णधार, मांझी

stencil *n.* स्टेंसिल, पतले धातु इत्यादि के पत्तर पर कटा हुआ चित्र इ० जिसकी छाप दूसरे पदार्थ पर रंग की कूंची से उतारी जाती है; *v.t.* (*p.t.* stencilled) स्टेंसिल से छापना

stenographer (-ist) *n.* स्टेनोग्राफर, शीघ्रलिपिक, शार्टहैंड राइटर

step *n.* पग, थोड़ी दूरी*, गति*, कार्य, क्रम, पद, सीढ़ी का डण्डा; *v.t.* (*p.t.* stepped) चलना, डग बढ़ाना; to step back पाछे को हटना; to step in घुसना; stepping-stone कीचड़, पानी इत्यादि से पार जाने के लिए रक्खी हुई शिला, उन्नति का मार्ग;

step-brother, step-child, step-mother &c. सौतेला भाई, बालक, बालिका, माता इत्यादि

steppe *n.* स्टेपी, वृक्षहीन विस्तृत भूभाग या तृण-क्षेत्र, घास का मैदान

stereoscope *n.* एक प्रकार की दूरबीन जिसके द्वारा चित्र ठोस दीख पड़ते हैं, सैरबीन

stereotype *n.* छापने का ठोस सीसे का पटरा; *v.t.* ऐसे पटरे पर से छापना

stereotyped *a.* दृढ़, घिसा-पिटा

sterile *a.* बांझ, ऊसर

sterility *n* निष्फलता*, ऊसरपन, वन्ध्यात्व

sterilization *n.* जीवाणुहनन, वन्ध्यकरण, निष्कीटन, बांझ बनाने का कार्य

sterilize *v.t.* जीवाणुशून्य करना, वन्ध्य या बांझ करना विनिवृत्त करना

sterling *a.* खरा, सच्चा; *n.* शुद्ध, प्रामाणिक, खरा (सोने का) सिक्का, पौण्ड ; ~ balance पौण्ड पावना

stethoscope *n.* स्टेथेस्कोप, हृदय या फेफड़े की गति सुनने का यंत्र, हृद्वीक्षण-यंत्र

stevedore *n.* जहाज़ी कुली

stew *v.t.* धीमी आंच देकर पकाना; *n.* मन्द अग्नि पर पका हुआ मांस या तरकारी; stewpan *n.* छिछली कड़ाही; to stew in one's own juice अपना ही स्वार्थ देखते रहना

steward *n.* (*fem.* stewardess) जागीर का प्रबंधक, गृह प्रबन्धक, कार्याध्यक्ष, जहाजी यात्रियों का सेवक

stick *v.t.* & *i.* (*p t.* stuck) भोंकना, कोंचना, ऐंठना, चिपकाना; stuck in the mud उन्नति न करनेवाला; to stick in चिपकाना; to stick in the throat गले में फंसना, निगलने में कष्ट होना; to stick out फैलाना; to stick to a point अपने सिद्धान्त पर दृढ़ रहना; to stick up खड़ा होना

stick *n.* डण्डा, लकड़ी*, छड़ी*

sticky *a.* चिपचिपा, चिपकनेवाला

stiff *a.* कड़ा, मोटा, हठी, कठिन; stiff-necked हठी; stiff-price ऊंचा दाम

stifle *v t* गला घोंटना; मन्द करना, दबाना

stifling *a.* गलाघोंटू

stigma *n.* (*pls.* stigmas, stigmata) अपमान, लांछन,

कलंक का धब्बा

**still** *a.* शान्त, निश्चल, स्थिर, चुप; *v.t* शान्त करना; *adv.* तो भी, अब भी, सर्वदा, कभी-कभी; *n.* अर्क खींचने का डेग, बंकयंत्र, भबका; still-birth मरा बच्चा पैदा होना; still lake बिना लहर की झील; still life स्टिल-लाइफ चित्र

**stillness** *n.* शान्ति*, मौन*

**stimulant** *a & n.* उत्तेजक, शक्तिवर्धक, शक्ति बढ़ानेवाली औषधि*

**stimulate** *v i.* प्रेरित करना, उत्तेजित करना, उसकाना

**stimulation** *n.* उत्तेजना*, प्रोत्साहन

**stimulative** *a.* प्रवृत्त करनेवाला, उत्तेजक

**stimulus** *n.* (*pl.* stimuli) प्रोत्साहन, उसकाव

**sting** *v t & i.* (*p.t. & p p.* stung) डंक मारना, अत्यन्त पीड़ा देना; *n.* डंक, विष का दांत, घाव, मर्म

**stink** *v i. & t.* (*p t.* stank, *p.p* stunk) दुर्गन्ध निकलना या निकालना; *n* दुर्गन्ध*

**stipend** *n.* छात्रवृत्ति*, वेतन, वृत्ति*

**stipulate** *v.t. & i.* प्रतिज्ञा करना, बन्धेज करना, अनुबन्ध करना, समझौते की आवश्यक शर्त पर बल देना

**stipulation** *n.* नियम, प्रतिज्ञा*, अनुबन्ध, करार

**stir** *v.t. & i.* (*p.t.* stirred) हिलाना, चलना, उत्तेजित करना, चालू करना; to stir abroad घर के बाहर जाना; to stir the fire आग को तेज़ करना; to stir up उत्तेजित करना

**stitch** *v.t.* सीना, टांका लगाना; *n.* सियन, टांका; a stitch in time saves nine समय पर किया हुआ थोड़ा-सा यत्न भी बड़े लाभ का होता है; to drop a stitch सियन की रचना काटकर रोक देना; to put a stitch घाव में टांका लगाना

**stock** *n.* तना, मूठ, आधार, वंश, कुटुम्ब, सामग्री*, मूल सामग्री*, मूलधन, पशु; *v.t.* इकट्ठा करना, ढेर लगाना, बिक्री के लिए रखना; *a.* अचल, सामान्य; stocks and stones निर्जीव पदार्थ, उत्साहहीन मनुष्य; laughing stock तिरस्कार का पात्र; to have in stock भंडार में होना; stock-exchange सरकारी हुण्डी खरीदने या बेचने का स्थान

**stocking** *n.* पैर का मोजा

**stoic** *n.* सुख-दुःख को समान समझनेवाला, उदासी, वैरागी

**stomach** *n* पेट आमाशय, रुचि*; *v.t.* धैर्य से सहना

**stone** *n.* शिला*, पत्थर, रत्न, स्मरणार्थ शिला*, कड़ा बीज, पथरी जो मूत्राशय में पड़ जाती है सात सेर की तौल; *v.t.* पत्थर से मारना, पत्थर बैठाना; a heart of stone कठोर हृदय; stone blind पूरा अन्धा; stonecutter संगतराश; stone-mill जांता; stones will cry out ऐसी निर्दयता जो प्राणहीन को भी प्रभावित कर देती है; to give a stone for bread दिखावटी सहायता करना; to leave no stone unturned कोई उपाय बाकी न छोडना; to stone to death ढेलों से मार डालना

**stony** *a* पत्थर के समान, कड़ा, दयाहीन

**stool** *n.* तिपाई*, चौकी*, मल, ठूंठ

**stoop** *v.i.* & *t.* शरीर का झुकना, झुकाना, अधीन होना; *n.* शरीर का झुकाव

**stop** *v.t.* & *i.* (*p t.* stopped) ठमकना, रुकना, रोकना, अन्त करना; to stop a bullet गोली खाना; to stop down फोटो के कैमरे के ताल का छिद्र कम करना; to stop one's ears बातें न सुनना; to stop short एका-एक रुक जाना; *n.* रुकावट*, विश्राम, अन्त, विराम का चिह्न; full stop पूर्ण विराम का चिह्न

**stoppage** *n.* अवरोध, रुकावट*

**store** *n.* संचय, सामग्री*, अधिकर्ता* कार्यालय; (ब०व०) भण्डार; in store तैयार; store-house भण्डारघर; *v.t.* इकट्ठा करना, भण्डार में रखना

**storey, story** *n.* (*pls.* storeys, stories) मकान का खण्ड

**stork** *n.* सारस

**storm** *n.* आंधी*, संक्षोभ, विप्लव, झगड़ा, किले पर आक्रमण; *v.t.* & *i.* क्रोध करना, आक्रमण करना; storm-bound आंधी के कारण किनारे पर रुका हुआ (जहाज); storm in a teacup थोड़ी-सी बात के लिए भयंकर उपद्रव

stormy *a.* तूफानी
story *n.* (*pl* stories) कहानी*, वृत्तान्त, कथा*; quite another story दूसरा ही वृत्तान्त; the story goes ऐसा कहा जाता है
stout *a.* बलवान मोटा, साहसी, स्थूल शरीर का; stout-hearted *a.* वीरहृदय
stove *n.* चूल्हा, भट्टी*
straight *a.* सीधा, सच्चा, ईमानदार
straighten *v.t.* सीधा करना
straightforward *a* स्पष्टवक्ता, सत्यवादी, ईमानदार
straightway *adv.* तुरन्त
strain *v.t. & i.* तानना कसकर पकड़ना, थकाना, छानना; *n* श्रम, तनाव, कविता*, गीत; in another strain दूसरे लय में
strand *n.* तीर, तट, रस्से का बल, भांज; *v t.* किनारे पर लगना, असहाय हो जाना
strange *a.* अद्भुत, परदेशी, अपरिचित
stranger *n.* परदेशी
strangely *adv.* विलक्षण प्रकार से
strangle *v.t.* गला घोंटकर मारना, दबाना
strap *n.* तस्मा, चमोटा; *v.t.* (*p.t.* strapped) तस्मे से बांधना, चमोटे पर उस्तरा तेज़ करना
strategic (-al) *a.* रणनीति-* संबंधी
strategy *n.* रणनीति*, व्यूह रचना*
stratum *n.* (*pl* strata) तह*, परत*, स्तर
straw *n.* पुआल, भूसा, तुच्छ पदार्थ; man of straw निःसत्त्व पुरुष; to catch at a straw शक्तिहीन वस्तु का सहारा लेना; to make a straw of तृण समान जानना
strawberry *n.* झरबेर
stray *v.t.* (*p t.* strayed) विचरना, भटकना; *a.* बिखरा हुआ, कभी-कभी भेंट करनेवाला
stream *n.* स्रोत, धारा*, प्रवाह; *v.i.* धारा में बहना, फैलना
streamer *n.* लम्बा संकरा झण्डा, आलोकप्रवाह
streamlet *n.* छोटी धारा*
streamy *a.* धारायुक्त, धारा में बहनेवाला
street *n.* गली*; on the street वेश्यावृत्तिवाली स्त्री; royal street राजमार्ग; the man in the street

सामान्य मनुष्य

strength *n.* शक्ति*, बल, पुष्टता*, प्रभाव, दल ; on the strength of प्रोत्साहन से, अवलंबन करके; strength of mind बुद्धि का बल

strengthen *v.t.* & *i.* पुष्ट करना या होना, उत्साह देना

strenuous *a.* उत्साही, उद्योगी, हठी

stress *n.* दबाव, बल, शक्ति*, प्रयत्न, किसी शब्द या अक्षर का विशिष्ट उच्चारण; *v.t.* विशिष्ट उच्चारण करना

stretch *v.t.* बढ़ाना, लम्बा करना, खींचना, तानना; *n.* विस्तार, फैलाव; to stretch one on the ground मारकर भूमि पर लिटा देना; to stretch out फैलाना; to stretch the truth अत्युक्ति करना

stretcher *n.* स्ट्रेचर, डोली*, टिखठी*

strict *a.* नियत, दृढ़, अलंघनीय, सख्त

strictly *adv.* वस्तुत:

stricture तीव्रालोचना*, निन्दात्मक अभ्युक्ति*

stride *v.i.* (*p.t.* strode, *p.p.* stridden) लम्बे-लम्बे डगों से चलना; *n.* लम्बा डग

strife *n* कलह, झगड़ा, शत्रुता*

strike *v.t.* (*p.p.* stricken) हड़ताल करना, मारना, धक्का देना दबाना, घुमाना, घण्टा बजाना हिसाब तय करना, खेमा उखाड़ना; *n.* हड़ताल* ; struck with wonder चकित; to strike accounts हिसाब करना; to strike at the root of जड़ समेत नष्ट करना; to strike back जवाबी हमला करना; to strike fear in the mind चित्त में भय उत्पन्न करना; to strike one's flag गढ़ को शत्रु के हाथों समर्पण करना; to strike up acquaintance शीघ्र परिचय करना; to strike while the iron is hot उत्साह के समय काम करना

striking *a.* प्रभावशाली

string *n.* डोरी*, रस्सी*, तांत*, बन्धन; string of pearls मोतियों की माला*; *v.t.* तार चढ़ाना, तांत लगाना; to harp on the same string एक ही विषय में लीन होना; to have two strings to one bow दुहरा लाभ उठाना; to pull the strings किसी

कार्य का सूत्रधार होना; to touch the strings सारंगी बजाना आरम्भ करना

stringency *n.* कठोरता*, दृढ़ता*; अर्थ संकट, तंगी*

strip *v t.* (*p.t.* stripped) नङ्गा करना, छिलका उतारना, छांटना; *n.* धज्जी*, पट्टी*, टुकड़ा; to strip a cow गाय का सब दूध दुह लेना; to strip off सब कपड़े उतारना

stripe *n.* पट्टी*, धारी*, लकीर*, कोड़े का चिह्न; *v.t.* लकीर डालना

strive *v.i.* (*p.t.* strove, *p.p.* striven) प्रयत्न करना, उद्यम करना, झगड़ना

stroke *n.* आघात, धक्का, चोट*, रोग का एकाएक आक्रमण, लेखनी या कूंची से बनाई हुई लकीर*; *v.t.* आघात पहुंचाना, धक्का मारना; on the stroke ठीक समय पर; stroke of business लाभ का व्यापार

stroke *v t.* सुहराना, थपथपाना; *n.* थपकी*, to stroke one down शांत करना, ठण्डा करना; to stroke one's hair the wrong way उत्तेजित करना, क्रुद्ध करना

stroll *v.i.* विचरना, इधर-उधर भटकना; *n.* परिभ्रमण

strong *a.* पुष्ट, बलवान, प्रबल, तीव्र पराक्रमी दृढ़, समर्थ, सुरक्षित; of strong smell उग्र गन्ध का; of strong mind तीक्ष्ण बुद्धिवाला; strong market भाव बढ़ने का बाजार; strong support पूर्ण रूप से सहायता; strong verbs जिस क्रिया का भूतकाल का रूप शब्द के भीतरी स्वर के बदलने से बनता है

stronghold *n.* किला, दुर्ग, आन्दोलन का केन्द्र

structural *a.* रचना-संबंधी

structure *n.* रचना*, बनावट*, आकार ढंग

struggle *v.t.* प्रयत्न करना, संघर्ष करना, छटपटाना

strut *n.* अकड़ की चाल*; *v.i.* अकड़कर चलना

stubborn *a.* हठी, अड़ियल

stud *n.* फूलदार माथे का कांटा, कमीज का दोहरे सिरे का बटन; *v.t.* फूलदार कांटा जड़ना; collar-stud कालर में लगाने का बटन; studded with stars तारे जड़े हुए; studfarm घोड़ा पालने का स्थान

student *n.* छात्र, अध्येता,

विद्यार्थी

studio *n.* ( *pl.* studios) स्टूडिओ, चित्रशाला*, रंग-शाला*

studious *a.* विचारवान, परि-श्रमी, विद्याभ्यासी

study *n.* (*pl.* studies) विचार, अध्ययन, विद्या*, लेख, ध्यान, पढ़ने-लिखने का कमरा; *v.t. & i.* (*p.t.* studied) विचारना, परिश्रम से विद्याभ्यास करना; in brown study विचार से लीन; to study for the bar विधि (कानून) पढ़ना; to make a study of भली-भांति अन्वेषण करना; to study out ध्यान देकर अन्वेषण करना; to study up परीक्षा के लिए तैयारी करना

stuff *n.* सामग्री*, पदार्थ, तुच्छ पदार्थ, वृथा-वकवाद; *v.t.* भरना, बन्द करना

stuffy *a.* भरा हुआ, गला घोंटनेवाला

stumble *v.i. & t.* ठोकर खाना, गिर पड़ना, भूल करना, अनायास मिलना; stumbling-block अवरोध, कठोर रुकावट*

stun *v.t.* (*p.t.* stunned) स्तम्भित करना, मूर्च्छित करना, घबड़ाना

stunt *v.t.* इश्तहारबाज़ी करना, बौना करना, नाटा करना

stupefy *v.t.* (*p.t.* stupefied) मूर्च्छित करना, मतिमन्द करना

stupendous *a.* विलक्षण, अपूर्व

stupid *a.* मन्द, मूर्ख, निर्बुद्धि, बुद्धिहीन

stupidity *n.* मूर्खता*, अज्ञानता*

sturdy *a.* पुष्ट, दृढ़, प्रबल

style *n.* नुकीली लेखनी*, रीति* वाग्व्यवहार, गणना*, रीति*, पदवी*; *v.t.* (*p.t.* styled) नाम लेना, पदवी देना

suave *a.* शांतकर, नम्र, विनीत

sub *pref.* 'अधीन, सहायक' अर्थ का उपसर्ग

sub-committee *n.* उपसमिति*, छोटी कमेटी*

subdivide *v.t.* विभाग करना, हिस्सों का भाग करना

subdivision *n.* उपविभाग, उपविषय

subdue *v.t.* जीतना, वश में करना, अधीन करना, दमन करना, मृदु करना

sub-editor *n.* सह-सम्पादक

subject *a.* आश्रित, अधीन,

विवश; *n.* प्रजा*, प्रकरण, विषय, कार्य-साधन, कर्त्ता, कर्तृ पद, उद्देश्य, विधेय; subject to अधीन; subject in hand प्रस्तुत विषय; *v.t.* वश में करना, परवश करना

**subjection** *n.* अधीनता*, दासता*, दमन

**subjective** *a.* आत्ममुख, आत्मगत; *n.* आत्मपरक, व्यक्तिपरक, आत्मनिष्ठ

**subjectivism** *n.* आत्मवाद, ज्ञानसापेक्षतावाद, विषयविज्ञानवाद

**subjudice** *a.* विचाराधीन

**subjugate** *v.t.* वशीभूत करना, अधीन करना

**subjugation** *n.* अधीनता*, दबाव

**sublet** *v.t.* उपपट्टे पर उठाना, शिकमी देना, पट्टेपर ली हुई वस्तु को दूसरे को पट्टे पर देना

**sublimate** *v.t.* उन्नत करना, शोधना, निर्मल करना, आदर्श रूप देना, आदर्श बनाना

**sublime** *a.* भव्य, अतिउदात्त, लोकोत्तर; *n.* भव्यता*, महानता*

**sublimity** *n.* प्रतिष्ठा*, गौरव

**submarine** *a.* जलवर्ती, समुद्रीय, अन्तःसागरीय; *n.* पनडुब्बी*, पानी के भीतर चलनेवाला युद्धपोत

**submerge** *v.t. & i.* पानी में डुबाना या डूबना

**submission** *n.* निवेदन, शरणागति*, आत्मसमर्पण, आज्ञापालन, सहिष्णुता*

**submissive** *a* नम्र, आज्ञाकारी

**submit** *v.t & i.* (*p.t.* submitted) स्वीकार करना, अधीन होना, वश में करना, अनुरोध करना

**subordinate** *a.* अधीन, नीचे पद का, अप्रधान; *n.* अधीनस्थ, अवर, मातहत; *v.t.* अधीन करना; subordinate officer अधीन (मातहत) अधिकारी; subordinate court अधीन न्यायालय

**subordination** *n.* अधीनता*, मातहती*

**subscribe** *v.t. & i.* नीचे हस्ताक्षर करना, स्वीकार करना, अंशदान देना, चन्दा देना

**subscriber** *n.* चन्दा देनेवाला, गाहक

**subscription** *n.* चंदा, हस्ताक्षर, अंशदान

**subsequent** *a.* उत्तरकालीन, परवर्ती

subsequently *adv.* तदनन्तर, बाद में

subserve *v.t.* उपयोगी होना, सहायता देना, नीचे पद पर काम करना

subservience *n.* अधीनता*, अनुसेवा*

subservient *a* अधीन, मातहत, उपयोगी

subside *v.i.* डूबना, शान्त होना

subsidiary *a.* सहायक, अधीन, पूरक, गौण

subsidy *n.* आर्थिक सहायता*, इमदादी रकम*

subsist *v.i.* प्राणरक्षा करना, जीना

subsistence *n.* जीविका*, वृत्ति*

substance *n.* सार, तत्त्व, द्रव्य, गुण, सारांश; man of substance धनी मनुष्य; sum and substance निष्कर्ष, सार

substantial *a.* वास्तविक, अधिक, ठोस, धनी

substantially *adv.* वास्तव में

substantiate *v.t.* सत्यता प्रमाणित करना, सिद्ध करना, सबूत देना, पक्का करना

substantive *a.* सत्ता-सूचक, अस्तित्वसूचक, स्वाधीन, मूलभूत; *n.* विशेष्य, संज्ञा*

substantively *adv.* विशेष्य रूप में

substitute *v.t.* दूसरे के स्थान में रखना; *n.* प्रतिनिधि, स्थानापन्न, एवज़ी

subterfuge *n.* छल, कपट, धोखा

subterranean *a.* भूमि के भीतर का

subtle *a.* चतुर, सूक्ष्म, कोमल, निपुण

subtlety *n.* सूक्ष्मता* सूक्ष्मदर्शिता*, मक्कारी*

subtract *v.t.* घटाना, मुजरा करना

subtraction *n.* शेष, घटाव

suburb *n.* नगरपरिसर, उपनगर, नगरांचल

suburban *a.* अन्तर्नगरीय, उपनगर संबंधी

subversion *n* तोड़-फोड़, ध्वंस, नाश

subversive *a.* विध्वंसात्मक

subvert *v.t.* उलटना, फेंकना, नाश करना

succeed *v.t. & i.* बाद में होना, स्थान ग्रहण करना, सफल होना, अपना इष्ट साधना

success *n.* सफलता*, कामयाबी*

successful *a.* सफल, कृतार्थ

succession *n.* परम्परा*,

पंक्ति*, माला*, वंशक्रम; in succession यथाक्रम क्रम से; law of succession उत्तराधिकार का नियम

successive *a.* क्रमानुसार, उत्तरोत्तर

successor *n.* उत्तराधिकारी

succumb *v.i.* वशीभूत होना, मान जाना, मरना

such *a.* उसी प्रकार का, समान, वैसा; such and such अमुक, इस नाम का

suck *v.t.* चूसना, दूध पीना; *n.* स्तनपान; a child that sucks the breast स्तनपान करनेवाला बच्चा; to suck out चूसकर खाली करना; to suck up चूसना, सोखना

suckle *v.t.* स्तन से दूध पिलाना

sudden *a.* आकस्मिक, यकायक, अलक्षित, तीव्र

suddenly *adv* यकायक

sue *v.t. & i.* अभियोग चलाना, विवाह के लिए प्रार्थना करना

suffer *v.t. & i.* आज्ञा देना, प्राप्त करना, सहना, अनुमोदन करना

sufferance *n* अनुज्ञा*, सहनशीलता*, क्षमा*

sufferer *n.* कष्ट सहनेवाला, दुःखी, कष्टभोगी

suffering *n.* क्लेश, पीड़ा*, दुःख, विपत्ति

suffice *v.t. & i.* पर्याप्त होना, सन्तुष्ट करना

sufficiency *n.* पर्याप्ति*

sufficient *a.* पर्याप्त, उचित, काफी

suffix *n.* प्रत्यय; *v.t.* शब्द के अन्त में प्रत्यय जोड़ना, अन्त में जोड़ना या बढ़ाना

suffocate *v.t.* गला घोंटना, सांस रोकना

suffocation *n.* श्वासावरोध, दमघुटी*

suffrage *n.* मताधिकार, अनुमोदन, मतदान

sugar *n.* शुगर, शक्कर*, चीनी*; *v.t.* मीठा करना, चीनी मिलाना; sugar-candy मिश्री*, कन्द; sugar-cane ऊख*

suggest *v.t.* सुझाव देना, प्रस्ताव करना

suggestion *n.* सुझाव, अनुमति*, प्रस्ताव

suggestive *a.* सूचक, सांकेतिक, बतलाने वाला

suicidal *a.* आत्महत्या-संबंधी

suicide *n.* आत्महत्या*; to commit suicide आत्महत्या करना

suit *n.* प्रार्थना*, विवाह के लिए प्रस्ताव, अभियोग,

कपड़ों का एक जोड़ा, *v.t.*
& *i.* योग्य होना या करना,
सन्तुष्ट करना

**suitability** *n.* योग्यता*,
औचित्य

**suitable** *a.* योग्य, उचित

**suitably** *adv.* यथायोग्य,
अनुसार

**suite** *n.* नौकर चाकर, सेट,
संयोग

**suitor** *n.* विवाहार्थी, प्रेमी,
अभियोक्ता, मुद्दई

**sullen** *a.* उदास, चिड़चिड़ा

**sulphur** *n.* गन्धक

**sulphuric** *a.* गन्धकजात,
गन्धकीय

**sultry** *a.* अति उष्ण तथा
कष्टकर

**sum** *n.* जोड़, गणित का प्रश्न,
राशि*, तात्पर्य; *v.t.* जोड़ना,
मिलाना, संचय करना;
sum total पूरा जोड़

**summarily** *adv.* संक्षिप्त
रूप से, शीघ्रता से

**summarize** *v.t.* संक्षेप करना,
सारांश निकालना

**summary** *n.* संक्षेप, सारांश;
*a.* संक्षिप्त, अल्प

**summer** *n.* ग्रीष्म ऋतु*;
summer-house गर्मी में
रहने का बंगला, ग्रीष्मावास;
summer-tree खम्भा,

रोक*, थून

**summit** *n.* शिखर, चोटी*,
ऊंचाई*

**summon** *v.t.* आने की आज्ञा
करना, बुलाना, जागृत करना

**summons** *n.* (*pl.*
summonses) निमन्त्रण,
सम्मन

**sumptuous** *a.* अत्युत्तम,
बहुमूल्य

**sumptuously** *adv.* अति-
उत्तम ढंग से

**sun** *n.* सूर्य, धूप*; *v.t.* & *i.*
(*p t.* sunned) धूप दिखाना;
sun-bath धूप खाना, सूर्य-
स्नान; sun blind धूप रोकने
की खिड़की का पर्दा; sun-
dial धूपघड़ी*; sun-flo-
wer सूरजमुखी फूल; sun-
like सूर्य की तरह का;
sun-proof सूर्य की किरणों
के लिए अप्रवेश्य; sunshade
स्त्रियों का छोटा छाता;
sunless *a.* छायादार; sun-
stroke लू, आतप या लू
लगना; the sun is set
ऐश्वर्य के दिनों का अन्त हो
गया; to rise with the
sun सूर्योदय पर उठना;
to see the sun जीवित
रहना; to take the sun
धूप खाना; under the sun

संसार में
**Sunday** *n.* रविवार, इतवार
**sunder** *v.t. & i.* अलग करना या होना
**sundry** *a.* अनेक
**sunny** *a.* चमकीला, धूप से गरम प्रसन्न
**super** *pref.* 'ऊपर, आगे, बढ़कर' के अर्थ का उपसर्ग
**superable** *a.* जीतने योग्य, वश्य, निवार्य
**superabundant** *a.* अत्यधिक
**superb** *a.* महत्त्व का, गर्वपूर्ण, शानदार
**supereminent** *a.* अति उत्तम
**superficial** *a.* बाहरी, छिछला, दिखाऊ
**superficiality** *n* अल्पज्ञता*, सतहीपन
**superfine** *a.* अति उत्तम
**superfluity** *n.* अधिकता*, बाहुल्य, फालतू धन
**superfluous** *a:* अनावश्यक, फालतू
**superhuman** *a.* अलौकिक, दैवी
**superintend** *v.t.* देखभाल करना, अधीक्षण करना, प्रबन्ध करना, निगरानी करना
**superintendence(-y)** *ns.* प्रबन्ध, जांच*, निगरानी*, अधीक्षण, सुपरिंटेंडेंट का पद
**superintendent** *n.* अधीक्षक, सुपरिंटेंडेंट
**superior** *a.* प्रवर, वरिष्ठ, श्रेष्ठ
**superiority** *n.* श्रेष्ठता*, वरिष्ठता*
**superlative** *a.* सर्वोत्तम, अत्युत्तम
**superlativeness** *n.* अत्युत्तमता*
**supernatural** *a.* प्रकृति से परे, अलौकिक, अद्भुत, आधिदैविक, लोकातीत, अतिमानवीय
**supersede** *v.t.* उल्लंघन करना, पीछे छोड़ देना, अधिक्रमण करना, स्थानच्युत करना
**supersensitive** *a.* अति सूक्ष्मग्राही, अति सवेदनशील, अति विकारशील
**superstition** *n.* अन्धविश्वास, मिथ्या धर्म, वहम
**superstitious** *a.* अन्धविश्वासी, वहमी
**supertax** *n* अतिरिक्त कर
**supervise** *v.t.* निरीक्षण करना, देखरेख करना, सुपरवाइज़ करना
**supervision** *n.* प्रबन्ध, देखभाल*
**supervisor** *n.* सुपरवाइज़र, निरीक्षक
**supplant** *v.t.* हटाना, अधिकार में लेना
**supple** *a.* नमनशील लचीला,

अधीन
supplement *n.* परिशिष्ट, पूरक, अतिरिक्त अंश; *v.t.* जोड़ना, बढ़ाना, अनुपूरित करना
supplementary *a.* पूरक
supply *v.t.* (*p.t.* supplied) सप्लाई करना, पूर्ति करना, कमी पूरी करना, भरना; *n.* सप्लाई, पूर्तिकरण
support *v.t.* समर्थन करना, संभालना, सहायता देना, पोषण करना, सहना; *n.* समर्थन, आश्रय, सहारा; to support a motion प्रस्ताव का अनुमोदन करना; to support oneself गुज़र करना
supported *a.* समर्थित, पोषित
supporter *n.* समर्थक, पोषक, संभालनेवाला
suppose *v.t. & i.* अनुमान करना, सोचना, मान लेना, कल्पना करना
supposition *n.* अनुमान, कल्पना*
suppress *v.t.* शमन करना, रोकना, छिपाना, दबाना, रोक देना, नियंत्रित करना
suppression *n.* अवरोध, दमन
supra *pref.* 'ऊपर या अधिक' के अर्थ का उपसर्ग
supremacy *n.* श्रेष्ठता*, प्रभुत्व
supreme *a.* परम, अति, श्रेष्ठ अधिक; supreme being परमेश्वर
sur *pref.* अधिक' के अर्थ का उपसर्ग
surcharge *n.* अतिरिक्त बोझ, अतिरिक्त किराया या कर; *v.t.* अतिरिक्त कर लगाना
sure *a.* स्थिर, रक्षित, दृढ़, अवश्य; to be sure निःसन्देह; to make sure निश्चय करना
surely *adv.* अवश्य, निःसन्देह
surf *n.* लहर*, तरंग*
surface *n.* सतह*, ऊपरी तल
surge *n.* बड़ी लहर*; भावुकता*, उभार; *v.i.* लहर उठना, उभड़ना
surgeon *n.* सर्जन, शल्यवैद्य; surgeon dentist दांतों का शल्यवैद्य
surgery *n.* शल्यविद्या*
surmise *n.* अनुमान; *v.t.* सन्देह करना, वितर्क करना
surmount *v.t.* जीतना, ऊपर चढ़ना
surmountable जीतने योग्य
surname *n.* उपनाम, कुलनाम; *v.t.* कुलनाम रखना
surpass *v.t.* बढ़ना, अतिक्रमण करना

surpassable *a.* अतिक्रमणीय
surplus *n.* अतिरिक्त भाग, बढ़ोतरी*
surprise *v.t.* चकित करना, घबड़ा देना; *n* अचरज, आकुलता*
surprising *a.* विचित्र, अद्भुत
surrender *v.t. & i.* आत्म-समर्पण करना, वश में होना, सौंपना, त्यागना; *n.* आत्म-समर्पण, त्याग
surround *v.t.* चारों ओर से घेरना
surroundings *n.* परिस्थिति*
surtax *n.* अतिरिक्त कर
surveillance *n.* रखवाली*, चौकसी*
survey *v.t.* (*p t.* surveyed) परीक्षा करना, अधीक्षण करना, नापना; *n.* सर्वेक्षण, परीक्षा*, नाप
surveyor *n.* परिमापक
survival *n.* अति जीवन, अनु-जीवन
survive *v.t.* अस्तित्व बनाए रखना, बचा रहना, टिका रहना, जीवित रहना
susceptibility *n.* भाव-प्रवणता*, ग्रहणक्षमता*, ग्रहणशीलता*, योग्यता*
susceptible *a.* ग्रहणशील, कोमल हृदय का, अनुभवक्षम, संवेदनशील, ग्रहणशील, सुप्रभाव्य
suspect *v.t.* शंका करना, सन्देह करना, अविश्वास करना, अनुमान करना
suspend *v.t.* मुअत्तल करना, लटकाना, देर करना, रोकना, अस्थिर दशा में रखना, विघ्न डालना, भुगतान रोकना
suspense *n.* दुविधा*, अनिश्चय, चिन्ता*; ~account निलम्बित लेखा
suspension *n.* मुअत्तली*, निलम्बन
suspension bridge *n.* झूले का पुल
suspicion *n.* अविश्वास, शंका*, संदेह
suspicious *a.* शंकायुक्त, अविश्वासी
sustain *v.t.* संभालना, सहना, सिद्ध करना, जीवित रखना, उत्साह देना
sustenance *n.* आश्रय, आहार
suzerain *n.* राजाधिराज
suzerainty *n.* आधिपत्य
swagger *v.i.* अहंकार से बोलना, अकड़कर चलना; *n.* शेखी*; *a.* तेजस्वी, फुर्तीला, रोबदार
swallow *n.* अबाबील; *v.t.* निगलना, पी लेना; *n.* स्वाद;

one swallow does not make a summer एक उदाहरण से कोई सिद्धान्त निकालना उचित नहीं होता
swan *n.* राजहंस
swarm *n.* समूह, समुदाय, मधुमक्खियों का झुण्ड; *v.t.* इकट्ठा होना, भीड़ मचाना
swarthy *a.* धुंधला, काले चमड़े का
sway *v.t.* & *i.* (*p.t.* & *p.p.* swayed) झुकना या झुकाना, हिलाना, प्रभाव डालना, शासन करना; *n.* शासन, झुकान
swear *v.t.* & *i.* (*p.t.* swore, *p p.* sworn) शपथ लेना, दृढ़ता से कहना
swearing *n.* शपथ*
sweat *n.* पसीना, परिश्रम; *v.i.* पसीना निकलना, परिश्रम करना; by the sweat of one's brow बड़े परिश्रम से
sweater *n.* स्वेटर, ऊनी बनियान
sweep *v.t.* & *i.* (*p.t.* & *p.p.* swept) झाड़ना, घसीटना, वेग से चलना; *n.* झाड़ू देने की क्रिया, धुम्रांकश, स्वच्छ करनेवाला, क्रम, मोड़, घुमाव
sweeper *n.* झाड़ू देनेवाला, भंगी
sweet *a.* मधुर स्वाद का, मीठा, सुगंधित, सुन्दर, ललित, प्रिय; *n.* मिठाई*, मधुर पदार्थ; according to one's sweet will स्वेच्छानुसार; sweet-heart प्रेमीजन
sweeten *v.t.* मधुर या मीठा करना
sweetmeat *n.* मिठाई*, मुरब्बा
swell *v.t.* & *i.* (*p.t.* swelled, *p.p.* swelled *or* swollen) फैलाना, फुलाना, बढ़ाना, हवा से भरना; *n.* बढ़ती*, लहरों का उठना
swift *a.* शीघ्रगामी, वेगवान; swift-footed वेग से चलनेवाला; swift-handed शीघ्रता से काम करनेवाला
swim *v.t.* & *i.* (*p.t.* swam, *p.p.* swum) तैरना, तैरकर पार करना
swimmer *a.* तैराक
swimming *n.* तैराकी*
swindle *v.t.* ठगना, धोखा देना; *n.* ठगी*, धोखा
swindler *n.* ठग, चोर
swine *n.* (*pl.* swine) सुअर
swing *v.t.* (*p.t.* swung) इधर-उधर हिलना या झूलना, वेग से चलना, फांसी पड़ना; *n.* झूला पालना, उन्नति
Swiss *n.* स्विट्जरलैंड देशबासी
switch *n.* स्विच, बिजली का

बटन, कमची*, छड़ी*; v.t.
कोड़े से मारना या लाइन
बदलना ; switch · board
बिजली की अनेक धाराओं
का संबंध बदलने का साधन,
स्विच बोर्ड

sword n. तलवार; to sheathe
the sword युद्ध समाप्त
करना ; to put to the
sword जान से मार डालना

sycophant n. पराश्रयी, चाटु-
कार

syllabic a. पूर्णाक्षर-सूचक,
शब्दांश का

syllable n. पदांश, शब्दांश

syllabus n. (pls. sylla-
buses, syllabi) पाठ्यक्रम,
संक्षेप, सारांश

symbol n. चिह्न, लक्षण, प्रतीक

symbolic (-al) a. प्रतीकात्मक,
सांकेतिक, लिपिचिह्न द्वारा
निर्दिष्ट, लाक्षणिक

symbolism n. प्रतीकवाद

symbolize v.t. प्रतीक द्वारा
दरसाना

symmetry n. सुडौलपन

symmetric(-al) a. सुडौल

sympathetic a. समदुःखी,
सहानुभूति का

sympathize v.i. सहानुभूति
प्रकट करना

sympathy n. सहानुभूति*,
दया*

symphony n. स्वर की समता*,
स्वर का मिलान, पूर्ण वाद्यवृन्द
के साथ बजाया गया गीत,
सिम्फनी

symptom n. लक्षण, चिह्न

symptomatic a. लक्षण-संबंधी

syndicate n. सिण्डीकेट,
व्यवसायी संघ

synonym n. पर्याय अथवा
तुल्यार्थ शब्द

synonymous a. पर्यायवाची

synopsis n. (pl. -ses) संक्षेप,
रूपरेखा*

syntax n. वाक्यरचना*, कारक-
प्रक्रिया*

synthesis n. ( pl. -ses )
समन्वय, संयोग, संकलन,
सश्लेषण, शब्द संयोग, समास

syringe n. पिचकारी*; v.t.
पिचकारी देना

syrup n. सिरप, चाशनी*,
शर्बत

system n. व्यवस्था*, संहति*,
तंत्र-पद्धति*, रीति*, क्रम,
प्रयोग, प्रबन्ध, विश्व, अंग,
रचना

systematic a. यथाक्रम

systematize v.t. व्यवस्था
करना, क्रमबद्ध करना

# T

**table** *n.* टेबुल, मेज*, चिकनी समतल भूमि*, चौकी*, लेखनाधार, सूची*, सूचीपत्र; *v.t.* सूचीपत्र बनाना; at table भोजन करते हुए; to lay on the table टालना; to turn the table स्थिति बदलना; table-land ऊंची समतल भूमि; table-money अधिकारियों का भत्ता; table-spoon आध आउंस तरल पदार्थ रखने का चम्मच; table talk सामान्य वार्तालाप

**tablet** *n.* छोटा टेबुल, पटिया*, औषधि की टिकिया*

**tabloid** *n.* औषधि की छोटी टिकिया*

**taboo** *n.* रोक, निषेध, बहिष्कार; *v.t.* निषेध करना

**tabulate** *v.t.* सूचीपत्र बनाना; सारणीबद्ध करना

**tacit** *a.* मौन, अनकहा; tacit consent चुपचाप या मौन स्वीकृति

**tackle** *n.* उपकरण, हथियार, कीलकांटा; *v.t.* गुंथ जाना, सामना करना, काबू करना

**tact** *n.* व्यवहार-कुशलता*, निपुणता*, युक्ति*

**tactful** *a.* व्यवहार-कुशल, निपुण

**tactician** *n.* युद्ध-विद्या में निपुण

**tactics** *n.* (*sing. & pl.*) व्यूह रचना*, युद्ध-विद्या*, युक्ति*

**tag** *n.* फीते या डोरी के किनारे पर लगी हुई धातु की नोक, पुछिल्ला, तुच्छ पदार्थ; *v.t.* जोड़ना, पुछिल्ला लगाना

**tail** *n.* पूंछ*, पिछला भाग

**tailor** *n.* (*fem.* tailoress) दर्जी; tailor-bird *n.* बया पक्षी

**take** *v.t.* (*p.t.* took, *p.p.* taken) ग्रहण करना, थामना, हाथ में लेना, पकड़ना; to take away वंचित करना; to take down गिराना, लिखना; to take fire आग लगना; to take off हटाना; to take up उठाना

**tale** *n.* कथा*, कहानी*, गणना*

**talent** *n.* प्रतिभा*, क्षमता*, योग्यता*

**talented** *a.* प्रतिभावान, योग्य, काबिल

**talk** *v.t. & i.* बातचीत करना,

बोलना; *n.* वार्ता*, बातचीत*, खाली बातें*

**talkative** *a.* बातूनी, बक्की, वकवादी

**talkativeness** *n.* बकवाद, बक्कीपन

**talkies** *n. pl.* सवाक चलचित्र, बोलता सिनेमा

**tall** *a.* ऊंचा, लम्बा, बड़ा

**tally** *n.* (*pl.* tall es) गणना-पट, हिसाब-पट्टी*, हिसाब-किताब का मिलान; *v.t.* & *i.* (*p.t.* tallied) मिलान करना या मिलाना

**tamarind** *n.* इमली का पेड़

**tamarisk** *n.* झाऊ का वृक्ष

**tame** *a.* पालतू, पलुआ, सौम्य, निस्तेज, मन्द; *v.t.* पालना, वश में करना

**tamper** *v.t.* & *i.* विघ्न डालना, लिखित पत्र में चोरी से अदल-बदल करना, गुप्त व्यवहार करना

**tan** *v.i.* (*p.t.* tanned) चमड़ा कमाना, भूरा करना; *a.* पीले भूरे रंग का

**tanner** *n.* चमड़ा कमानेवाला, चर्मकार

**tannery** *n.* चमड़ा कमाने का कारखाना

**tangent** *n.* स्पर्श रेखा*, स्पर्श

**tangible** *a.* स्पर्शनीय, व्यक्त, वास्तविक, शारीरिक

**tangle** *n.* फांस*, फंदा, उलझन*; *v.t.* फंसाना, उलझाना

**tank** *n.* टैंक, हौज, जलाशय, बावली, सब सामग्री-युक्त सैनिक मोटर गाड़ी

**tantalize** *v.t.* कष्ट देना झूठी आशा दिलाकर व्याकुल करना

**tantamount** *a.* समान, तुल्यार्थक

**tantrum** *n.* आवेश, क्रोध

**tap** *n.* दस्तक*, टोंटी*, थपथपाहट*; *v.t.* & *i.* दस्तक देना, टोंटी से पानी निकालना, धीरे से थपथपाना; **tap-room** मद्यगृह, कलवरिया

**tape** *n.* फीता, पट्टी*; *v.t.* फीते से बांधना; **tape-measure** नापने का फीता; **to breast the tape** दौड़ में जीतना

**tapestry** *n.* टेपेस्ट्री, चित्र कढ़ा पर्दा, चित्रमय पर्दा

**tapis** *n.* चित्रमय पर्दा, मेजपोश

**target** *n.* लक्ष्य, निशाना, गोला

**tariff** *n.* तटकर, चुंगी, निर्खनामा *v.t.* चुंगी ठहराना, तटकर निर्धारित करना,

**tarnish** *v.t.* मलिन करना घब्बा लगाना

task *n.* सौंपा हुआ कार्य, काम, कर्तव्य; *v.t.* काम लेना; to take to task झिड़की देना, गाली देना

taste *v.t.* स्वाद लेना, आनन्द लेना; *n.* स्वाद, रस, अच्छी प्रवृत्ति*; a man of taste सुरुचिवान पुरुष

tatter *n.* चिथड़ा, फटन

tattoo *n.* गोदना; *v.i.* गोदना लगाना

taunt *n.* ताना, निन्दा*, तिरस्कार; *v.t.* निन्दा करना, ताना मारना

tavern *n.* मदिरागृह, कलवरिया, सराय

tawdry *a.* भड़कीला, सस्ता और भ्रष्ट

tax *n.* कर; corporation tax निगम कर entertainment tax मनोरंजन कर; tax-free करमुक्त; income tax आयकर; tax payer करदाता; sales tax बिक्री-कर; terminal tax सीमा-कर; trade tax व्यापार कर; taxable कर योग्य; *v.t.* कर लगाना, पीड़ा देना

taxation *n.* कर निर्धारण

taxi *n.* टैक्सी

tea *n.* चाय*; tea-spoon एक ड्राम तरल पदार्थ रखने का छोटा चम्मच

teach *v.t.* (*p.t.* & *p. p.* taught) शिक्षा देना, पढ़ाना, उपदेश देना

teacher *n.* अध्यापक, शिक्षक

teaching *n.* शिक्षा*, उपदेश

teak *n* सागौन का वृक्ष

team *n.* एक साथ जुते हुए पशु, खिलाड़ियों का एक दल, टीम* *v.t.* एक साथ जोतना

teamster *n.* जोड़ी हांकने वाला

teapoy *n.* तिपाई*, चौकी*

tear *n.* आंसू

tear *v.t.* (*p.t.* tore, *p. p.* torn) चीरना, फाड़ना; *n.* चीर*, फटन tear gas आंसू गैस; to tear off झटके से खींचना; to tear from छीनना; to tear out जड़ से उखाड़ना

tearful *a.* रोता हुआ, अश्रुपूर्ण

tease *v t.* पीड़ा देना, चिढ़ाना, ऊन संवारना

technical *a.* टेकनीकल, पारिभाषिक तकनीकी

technicality *n.* कलाविज्ञता* बारीकी*

technically *adv.* तकनीकी रीति के अनुसार

technique *n.* प्रविधि*, तकनीक

technological *a.* प्रौद्योगिक, प्राविधिक, शिल्प-विज्ञान विषयक
technologist *n.* प्रौद्योगविज्ञ, शिल्पज्ञ
technology *n.* प्रौद्योगिकी* शिल्प-विज्ञान
tedious *a.* थकानेवाला, परिश्रम का
teem *v.t. & i.* बहुतायत से उत्पन्न करना, फलयुक्त होना, परिपूर्ण होना
teeming *a.* उत्पादी, बहुप्रज, बहुप्रसवी
teens *n. pl.* तेरह वर्ष से उन्नीस वर्ष तक की अवस्था
teethe *v.i.* दांत निकलना
teetotal *a.* सब मादक पदार्थों का बहिष्कार करनेवाला
teetoalism *n.* मद्य परिवर्जन
teetotaller *n.* कभी मदिरा न पीनेवाला मनुष्य
teil *n.* नीबू का वृक्ष
telegram *n.* टेलिग्राम, तार; *v.t.* तार द्वारा समाचार भेजना
telegraphic *a.* तार-संबंधी
telegraphist *n.* तारबाबू
telegraphy *n.* तार-प्रणाली*
telephone *n.* टेलीफोन
telescope *n.* दूरदर्शक यंत्र
telescopic *a.* दूरदर्शक यंत्र के सदृश
tell *v.t.* (*p.t. & p.p.* told) वर्णन करना, कहना, बतलाना, गिनना
telling *a.* अधिक प्रभाववाला
telltale *n.* चुगलखोर
temper *n.* शील, स्वभाव, प्रकृति*, गुणों का मेल, धातु पर की कड़ाहट या पानी; to loose temper क्रुद्ध होना; out of temper क्रुद्ध *v.t.* पानी रखना, मिलाना, कम करना
temperament *n.* प्रकृति*, स्वभाव
temperance *n.* संयम, बराव
temperate *a.* संयमी, शांत, शीतोष्ण
temperately *adv.* संयम से
temperature *n.* तापमान
tempest *n.* आंधी, बवंडर, हलचल*
tempestuous *a.* तूफानी, प्रचण्ड
temple *n.* मन्दिर, देवालय, कनपटी*
temporal *a.* सामयिक, सांसारिक
temporary *a.* अस्थायी, क्षणिक
temporize *v. i.* देर करना, आगा-पीछा करना, समयोचित व्यवहार करना, ढील

देना

tempt *v.t.* प्रयत्न करना, ललचाना, बुराई करने के लिए तैयार करना, बहकाना

temptation *n* प्रलोभन, लालच

tempter *n.* (*fem.* temptress) लुभानेवाला, परखनेवाला, कुवृत्ति उत्तेजक

ten *n.* दस; tenth *a.* दसवां

tenable *a.* रक्षणीय, टिकाऊ

tenacious *a.* दृढ़, हठी, कड़ा, दृढ़संलग्न

tenacity *n.* हठ, दृढ़ता*

tenancy *n.* काश्तकारी*, लगानदारी*

tenant *n.* काश्तकार, असामी, किरायेदार

tend *v.t.* & *i.* प्रवृत्त होना, रक्षा करना, लक्ष्य करना किसी दिशा में चलना

tendency *n.* प्रवृत्ति*, स्वभाव अभिप्राय

tender *n.* टेण्डर, ठेका, भेंट प्रदत्त पदार्थ; legal tender मान्य सिक्का; *v.t.* भेंट करना, स्वीकार करने के लिए प्रस्तुत करना

tender *n.* जहाज़ के साथ की छोटी नाव*, इंजन के साथ की कोयला-पानी गाड़ी*

tender *a.* सुकुमार, दयालु; tender age बाल्यावस्था*

tenderling *n.* लाड़ला, बच्चा

tenderly *adv.* कोमलता से

tenderness *n.* मृदुता*, कोमलता*

tending *n* पालन, रक्षा*; tending to fall पतनशील

tenet *n.* मत, अभिप्राय, सिद्धान्त, नीति*

tennis *n.* टेनिस, गेंद का एक खेल

tenor *n.* क्रम, प्रवृत्ति*, भाव, पुरुष का उच्चतम स्वर

tense *a.* खींचा हुआ, ताना हुआ, उद्विग्न, क्षुब्ध

tension *n.* खिचाव, कसाव, तनाव

tent *n.* पटमण्डप, तम्बू, छोलदारी*

tentative *a.* परीक्षात्मक, प्रयोगात्मक

tenure *n.* पट्टा, पट्टे का काल, पदावधि*

term *n.* अवधि*, स्थिर काल, अन्त, नाम, दो छुट्टियों के बीच का काल; *v.t.* पुकारना, नाम लेना या रखना; on friendly terms मित्र भाव से; to come to terms स्वीकार कर लेना

terminable *a.* अन्त करने योग्य

terminate *v.t. & i.* समाप्त करना
termination *n.* अन्त समाप्ति*
terminology *n.* पारिभाषिक शब्दावली*
terminus *n.* (*pl.* termini) सीमा चिह्न, रेलवे लाइन के अन्त का स्टेशन
terrace *n* चबूतरा, छत, घरों की पंक्ति*
terracotta *n.* टेराकोटा मूर्त्ति बनाने की एक प्रकार की कड़ी मिट्टी*
terrible *a.* भयंकर, डरावना
terrific *a.* भयानक, भय उत्पन्न करनेवाला
terrify *v.t.* (*p.t.* terrified) डराना, भय दिखलाना
terrifying *a.* डरानेवाला
territorial *a.* प्रादेशिक, राज्य-क्षेत्रीय
territory *n.* भूमि*, प्रदेश, राज्य, क्षेत्र
terror *n.* आतंक, त्रास, भय, डर; terror-struck भयग्रस्त
terrorist *n.* आतंकवादी
terrorize *v.t.* भयभीत करना, डराना
terse *a.* लघु, सुथरा, संक्षिप्त, सुगठित
test *v.t.* प्रयोग करना, सिद्ध करना, परीक्षा करना; *n.* परीक्षा, कसौटी, जांच, प्रमाण, मानदण्ड
testament *n.* मृत्युलेख, वसीयत*
testify *v.i. & t.* (*p.t.* testified) सिद्ध करना, गवाही देना, प्रमाणित करना
testimonial *n.* प्रमाणपत्र, प्रशंसापत्र
testimony *n.* साक्षी, प्रमाण, सबूत, गवाही*, शपथपूर्ण घोषणा*; (बाइबिल में) ईश्वर की दस आज्ञाएं*
text *n.* मूल, मूलपाठ, सूत्र, उद्धृत अवतरण; text book *n.* पाठ्य-पुस्तक*
textile *a.* बुना हुआ, बुनाई-संबंधी, बुनने योग्य; textile industry सूती वस्त्रोद्योग; *n.* बुना हुआ वस्त्र
textual *a.* मौलिक, पाठगत
texture *n.* रचना*, विन्यास, बुनावट*
thank *v.t.* धन्यवाद देना
thankful *a.* कृतज्ञ
thankless *a.* कृतघ्न
thanks *n.* आपको धन्यवाद
thanks-giving *n.* धन्यवाद प्रदान या प्रकाशन
thatch *n.* छप्पर, फूस*; *v.t.* छप्पर से छाना
thaw *v.t. & i.* गलाना, पिघ-

लाना, ढीला पड़ना; *n.* द्रवण, पिघलान
**theatre** *n.* थियेटर, नाट्यशाला*, व्याख्यान-मन्दिर; operation theatre शल्य-कक्ष
**theatrical** *a.* नाटक, नाटकीय प्रदर्शन, नाट्यक्रीड़ा, नाटक का खेल, नाटक-संबंधी
**theft** *n.* चोरी* तस्करता*
**theism** *n.* ईश्वरवाद, आस्तिकता*
**theist** *n.* आस्तिक
**theme** *n.* निर्धारित विषय, प्रकरण
**theologian** *n.* ब्रह्मज्ञानी, वेदान्ती
**theology** *n.* ब्रह्मज्ञान, वेदान्त
**theorem** *n.* प्रमेय, उपपत्ति*, सूत्र
**theoretical** *a.* सिद्धान्त-संबंधी
**theorist** *n.* सिद्धान्ती
**theorize** *v.i.* सिद्धान्त स्थिर करना
**theory** *n.* सिद्धान्त, कल्पना*, उपपत्ति
**therapeutic** *a.* चिकित्सा-संबंधी
**there** *adv.* उस स्थान में, उस विषय में; thereabouts उस स्थान के पास, वहीं पर; thereafter उसके उपरान्त; thereat उस कारण से; thereby उसके द्वारा; therefore उस कारण से; therefrom उस स्थान से; thereof उसका; thereon उसपर; thereto उस तक; thereupon उसपर, तुरन्त; therewith उससे; therewithal सर्वोपरि
**thermo** *pref.* 'गरम (उष्ण)' के अर्थ का उपसर्ग
**thermometer** *n.* थर्मामीटर, तापमापक यंत्र
**thermos, thermos flask** *ns.* थर्मस, स्थिरतापकूपी*
**thesis** *n.* (*pl.* theses) थीसिस, शास्त्रार्थ का विषय, निबन्ध
**thick** *a.* मोटा, गाढ़ा, स्थूल; *adv.* निरन्तर, अविरल; *n.* किसी पदार्थ का घना भाग; through thick and thin सब स्थितियों में; thick-headed मन्द, मूर्ख
**thicket** *n.* झाड़ी*, छोटा जंगल
**thief** *n.* (*pl.* thieves) चोर
**thieve** *v.t. & i.* चुराना, चोरी करना
**thievery** *n.* चोरी*
**thigh** *n.* जंघा*, जांघ*
**thin** *a.* (*comp.* thinner, *sup.* thinnest) कोमल, पतला, छिछला; *v.t. & i.* पतला

करना या होना
thing *n.* वस्तु*, बात*, द्रव्य, पदार्थ, काम, जन्तु
think *v.t. & i.* (*p.t. & p.p.* thought) विचारना, कल्पना करना, निर्णय करना
thinkable *a.* विचार करने योग्य
third *a.* तीसरा
thirdly *adv.* तीसरे स्थान में
thirst *v i.* प्यास लगना, उत्कंठित होना; *n.* प्यास*, तृष्णा*
thirsty *a.* प्यासा
thirteen *n.* तेरह
thirteenth *a.* तेरहवां
thirtieth *a.* तीसवां
thirty *n.* तीस
thorn *n.* कांटेदार वृक्ष, कांटा
thorough *a.* संपूर्ण, पर्याप्त, पूरा
thoroughfare *n.* राजमार्ग, सड़क
thoroughly *adv.* पूर्ण रूप से
thought *n.* विचार, कल्पना*, बुद्धि, ध्यान; thought-reading दूसरे के मन के विचार को जान लेना
thoughtful *a* विचारवान, सावधान
thoughtfully *adv.* विचार-पूर्वक
thoughtless *a.* असावधान,-
मूर्ख
thousand *n.* हजार
thrash *v t.* पीटकर अन्न अलगाना, चाबुक से मारना, पराजित करना, रास्ता काटना
thread *n.* तागा, डोरा; *v.t.* सूई में तागा पिरोना; gold-thread कलाबत्तू
threat *n.* घुड़की*, धमकी*
threaten *v.t.* डांटना, धमकाना
three *a. & n.* तीन; three-fold तिगुना
threshold *n.* देहली*, द्वार, फाटक
thrice *adv.* तीन बार
thrift *n.* मितव्यय, कमखर्ची*
thrifty *a.* अल्पव्ययी
thrill *n.* स्पन्दन, पुलक; thriller रोमांचकारी कहानी*
thrilling *a.* उत्तेजक, सनसनी-खेज़
thrive *v i.* (*p.t.* throve, *p.p.* thriven) बढ़ना, उन्नति करना, सफल होना
throat *n.* कण्ठ, गला, नरेटी*; sore throat गले की सूजन
throb *v.i.* (*p t.* throbbed) कांपना, धड़कना; *n.* स्फुरण, धड़कन
throne *n.* राजसिंहासन, राज-पद; *v.t.* राजसिंहासन पर बैठाना

throng *n.* समुदाय, भीड़*; *v.t.* & *i.* भीड़ करना, इकट्ठा होना

throttle *n.* गला, टेटुग्रा; *v.t.* गला घोंटना

through *prep.* ग्रारपार, एक ग्रोर से दूसरी ग्रोर तक; to carry through पूरा करना

throughout *adv.* & *prep.* सर्वत्र, सब ग्रोर

throw *v.t.* & *i.* (*p.t.* threw, *p.p.* thrown) उछालना, फेंकना, ऐंठना; *n.* उछाल*, फेंक*, क्षेपण

thud *n.* धमाका; *v.i.* धमाके का शब्द करना

thumb *n.* ग्रंगूठा; rule of thumb व्यवहार; under one's thumb वश में, ग्रधीन

thump *n.* धड़ाका; *v t.* & *i.* भरभराना, पीटना, ठोंकना; *a.* thumping बहुत बड़ा; thumping majority बहुत बड़ा बहुमत

thunder *n.* मेघ की गरज*; *v.i.* गरजना

thunderbolt *n.* वज्र, बिजली*

thunderstruck *a.* चकित, हक्का बक्का

Thursday *n.* गुरुवार, बृहस्पतिवार

thwart *v.t.* विरोध करना, हराना

ticket *n.* निर्देशपत्र, टिकट

tide *n.* ज्वारभाटा, समय, क्रम, पलट*

tidings *n. pl.* सन्देश, समाचार

tidiness *n.* स्वच्छता*

tidy *a.* स्वच्छ, सुथरा

tie *v.t.* (*p.t.* tied) संयुक्त करना, बांधना; *n.* बन्धन, ग्रन्थि*, गुलूबन्द, संबंध, टाई*

tiffin *n.* दूसरे पहर का जलपान, कलेवा

tiger *n.* (*fem.* tigress) चीता, बाघ

tight *a.* दृढ़, कसा हुग्रा; tight-fisted *a.* कृपण, कंजूस

tigress *n. fem.* बाघिन*

tile *n.* खपड़ा, पटिया*; *v.t.* खपड़ा छाना

till *n.* रुपया रखने का मेज़ का दराज़; *v.t.* भूमि जोतना; tiller किसान

timber *n.* घर बनाने की लकड़ी, जहाज़ की सिरेवाली एक लकड़ी

time *n.* ग्रवधि*, समय, जीवन, युग, ताल, लय*; *v.t.* समयानुकूल करना; for a long time बहुत दिनों तक; at all times सर्वदा; in the meantime इस बीच में; against time बड़ी शीघ्रता

से; at times बहुधा; time-honoured बहुत समय से पूजित; time-table समय-सूची*; timepiece मेज़-घड़ी
timely *a.* & *adv.* समय पर, शीघ्र
timid *a.* डरपोक, कायर
timidity *n.* कायरता*
tin *n.* रांगा, टीन का डब्बा, धन; *v.t.* (*p.t.* tinned) रांगा चढ़ाना
tincture *n.* टिचर, आभा*, हलका रंग, औषधियों का सत्त्व; *v.t.* रंगना, स्वादिष्ट बनाना
tinge *n.* हलका रंग, स्वाद; *v.t.* हलका रंग देना
tiny *a.* (*comp.* tinier, *sup.* tiniest) बहुत छोटा, नन्हा
tip *v.t.* (*p.t.* tipped) थपथपाना, भेद बतलाना, सेवक को अल्प धन या इनाम देना; *n.* थपकी*, सूचना*, अल्प उपहार
tipsy *a.* मदिरा पिए हुए, मतवाला
irade *n.* निन्दापूर्ण भाषण
tire *v.i* & *t.* थकना, थकाना
tissue *n* जाल, रचना, तन्तु; tissue paper पतला कागज
titan *a.* & *n.* दानवी, बड़ा भारी दैत्य
title *n.* पुस्तक का नाम, पदवी*, अधिकार; title-deed आगम-पत्र
titular *a.* नाम मात्र का, नामधारी
toast *n.* अंगार पर सेंकी हुई रोटी*, जिसके आरोग्य के निमित्त मदिरा पी जाए; *v.t.* भूनना, सेंकना, किसी के स्वास्थ्य या प्रतिष्ठा के लिए मदिरा पीना
tobacco *n.* (*pl.* tobaccos) तमाखू की पत्ती*
today *n.* & *adv.* आज, आज के दिन
toddy *n.* ताड़ी*
toe *n.* पैर की अंगुली, खुर का अगला भाग
toffee *n.* टाफी, एक प्रकार की मिठाई*
toil *n.* कठोर परिश्रम, कष्ट, फंदा, जाल; *v.i.* परिश्रम करना
toilet *n.* शृंगार करने की रीति*, परिधान, पोशाक* हाथ-मुंह धोने का कमरा
tolerable *a.* सहने योग्य, कामचलाऊ
tolerance *n.* सहनशक्ति*, धैर्य
tolerant *a.* सहनशील
tolerate *v.t.* & *i.* सहन करना, होने देना, कष्ट उठाना

toleration *n.* सहन, क्षमा*, धार्मिक स्वतन्त्रता*
toll *n.* मार्ग का कर, हाट में बेचने की झरी; *v.t. & i.* कर देना या लेना; toll-bar चुंगी का फाटक; tollhouse चुंगीघर
toll *n.* घण्टे का शब्द; *v.t.* घण्टी बजाना
tomato *n.* (*pl.* tomatoes) विलायती बैंगन, टमाटर
tomb *n.* कब्र, समाधि-स्थान
tombstone *n.* समाधि-शिला*
tome *n.* बड़ा ग्रन्थ
tomorrow *n. & adv.* कल, आगामी दिन
ton *n.* 28 मन की तौल
tone *n.* स्वर ध्वनि* शब्द, प्रकृति*, रीति*, फोटो में प्रकाश तथा अन्धकार का दिखाव; to tone down रंग हलका करना
tongue *n.* जीभ*, भाषा*' जीभी*; mother-tongue मातृभाषा*; hold your tongue चुप रहो; tongue-tied खुलकर न बोल सकना
tonic *a.* स्वर-सम्बन्धी, बल-वर्धक; *n.* बलवर्धक औषधि*
to-night *adv. & n.* आज की रात में
tonsil *n* गले में की एक गिल्टी
tool *n.* औजार, साधन, शस्त्र
toothache *n.* दांत का दर्द
top *n.* शिखर, सिरा, चोटी*, लड़कों के खेलने का लट्टू; *v.t. & i.* ढकना लगाना, शिखर पर पहुंचना; *a. sup.* (topmost) मुख्य, सर्वश्रेष्ठ
topic *n.* बात का विषय
topical *a.* प्रकरण-संबंधी, सामयिक
topography *n.* मानचित्र पर का विस्तृत वर्णन
topographic (-al) *a.* मान-चित्र के विस्तृत वर्णन-संबंधी
topple *v.i.* लुढ़ककर गिर पड़ना
topsyturvy *adv. & a.* उलटे हुए, पूर्ण अव्यवस्थित, बिल्कुल गड़बड़
torch *n.* मशाल, पलीता; torch-bearer मशालची
torment *n.* सन्ताप, पीड़ा*, यातना*; *v t.* कष्ट देना, सताना
torpedo *n.* (*p.* torpedoes) एक प्रकार की मछली*, जहाज़ की पेंदी तोड़ने का गोला; torpedo-boat ऐसा गोला फेंकने के लिए वेग से जानेवाला पोत
torrent *n.* जल-प्रवाह, स्रोत
torrential *a.* जलप्रवाह संबंधी

tortoise *n.* कछुवा; tortoise-shell कछुवे की पीठ की हड्डी
torture *n.* दारुण वेदना*, यातना*, बड़ा दुख; *v.t.* अत्यन्त पीड़ा या कष्ट देना
tory *n.* ब्रिटेन के अनुदार दल का सदस्य
toss *v.t. & i.* फेंकना, उछालना, उछलना, झगड़ा तय करना; *n.* ऊपर को उछाल
total *a.* पूरा, सब; *n.* कुल परिमाण, कुल जोड़
totality *n.* पूर्णता*, पूर्ण संख्या*; totalize *v.t.* जोड़ना
touch *n.* स्पर्श, संसर्ग, जांच; *v.t. & i.* स्पर्श करना, पहुचना, जांचना
touching *a.* करुणात्मक, हृदयस्पर्शी
touchstone *n.* कसौटी*
tough *a.* चिमड़ा, हठी, कठिन
tour *n.* दौरा, पर्यटन
tourist *n.* भ्रमणार्थी, पर्यटक
tournament, tourney *ns.* क्रीड़ा-युद्ध, दंगल, जंगी खेल
tower *n.* अटारी*, बुरजी*, किला; *v.i.* ऊंचाई पर पहुंचना
towering *a.* बहुत ऊंचा, अति तीव्र
town *n.* छोटा शहर; town-clerk नगर का लेखा रखने वाला; town hall नगर का सार्वजनिक भवन; towns-folk नगरवासी
toy *n.* क्रीड़ा की वस्तु*, तुच्छ पदार्थ, खिलौना; *v.i* आनन्द मचाना, क्रीड़ा करना
trace *n.* चिह्न, मार्ग, पैर का चिह्न, अल्प मात्रा*; *v.t.* पीछा करके खोजना, चिह्न करना, आभा की सहायता से रेखा खींचना
track *n.* मार्ग, पगडंडी*, पैर का चिह्न; *v.t.* पदचिह्न द्वारा पता लगाना
trade *n.* व्यापार, व्यवसाय, लेनदेन; *v.i. & t.* लेन-देन का काम करना, व्यापार करना; trade-mark व्यावसायिक नाम या संकेत; tradesman व्यापारी, दुकानदार trade winds *n. pl.* अटलांटिक तथा प्रशांत महासागर में नियम से बहने वाली वायु, व्यापारिक पवन
tradition *n.* परम्परा*, परंपरागत कथा*, पुराण-कथा*, प्राचीन रीति*
traditional *a.* परम्परागत
traffic *n.* ट्राफिक, व्यापार,

व्यवसाय, एक स्थान से दूसरे स्थान को जाना या माल भेजना; *v t.* व्यवसाय करना

**tragedy** *n.* दुःखान्त नाटक, दुर्घटना

**tragic (-al)** *a.* दुःखात्मक, शोक-जनक, भयंकर

**trail** *n.* पैर का चिह्न *v.t.* भूमि पर खींचना, पीछे घसीटना

**trailer** *n.* एक गाड़ी से खींची जानेवाली दूसरी गाड़ी लता

**train** *n.* ट्रेन*, रेलगाड़ी*, पीछे से ढकेला हुआ पदार्थ, वस्त्र का लहराना हुआ छोर

**train** *v.t.* & *i.* प्रशिक्षण देना, पढ़ाना, अभ्यास करना

**training** *n.* प्रशिक्षण

**trait** *n.* लक्षण, रेखा*, स्पर्श, विशेष चिह्न

**traitor** *n.* (*fem.* traitress) विश्वासघाती, छली, गद्दार

**traitorous** *a.* कपटी, विश्वास-घाती

**tram, tram-car** *ns.* ट्राम गाड़ी*, खान में कोयला ढोने की गाड़ी*; **tram-way** *n.* ट्राम गाड़ी की सड़क*

**trammel** *v.t.* (*p.t.* trammelled) फंसाना, रोकना

**trample** *v.t.* पैर से कुचलना; *n.* रौंदन

**trance** *n.* अचेत अवस्था*, मूर्छा*

**tranquil** *a.* शांत, गम्भीर, निश्चित

**tranquillity** *n.* शांति*, स्थिरता*

**tranquillize** *v.t.* शांत करना, धीरज देना

**trans** *pref* 'पार, दूसरी ओर अथवा परे' के अर्थ का उपसर्ग

**transact** *v.t.* & *i.* साधन करना, कार्य करना

**transaction** *n.* प्रबन्ध, कार्य, व्यवहार

**transcend** *v.t.* & *i.* ऊंचा होना, पार करना

**transcendent** *a.* अतिश्रेष्ठ

**transcribe** *v.t.* प्रतिलिपि करना, लिपि बदल कर लिखना

**transcription** *n.* प्रतिलिपि*, अनुकृति*

**transfer** *v.t.* (*p.t.* transferred) अपना अधिकार दूसरे को देना, हटाना, स्थानान्तरण करना; *n.* हटाव, स्थानान्तरण, बदली*, बदला हुआ पदार्थ

**transferable** *a.* स्थान बदलने योग्य, विनिमेय

**transfigure** *v.t.* रूप या आकार

बदलना
**transform** *v.t.* रूप या आकार बदलना
**transformation** *n.* रूपान्तर
**transit** *n.* गति*, क्रान्ति*, संक्रमण, मार्ग
**transition** *n.* परिवर्तन, संक्रमण
**transitive** *a.* सकर्मक क्रिया-संबंधी
**transitory** *a.* क्षणिक, अनित्य
**translate** *v.t.* भाषान्तर करना, अनुवाद करना
**translation** *n.* भाषान्तर, अनुवाद, उल्था
**translator** *n.* (*fem.* translatress) अनुवादक
**transmigrate** *v i.* एक देश से दूसरे देश में जाना, काया पलट करना, पुनर्जन्म प्राप्त करना
**transmigration** *n.* पुनर्जन्म
**transmit** *v.t.* (*p.t.* transmitted) भेजना, पहुंचना, स्थान्तरित करना
**transmitter** *n.* ट्रान्समिटर, दूरविक्षेपक, पार भेजनेवाला
**transparent** *a.* पारदर्शक, स्वच्छ, निर्मल
**transplant** *v.t.* प्रतिरोपण करना, रोपना, पौधा लगाना, दूसरे स्थान में जमाना
**transport** *v.t.* परिवहन करना, ले जाना, देश-निकाला देना, आनन्द मनाना; *n.* परिवहन, यातायात, आनन्द
**transportation** *n.* परिवहन, निर्वासन, काले पानी की सज़ा
**trap** *n.* फन्दा, पिंजड़ा, छल, कपट; *v.t.* (*p.t.* trapped) फन्दे में फंसाना; trap-door छत में लगी हुई खिड़की
**trash** *n.* निरर्थक पदार्थ, कूड़-कर्कट
**travel** *v.t..* (*p t.* travelled) यात्रा करना, घूमना; travels *n.* यात्रा का वर्णन
**traveller** *n.* यात्री
**tray** *n.* ट्रे, धातु या लकड़ी की थाली*
**treacherous** *a.* विश्वासघाती
**treachery** *n.* विश्वासघात
**tread** *v.t. & i.* (*p.t.* trod, *p.p.* trodden, trod) पग रखना, पर कुचलना; *n.* चलने का ढंग, टाप
**treason** *n.* राजद्रोह, राज-विरोध high treason राजा को गद्दी से उतारने या उसकी हत्या करने का कार्य
**treasonable** *a* राजहत्या-संबंधी
**treasure** *n.* कोष, धन, बहुमूल्य पदार्थ; *v.t.* बटोरना, बहुमूल्य

मानना; treasure-trove पृथ्वी में का गड़ा हुआ धन

treasurer n. कोषाध्यक्ष, खजान्ची

treasury n. कोप-गृह, खज़ाना

treat v.t. & i. व्यवहार करना, प्रबन्ध करना, न्योता देना, सौदा करना; n. न्योता, भोज

treatise n. निबन्ध, लेख, पुस्तक*, कृति*

treatment n. व्यवहार, रोग की चिकित्सा

treaty n. संधिपत्र, मेल

tree n. वृक्ष, पेड़

trek v.i. (p.t. trekked) बैल-गाड़ी पर यात्रा करना, धीरे-धीरे बढ़ना

tremble v.i. कांपना, थर्राना

trembling n. कंपन

tremendous a. भयंकर, बहुत बड़ा

tremor n. कंपकंपी*, थरथराहट*

trend v.i. किसी दशा में झुकना; n. झुकाव, प्रवृत्ति*

trespass v.t. अतिक्रमण करना, विघ्न डालना, बिना अधिकार प्रवेश करना; n. अतिक्रम, बिना आज्ञा प्रवेश

trial n. परीक्षा*, जांच*, अभि-योग; on trial परीक्षा के निमित्त

triangle n. त्रिकोण, त्रिभुज

triangular a. त्रिभुजाकार

tribal a. जाति-संबधी, कबायली

tribe n. जाति*, वंश, कबीला

tribulation n. क्लेश, कष्ट

tribunal n. न्यायालय

tribune n. जनरक्षक, प्रजा-नायक, धर्माध्यक्ष-सिंहासन बिशप की कुर्सी, मंच

tributary a. कर देनेवाला, आश्रित; n. सहायक नदी*

tribute n. राजकर, प्रशंसा

trick n. कपट, छल, चाल*, v.t. छलना, ठगना

trickle v.i. टपकना, रसना; n. बहनेवाली धारा*

tricoloured a. तीन रंग का, तिरंगा

tricycle n. ट्राइसिकिल

trifle n. तुच्छ या अल्प मूल्य का पदार्थ, एक प्रकार की मिठाई*; v.t. समय नष्ट करना; to trifle with तिरस्कार करना, चुटकियों में उड़ाना

trigger n. बन्दूक इत्यादि का घोड़ा

trigonometry n. त्रिकोण-मिति*

trinity n. त्रिमूर्ति*

trip v.i. (p.t. tripped) हलके पैरों से चलना, लुढ़कना; n.

छोटी यात्रा*, पर्यटन
**tripartite** *a.* त्रिदलीय, त्रिखंड
**triplicate** *a.* & *n.* तीन प्रतियां*, तीसरी प्रति*; *v t.* तिगुना करना, तीन प्रतिलिपि बनाना
**trisect** *v.t.* तीन बराबर टुकड़े करना
**triumph** *n.* विजय*, प्रसन्नता*; *v.t.* विजय प्राप्त करना
**triumphal** *a.* विजय-संबंधी
**triumphant** *a.* विजयी
**Trojan** *n.* & *a.* ट्राय देश संबंधी, योद्धा
**troop** *n.* दल, यूथ, सेना*; *v.i.* दल बांधकर चलना
**trooper** *n.* अश्वारोही, घुड़सवार
**trophy** *n.* (*pl.* trophies) जय-स्मारक, विजय-चिह्न, बहुमूल्य उपहार
**tropic** *n* अयनवृत्त, क्रान्ति-मण्डल
**tropical** *a.* अयनवृत्त-संबंधी
**trouble** *n.* दुःख, पीड़ा*, क्लेश, खेद, आपत्ति*, व्यग्रता*; *v.t.* व्याकुल करना, कष्ट देना
**troublesome** *a.* दुःखदायी
**troupe** *n.* खिलाड़ी लोग, नाटक करनेवालों की मण्डली
**trousers** *n. pl.* पाजामा, पतलून
**truant** *n.* स्कूल से भागनेवाला छात्र, आलसी मनुष्य
**truce** *n.* क्षणिक सन्धि*
**truck** *n.* छकड़ा, सग्गड़, बिना छत की रेलगाड़ी या मोटर. *v.t.* लेन-देन करना, अदल-बदल करना
**true** *a.* सत्य, यथार्थ, निष्कपट, सच्चा
**truism** *n.* यथार्थता*, सचाई*
**truly** *adv.* वस्तुतः, सचमुच
**trumpet** *n.* तुरही*; *v.t.* घोषणा करना, प्रकाशित करना
**trunk** *n.* वृक्ष का तना, पशु का शरीर, वस्त्र रखने का बक्स, हाथी की सूंड़*
**trust** *n.* ट्रस्ट, विश्वास, प्रतीति*, भरोसा, खास, अनेक व्यवसायियों का संघ; trust money धरोहर; *v.t.* विश्वास करना
**trustee** *n.* ट्रस्टी, धरोहर रखनेवाला, किसी की सम्पत्ति का प्रबन्ध करनेवाला
**trustful** *a.* विश्वस्त
**trustworthy** *a.* विश्वास के योग्य
**truth** *n.* सत्यता*, सचाई*, ईमानदारी*
**truthful** *a.* सत्यवादी, सच्चा
**try** *v.t.* (*p.t.* tried) शक्ति लगाना, परखना, परीक्षा

करना, विधि के अनुसार परीक्षा करना
trying *a.* कष्टकारी, पीड़ाकर
tube *n.* ट्यूब, नली, रेल की सुरंग*
tuberculosis *n.* क्षय रोग
tug *v.t. & i.* (*p.t.* tugged) कसकर खींचना, घसीटना; tug of war रस्साकशी
tuition *n.* ट्यूशन, शिक्षण
tulip *n.* कन्द पुष्प, नलिनी*, लाला
tumble *v.i.* एकाएक गिरना, उलटना
tumbler *n.* लुढ़कने वाला, नट, काच-पात्र, गिलास ।
tumour *n.* व्रण, गिल्टी*
tumult *n.* उपद्रव, हलचल*, कोलाहल
tune *n.* सुर, ताल, उचित प्रकृति*, योग्य स्वभाव; *v.t.* ताल-स्वर में रखना
tunnel *n.* सुरंग*; *v.t.* (*p.t.* tunnelled) सुरंग बनाना
turban *n.* पगड़ी*, मुरेठा
turbine *n.* जलचक्की*
turbulence (-y) *ns.* विप्लव, उपद्रव
turbulent *a.* विक्षुब्ध, उपद्रवी
turmoil *n.* कष्ट, विप्लव, उपद्रव
turn *v.t. & i.* घूमना, चक्कर देना, बदलना, पलटना खरादना; to turn over उलटना; to turn to ashes भस्म कर देना; *n.* चक्कर, आकृति*, स्वरूप, कार्य, पारी*; turncoat स्वपक्ष-त्यागी; turntable इंजन का मुंह घुमाने का चबूतरा
turner *n.* खरादनेवाला
turpentine *n.* फीरोजा ताड़पीन
turpitude *n.* नीचता*, दुष्टता*
turquoise *n.* फीरोजा, हरित-नील-मणि
tutle *n.* जंगली कबूतर, समुद्री कछुआ
tussle *n.* झगड़ा मुठभेड़
tutelage *n.* संरक्षण, रक्षा*
tutelar, tutelary *a.* संरक्षक
tutor *n.* (*fem.* tutoress) ट्यूटर, निजी शिक्षक गुरु
tutorial *a.* शिक्षा-संबंधी
twelfth *a.* बारहवां
twelve *n. & a.* बारह
twentieth *a.* बीसवां
twenty *n. & a.* बीस
twi *pref.* 'दो' के अर्थ का उपसर्ग
twice *adv.* दुबारा, दो बार
twilight *n.* सन्धिप्रकाश, गोधूलि-वेला*
twin *n.* यमज या जुड़वां बच्चे

twinkle *v i.* जगमगाना, चमकना
twist *v.t. & i.* ऐंठना, मोड़ना; *n.* ऐंठन, मोड़, एक प्रकार का पाश्चात्य नृत्य
twitter *n.* पक्षियों के कूकने का शब्द; *v.i* चूं-चूं करना
two *n. & a.* दो
twofold *a.* दूना, दुहरा
type *n.* चिह्न, आदर्श, प्रतिमूर्ति*, आकृति*, छापने के अक्षर इत्यादि
typewriter *n.* टाइपराइटर
typhoid *n. & a.* टाइफायड, अंत्र-ज्वर
typhoon *n.* बड़ी आंधी*, बवंडर
typhus *n.* भयंकर सन्निपात ज्वर
typical *a.* विशिष्ट, आदर्शभूत
typify *v.t.* (*p.t.* typified) पतिरूप में प्रकट करना
typist *n.* टाइपिस्ट
tyranny *n.* क्रूरता*, निरंकुशता*
tyrant *n.* निरंकुश शासक, अत्याचारी व्यक्ति, निर्दयी मनुष्य, उपद्रवी व्यक्ति
tyre (tire) *n.* टायर
Tzar *n.* (*fem.* Tzarina) जार, पुराने रूसी राजा की उपाधि*

# U

ugliness *n.* कुरूपता*, भद्दापन
ugly *a.* कुरूप, भद्दा, घृणित
ulcer *n.* नासूर, व्रण, फोड़ा
ulcerous *a.* व्रणयुक्त. नासूरदार
-ule *suf.* 'छोटा' के अर्थ में प्रयुक्त होनेवाला प्रत्यय यथा, globule
ulterior *a.* परोक्ष, दूर का, आगे का
ultimate *a.* अति दूर का, पिछला, अन्तिम
ultimatum *n.* (*pls.* ultimata, ultimatums) अन्तिम प्रतिज्ञा* या मांग या चेतावनी*
ultra *pref.* 'दूसरी ओर, आगे, पार' के अर्थ का उपसर्ग
umbrella *n.* (*pl.* umbrellas) छाता, छतरी*
umpire *n.* अम्पायर, विपंच, खेल-पंच
-un *pref.* रहित या हीन' के अर्थ का उपसर्ग जो संज्ञा, विशेषण तथा सर्वनाम के पहिले जोड़ा जाता है
unable *a.* अयोग्य, अशक्त

unanimity *n.* एकमत
unanimous *a.* सर्वसम्मत
unaware *a.* अनभिज्ञ, अनजान, असावधान
unawares *adv.* एकाएक, अकस्मात्
unburden *v.t.* भार हटाना, स्वीकारोक्ति करके चित्त शान्त करना
uncanny *a.* प्रारब्धिक, अस्वाभाविक, अद्भुत, विलक्षण, डरावना, मनहूस
uncle *n.* (*fem.* aunt) चाचा या मामा
uncouth *a.* कुत्सित, भद्दा, अनोखा, विलक्षण
uncrown *v.t.* राज्यपद से हटाना
under *prep.* नीचे, तले, अधीन, कम, हस्ताक्षर सहित; *adv.* नीची अवस्था में, अधीन; *a.* नीचे का
undercurrent *n.* अन्तर्धारा; *a.* अदृश्य, गुप्त, प्रच्छन्न, अदेखा
undergo *v.t.* (*p.t.* underwent, *p.p.* undergone) सहना, भोगना
undergraduate *n.* विश्वविद्यालय का विद्यार्थी जिसने उपाधि परीक्षा पास नहीं की है, प्रवर या उपस्नातक
underhand *a.* गुप्त, छलपूर्ण
underline *v.t.* रेखांकित करना
undermine *v.t.* गुप्त रीति से क्षति पहुचाना, भूमि में खोदना, सुरंग लगाना, नष्ट करना
understand *v.t.* & *i.* (*p.t.* & *p p.* understood) अर्थ समझना, सूचित करना, भलीभांति जानना, सूचित किया जाना
undertake *v.t.* & *i.* (*p.t.* undertook, *p.p.* undertaken) आरम्भ करना, प्रयत्न करना, साहस करना
undertone *n.* धीमा स्वर
underwear *n.* जांघिया, गंजी*
undo *v t.* (*p.t.* undid, *p p.* undone) किए हुए कार्य को भ्रष्ट करना, नाश करना, खोलना
unearth *v t.* धरती में से निकालना, पता लगाना
unfair *a.* अनुचित, छली, अन्यायी
unfold *v.t.* उघारना, फैलाना, प्रकाशित करना
unfortunate *a.* अभागा, बदकिस्मत
ungainly *a.* कुरूप, भद्दा
unhorse *v.t.* घोड़े पर से गिरा देना
unhouse *v.t.* घर से निकालना
uniform *a.* एकरूप; *n.* यूनिफार्म, वर्दी*

**unify** *v.t.* (*p.t.* unified) एकरूप बनाना, समान करना, एकता कायम करना
**union** *n.* यूनियन, मिलाप, संघ
**unionist** *n.* मेल का प्रचार करनेवाला; Union Jack इंगलैंड की राष्ट्रीय पताका*
**unique** *a.* अनोखा, अनूठा
**unison** *n.* एकता*, एक तान या सुर
**unit** *n.* एक व्यक्ति, इकाई*, एकांग, पृथक् भाग, तौल या नाप का स्थिर परिमाण
**unite** *v.t.* & *i.* मिलाना, मिलना, एक करना, जोड़ना
**unity** *n.* (*pl.* unities) योग, मेल, एकता*, संघबद्धता*, संगति*, समानता*
**universal** *a.* विश्वव्यापी, सार्वलौकिक
**universality** *n.* विश्वव्यापकता*
**universe** *n.* सृष्टि*, सम्पूर्ण जगत, विश्व
**university** *n.* (*pl.* universities) विश्वविद्यालय
**univocal** *a.* एकार्थ, एकतानिक, एकस्वरीय
**unjust** *a.* अन्यायी, अनुचित, न्यायविरुद्ध
**unless** *conj.* जब तक न, सिवाय, यदि नहीं, न कि, मगर
**unmanned** *a.* मनुष्यों की सहायता न प्राप्त किए हुए
**unmannered** *a.* अशिष्ट, असभ्य
**unprincipled** *a.* सिद्धान्तहीन, अनैतिक
**unreliable** *a.* विश्वास न करने योग्य
**unrest** *n.* अशान्ति*, व्याकुलता*
**unruly** *a.* अधीन न करने योग्य, बुरे व्यवहार का, अविनीत
**unsafe** *a.* अरक्षित, खतरनाक
**unsettle** *v.t.* & *i.* अस्थिर करना, व्यग्र होना
**unsheathe** *v.t.* म्यान से बाहर निकालना
**unsmooth** *a.* खुरखुरा, रूखा
**unspent** *a.* अक्षय, न खर्च किया हुआ
**until** *prep.* & *conj.* जब तक, तक
**untoward** *a.* हठी, कष्टकारी, भद्दा, अभागा
**unwell** *a.* रोगी, अस्वस्थ
**unwittingly** *adv.* अनजाने, अज्ञानता से
**up** *adv.* ऊपर, ऊपर की ओर, तक; ups and downs भाग्य का चढ़ाव-उतार; up to तक
**uphill** *a.* दुःसाध्य, कठिन; *adv.* ऊपर की ओर
**uphold** *v.t.* (*p.t.* & *p.p.* upheld) उठाना, समर्थन करना,

बचाना
**upkeep** *n.* पालन, समारक्षण, मरम्मत*
**uplift** *v.t.* उठाना, उभाड़ना
**upright** *a.* खड़ा, सीधा, न्यायी, ईमानदार
**uprising** *n.* विद्रोह, बगावत*, बलवा
**uproar** *n.* उपद्रव, हुल्लड़, ऊधम
**uproarious** *a.* उपद्रवी
**uproot** *v.t.* जड़ से उखाड़ना
**upset** *v.t.* (*p.t.* & *p.p.* upset) घबरा देना, उलटना, औंधाना
**urban** *a.* नगरीय, नगर का, शहरी
**urbane** *a.* शीलवान, शिष्ट, भद्र
**urbanity** *n.* शिष्टता*, सुजनता*, भद्रता*
**urchin** *n.* बच्चा, छोकरा
**urge** *v.t.* प्रवृत्त करना, उत्तेजित करना
**urgency** *n.* आवश्यकता*, आग्रह, ज़रूरत*
**urgent** *a.* अति आवश्यक
**urinal** *n.* मूत्रस्थान, मूत्रालय
**urinate** *v.i.* मूत्र त्याग करना
**urine** *n.* मूत्र, पेशाब
**usage** *n.* व्यवहार आचरण, रीति*, प्रथा*, दस्तूर
**use** *n.* व्यवहार, उपयोग, रीति*, चलन*; *v.t.* & *i.* प्रयोग करना, व्यवहार करना, अभ्यास होना, अपने काम में लाना
**useful** *a.* प्रयोग करने योग्य, उपयोगी
**useless** *a.* निष्फल, व्यर्थ, बेकार
**usher** *n.* प्रवेशक, भेंट करानेवाला, उपशिक्षक; *v.t.* प्रवेश करना, भेंट कराना
**usual** *a.* सामान्य, व्यावहारिक, प्रसिद्ध
**usually** *adv.* सामान्य या साधारण रीति से
**usurp** *v.t.* बिना अधिकार के किसी की सम्पत्ति को छीन लेना, हड़पना
**usurpation** *n.* बलापहार, अपहरण
**usury** *n.* सूदखोरी*
**utensil** *n.* बर्तन, बासन
**utility** *n.* उपयोगिता*, उपयोग, लाभ
**utilize** *v.t.* उपयोग करना, काम में लाना
**utopia** *n.* आदर्शलोक, काल्पनिक आदर्श, आदर्श सुख-शान्ति का स्थान या स्थिति*
**utopian** *a.* काल्पनिक, अव्यवहार्य मात्रविचारक, स्वप्नदर्शी सुधारक
**utterly** *adv.* सम्पूर्णतः, सर्वथा, निपट, सरासर, निरा, बिलकुल

# V

vacancy *n.* रिक्तता, शून्य पद

vacant *a.* शून्य, रिक्त, छूछा, विचारशून्य; vacant-minded खोखले दिमागवाला

vacate *v.t.* खाली करना, रिक्त करना छोड़ना

vacation *n.* छुट्टी*, अवकाश, विश्राम-काल

vaccinate *v.t.* टीका लगाना

vaccination *n.* टीका

vaccinator *n.* टीका लगानेवाला

vaccine *n.* वैक्सीन, टीका लगाने में प्रयुक्त दवा, रस, लासा

vacuum *n.* (*pl.* vacuums, vacua) शून्य, शून्य स्थान, आकाश; vacuum flask ऐसी बोतल जिसमें रखा हुआ तरल पदार्थ अपनी शीतोष्ण अवस्था देर तक बनाए रखता है

vagabond *n.* स्वेच्छाचारी या घुमक्कड़ व्यक्ति, आवासहीन व्यक्ति; *a.* स्वेच्छाचारी, घुमन्तू

vagary *n.* (*pl.* vagaries) विचित्र कल्पना*, विभ्रम, तरंग*, खब्त*, वहम

vague *a.* अनिश्चित, अस्थिर, सन्दिग्ध, अस्पष्ट

vaguely *adv.* अनिश्चित ढंग से

vagueness *n.* अस्थिरता*, अस्पष्टता*

vain *a.* शून्य, गर्वी, असार, व्यर्थ, दिखौवा; in vain वृथा, व्यर्थ

vainglory *n.* वृथा अभिमान

vainly *adv.* गर्व से, मूर्खता से

valiant *a.* पराक्रमी, वीर, साहसी

valid *a.* पुष्ट, सप्रमाण, मान्य, वैध

validity *n.* मान्यता*, वैधता*

validate *v.t.* वैध करना, मान्य करना, प्रमाणित करना, सही करना

valley *n.* (*pl.* valleys) दर्रा, घाटी*

valour *n.* शूरता*, वीरता*, पराक्रम

valuable *a.* बहुमूल्य, मूल्यवान

valuables *n. pl.* बहुमूल्य द्रव्य, जवाहरात

value *n.* उपयोगिता*, मूल्य, अच्छाई*, महत्त्व; *v.t.* दाम आंकना, आदर करना

valve *n.* एक ओर खुलनेवाला कपाट, रेडियो के यंत्र का कुब्बा, वाल्व

van *n.* सेना का अगला भाग, रेलगाड़ी का माल रखने का

डब्बा, वैन ; vanguard *n.* सेना-मुख, सेना का अगुआ, हिरावल दस्ता

vanish *v.t.* लुप्त होना, नष्ट होना

vanishing *a.* अदृश्य होता हुआ

vanity *n.* वृथा अभिमान, अहंकार

vanquish *v.t.* जीतना

vaporize *v.t.* भाप बनना

vaporous *a.* वाष्पपूर्ण, वाष्पीय, असार

vapour *n.* वाष्प, भाप

varied *a.* विविध, नानारूप, विभिन्न

variety *n.* भेद, विविधता*, विभिन्न प्रकार; variety entertainment *or* show वैराइटी मनोरंजन, वैराइटी शो

various *a.* भिन्न, विविध, अनेक

varnish *n.* वार्निश, रोगन, कलफ; *v.t.* वार्निश या रोगन लगाना, चमकाना

vary *v.t. & i.* (*p.t.* varied) बदलना, भिन्न रूप धारण करना, रूपान्तर होना

vaseline *n.* वैसलिन, मृत्तैलवसा

vassal *n.* कृषक, असामी, दास

vast *a.* विशाल, बहुत बड़ा

vastly *adv.* बहुतायत से

vault *n* गुम्बज, गुफा*, कंदरा*, अन्त: कक्ष, तहखाना, कुदान; *v t. & i.* मेहराब बनाना, छलांग मारना; the vault of heaven आकाश

vaultage *n.* मेहराबदार तहखाना

vegetable *n.* शाक, वनस्पति*, तरकारी*

vegetarian *n.* शाकाहारी

vegetate *v.i.* वनस्पति की तरह उगना

vegetation *n.* वनस्पति-जीवन, तृणजाति*, हरियाली. सब्जा

vegetative *a.* वनस्पति के समान उगनेवाला, वानस्पतिक, वर्द्धनशील, उत्पादनक्षम

vehement *a.* प्रचण्ड, उत्सुक, बलवान

vehemently *adv.* बड़े वेग या बल से

vehicle *n.* गाड़ी*, सवारी*, वाहक, माध्यम, साधन, उपकरण, द्वार; अनुपान

veil *n.* घूंघट, पर्दा, छद्म वेश; *v.t.* घूंघट लगाना, छिपाना; to throw the veil off प्रकट होना

vein *n.* शिरा*, पत्ती की नस*

velocity *n.* वेग, गति*, चाल*

velvet *n.* मखमल

velvety *n.* मखमल के समान

चिकना

**velveteen** *n.* बनावटी सूती मखमल

**vender, vendor** *n.* बेचनेवाला

**venerable** *a.* आदरणीय, पूज्य

**venerate** *v.t.* प्रतिष्ठा करना, सम्मान करना

**vengeance** *n* प्रतिशोध, बदला

**venom** *n.* विष, हानिकारक पदार्थ, द्वेष; *v.t.* विष प्रयोग करना

**venomous** *a.* विषैला, द्वेषी

**ventilate** *v.t.* संचारित करना, समालोचना करना, प्रचार करना

**ventilation** *n.* संवातन, प्रकाशन, बहस*

**ventilator** *n.* वातायन

**venture** *n.* साहस, संशय, संकट, जोखिम का काम; *v.t. & i.* जोखिम उठाने का साहस करना

**veracious** *a.* सच्चा, निष्कपट

**veracity** *n.* सचाई*, यथातथ्यता*

**verandah** *n.* अलिन्द, बरामदा

**verb** *n.* क्रियापद

**verbal** *a.* कहा हुआ, वाचिक, मौखिक, क्रियापद से बना हुआ

**verbally** *adv.* यथाशब्द, मुख से, जबानी

**verbatim** *adv.* शब्दशः

**verbose** *a.* शब्दाडम्बरपूर्ण

**verbosity** *n.* शब्दाडम्बर, वाक्-प्रपंच

**verdict** *n.* पंचनिर्णय, निश्चित मत

**verge** *n.* छड़ी*, डंडा, किनारा, सीमाप्रान्त, स्थान; *v.i.* झुकना, पहुंचना

**verification** *n.* प्रमाणीकरण

**vermillion** *n.* सिन्दूर

**vernacular** *a.* देशी, अपने देश का, *n.* मातृभाषा*; **vernacular language** प्राकृत भाषा*

**versatile** *a.* बहुविद्य, बहुश्रुत, बहुमुखी, परिवर्तनशील, चंचल, अस्थिर

**versatility** *n* सर्वतोमुखी प्रतिभा, बहुशस्त्रज्ञता; परिवर्तनशीलता, चंचलता, अस्थिरता

**verse** *n.* पाद, कविता*, पद्य; **blank-verse** अतुकान्त पद्य

**versed** *a.* प्रवीण, निपुण, दक्ष, कुशल

**versification** *n.* कविता-लेखन

**versify** *v.i. & t.* (*p.t.* versified) कविता बनाना

**version** *n.* अनुवाद, पाठान्तर, विवरण

**versus** *prep.* विपरीत, प्रति

**vertical** *a.* लम्बरूप, खड़े बल का
**vertically** *adv.* लम्बरूप में
**vertigo** *n.* चक्कर, घुमरी*
**verve** *n.* उत्साह, ओज, बल
**very** *a.* सत्य, ठीक, सच्चा; *adv.* अति, बहुत
**vessel** *n.* पात्र, पोत या जहाज़, रक्तवाहिनी*
**vestige** *n.* पदचिह्न, अवशिष्ट भाग
**veteran** *a.* वृद्ध तथा अनुभवी; *n.* दक्ष व्यक्ति, कुशल व्यक्ति
**veterinary** *a.* पशु-चिकित्सा संबंधी
**veto** *n.* (*pl.* vetoes) विटो, निषेधाधिकार, प्रतिषेध; *v.t.* निषेध करना, विटो का प्रयोग करना
**vex** *v.t.* खिजलाना, पीड़ा देना, कष्ट देना
**vexation** *n.* कष्ट, दुःख
**via** *n.* मार्ग; *adv.* मार्ग से
**vibrate** *v. i. & t.* थर्राना, हिलना, कांपना, झूलना, झुलाना, स्पन्दित होना
**vibration** *n.* कंपकंपी, थरथरी*
**vibratory** *a.* थर्राता हुआ
**vicar** *n.* ग्राम-पादरी
**vicarious** *a.* प्रतिनिधिरूप, स्थानापन्न, प्रतिरूपी, परार्थ कार्य करनेवाला
**vice** *n.* दोष, पाप, अधर्म, बांक, शिकंजा
**vice** *pref.* 'प्रतिनिधि, बदले में' अर्थ का उपसर्ग
**viceregal** *a.* वाइसराय के प्रतिनिधि से संबंधी
**viceroy** *n.* (*fem.* vicereine) वायसराय, बड़ा लाट
**vicinity** *n.* समीपता*, पड़ोस
**vicious** *a.* दूषित, दुराचारी, पापी
**viciously** *adv.* दुष्टता से
**victim** *n.* शिकार, बलि, पीड़ित व्यक्ति
**victimize** *v.t.* बलि देना, ठगना, पीड़ित करना
**victor** *n.* विजयी, युद्ध में जीतनेवाला
**victorious** *a.* विजयी
**victory** *n* विजय*, जीत*
**view** *n.* आलोकन, दृष्टि*, दृष्टिपथ, उद्देश्य, इच्छा*, *v.t.* देखना, पर्यवेक्षण करना; point of view पक्ष; in view of विचार से
**viewer** *n.* पर्यवेक्षक, समीक्षक
**viewless** *a.* अदृश्य, अगोचर, अलक्ष्य
**vigil** *n.* सजगता*, जागृति*, चौकसी* रात्रि में जागरण, रतजगा

vigilance *n.* सावधानी*, चौकसी*
vigilant *a* सावधान
vigour *n.* शक्ति*, बल, प्रभाव
vigorous *a.* बलवान, प्रबल
vigorously *adv.* उत्साह से
vilify *v.t.* निन्दा करना, कलंक लगाना
villa *n.* विला, गांव का बंगला
village *n.* गांव, देहात
villager *n.* ग्रामनिवासी, देहाती
villain *n.* दुष्ट मनुष्य, खल-नायक
vincibility, vincibleness *ns* जीतने की योग्यता*
vincible *a.* जीतने योग्य
vindicate *v.t.* प्रतिपादन करना, निर्दोष सिद्ध करना, बचाना, समर्थन करना, प्रमाणित करना
vindication *n.* प्रतिपादन, पुष्टीकरण, दोष-मुक्ति*, परिशोधन
vinegar *n.* सिरका, खट्टा पदार्थ
vineyard *n.* अंगूर का उद्यान
vintage *n.* द्राक्षा, अंगूर, द्राक्षा-चयन ऋतु*, अंगूर आने का मौसम
violate *v.t.* उल्लंघन करना, भंग करना, तोड़ना
violation (नियम का) उल्लंघन
violence *n.* हिंसा*, बल, उत्पात, अपराध; to do violence to आक्रमण करना
violent *a.* प्रबल, तीखा
violet *n.* बनफशा, वायलेट, पीले, बैंगनी तथा कई प्रकार के रंगों वाला पौधा; *a.* पाटल, नील लोहित, जामनी रंग का, बैंगनी
violin *n.* वायलिन, चिकारा, वेला*
violinist *n.* वायलिन बजाने-वाला
virgin *n.* कुमारी*, कन्या*; *a.* कन्यातुल्य, निर्मल, पवित्र
virginity *n.* कुमारीत्व, अक्षतावस्था*, सतीत्व, पवित्रता*
Virginia *n.* एक प्रकार की अमेरिका देश की तम्बाकू
virile *a.* पौरुषेय, वीर्यवान, पुष्ट
virose *a.* विषाणु, वाइरस
virtual *a.* यथार्थ, आभासी
virtually *adv.* यथार्थतः, वस्तुतः
virtue *n.* धर्म, सदाचार, नीति*, गुण; in virtue of प्रभाव से
virtuous *a.* सच्चरित्र, धार्मिक

virulence *n.* प्रचण्डता*
virulent *a.* प्रचण्ड, तीव्र
visibility *n.* दृश्यता*, प्रत्यक्षता*
visible *a.* दृष्टिगोचर, प्रत्यक्ष
vision *n.* दृष्टि*, कल्पना*, छाया*, स्वप्न
visionary *a.* & *n.* मानसिक, काल्पनिक, स्वप्न देखने (काल्पनिक विचार करने) वाला
visit *n.* दर्शन, भेंट; *v.t.* & *i.* भेंट करना, मिलना
vista *n.* वृक्षों के बीच का सुन्दर पथ, वीथिका*, मानसिक सिंहावलोकन या आभास
visual *a.* दृष्टिगत, चाक्षुष
visualize *v.t.* कल्पना में देखना, मानसिक दर्शन करना
vital *a.* जीव-संबंधी, आवश्यक
vitality *n.* चेतना*, प्राण, जीवनशक्ति*
vitalize *v.t.* जीवन प्रदान करना, जिलाना
vitals *n. pl.* शरीर के मर्म-स्थान
vitamin *n.* विटामिन
vitiate *v.t.* दूषित करना, बिगाड़ना
vivacious *a.* प्रफुल्ल, उत्साहयुक्त
vivacity *n.* उत्साह, प्रफुल्लता*
vivavoce *adv.* मौखिक, संभाषण द्वारा
vivid *a.* सजीव, स्पष्ट, तीव्र
vividly *adv.* स्पष्ट रूप में या से
vividness *n.* स्पष्टता*, सजीवता*, तीव्रता*
vivisect *v.t.* चीर-फाड़ करना
vocabulary *n.* शब्द-भण्डार, शब्दकोश
vocalist *n.* गायक, गानेवाला
vocalize *v.t.* शब्दयुक्त करना
vocation *n.* व्यवसाय, व्यापार, काम
vociferous *a.* कोलाहलपूर्ण, चीखनेवाला
vogue *n.* व्यवहार, ढंग, रीति*; in vogue प्रचलित
voice *n.* स्वर, वचन, वाणी*, सम्मति*, अभिप्राय, मत; *v.t.* शब्द करना, शब्दों में कहना; with one voice एकमत होकर; active voice कर्तृवाच्य; passive voice कर्मवाच्य
void *a.* शून्य, रिक्त, निरर्थक; to make void निरर्थक करना; *n.* शून्य स्थान; *v.t.* छोड़ना, त्यागना
voidness *n.* शून्यता*
volcanic *a.* ज्वालामुखी पर्वत संबंधी

volcano n. ( pl. volcanoes) ज्वालामुखी पहाड़

volition n. इच्छाशक्ति*, संकल्प

volley n. ( pl. volleys) शस्त्रों (गोलियों) की वर्षा*; v.t. गोलियों की वर्षा करना

volt n. बिजली की शक्ति की नाप की इकाई*, वोल्ट

voltage n. वोल्टों की नाप*

volume n. पुस्तक, ग्रंथ, विस्तार, परिमाण, घनफल

voluminous a. अनेक ग्रंथों का, लम्बा, विस्तीर्ण

voluntarily adv. स्वेच्छापूर्वक

voluntary a. इच्छापूर्वक, आप ही आप, ऐच्छिक

volunteer n. स्वयं-सेवक ; v.t. स्वयंसेवक बनना

voluptuous a. विषयी, विलासी

vomit v.t. & i. ( p.t. vomited) कै या वमन करना; n. वमन किया हुआ पदार्थ

vomiting n. वमन, कै

votary n. ( fem. votaress) पूजक, भक्त, उपासक, कट्टर अनुयायी

vote n. वोट, मत, सम्मति*, अनुमोदन, राय; v.t. & i. वोट देना, मत देना, सम्मति देना

voucher n. प्रमाणपत्र, रसीद, खर्च का पुर्जा, बीजक, वाउचर

vouchsafe v.t. & i. साक्ष्य देना, कृपा करके देना, स्वीकार करने की कृपा करना

vow n. व्रत, प्रतिज्ञा; v.t. & i. प्रतिज्ञा करना, वचन देना

vowel n. स्वर (अक्षर); a. स्वरपूर्ण

voyage n. समुद्र-यात्रा*

voyager n. समुद्र-यात्रा करनेवाला

vulcanization n. गन्धकपूर्ण रबड़ बनाने की विधि, वल्कनीकरण

vulcanize v.t. & i. गन्धक मिलाकर रबड़ का गुण बदलना, वल्कन करना

vulgar a. भद्दा, देहाती, अशिष्ट, नीच

vulgarism n. गंवारपन, भद्दापन

vulgarize v.t. असभ्य बनाना, अति साधारण बन कर नष्ट करना

vulgarity n. गंवारपन, भद्दापन

vulnerable a. छेद्य, भेद्य, वेध्य, आलोच्य, आक्रमणीय

vulture n. गिद्ध, लोभी व्यक्ति

# W

wade *v.i.* पानी में हल कर चलना, कठिनता से चलना
wafer *n.* पतली रोटी*, मुहर करने की टिकिया*, वेफ़र, पतला बिस्कुट
waft *v i.* जल या वायु में तैरना
wage *v.t.* दांव लगाना, साहस करना
wager *n.* दांव, *v.i.* दांव लगाना
wages *n. pl.* वेतन, मजदूरी*
waggle *v.i. & t.* हिलना, घुमाना
wagon *n.* वैगन, रेल का डब्बा
wail *v.i.* विलाप करना, रोना; *n.* विलाप, रुलाई*
waist *n.* कमर*, कटिभाग, जहाज का सबसे चौड़ा भाग
wait *v.i. & t.* प्रतीक्षा करना, भेंट करना; to wait for घात में रहना; to wait upon नौकरी करना; waiting-maid दासी*
waiter *n.* वेटर, सेवक
waive *v.t.* त्यागना, छोड़ना, हटाना
wake *v.i. & t.* (*p.t.* woke *or* waked) जागना, जगाना; *n.* जागरण
waken *v.t. & i.* जगाना, जगना
walk *v.i.* पैदल चलना, टहलना, प्रस्थान करना; *n.* मार्ग, चाल*, कार्य का विस्तार, टहलने का स्थान; to walk away भाग जाना
wall *n.* दीवार*, (ब०व०) किलाबन्दी*; *v.t.* दीवार से घेरना; to go to the wall हटा दिया जाना
wallet *n.* बटुग्रा, झोला, थैली*
wander *v.i.* घूमना, विचरना, भटकना
wanderer *n.* विचरनेवाला
wandering *a. & n.* भ्रमण, ग्रस्थिरता*
wane *v i.* कम होना, घटना; घटाव, क्षय
want *n.* ग्रभाव, दरिद्रता*; *v.t. & i.* इच्छा करना, चाहना, कम होना, ग्रावश्यकता होना
wanton *a.* खिलाड़ी, मर्यादाहीन, लम्पट
war *n.* युद्ध, संग्राम, लड़ाई*, शत्रुता*; *v i.* (*p.t.* warred) युद्ध करना
warfare *n.* युद्ध, संग्राम
warlike *a.* रणप्रिय, सग्राम के योग्य

**ward** *n.* रक्षक, रक्षित व्यक्ति, ताले की भ्रर, अस्पताल का भाग; *v.t.* आक्रमण से बचाना, रक्षा करना
**warden** *n.* वार्डेन, रक्षक, रक्षापुरुष
**warder** *n.* वारडर, द्वारपाल, पहरेदार
**wardrobe** *n.* वस्त्र रखने का कमरा या अलमारी*
**ware** *n.* भाजन, पात्र, द्रव्य
**wares** *n. pl.* सौदा, माल-असबाब; **warehouse** माल रखने का गोदाम; *v.t.* गोदाम में रखना
**warm** *a.* गरम, तीव्र, उत्सुक, तीक्ष्ण, सहानुभूति-युक्त, क्रुद्ध; **warm-colours** पीले या लाल आधार का रंग; **warm-welcome** उत्साह-सहित स्वागत; **warm-hearted** अति स्नेह दिख-लानेवाला; *v.t. & i.* गरम करना या होना
**warmth** *n.* साधारण गरमी, उत्साह
**warn** *v.t.* सावधान करना, चेतावनी देना
**warning** *n.* चेतावनी*
**warrant** *n.* अधिकार, प्रमाण, पकड़ने का हुक्मनामा, वारंट; *v.t.* प्रमाणित करना, स्थिर करना
**warrior** *n.* वीर, योद्धा
**warship** *n.* युद्ध का जहाज़
**wash** *v.t. & i.* धोना, गीला करना, बहाना, स्नान करना, शुद्ध करना; *n.* धोने का कार्य, तरल पदार्थ, पतला रंग
**washable** *a.* धोने योग्य
**washer** *n.* धोनेवाला, धोबी, वाशर
**washerman** *n.* (*fem.* **washerwoman**) धोबी
**waste** *a.* परती, जंगली, निरर्थक; *n.* जंगल, क्षय, नाश, कूड़ा-कर्कट; *v.t. & i.* उड़ाना, नाश करना, क्षय होना
**wasteful** *a.* अपव्ययी, उड़ाऊ, हानिकारक
**watch** *v.t. & i.* चौकसी करना, सावधानी से देखना; *n.* रक्षा*, चौकसी*, रक्षक, जेब घड़ी*; **to be on the watch** राह देखना; **to keep watch** रखवाली करना; **to watch over** सचेत होना
**watchful** *a.* सावधान, चौकन्ना
**watchword** *n.* प्रत्यय वचन, प्रहरी-संकेत, दल-सिद्धान्त
**water** *n.* जल, नदी*, झील*, रत्नों की चमक*; *v.t. & i.*

जल से सींचना, पानी पिलाना, पीना; water-colour पानी मिलाकर पोतने का रंग, ऐसा रंगा हुआ चित्र; water-course जलमार्ग, प्रवाह; watering-place जल प्राप्त करने का स्थान
**waterfall** *n.* झरना
**water-melon** *n.* तरबूज़
**water-mill** *n.* पनचक्की*
**waterproof** *a.* & *n.* वाटर-प्रूफ, जल प्रवेश न करने योग्य, ऐसा वस्त्र
**watershed** *n.* दो नदियों के बीच की भूमि*
**water-way** *n.* नहर*
**waterworks** *n.* जलकल
**watt** *n.* बिजली की नाप*
**wave** *n.* लहर*, तरग*; *v i.* & *t.* लहराना, लहरिया बनाना, संकेत करना
**wax** *n.* मोम, कान का खूंट, मुहर लगाने की लाह*: *v.i.* & *t.* मोम रगड़ना, बढ़ना, बढ़ाना
**way** *n.* सड़क, मार्ग, दिशा*, विधि*, प्रकार, दूरी*; a little way थोड़ी दूरी; by the way प्रसंगवश; to give way पीछे हटना; a long way off बहुत दूर; in every way सर्वथा
**waylay** *v.t.* (*p.t.* waylaid, *p p.* waylain) घात में रहना
**wayward** *a.* स्वेच्छाचारी, हठधर्मी
**weak** *a.* दुर्बल, अशक्त, अस्थिर, कोमल, मूर्ख
**weaken** *v.t.* & *i.* दुर्बल करना या होना
**weak-headed** *a.* कमज़ोर बुद्धि का
**weak-hearted** *a.* साहसहीन, डरपोक
**weakling** *n.* दुर्बल प्राणी
**weakly** *a.* दुर्बल
**weakness** *n.* दुर्बलता*
**wealth** *n.* धन, वैभव, सम्पत्ति*
**wealthily** *adv.* वैभव से
**wealthy** *a.* धनी
**weapon** *n.* शस्त्र, आयुध
**wear** *v.t.* & *i.* (*p t.* wore *p. p.* worn) पहिनाना, नष्ट होना, सहना; *n.* कपड़ा, वस्त्र, कमी*; to wear away घिसकर कम होना; to wear out घिस जाना
**weary** *a.* थका हुआ, रोगी, खिन्न; *v.t.* & *i.* (*p.t.* wearied) थकना, थकाना
**weather** *n.* मौसम, वायु की अवस्था* समय; *v.t.* वायु के

सम्मुख करना, सहन करना, जहाज़ को वायु की ओर ले जाना; weather-beaten *a.* सब प्रकार की जलवायु के सम्मुख किया हुआ; weathercock वायु की दिशा बतलाने की पंखी*

**weave** *v t.* (*p.t.* wove, *p. p.* woven) कपड़ा बुनना, बैठाना

**weaver** *n.* जुलाहा

**web** *n.* जाला, मकड़े का जाला, जल-पक्षियों के पंजे की झिल्ली*; web-footed झिल्लीदार पंजेवाला

**wed** *v.t.* (*p.t.* wedded) विवाह करना, मिलाना

**wedded** *a.* विवाहित

**wedding** *n.* विवाह, विवाह-संबंधी

**wedlock** *n.* विवाह

**wedge** *n.* पच्चड़, फन्नी; *v.t.* पच्चड़ ठोंकना, फाड़ना

**Wednesday** *n.* बुधवार

**week** *n.* सप्ताह, हफ्ता; week-day रविवार के अतिरिक्त सप्ताह का कोई दिन; week-end सप्ताहान्त, शनिवार की रात्रि से सोमवार के प्रातःकाल तक

**weekly** *a., adv.* & *n.* साप्ताहिक, साप्ताहिक पत्र

**weep** *v.i.* (*p.t.* & *p. p.* wept) आंसू बहाना, रोना, विलाप करना

**weeping** *n.* विलाप

**weigh** *v.t.* & *i.* तौलना, विचार करना, लंगर उठाना, मनन करना, दबाना; to weigh down उदास करना; to weigh down upon पीड़ा देना

**weight** *n.* भारीपन, तौल, बटखरा, प्रभाव, बोझ; *v.t.* बोझ लादना

**welcome** *a.* अभिनन्दित, मनोरंजक, रमणीय, शुभ; *n.* स्वागत; *v.t.* स्वागत करना; अभिनंदन करना

**weld** *v.t.* पीटकर धातु को जोड़ना, मिलाना; *n.* इस प्रकार का जोड़

**well** *a.* (*comp.* better. *sup.* best) स्वस्थ, कुशल, नीरोग, सुखी, योग्य; *adv.* अच्छी तरह से, भली भांति, उचित रीति से; as well as साथ, भी; well-nigh प्रायः; well-to-do धनवान; *interj.* बहुत ठीक! अच्छा! very well बहुत ठीक; well then तब तो

**well** *n.* कुआं, झरना

**welt** *n.* किनारा, गोट, मगजी*;

*v.t.* मगजी लगाना

**West** *n.* पश्चिम दिशा*; *a.* पश्चिमी; westerly, western *a.* पश्चिमी

**westward** *adv.* पश्चिम की ओर

**wet** *a.* भीगा, बरसाती; *n.* गीलापन; *v.t.* पानी से तर करना

**wet-nurse** *n.* दूध पिलानेवाली धाय*

**whale** *n.* ह्वेल, बड़ी समुद्री मछली*

**what** *interj.* & *pron.* क्या, कौन, जो कुछ, कितना; whatever *pron.* जो कुछ; whatnot *n.* बिना दरवाज़े की अलमारी*, टांड; whatsoever जो कुछ

**wheat** *n.* गेहूं

**wheel** *n.* चक्र, पहिया*, चाक, चक्र के आकार का यंत्र; *v.t.* & *i.* चक्कर देना, चक्कर खाना; wheel-barrow एक पहिये की ठेलागाड़ी*

**when** *adv.* जब, जिस समय, जबकि

**whence** *adv.* किस कारण से, कैसे

**whenever** *adv.* जब कभी

**whensoever** *adv.* जिस किसी समय

**where** *adv.* जहां, जिस स्थान में; whereabout किस स्थान के पास; whereabouts जहां कोई पाया जाता हो; whereby जिससे; wherefore जिस हेतु से; whereof जिसके; whereon जिसपर; wheresoever जिस किसी स्थान पर; whereupon जिसपर

**which** *pron.* जो, कौन-सा; whichever जौन-सा, चाहे यह या वह; whichsoever जो कोई भी

**while** *n.* क्षण, उचित समय; *conj.* & *adv.* जिस समय, जब तक; *v.t.* & *i.* वृथा समय बिताना, आनन्द से समय काटना

**whilst** *adv.* जब तक

**whim** *n.* मन की लहर*, चित्त की तरंग*

**whimsical** *a.* तरंगी, मनमोजी

**whimsy** *n.* झक*, लहर*

**whip** *v.t.* (*p t.* whipped) कोड़ा मारना, चाबुक से मारना; *n* चाबुक, कोचवान, सचेतक, whip-hand प्रभाव, सुविधा*

**whipping** *n.* बेंत की मार*

**whirl** *v.t.* & *i.* वेग से चक्कर खाना, शीघ्रता से ले जाना;

n. चक्कर, घुमान
whirlpool *n.* जल का भंवर
whirlwind *n.* चक्रवात, बवण्डर
whisky *n.* ह्विस्की*, जौ से बनी हुई मदिरा*
whisper *n.* कानाफूसी*, फुसफुसाहट; *v.t.* कानाफूसी करना, धीरे से बोलना
whistle *v i. & t.* सीटी बजाना, सीटी बजाकर पुकारना; *n.* सीटी*, सीटी का शब्द
white *a.* सफेद, शुभ्र, बिना धब्बे का; *n.* कोई सफेद पदार्थ; *v.t.* सफेद करना
whitewash *n. & v.t.* सफेदी*, सफेदी करना, चूने से पुताई करना
whither *adv.* जिधर, जहां तक
whithersoever *adv.* जिस किसी स्थान में
who *relative or interrogative pron.* कौन, किसने; whoever जो कोई; whosoever कोई भी व्यक्ति
whole *a.* पूर्ण, स्वस्थ; *n.* पूरी वस्तु*, सम्पूर्ण भाग; on the whole साधारणत: सब बातों का विचार करके; whole-hearted हार्दिक
wholesale *n.* थोक बिक्री; *a.* समग्र रूप का, थोक
wholesome *a.* स्वास्थ्यकर, आनन्दकर
wholly *adv.* पूर्ण रूप से, सर्वथा
whom *pron. objective case of* 'who' जिसको; whomsoever जिस किसी मनुष्य को
whore *n.* वेश्या*, कसबिन*
whose *pron. possessive case* of 'who' *or* 'which' जिसका, किसका
why *adv.* क्यों ? किस कारण से ? किस लिए ?
wicked *a.* पापी, दुष्ट, दुश्चरित्र
wicket *n.* खिड़की*, छोटा किवाड़, विकेट या क्रिकेट के खेल का गड़ा हुआ डंडा जिस पर गेंद मारा जाता है
wide *a.* चौड़ा, विस्तीर्ण, लक्ष्य से दूर
wideawake *a.* सचेत, चैतन्य
widen *v.t. & i.* चौड़ा करना या होना
widespread *a.* दूर तक फैला हुआ
width *n.* चौड़ाई*
widow *n.* (*mas.* widower) विधवा, रांड; *v.t.* विधवा करना
widower *n.* विधुर, रंडुआ
wife *n.* (*pl.* wives) पत्नी*, भार्या*, जोरू*

wild *a.* बनैला, बिना जोता-बोया, जंगली, क्रोधी, तीव्र, उन्मत्त, अस्थिर, बुद्धिहीन, व्याकुल

wilderness *n.* उजाड़ स्थान, जंगल

will *n.* इच्छा-शक्ति*, इच्छा*, आज्ञा*, संकल्प, दृढ़ता*, मृत्युपत्र, वसीयत*; *v.t.* इच्छा करना, संकल्प करना, आज्ञा देना, वसीयतनामा लिखना

willing *a.* इच्छुक, उद्यत

willingness *n.* सम्मति*, रज़ामंदी*

win *v t. & i.* (*p.t. & p.p.* won) जीतना, प्राप्त करना, विजयी होना

wind *n.* वायु*, हवा*, सांस*, बातरोग, वृथा वार्ता*; *v.i. & t.* (*p.t.* wound) बहना, फूंकना, तेज हांकना; how the wind blows कैसी स्थिति या अवस्था है

wind *v.t. & i.* (*p.t. & p p.* wound) लपेटना, मोड़ना, घुमाव में होना; wind up समेटना, समाप्त करना

windmill *n.* हवा-चक्की*

window *n.* खिड़की*, झरोखा

wind-up *n.* अन्त, परिणाम

windward *n.* पवन की दिशा*; *a. & adv.* जिस दिशा से वायु बहती है, वायु की ओर

windy *a.* हवादार, बक्की

wine *n.* अंगूर की मदिरा*

wing *n.* पर, डैना, रंगमंच का पार्श्व भाग; *v.t. & i.* उड़ना, पर लगाना; on the wing उड़ता हुआ

winter *n.* जाड़े की ऋतु*, शिशिरकाल; *v.t.* जाड़ा बिताना

wipe *v.t.* पोंछना, मिटाना, रगड़कर स्वच्छ करना

wire *n.* धातुसूत्र, तार, तार का समाचार; *v.t.* तार से बांधना, तार द्वारा समाचार भेजना

wireless *a* बिना तार का; *n.* बिना तार द्वारा समाचार भेजने या मंगाने का यंत्र, वायरलेस

wirepuller *n.* षड्यंत्र रचनेवाला

wisdom *n* चतुराई*, पाण्डित्य, बुद्धि*, विवेक

wise *a.* विद्वान, पंडित, चतुर; *n.* प्रकार, रीति*, ढंग

wiseacre *n.* अपने को बुद्धिमान समझनेवाला मनुष्य, लालबुझक्कड़, ज्ञानाभिमानी

wish *n.* इच्छा*, अभिलाषा*, आकांक्षा*; *v.t. & i.* अभि-

लाषा करना, इच्छा करना
wishful *a.* उत्सुक, अभिलाषी, इच्छुक
wit *n.* बुद्धि*, बुद्धिचातुर्य, रसिकोक्ति*, मसखरापन, हाज़िरजवाबी
witless *a.* मूर्ख
witch *n. fem.* (*mas.* wizard) जादूगरनी*, डाइन*; *v.t.* जादू-टोना करना
witchcraft *n.* इन्द्रजाल, जादू
witchery *n.* जादू, टोना
with *prep.* साथ, से
withal *adv.* साथ, और भी
withdraw *v.i. & t.* (*p.t.* withdrew, *p.p.* withdrawn) लौटना, लौटाना, वापस हट जाना
withdrawal *n.* वापसी*, धन की निकासी*
withhold *v.t.* (*p.t. & p.p.* withheld) रोक रखना, थामना
within *prep.* भीतरी भाग में
without *prep., adv & conj.* बिना, सिवाय, रहित छोड़कर; without delay शीघ्र, अविलम्ब; without doubt निःसन्देह, अवश्य
withstand *v.t.* (*p.t. & p.p.* withstood) विरोध करना, रोकना
witness *n.* साक्षी, गवाह, प्रमाण; *v.t. & i.* प्रमाणित करना, साक्षी देना
witness-box *n.* अदालत में गवाह के खड़े होने का कटघरा
witty *a.* ठिठोलिया, प्रत्युत्पन्नमति
wizard *n.* (*fem.* witch) जादूगर, ओझा
wolf *n.* (*pl.* wolves) भेड़िया
woman *n.* (*mas.* man, *pl.* women) नारी*, स्त्री*, औरत*, दासी*
womanhood *n.* स्त्रीत्व, नारीत्व, स्त्री-समाज
womb *n.* गर्भ, कन्दरा*
wonder *n* आश्चर्य, विस्मय, अद्‌भुत पदार्थ या मनुष्य; *v i.* चकित होना, सन्देह करना
wonderful *a.* विलक्षण, अद्‌भुत
wonderfully *adv.* आश्चर्य से, बहुत ही
wont *a.* अभ्यस्त; *n.* रीति*, स्वभाव
woo *v.t* प्रणय-निवेदन करना, फुसलाना, राज़ी करना
wood *n.* जंगल की लकड़ी*, काठ; *a.* लकड़ी का; wood-apple *n.* कैथ; woodbine *n.* एक प्रकार का सुगन्धित फूल; woodcock *n.* जंगली मुर्गा

**woodcut** *n.* काष्ठ-चित्र, काष्ठ-फलक-चित्र

**wool** *n.* भेड़ का कोमल रोवां, ऊन; wool-gathering वृथा कार्य

**woollen** *a.* ऊन का बना हुआ, ऊनी

**word** *n.* पद, शब्द, आख्या*, बात*, सन्देश, वचन; *v.t.* शब्दों में कहना

**work** *n.* कार्य, व्यापार, परिश्रम, उद्यम, व्यवसाय, ग्रन्थ, (ब० व०) कार्यालय, यंत्र-समुदाय, कारखाना

**work** *v.t. & i.* (*p.t.* worked *or* wrought) परिश्रम करना, काम में लगना या लगाना, प्रबन्ध चलाना, करना, ढलना, कसीदा काढ़ना, जहाज़ चलाना; workaday *a.* परिश्रमी; work-box *n.* सूई*, पेचक इत्यादि रखने की पेटी*; workhouse *n.* दरिद्रों के काम करने का घर; workmanlike *a.* कुशलता से किया हुआ; workmanship *n.* कारीगरी*, कर्म-कौशल

**world** *n.* संसार, जगत, मनुष्य-जाति*, जन-रीति*, जन-व्यवहार, जीवन, संसारी, पृथ्वी*

**worldly** *a.* लौकिक, संसारी; world-wide संसार-भर में व्याप्त; the next world परलोक; all the world सर्वस्व

**worm** *n.* कृमि*, कीड़ा*, पेंच की चूड़ी*, टेढ़ी नली*, अभागा प्राणी; *v.i. & t.* उत्तेजित करना, भेद लेना, ऐंठना; wormcast कीड़ों से फेंकी हुई मिट्टी; worm-eaten कीड़ों से खाया हुआ; wormwood एक प्रकार का कड़वा पौधा, चिरायता

**worry** *n.* चिन्ता*, व्याकुलता*; *v.t.* (*p.t.* worried) क्लेश देना, पीड़ा देना

**worship** *n.* पूजा*, आराधना*, भक्ति*, अत्यधिक प्रशंसा*, सम्मानसूचक पदवी*; *v.t.* (*p.t.* worshipped) पूजा करना, आदर करना

**worshipful** *a.* पूजनीय, आदरणीय

**worshipper** *n.* उपासक, पूजक

**worth** *n.* मूल्य, गुण, योग्यता*; worthwhile योग्य, उचित

**worthless** *a.* बेकार, गुणहीन, असार

**wound** *n.* चोट*; हानि*; *v.t.* चोट पहुंचाना

**wrangle** *v.i.* झगड़ा करना,

शास्त्रार्थ करना
wrath *n.* रोष, क्रोध
wrathful *a.* अति क्रुद्ध
wreck *n.* जहाज़ का टूट जाना, नाश, जिसका स्वास्थ्य बिगड़ गया हो, *v.t. & i.* टकराना, नाश करना, नष्ट होना
wreckage *n.* टूटे जहाज़ का शेष भाग
wrestle *v.t. & i.* मल्लयुद्ध करना, कुश्ती लड़ना
wrestler *n.* पहलवान, कुश्ती-बाज़
wrestling *n.* मल्लयुद्ध, कुश्ती*
wriggle *v.t. & i.* तड़फड़ाना, कठिनाई से बच निकलना
wrinkle *n.* झुर्री*, सिकुड़न; *v.t. & i.* झुर्री डालना, झुर्री पड़ना
wrist *n.* कलाई*
writ *n.* लेख्य, समादेश-पत्र, हुक्मनामा, परवाना; Holy Writ बाइबिल
write *v.t. & i.* (*p.t.* wrote, *p.p.* written *or* writ) लिखना, पत्र लिखना, ग्रन्थ बनाना, रचना करना
writer *n.* लेखक, ग्रन्थकार
wrong *a.* अशुद्ध, अयोग्य, अनुचित, उलटा; *v.t.* अभ्यास करना, अपराध करना; *n.* अपराध; अन्याय, भ्रम
wrongful *a.* अवैध, अनुचित, बेजा, दोषपूर्ण, अन्यायपूर्ण

# X

xanthoma *n.* पीतचर्म रोग, खाल पर पीली चित्ती वाला रोग
xanthopsy *n.* पीतदृष्टि*, कमला रोग
xenial *a.* अतिथि-संबंधी, सत्कार का
xenium *n.* अतिथि को दिया हुआ उपहार
xenomorphic *a.* विचित्र आकृति का
xerantic *a.* सूखनेवाला
x-rays *n.* (*pl.*) एक्स-रे, क्ष-रश्मि, क्ष-किरण
xylophagous *a.* लकड़ी खानेवाला
xylophilous *a.* लकड़ी खाकर निर्वाह करने वाला (कीड़ा)
xylophone *n.* एक प्रकार का जलतरंग बाजा
xyster *n.* हड्डी खुरचने का जर्राही यंत्र

# Y

**yacht** *n.* विहार करने की या दौड़ लगाने की नाव; *v i.* ऐसी नाव में यात्रा करना
**yachting** *n.* नौका-विहार
**yak** *n.* सुरागाय*, याक
**Yankee** *n.* अमेरिका निवासी
**yard** *n.* गज़ (=३ फुट), पाल लटकाने के लिए मस्तूल के ऊपर लगा हुआ वर्तुलाकार डण्डा
**yardstick** *n.* तीन फुट की छड़ी प्रामाणिक नाप*, तुलना का स्तर
**yawn** *v.i.* जंभाई लेना, उबासी लेना; *n.* जंभाई*, उबासी*
**year** *n.* वर्ष (व०व०) वृद्धावस्था; current year वर्तमान वर्ष; last year गत वर्ष; leap-year अंग्रेज़ी वर्ष जिसमें फरवरी मास में २६ दिन होते हैं; year-book वर्षबोध, अब्दकोश
**yearly** *a.* & *adv.* वर्ष में एक बार
**yearn** *v.t.* इच्छा करना, उत्सुक होना
**yellow** *a.* पीला, सुनहला; *n.* पीला रंग; *v.i.* & *t.* पीला होना या करना
**yellow fever** *n.* पाण्डुज्वर
**yellow boy** *n.* मुहर, गिन्नी*, अशरफी*
**yellowish** *a.* कुछ पीलापन लिए हुए
**yelp** *n.* कुत्ते का पीड़ा में भूंकना; *v.i.* तेज़ी से भूंकना
**yesterday** *n.* गत दिवस, गत कल; yestern गत दिवस संबंधी; yesternight गत रात्रि*
**yet** *adv.* तो भी, अब भी, तथापि
**yield** *v.t.* आत्मसमर्पण करना, उत्पन्न करना, देना, स्वीकार करना; *n.* उत्पत्ति*, स्वीकृति*, आत्मसमर्पण
**yoke** *n.* जुआ, अधीनता*, बैल की जोड़ी*; *v.t.* पशु के कंधे पर जुआ रखना; under the yoke of परवश
**yolk** *n.* अण्डे का पीला भाग
**young** *a.* युवा, तरुण, जवान
**youngster** *n.* लड़का, छोकरा
**youth** *n.* यौवन, जवानी*, युवा मनुष्य
**youthful** *a.* युवा, पुष्ट
**yule** *n.* ईसाइयों का बड़े दिन का त्योहार
**yule-tide** *n.* बड़े दिन के त्योहार का समय

# Z

zabrus *n.* एक प्रकार का बड़ा गुबरैला या झींगुर
zany *n.* ठिठोलिया; *v.t.* हंसी उड़ाना
zeal *n.* उत्साह, व्यग्रता*
zealot *n.* अति उत्साही, झक्की मनुष्य
zealous *a.* उत्साही, लवलीन
zealously *adv.* उत्साह से
zebra *n.* ज़ेबरा, गोरखर
Zend *n.* पारसियों की धर्म-पुस्तकों की ज़ेन्द भाषा
zenith *n.* उच्च कोटि*, पराकाष्ठा*, शिरोबिंदु
zero *n.* (*pl.* zeroes) शून्य, बिन्दु
zest *n.* स्वाद, अभिरुचि*; *v.t.* स्वादिष्ट बनाना
ziganka *n.* रूस देश का एक प्रकार का नाच
zigzag *n.* तिर्छी या टेढ़ी-मेढ़ी लकीर*; *a.* मोड़दार, टेढ़ा-मेढ़ा; *v.i.* (*p.t.* zigzagged) शीघ्रता से आगे पीछे करना
zinc *n.* जस्ता
zip *n.* बन्दूक की गोली की सरसराहट का शब्द
zone *n.* क्षेत्र, मण्डल, मेखला, भू-कटिबन्ध, परिधि*, घेरा
zoo *n.* चिड़ियाघर, पशुवाटिका
zoology *n.* प्राणिविद्या*, जन्तुविज्ञान
zoological *a.* जन्तुविज्ञान-संबंध; zoological garden जंगली पशु पक्षी इ० रखने का बगीचा
zoologist *n.* जन्तुविज्ञानी, जीवशास्त्री
zoonomy *n.* जन्तुजीवन के नियम
zoopathology *n.* पशुओं के रोगों की विद्या*
zoophilist *n.* पशुओं का प्रेमी
zootechny *n.* पशुओं को पालने की विधि
Zoroastrianism *n.* पारसियों का धर्म, जरस्तुत मत
zoster *n.* एक प्रकार का चर्म-रोग
zumbooruk *n.* ऊंट की पीठ पर लदी हुई तोप*
zuna *n.* एक प्रकार की भेड़*
zymurgy *n.* आसव बनाने का रसायन
zythepsary *n.* मद्य बनाने का स्थान
zythum *n.* एक प्रकार की मदिरा*

○○○

# परिशिष्ट १

## APPENDIX 1

## प्रशासकीय शब्द

### ADMINISTRATIVE TERMS

Accountant General : महा-लेखाकार
Accounts Clerk : लेखा-लिपिक/क्लर्क
Accounts Department : लेखा विभाग
Accounts Officer : लेखा-अधिकारी/अफसर
Additional Accountant General : अपर महा लेखाकार
Administration Division : प्रशासन प्रभाग
Administration and External Affairs Division : प्रशासन और परराष्ट्र प्रभाग
Administrator General : महा प्रशासक
Advisory Board : सलाहकार बोर्ड/मंडल
Advisory Committee : सलाहकार समिति
Advisory Council : सलाहकार परिषद्
Advocate General : महा-अधिवक्ता, एडवोकेट जनरल
Agriculture Ministry : कृषि-मंत्रालय
Circonditioning Division : वातानुकूलन प्रभाग
Air Headquarters : वायुसेना मुख्यालय/हैडक्वार्टर
All India Handicrafts Board : अखिल भारतीय दस्तकारी बोर्ड
All India Radio : आकाश-वाणी
Anti-corruption Branch : भ्रष्टाचार-विरोधी शाखा
Archaeological Department : पुरातत्त्व विभाग
Armed Forces Informa-

tion Office : सशस्त्र सेना सूचना कार्यालय/दफ्तर

Army Headquarters : सेना मुख्यालय/हेडक्वार्टर

Attache : अटैशे, सहचारी

Attorney General : महा-न्यायवादी

Backward Classes Commission पिछड़े वर्ग कमीशन

Bibliographer : ग्रन्थ-सूचीकार

Board of Censors : सेंसर बोर्ड

Board of Directors : निदे-शक-बोर्ड/मंडल

Board of Revenue : राजस्व बोर्ड/मंडल

Board of Scientific Terminology : वैज्ञानिक शब्दा-वली बोर्ड/मंडल

Board of Studies : पाठ्य-पर्षद

Botanical Survey of India : भारतीय वनस्पति सर्वेक्षण संस्था

Cabinet Secretariat : मंत्रि-मंडल/केबिनेट सचिवालय

Central Institute of Education : केन्द्रीय शिक्षण संस्थान

Central Intelligence Bureau : केन्द्रीय खुफिया ब्यूरो

Central Public Works Department : केन्द्रीय निर्माण विभाग

Central Recovery Office : केन्द्रीय वसूली कार्यालय/ दफ्तर

Central Road Research Institute : केन्द्रीय सड़क अनुसंधानशाला

Central Social Welfare Board : केन्द्रीय समाज कल्याण बोर्ड/मंडल

Central Water and Power Commission : केन्द्रीय जल और बिजली कमीशन

Chamber of Commerce : वाणिज्य-मंडल

Chartered Accountant : चार्टर प्राप्त लेखाकार, चार्टर्ड अकाउण्टेण्ट

Chief Commissioner : मुख्य आयुक्त/कमिश्नर

Chief Engineer : मुख्य इंजीनियर

Chief Executive Officer : मुख्य कार्यकारी अधिकारी/ अफसर

Chief Justice : मुख्य न्याया-धिपति

Chief Labour Commissioner : मुख्य श्रम आयुक्त/ कमिश्नर

**Chief Minister** : मुख्य मंत्री
**Chief Secretary** : मुख्य सचिव
**Child Welfare Centre** : बाल कल्याण केन्द्र
**Circle Inspector** : परिमण्डल निरीक्षक, हलका इन्सपैक्टर
**Circuit Court** : दौरा-न्यायालय
**Civil Aviation Department** : सिविल/नगर विमानन विभाग
**Civil Court** : दीवानी न्यायालय/अदालत
**Civil Dispensary** : सरकारी औषधालय/दवाखाना
**Civil Supplies and Rationing Department** : सिविल रसद और राशन विभाग
**Commissioned Officer** : राजादिष्ट अधिकारी/अफसर
**Communication Directorate** : संचार मंत्रालय
**Comptroller and Auditor General** नियंत्रक और महालेखा परीक्षक
**Conservator of Forests** : वनसंरक्षक
**Controller** : नियन्त्रक
**Co-operative Societies Department** : सहकारी समिति विभाग
**Co-opted Member** : सहयोजित सदस्य
**Co-ordination and complaint Section** : समन्वय और शिकायत अनुभाग
**Copyist** : नकलनवीस
**Cottage Industries Section** : कुटीर उद्योग अनुभाग
**Council of States** : राज्य-सभा
**Counsel** : परामर्शदाता
**Criminal Investigation Department** : खुफिया पुलिस-विभाग
**Custodian of Evacuee Property** : निष्क्रान्त सम्पत्ति-परिरक्षक
**Customs Department** : सीमा-शुल्क-विभाग
**Deputy Collector** : डिप्टी कलक्टर/उपसमाहर्ता
**Deputy Director** : उपनिदेशक
**Deputy Minister** : उपमन्त्री
**Deputy Secretary** : उपसचिव
**Deputy Speaker** : उपाध्यक्ष
**Despatch Clerk** : प्रेषण क्लर्क/लिपिक
**Despatcher** : प्रेषक
**Development Minister** : विकास मंत्री
**Diarist** : दैनिकी-लेखक/डायरी-लेखक

Director of Public Health : लोक स्वास्थ्य-निदेशक

Director of Public Instructions : लोक शिक्षा-निदेशक

Directorate of Economics and Statistics : अर्थ और संख्यान निदेशालय

Directorate of Employment Exchange : रोजगार निदेशालय

Directorate of Training : प्रशिक्षण निदेशालय

Directorate General : महा-निदेशालय

Disease Investigation Officer : रोग-जांच अधिकारी/अफसर

Distillery Inspector : शराब-कारखाना-निरीक्षक

Distribution Section : वितरण-अनुभाग

District Council : जिला-परिषद्

District Judge : जिला-जज/न्यायाधीश

District Magistrate : जिलाधीश, जिला मजिस्ट्रेट/दंडनायक

Economic Adviser : अर्थ-सलाहकार

Editor, Chief : मुख्य-सम्पादक

Editor, Managing : प्रबंध-सम्पादक

Editor, News : समाचार-सम्पादक

Editor, Sub : उप-सम्पादक

Editorial Section : सम्पादकीय अनुभाग

Education Directorate : शिक्षा-निदेशालय

Education Minister : शिक्षा मन्त्री

Election Commission : चुनाव आयोग/कमीशन

Employment Exchange : रोज़गार कार्यालय/दफ्तर

Enquiry Office : पूछताछ कार्यालय/दफ्तर

Entertainment Tax Commission : मनोरंजन-कर-कमीशन/आयोग

Estate Office : राज सम्पत्ति कार्यालय/दफ्तर

Excise Commissioner : उत्पाद-शुल्क आयुक्त/कमिश्नर

Executive Officer : कार्यकारी अधिकारी/अफसर

Ex-officio : पदेन

Exports Division : निर्यात प्रभाग

External Publicity Division : परराष्ट्र-प्रचार-प्रभाग

Federal Court : संघ न्यायालय

Finance Minister : वित्त मंत्री
Financial Adviser : वित्त सलाहकार
Fire Service : अग्नि-शमन व्यवस्था
Food Minister : खाद्य-मन्त्री
Foreign Minister : विदेश-मन्त्री
Forest Department : वन विभाग
Forest Research Institute : वन अनुसंधानशाला
Gazetted Officer : राजपत्रित अधिकारी/अफसर
Gazetted Post राजपत्रित पद
General Manager : महा-प्रबंधक
Geological Survey of India : भारतीय भूगर्भ सर्वेक्षण संस्था
Government House : राज-भवन
Government pleader : सर-कारी वकील
Governor General : महा-राज्यपाल
Head Clerk : प्रधान लिपिक/क्लर्क
Head Cons'able : प्रधान सिपाही/कांस्टेबल
Head Office : प्रधान कार्यालय/दफ़्तर
Healtn officer : स्वास्थ्य अधि-कारी/अफसर
Her Excellency : परम श्रेष्ठ
His Excellency : परम श्रेष्ठ
Home Minister : गृह मन्त्री
Horticulture Department : उद्यान-विभाग
House of People : लोक-सभा
Improvement Trust : नगर-सुधार-विभाग
Incharge : कार्यभारी
Income Tax Officer आयकर अधिकारी/अफसर
Indian Administrative Ser-vice : भारतीय प्रशासन सेवा
Indian Air Force : भारतीय हवाई सेना
Indian Air Lines Corpo-ration : भारतीय हवाई कम्पनी निगम
Indian Bureau of Mines : भारतीय खनिज-विभाग
Indian Civil Service : भार-तीय सिविल सेवा
Indian Council of Cul-tural Relations : भारतीय सांस्कृतिक संपर्क परिषद्
Indian Council of Medi-cal Research : भारतीय चिकित्सा अनुसंधान परिषद्
Indian Council of World

Affairs : भारतीय विश्व-विचार परिषद्
Indian Police Service : भारतीय पुलिस-सेवा
Indian Standards Institution भारतीय मानक-संस्था
Industries and Labour Directorate : उद्योग और श्रम निदेशालय
Information Department : सूचना विभाग
International Labour Office : अन्तर्राष्ट्रीय श्रम कार्यालय/दफ़्तर
Irrigation Department : सिंचाई-विभाग
Issue Department : निकासी विभाग
Joint Secretary : संयुक्त सचिव
Judicial Department : न्याय विभाग
Labour Department : श्रम विभाग
Land and Development Office : भूमि और विकास कार्यालय/दफ्तर
Leader of the House : सदन-नेता
Legal Adviser : विधि-सलाहकार
Legislative Assembly : विधान-सभा
Legislative Council : विधान-परिषद्
Lessor : पट्टदाता
Lexicographer कोशकार
Licenser लाइसेंसदाता
Lieutenant Governor : उप-राज्यपाल
Lighthouse Department : प्रकाश-स्तम्भ-विभाग
Local Government : स्थानीय सरकार
Local Self Government : स्थानीय स्वायत्त शासन
Locust Department : टिड्डी विभाग
Lower Chamber : अवर सदन
Lower Division Clerk : अवर श्रेणी लिपिक/क्लर्क
Lower House : अवर सदन
Managing Director : प्रबन्ध-निदेशक
Marine Officer : समुद्री अधिकारी/अफसर
Marketing Officer : पणन अधिकारी/अफसर
Mechanical and Workshop Division : मशीन और कारखाना प्रभाग
Medical Practitioner : चिकित्सा-व्यवसायी
Member of Parliament :

संसद सदस्य
Member Secretary : सदस्य सचिव
•Meteorological Office मौसम कार्यालय/दफ्तर
Meter Reader : मीटर पढ़ने वाला
Military Officer : सेना अधिकारी/अफसर
Mining Board : खनि-बोर्ड
Minister of State : राज्य-मंत्री
Ministry of Commerce and Industry : वाणिज्य और उद्योग मन्त्रालय
Ministry of Communications : संचार मंत्रालय
Ministry of Defence : रक्षा-मंत्रालय
Ministry of Education : शिक्षा-मंत्रालय
Ministry of External Affairs : परराष्ट्र मंत्रालय
Ministry of Finance : वित्त-मंत्रालय
Ministry of Food and Agriculture : खाद्य और कृषि मंत्रालय
Ministry of Health : स्वास्थ्य-मंत्रालय
Ministry of Home Affairs : गृह-मंत्रालय
Ministry of Information and Broadcasting : सूचना और प्रसार मंत्रालय
Ministry of Internal Affairs : स्वराष्ट्र-मंत्रालय
Ministry of Irrigation and Power : सिचाई और बिजली मंत्रालय
Ministry of Labour : श्रम-मंत्रालय
Ministry of Natural Resources and Scientific Research : प्राकृतिक साधन और वैज्ञानिक अनुसंधान-मंत्रालय
Ministry of Production : उत्पादन-मंत्रालय
Ministry of Railways : रेलवे मंत्रालय
Ministry of Rehabilitation : पुनर्वास-मंत्रालय
Ministry of Transport : परिवहन मंत्रालय
Ministry of Works, Housing and Supply : निर्माण, आवास और संभरण मंत्रालय
Municipal Board : नगर-पालिका
Municipal Commissioner : नगरपाल
National Archives of India : भारत का राष्ट्रीय अभिलेखा-

गार

National Art Gallery : राष्ट्रीय कला वीथी

National Physical Laboratory : राष्ट्रीय भौतिक प्रयोगशाला

News Agent : समाचारपत्र/अखबार एजेंट

Nominator ; नामनकर्ता नामज़द करने वाला

Oath Commissioner : शपथ अधिकारी

Office Superintendent : कार्यालय/दफ्तर अधीक्षक

Officer-in-charge : कार्यभारी अधिकारी/अफसर

Officer on Special duty : विशेष कार्य अधिकारी/अफसर

Officiating : स्थानापन्न

Operator : प्रचालक

Overseas Communications Service : समुद्रपार संचार व्यवस्था

Parliamentary Secretary : संसद सचिव

Pay & Accounts Officer : वेतन व लेखा अधिकारी/अफसर

Paymaster : वेतनदाता

Personal Assistant : व्यक्तिक सहायक

Planning Officer : आयोजना अधिकारी

Plant Protection Adviser : वनस्पति-रक्षा-सलाहकार

Polling Officer : मतांकन अधिकारी/अफसर

Port Officer : पत्तन अधिकारी/अफसर

Post & Telegraph Department : डाक-तार-विभाग

Postmaster General : पोस्टमास्टर जनरल, महाडाकपाल

Presiding Officer : अधिष्ठाता

Press Information Bureau : प्रेस-सूचना-व्यूरो

Press Representative : पत्र प्रतिनिधि

Principal Officer : प्रमुख अधिकारी/अफसर

Principal Private Secretary: प्रमुख निजी सचिव

Private Secretary : निजी सचिव

Production Commissioner : उत्पादन आयुक्त/कमिश्नर

Propaganda Office : प्रचार कार्यालय/दफ़्तर

Proposer : प्रस्तावक

Public Health Department : लोक-स्वास्थ्य विभाग

Public Service Commission : लोक-सेवा आयोग/कमीशन

Public Works Department : लोक निर्माण-विभाग

Publications Division : प्रकाशन प्रभाग

Publicity Office : प्रकाशन-कार्यालय/दफ्तर

Purchase Directorate : क्रय-निदेशालय

Railway Board : रेलवे बोर्ड/मंडल

Railway Conference Association : रेलवे सम्मेलन-निकाय

Receiving Centre : प्रादान केन्द्र

Reception & Enquiry Office : स्वागत और पूछ-ताछ कार्यालय/दफ्तर

Receptionist : स्वागती

Record Keeper : अभिलेख-पाल

Record Office : अभिलेख-कार्यालय/दफ्तर

Regional Languages Section : प्रादेशिक भाषा-अनुभाग

Regional Meteorological Centre : प्रादेशिक मौसम सूचना केन्द्र

Regional Tourist Office : प्रादेशिक पर्यटन कार्यालय/दफ्तर

Regional Transport Officer : प्रादेशिक परिवहन अधिकारी/अफसर

Registration Officer : रजिस्ट्री अधिकारी/अफसर

Rehabilitation Division : पुनर्वास-प्रभाग

Rehabilitation Minister : पुनर्वास-मंत्री

Remitter : प्रेषक/भेजने वाला

Rent Controller : भाड़ा नियंत्रक

Research Assistant : अनुसंधान सहायक

Resettlement & Employment Directorate : पुनःस्थापन और रोज़गार निदेशालय

Resident Representative : स्थानिक प्रतिनिधि

Revenue Commissioner : राजस्व/माल आयुक्त/कमिश्नर

Revenue Minister : राजस्व/माल मंत्री

Road Transport Authority : सड़क परिवहन प्राधिकरण

Rural Development Department : ग्राम-विकास विभाग

Scholarships & Informa-

tion Division : छात्रवृत्ति और सूचना-प्रभाग
School of Foreign Languages : विदेशी-भाषा विद्यालय
Sanitary Inspector : सफाई-निरीक्षक
Scientific Research Committee : वैज्ञानिक अनुसन्धान-समिति
Secretariat Security Organisation : सचिवालय सुरक्षा संगठन
Secretariat Training School : सचिवालय ट्रेनिंग-स्कूल/प्रशिक्षणशाला
Section Officer : अनुभाग अधिकारी/अफसर
Select Committee : प्रवर-समिति
Small Scale Industries Directorate : लघु उद्योग-निदेशालय
Stationery Section : लेखन-सामग्री/स्टेशनरी अनुभाग
Statistical Branch : संख्यान-शाखा
Storage & Inspection Directorate : संचय और निरीक्षण निदेशालय
Superintendent of Excise & Salt : उत्पाद शुल्क और नमक अधीक्षक
Supply & Disposals Directorate : संभरण व निपटान निदेशालय
Surveyor General of India : भारत का महासर्वेक्षक
Taxation Enquiry Committee : कर जांच-समिति
Tax Collector : कर-समाहर्ता
Technical Assistant : तकनीकी सहायक
Technical Directorate : तकनीकी निदेशालय
Telegraph Complaint Officer : तार-शिकायत अधिकारी/अफसर
Telephone Supervisor : टेलीफोन-पर्यवेक्षक
Teleprinters Section : दूर मुद्रक-अनुभाग
Textile Enquiry Committee : कपड़ा-जांच-समिति
Timekeeper : समयपाल
Tools Development Directorate : औज़ार विकास निदेशालय
Trade Commissioner : व्यापार आयुक्त/कमिश्नर
Traffic Inspector : यातायात निरीक्षक
Traffic Manager : यातायात-प्रबन्धक
Traffic Superintendent :

यातायात अधीक्षक

Translation Department : अनुवाद विभाग

Transmitting Station : प्रेषण-केन्द्र

Transport Service : परिवहन व्यवस्था

Treasury Officer : कोषाधिकारी, खजाना अफसर

Under Secretary : अवर सचिव

Upper Division Clerk : उच्च श्रेणी लिपिक/क्लर्क

United Nations Organisation : संयुक्त राष्ट्र-संघ

University Grants Commission : विश्वविद्यालय अनुदान आयोग कमीशन

Vacation Department : अवकाश-विभाग

Valuation Officer : मूल्यांकन अधिकारी/अफसर

Village Defence Society : ग्राम-रक्षा-समिति

Warrant Officer : वारंट अधिकारी/अफसर

Welfare Officer : कल्याण अधिकारी/अफसर

Whip : सचेतक, व्हिप

Wireless & Cipher Office : बेतार और बीज-लेख कार्यालय/दफ़्तर

Wireless Operator : बेतार प्रचालक

Works Manager : निर्माण प्रबन्धक

Zoological Survey of India : भारतीय प्राणि-सर्वेक्षण विभाग

# परिशिष्ट २

## APPENDIX 2

## अंग्रेजी तथा हिन्दी की कहावतें

## ENGLISH PROVERBS AND THEIR HINDI EQUIVALENTS

A bad man is better than a bad name—बद अच्छा बदनाम बुरा।

A bad workman quarrels with his tools—नाच न जाने आंगन टेढ़ा।

A bird in hand is worth two in the bush—नौ नगद न तेरह उधार।

A bitter jest is the poison of friendship—लड़ाई की जड़ हांसी।

A blind man is no judge—बंदर क्या जाने अदरख का स्वाद।

A boaster and a liar are cousins—चोर का भाई गंठकटा

A burnt child dreads the fire—दूध का जला छाय को फूंककर पीता है।

A drop in the ocean—ऊंट के मुंह में जीरा।

Advice has no effect on those used to rod—लातों के भूत बातों से नहीं मानते।

A figure among cyphers—अंधों में काना राजा।

A fog cannot be dispelled by a fan—ओस चाटे प्यास नहीं बुझती

A gift will make its way—भगवान जब देता है तो छप्पर

फाड़कर देता है।

A good name is better than bags of gold—लाख जाय पर साख न जाय।

A good servant should have good wages—खरी मजूरी चोखा काम।

A good tongue is a good weapon—जबान सीरी मुलकगीरी।

A guilty conscience self accuses—चोर की दाढ़ी में तिनका।

A honey tongue, a heart of gall—मुख में राम बगल में छुरी।

A little knowledge is a dangerous thing—नीम हकीम खतरे जान।

All's well that ends well—अन्त भला सो भला

All that glitters is not gold—जो गरजते हैं वे बरसते नहीं।

A man of no principle—गंगा गए गंगाराम जमना गए जमनाराम।

An empty door will tempt the saint—मुफ्त की शराब काजी को भी हलाल।

An empty vessel sounds much—थोथा चना बाजे घना।

A nine days' wonder—चार दिन की चांदनी फिर अंधेरी रात।

A robber in the garb of a saint—राम नाम जपना पराया माल अपना।

A rotten sheep infects the whole flock—एक मछली सारे तालाब को गन्दा कर देती है।

As gods so are the worshippers—जैसी रूह वैसे फरिश्ते।

A single sinner sinks the boat—एक पापी नाव को ले डूबता है।

As the king so are the subjects—यथा राजा तथा प्रजा।

As you sow, so you reap—जैसी करनी वैसी भरनी।

Avarice is the root of all evils—लालच बुरी बला है।

A wolf in lamb's clothing—इंसान की शकल में शैतान।

Barking dogs seldom bite—जो गरजते हैं सो बरसते नही।

Bear and forbear is a good philosophy—संतोष का फल

सदा मीठा।

Beauty has wings—चार दिन की चांदनी फिर अंधेरी रात।

Beggars and borrowers could not be choosers—दान की बछिया का दांत नहीं देखा जाता।

Beneath the rose lies the serpent—विष-रस भरा कनक घट जैसे।

Better wear your shoes than your bed clothes—बैठे से बेगार भली।

Between the devil and deep sea—इधर कुआं उधर खाई।

Between two stools we come to the ground—दुविधा में दोनों गए, माया मिली न राम।

Birds of a feather flock together—चोर-चोर मौसेरे भाई।

Black will take no other hue—सूरदास की काली कमरिया चढ़े न दूजो रंग।

Blood is thicker than water—अपना-अपना पराया-पराया।

By the throat expressed by the world possessed—कही बात पराई हो जाती है।

Cast in the same mould—एक ही थैली के चट्टे-बट्टे।

Cattle do not die from crow's cursing—बिल्ली के सरापे छीका नहीं टूटता।

Coming events cast their shadows before—होनहार बिरवान के होत चीकने पात।

Contentment is happiness—संतोषी सदा सुखी।

Crows are never the whiter for washing—नीम न मीठी होय सींचो गुड़ घी से।

Crying in wilderness—भैंस के आगे बीन बजाना।

Cut your coat according to your cloth—उतने पांव पसारिए जितनी लम्बी सौड़।

Danger past, God is forgotten—दुख गुज़रा राम बिसारा।

Death defies the doctor—टूटी की बूटी नहीं।

Death keeps no calendar—मौत और गाहक का कुछ भरोसा नहीं कब आ जाए।

Death makes no distinction of person—मौत न जाने बूढ़ा या जवान।

Death's day is Doom's day—आप मरे जग परलय।

Deep rivers move with silent majesty, shallow brooks are noisy—अधजल गगरी छलकत जाय, भरी गगरिया चुप्पे जाय।

Diamonds cut diamonds—लोहे को लोहा काटता है।

Difficulties give way to diligence—मेहनत से मुसीबत भागती है।

Distant drums sound well—दूर के ढोल सुहावने।

Do at Rome as the Romans do—जैसा देश वैसा भेष।

Do evil and look for like—कर बुरा तो हो बुरा।

Do good and cast it into the river—नेकी कर दरिया में डाल।

Drowning man catches at straw—डूबते को तिनके का सहारा।

Dry bread at home is better than roast meat—बाहर की चिकनी-चुपड़ी से घर की रूखी अच्छी है।

East or west home is the best—पूरब या पश्चिम घर सब से उत्तम।

Empty vessels make much noise—थोथा चना बाजे घना।

Empty words buy no barley—खाली बातों से काम नहीं चलता।

Errors and omissions accepted—भूल-चूक लेनी-देनी।

Escaped with life, millions found—जान बची और लाखों पाए।

Errors like straws upon the surface flow.
One who is in search of truth must dive below.
जिन खोजा तिन पाइयां गहरे पानी पैठ।
मैं बपुरी ढूंढ़न गई रही किनारे बैठ॥

Even death cannot be had for the asking—मांगे मौत भी नहीं मिलती।

Every body's business is no body's business—साझे की हांडी चौराहे पर फूटे।

Every dog has his way—बारह वर्ष में कूड़ी के दिन भी

फिरते हैं ।

Every man's house is his castle—अपना मकान कोट समान ।

Every potter praises his pot—अपना पूत सब ही को प्यारा, अपने दही को सभी मीठा कहते हैं ।

Everything looks yellow to a jaundiced eye—सावन के अन्धे को हरा ही हरा दीखता है ।

Evil beginnings have bad endings—आदि बुरा अन्त बुरा ।

Evil got, evil spent—चोरी का माल मोरी में ।

Example teaches better than precept—औरों को नसीहत खुद को फजीहत ।

Face is the index of mind—चेहरा मन का आइना है ।

Face to face the truth comes out—मुंह के सामने झूठ नहीं बोला जाता ।

Feed the mouth, shame the eyes—मुंह खाए आंख लजाए ।

Fool to others, to himself a sage—अपने मुंह मियां मिट्ठू ।

Forced labour is better than idleness—बेकार से बेगार भली ।

Fortune favours the brave—पुरुषसिंह जे उद्यमी लक्ष्मी ताकी चेरि ।

Friends are plenty when the purse is full—धनी के सब यार ।

From a bad paymaster get what you can—भागते चोर की लंगोटी ही सही ।

Gather thistles and expect pickles—बोए पेड़ बबूल के तो आम कहां से होय ।

Give him an inch and he will take an ell—उंगली पकड़ते-पकड़ते पहुंचा पकड़ना ।

Gods' will be done—ईश्वरेच्छा बलीयसी ।

Good health is above wealth—तन्दुरुस्ती हजार नियामत ।

Good marksman may miss—घोड़े का सवार भी गिरता है, बड़े-बड़े भी चूक जाते हैं ।

Good mind, good find—आप भला तो जग भला ।

Good swimmers are very often drowned—तैराक ही डूबते हैं।

Gone the goose that did lay golden eggs—वो दिन गए जब पसीना गुलाब था।

Great cry little wool—ऊंची दूकान फीका पकवान।

Guilty conscience is always suspicious—पापी का मन सदा शंकित रहता है।

Half a loaf is better than no bread—कुछ नहीं से थोड़ा भला, नाहीं मामा से काना मामा अच्छा।

Hard nut to crack—लोहे के चने चबाना।

Haste is waste उतावला सो बावला।

He breaks his wife's head and then buys a plaster for it—चूहा मारकर गोबर सुंघाना।

He cooks his own broth—अपनी खिचड़ी अलग पका रहा है।

He giveth thrice that giveth in trice—तुरत दान महा-कल्याण।

He jests at scars who never felt a wound—जाके पैर न फटी बिवाई, सो क्या जाने पीर पराई।

He stumbled at the threshold—सर मुंडाते ही ओले पड़े।

He, that is warm, thinks all are so—आप सुखी तो जग सुखी।

He who would catch fish must not mind getting wet—नाचने उठे तो घूंघट कैसा।

He who would sow well, must reap well—अच्छा करो अच्छा पाओ। कर भला तो हो भला।

High winds blow on high hills—बड़ों की बड़ी वात।

His bread is buttered on both the sides—चुपड़ी और दो दो।

His wits are gone a wool-gathering—उसकी अक्ल चरने गई है।

Hold your soul in patience—तेल देख तेल की धार देख।

Honey is not for asses' mouth—यह मुंह और मसूर

की दाल ।

Hopeless fellow, driving from pillar to post—धोबी का कुत्ता न घर का न घाट का ।

Hunger is the best sauce—भूख में किवाड़ भी पापड़ ।

Hurry spoils curry—आगे दौड़ पीछे चौड़ ।

If you want a thing well done, do it yourself—बिना अपने मरे स्वर्ग नहीं दीखता ।

Ill got, ill spent—सूम का धन शैतान खाए ।

Ill gotten goods seldom prosper—चोरी का धन मोरी में ।

In calm sea every one is pilot—लड़ाई के बाद सभी बहादुर ।

Innocent have nothing to fear—सांच को आंच नहीं ।

I stout thou stout, who will carry the dirt out—मैं भी रानी तू भी रानी कौन भरेगा घर का पानी ।

I talk of chaff and you hear of a cheese—पूछे खेत की कहे खलियान की ।

It is easier to say than to do—कहना आसान है करना मुश्किल है ।

It never rains, but it pours—मुसीबत अकेली नहीं आती ।

It is foolish sheep that makes the wolf his confessor—बिल्ली और दूध की रखवाली ।

It is good sometimes to hold candle to the devil—ज़रूरत पड़ने पर गधे को भी बाप बनाया जाता है ।

It is hard to live in Rome and to fight with the Pope—जल में रहकर मगरमच्छ से बैर ।

It is no use crying over spilt milk—बीती ताहि बिसारि दे, आगे की सुधि लेय ।

It is too late to lock the stable-door when the steed is stolen—अब पछताय होत क्या जब चिड़ियां चुग गईं खेत ।

It is work that makes a workman—काम काम को सिखाता है ।

It takes two to make a quarrel—एक हाथ से ताली नहीं बजती ।

**Killing two birds with one stone**—एक पंथ दो काज। एक तीर से दो शिकार।

**Let bygones be bygones**—बीती सो बीती। बीती ताहि बिसार दे, आगे की सुधि लेय।

**Let sleeping dogs lie**—भिड़ों के छत्ते को मत छेड़ो।

**Let the past bury the dead**—गड़े मुर्दे न उखाड़ो।

**Let us see which way the wind blows**—देखें ऊंट किस करवट बैठता है।

**Like cures like**—विषस्य विषमौषधम्।

**Like draws like**—चोर चोर मौसेरे भाई।

**Like father, like son**—जस बाप तस बेटा।

**Little drops make the ocean**—बूंद-बूंद से तालाब भर जाता है।

**Living from hand to mouth**—रोज कुआं खोदना, रोज़ पानी पीना।

**Long absent is soon forgotten**—आंख ओझल पहाड़ ओझल।

**Make hay while the sun shines**—बहती गंगा में हाथ धोना।

**Man is one, destinies varies**—परमेश्वर की माया कहीं धूप कहीं छाया।

**Man proposes, God disposes**—मेरे मन कुछ और है, कर्त्ता के मन और।

**Many a slip between the cup and the lip**—कानी के ब्याह को सौ जोखों।

**Many men, many minds**—जितने नर उतनी बुद्धि। नाना मुनि नाना मति।

**Measure for measure**—हत्या के बदले फांसी, जैसे को तैसा।

**Might is right**—जिसकी लाठी उसकी भैंस।

**Misfortune finds out its victim**—दुर्भाग्य जब आवे ऊंट चढ़े कुत्ता काटे।

**Misfortunes never come singly**—मुफलिसी में आटा गीला। मुसीबत अकेले नहीं आती है।

**Money begets money**—पैसा पैसे को खींचता है।

Money for money and interest besides—ग्राम के ग्राम ग्रौर गुठलियों के दाम।

Money makes the mare go—घी बनाए खीचड़ी नाम बहू का होय।

Much cry and little wool—ऊंची दुकान फीका पकवान।

No one knows the weight of another's burden—जाके पांव न फटी बिवाई, सो का जाने पीर पराई।

No pains no gains—सेवा बिना मेवा नहीं।

One flower makes no garland—एक फूल से माला नहीं बनती।

One good turn deserves another—इस हाथ दे उस हाथ ले।

One nail drives out another—कांटे से कांटा निकलता है।

One post and hundred candidates—एक ग्रनार सौ बीमार।

One slays another pays—करे कोई भरे कोई।

One swallow does not make a summer—ग्रकेला चना भाड़ नहीं फोड़ सकता।

One to-day is better than two to-morrow—नौ नगद न तेरह उधार।

Only the wearer knows where the shoe pinches—जिसके पैर न फटी बिवाई वह क्या जाने पीर पराई।

Out of the frying-pan into the fire—ग्राम से टपका, बबूल में ग्रटका।

Over shoes over boots—ग्रोखली में सिर दिया तो मूसलों से क्या डर।

Penny wise pound foolish—मोहरें लुटी जाएं कोयलों पर छाप।

Poverty breeds strife—गरीबी झगड़े की जड़ है।

Practice makes a man perfect—काम को काम सिखाता है।

Prettiness dies quickly—चार दिन की चांदनी फिर ग्रंधेरी रात।

Pride goeth before a fall—घमंड का सिर नीचा।

Public voice is God's voice—ज़बाने खल्क को नक्कारे खुदा

समझो।

Puff not against the wind—आसमान का थूका मुंह पर ही आता है।

Pure gold does not fear the flame—सांच को आंच नहीं।

Quit not certainty for hope—आधी छोड़ सारी को धावै, आधी रहै न सारी पावै।

Respect yourself and you will be respected—अपनी मर्यादा अपने हाथ।

Riches have wings—लक्ष्मी चंचला होती है।

Rod tames everyone—डंडे के आगे भूत नाचता है।

Rome was not built in a day—हथेली पर दही नहीं जमता।

See what airs he is giving himself—मेंढकी को भी जुकाम होने लगा।

Self praise is no recommendation—अपने मुंह मियां मिट्ठू बनने से काम नहीं चलता।

Society moulds men—खरबूजे को देखकर खरबूजा रंग बदलता है।

Solid worth is not sullied by slander—धूल डाले चांद नहीं छिपता।

Something is better than nothing—भागते चोर की लंगोटी ही सही।

Something is wrong at the bottom—कुछ दाल में काला है।

Soon ripe is soon rotten—जल्दी पका सो जल्दी सड़ा।

Steal a goose and give giblets in alms—निहाई की चोरी और सुई का दान।

Strike the iron while it is hot—अवसर को कभी न गंवाओ।

Sweep before your own door—तुझको पराई क्या पड़ी अपनी निबेड़ तू।

Temperance is the best physique—परहेज़ सब से अच्छा नुस्खा है।

The belly teaches all arts—पेट सब कुछ कराता है।

The cheap buyer takes bad meat—महंगा रोए एक बार

सस्ता रोए बार-बार।

The deeper the well the cooler the water—जितना गुड़ डालो उतना मीठा।

The innocent have nothing to fear—सांच को आंच नहीं।

The priest sees no further than the church—मुल्ला की दौड़ मस्जिद तक।

The thief threatens the constable—उलटा चोर कोतवाल को डांटे।

There are man and man, every stone is not gem—आदमी-आदमी अन्तर कोई हीरा कोई कंकर।

There is a world of difference between a king and a beggar—कहां राजा भोज कहां गंगू तेली।

Think twice before you speak—पहले तोलो फिर मुंह से बोलो।

Tit for tat—जैसे को तैसा। शठे शाठ्यम्।

To cast pearls before swine—बन्दर क्या जाने अदरख का स्वाद।

To count one's chickens before they are hatched—घर घोड़ा नकास मोल।

To dig one's own grave—अपने पैरों पर आप कुल्हाड़ी मारना।

To end in a fiasco—टांय-टांय फिस।

To hunt with the hound and run with the fox—चोर से कहे चोरी कर शाह से कहे जागता रह।

To invite one and feast another—एक को साई दूसरे को बधाई।

To kill two birds with one stone—एक पंथ दो काज।

To lock the stable-door when the steed is stolen—का वर्षा जब कृषी सुखानी।

To make a mountain of a mole hill—राई का पहाड़ बनाना। तिल से ताड़ बनाना।

To make castles in the air—हवाई किले बनाना।

Tomorrow will take care of itself—अब की अब के साथ जब

की जत्र के साथ।

To much courtesy, to much craft—मधुरी बानी दगाबाज़ की निशानी।

To rob Peter to pay Paul—गाय मार कर जूता दान।

Union is strength—एकता ही बल है।

Vows made in storm are forgotten in calm—दु:ख में सुमरिन सब करें, सुख में करे न कोय।

Where there is a will there is a way—जहां चाह तहां राह।

Whistling maid and crowning hen are neither fit for gods nor men—धोबी का कुत्ता न घर का न घाट का।

Wisdom is more powerful than strength—अक्ल बड़ी कि भैंस।

# परिशिष्ट ३

# APPENDIX 3

## महत्त्वपूर्ण पद और मुहावरे

## IMPORTANT PHRASES AND IDIOMS

### NOUN PHRASES

An apple of discord—झगड़े की जड़

An apple of one's eye—बहुत प्यारा

A bed of roses—आराम देने वाली वस्तु

A bird of passage—एक स्थान पर जम कर न ठहरने वाला

Break of day—तड़का, प्रात:काल

A child's play—बच्चों का खेल, बहुत सरल कार्य

Dead of night—आधी रात

A dead letter—बिना प्रभाव की बात

A fool's errand—मूर्खता का कार्य

A foul play—बेईमानी का खेल

A free port—बगैर कर का बन्दरगाह
The golden age—स्वर्ण युग
A golden opportunity—सुनहला अवसर
Hide and seek—आंख मिचौनी का खेल
The lion's share—सब से बड़ा भाग
A make-believe—बहाना
A make-weight—पासंग
A man of mark—विशेषता रखने वाला आदमी
A man of parts—अच्छे गुणों वाला आदमी
A man of letter—विद्वान
A man of war—लड़ाई का जहाज़
A matter of fact—सच्चाई
At the nick of time—ऐन मौके पर
A pass-port—दूसरे देश जाने की आज्ञा
Petticoat government—जनाना राज्य
A pitched battle—डट कर लड़ी हुई लड़ाई
Ready money—नक़द रुपया
Ring leader—सरदार
Sun-set—सूर्य अस्त होने का समय
A thankless task—बिना लाभ का कार्य

## ADJECTIVAL PHRASES

Stark naked—बिल्कुल नंगा
Stone blind—निपट अंधा
Quick-witted—तुरत बुद्धि
Milk white—दूध जैसा सफेद
Ink-black—रोशनाई जैसा काला
Jet-black—काजल जैसा काला
Blood-red—रक्त जैसा लाल
Sky-blue—आकाश जैसा नीला
Gold-yellow—सोने जैसा पीला

Ashen grey—राख जैसा खाकी
Half-dead—अधमरा
Half-hearted—बिना मन के
Ice-cold—बर्फ जैसा ठण्डा
Honey-sweet—शहद जैसा मीठा
Butter-soft—मक्खन जैसा नरम
Heart rending—हृदय-विदारक
Lion-hearted—शेर दिल
Well-to-do—मालदार
Ease-loving—आराम-पसन्द
Pretty to look at—देखने में सुन्दर
Hard of hearing—कम सुनने वाला
Endowed with uncommon intelligence—असाधारण बुद्धिमान
Destitute of wealth—धनहीन
Hard pressed with need—जरूरत का मारा हुआ
Next to impossible—लगभग असम्भव
Last but one—एक छोड़ अन्तिम

## ADVERBIAL PHRASES

All the day long—सारा दिन
All the year round—साल-भर
All the week through—सप्ताह-भर
The other day—किसी दिन
All the world over—संसार-भर में
As far as—जहां तक
As long as—जब तक
As soon as—ज्योंही
At every step—प्रत्येक पद पर
At any cost—हर कीमत पर
At any rate—किसी न किसी तरह

At random—बिना किसी उद्देश्य के
At the eleventh hour—अंतिम समय
By the bye—अवसर आने पर
By and by—जल्दी ही
By chance—संयोग से
By no means—हर तरह से
By mistake—गलती से
By over sight—दृष्टि न पड़ने की वजह से
By way of—बतौर
By virtue of—कारण से
En route –जाते हुए
Ere long—जल्दी ही
Ever and anon—कभी-कभी
Every now and then—बहुधा
For good—सदैव के लिए
For nothing—अकारण
Heart and soul—जी जान से
In black and white—लिखकर
In cold blood—निर्दयता से
In no time—फौरन, तुरन्त
In the long run—अन्त में
In the nick of time—ऐन समय पर
In the prime of youth—भरी जवानी में
In a round about way—हेर-फेर से
In season and out of season—मौका-बे-मौका
In the twinkling of an eye—पलक मारते ही
Of late—हाल ही में
Of one's own accord—खुद-ब-खुद
Of course—वास्तव में
Off and on—लगातार नहीं
On and on—लगातार
On the eve of—मौके पर

On the spur of the moment—ठीक उचित समय पर
Over and above—अतिरिक्त
Through and through—पूर्ण रूप से

## VERB PHRASES

To blow away—उड़ा देना
To blow down—नीचे गिरा देना
To blow out—फूंक मार कर बुझाना
To blow up—बारूद से उड़ा देना
To blow over—गुज़र जाना या थम जाना
To bear down—दबा देना
To bear upon—सम्बन्ध रखना
To break down—गिर जाना, बीच में रुकना
To break in—सधाना
To break into—चुपके से प्रवेश करना, नकब लगाना
To break open—ज़ोर लगा कर तोड़ना
To break off—रुक जाना
To break up—सभा आदि का समाप्त होना
To bring about—फल निकालना
To bring to light—प्रकट करना
To bring to a stand-still पूर्णतया रोक देना
To bring to bay—ऐसा घेर लेना कि बचाव न हो सके
To bring up—पालन करना
To call in question—सन्देह करना
To call names—गाली देना
To call to account—जवाब तलब करना
To carry weight—प्रभाव डालना
To cast a slur upon—धब्बा डालना
To change hands—कई हाथों में पहुंचना
To come of age—बालिग होना
To come off—होना या पड़ना

To come to blows—हाथापाई हो जाना
To come to grief—आपत्ति में पड़ना
To come to light—सब को मालूम होना
To count on, upon—भरोसा करना
To do away with—अलग कर देना
To fall in—एक पंक्ति में खड़े होना
To fall out—झगड़ा कर देना
To fall on, or upon—आक्रमण करना
To fall short—कमी हो जाना
To find fault with—दोष निकालना
To flock together—इकट्ठा हो बैठना
To gather strength—ज़ोर पकड़ जाना
To get in—अन्दर आना
To get out—बाहर चले जाना
To get up—उठ बैठना
To give ear—ध्यान देना
To give in—हार मान लेना
To give up—त्याग देना
To give place—जगह छोड़ना
To give way—मान जाना, टूट जाना
To go about—किसी कार्य में लग जाना
To go astray—भटक जाना
To go hard with—हक में बुरा होना
To go off—बन्दूक आदि का एकदम छूट जाना
To go on—तरक्की करते जाना
To go through—समाप्त करना, सहन करना
To go to pieces—टुकड़े-टुकड़े होकर नष्ट होना
To go under the name of—कहलाना, विख्यात होना
To go without saying—स्वयं सिद्ध होना
To hold off—दूर रहना
To hold in play—रोके रखना
To hold one's own—मुकाबले पर डटे रहना

To hold one's tongue—ज़बान बन्द रखना
To hold good—ठीक सिद्ध होना
To hold on—डटे रहता
To hold together—मिले रहना
To hold with—सहमत होना, तरफदारी करना
To hold down—अधीन रखना
To keep back—पीछे हटना
To keep to—लगा रहना, डटा रहना
To keep on—आगे बढ़ते रहना, जारी रखना
To keep to one's self—छिपाकर रखना
To lay anchor—लंगर डाल देना
To lay by—भविष्य के लिए बचाकर रखना
To be laid up—बीमार पड़ जाना
To lay down—सुपुर्द करना
To lay open—भेद खोल देना
To lay waste—बरबाद कर देना
To be in wait—ताक में रहना
To look about one's self—चौकन्ना रहना
To look after—देख-भाल करना
To look blank—भौचक्की सूरत बनाना
To look down upon—घृणा की दृष्टि से देखना
To look for—तलाश में होना
To look in the face—किसी के सामने न झेंपना
To look into—जांच-पड़ताल करना
To look on—तमाशा देखते रहना
To lose ground—हारते जाना
To lose heart—हताश होना
To lose the day—पराजित होना
To lose sight of—न दिखाई देना
To make after—पीछा करना
To make a living—जीविका पैदा करना
To make amends—हरजाना देना

To make away with—चुरा ले जाना
To make bold—साहस करना
To make good—पूर्ति करना
To make light of—तुच्छ समझना
To make merry—आनन्द लूटना
To make of—समझ सकना
To make out—साफ-साफ समझ लेना
To make over—सौंपना
To make up one's mind—दृढ़ संकल्प करना
To make up for—कमी पूरी करना
To pass away—चल बसना
To pass by—समीप से होकर जाना
To pass for—समझा जाना
To put in mind—याद दिलाना
To put in practice—प्रयोग में लाना
To put off—रख छोड़ना, टालना
To put on—पहनना
To put out—बुझाना
To put to flight—मार भगाना
To put to sea—जहाज़ पर चला जाना
To put to the sword—तलवार के घाट उतारना
To put up—ठहरना
To put up with—सहन करना
To run after—पीछा करना
To run away—भाग जाना
To run high—भड़क उठना, उफान लेना
To run into debt—ऋणी हो जाना
To run riot—बेकाबू हो जाना
To run short—कम पड़ जाना, समाप्त होना
To set about—प्रारम्भ कर देना
To set afloat—बहा देना, प्रारम्भ करना
To set against—विरुद्ध खड़ा कर देना

To set agoing—चालू कर देना
To set apart—अलग रख छोड़ना
To set aside—हटा देना
To set at defiance—बिल्कुल बेपरवाही कर देना
To set free—स्वतन्त्र कर देना
To set in—आरम्भ होना
To set on foot—आरम्भ कर देना
To set out—चल पड़ना
To set right—ठीक कर देना
To set sail—समुद्र यात्रा पर चलना
To stand aloof—अलग रहना
To stand by—समीप खड़े रहना, साथ देना
To stand for—प्रतिनिधिरूप से खड़े होना
To stand off—दूर खड़े होना
To take aim—निशाना लगाना
To take air—बात फूट पड़ना
To take effect—कार्य रूप में लाना
To take down—लिख लेना
To take for—समझना
To take to heart—दिल में घर कर जाना
To take ill—बुरा मान जाना
To take hold of—अधिकार में कर लेना
To take in hand—किसी काम को हाथ में लेना
To take leave of—विदा लेना
To take notice of—ध्यान देना
To take to a thing—कोई काम करने लग जाना
To take place—होना
To take prisoner—कैद कर लेना
To take root—जड़ पकड़ जाना
To take to one's heels—भाग जाना
To take to the road—डाकू बन जाना
To throw about—बिखेरना

To throw away—फेंक देना, खो देना
To throw back—अस्वीकार कर देना
To throw dust in the eye of—धोखा देना
To turn aside—एक तरफ हट जाना
To turn out—बाहर निकाल देना, सिद्ध होना
To turn over a new leaf—जीवन में नवीन परिवर्तन होना
To turn one's back—पीठ दिखाकर भागना
To turn tail—दुम दबा कर भागना
To turn up—हो जाना, आना
To turn the tables—तख्ता पलट देना

MISCELLANEOUS IDIOMS

A bolt from the blue—अचानक चोट
A white elephant—बहुत खर्च वाला
Add fuel to the fire—जलती पर तेल डालना
A grey head on young shoulders—बुद्धि अधिक आयु कम
A white lie—सफेद झूठ
At a stone's throw—समीप
A turn coat—स्वपक्ष त्यागी
A beast of burden—लादू जानवर
A bird's eye view—एक दृष्टि
A snake in the grass—छुपा हुआ शत्रु
Herculean task—कठिन काम
A wild goose chase—व्यर्थ प्रयत्न
At daggers drawn—पक्के शत्रु
A fish out of water—दुविधा में
At sixes and sevens—बिखरे हुए होना
A blue stocking—पढ़ा-लिखा होने का बहाना करना
To show the white feather—डर कर भागना
A nine days' wonder—चार दिन की चांदनी
A hard nut to crack—कठिन समस्या
To all intents and purposes—वास्तव में

To blow one's trumpet—अपनी प्रशंसा करना

To breathe one's last—मर जाना

To burn the candle at both ends—फजूलखर्ची करना

Bury the hatchet—दुश्मनी दूर करना

To burn the mid night oil—बहुत परिश्रम करना

To be born with a silver spoon in one's mouth—
अमीर घराने में पैदा होना

A cock and bull story—बनावटी कहानी

Crocodile tears—बनावटी आंसू

To cut the Gordian knot—कठिन काम को शीघ्र करना

Part and parcel—अभिन्न अंग

By hook or by crook—जैसे भी हो

From hand to mouth—कठिनता से निर्वाह

To win laurels—प्रसिद्धि प्राप्त करना

To leave in lurch—मंझधार में छोड़ना

Under lock and key—सुरक्षित रखना

Sum and substance—किसी बात का निचोड़

To end in smoke—मिट्टी में मिलना

Tall talk व्यर्थ बात

Yeoman's service—महान सेवा

Jack of all trades—जो सब काम जानता हो, हर फन मौला

To take French leave—बिना आज्ञा के छुट्टी

To move heaven and earth—बहुत प्रयत्न करना

To let the grass grow under one's feet—अवसर खोना

To throw the gauntlet—चुनौती देना

To take the bull by the horn—वीरता से सामना करना

To pocket an insult—अपमान सहन करना

To leave no stone unturned—कोई कसर न छोड़ना

To be on the horns of a dilemma—दुविधा में

A close fisted man—कंजूस

In a nut-shell—संक्षेप में